HARRIS COUNTY PUBLIC LIBRARY
3 4028 05307 4283

D0996520

El bebé y el niño ¿Qué debo saber?

El bebé y el niño ¿Qué debo saber?

Carol Cooper

Traducción de Isabel Merino

grijalbo mondadori

Un libro de Dorling Kindersley

A Julian, Oliver y Anthony.
Sin ellos, este libro quizá se hubiera
escrito antes, pero hubiera sido
mucho menos práctico.

DIRECTORA EDITORIAL Corinne Roberts
ASESORA EDITORIAL Jemima Dunne
EDITORA Dawn Bates

DIRECTORA ARTÍSTICA Lynne Brown
EDITORA ARTÍSTICA Karen Ward
DTP Rajen Shah

FOTOGRAFÍA Ruth Jenkinson
PRODUCCIÓN Claire Kelly

Diseño original de SP Creative Design

Título original:
THE BABY & CHILD QUESTION & ANSWER BOOK

Traducido de la edición original de:
Dorling Kindersley Limited, Londres, 2000

ISBN: 84-253-3470-5

Impreso en Italia

ÍNDICE

Cuidados diarios

El llanto y el consuelo

Crecimiento y desarrollo

Disciplina y conducta

La vida familiar

La salud el niño

Introducción

Criar a un hijo es uno de los retos más apasionantes y gratos que la vida nos puede regalar. Cada uno de nosotros tiene sus propias ideas sobre cómo debe ser esa experiencia. No obstante, la realidad de la vida familiar no siempre está a la altura de nuestros ideales. La función de los padres ha cambiado en los últimos veinte años: el ritmo de vida es más rápido, el número de opciones, mayor. Al mismo tiempo, el apoyo del clan familiar formado por abuelos, tías, tíos y primos es ahora la excepción en lugar de la regla. Todo el mundo ofrece consejos «útiles», a menudo contradictorios, y hay catálogos y más catálogos llenos de cosas para el bebé, algunas de las cuales son útiles, pero no todas. No es de extrañar que los nuevos padres se sientan desconcertados.

En qué puede ayudar este libro

Escribí este libro con el objetivo de ofrecer una información detallada, con un formato que facilitara las consultas, con objeto de proporcionar a los padres los conocimientos necesarios para darles lo mejor a sus hijos. Los consejos prácticos, la información general y los datos médicos son los que doy a los padres que vienen a mi consulta y se basan en mi práctica como médico de cabecera, y también en mi experiencia de primera mano como madre (yo también fui primeriza). La información está presentada en forma de preguntas y respuestas, de tal forma que le será fácil encontrar la solución a cualquier cosa que le preocupe. Los varios cientos de preguntas van desde lo práctico –«¿Cuál es el mejor tipo de pañal?» o «¿Cuándo tengo que empezar a darle comida sólida a mi bebé?»–, hasta cuestiones de cariz mucho más emocional como: «¿Mi hijo se está desarrollando normalmente?» o «¿Cómo puedo conseguir tiempo para mí misma?».

Cómo utilizar este libro

El libro se divide en nueve capítulos, cada uno con un tema y un código de color: «El recién nacido», «Alimentación y nutrición», «El sueño», «Cuidados diarios», «El llanto y el consuelo», «Crecimiento y desarrollo», «Disciplina y comportamiento», «La vida familiar», y, finalmente, «La salud del niño». El primer capítulo, «El recién nacido», recoge todo lo que usted necesita saber para cuidar a su bebé, desde cómo amueblar su cuarto y cómo vestirlo y alimentarlo hasta la visita médica de control a las seis semanas. Los siguientes capítulos están subdivididos por edades: «De seis semanas a seis meses», «De seis meses a un año», «De un año a dos años y medio» y «De dos años y medio en adelante». Cada sección trata de todo lo que es pertinente en esa edad y presenta la información esencial de forma fácilmente accesible. El capítulo «La salud del niño» contiene consejos puestos al día para mantener al niño en buena salud, así como orientaciones sobre qué hacer y cuándo hay que llamar al médico si el niño no está bien. Y aunque espero que nunca tengan que hacer frente a ninguna emergencia, al final del libro hay una sección de primeros auxilios.

La crianza de los hijos nunca está libre de complicaciones

A lo largo del libro encontrará «Guías de supervivencia para padres». Son espacios cortos e independientes que tratan de problemas concretos, como las noches de sueño interrumpido o las rabietas de los niños pequeños, aspectos concretos que llevan al límite a muchos padres. Confío en que estas «Guías» le ayudarán a hacer más llevaderas las situaciones difíciles y le animarán a vencer algunos de los principales problemas a que se enfrentan los padres. Además, este libro trata de temas de los que no siempre se habla en los libros dedicados al cuidado de los niños; por ejemplo, el padre que se queda en casa, el padre o la madre solos, la aflicción por la muerte de un ser querido y ese ejercicio de malabarismo tan importante, combinar el trabajo y la crianza de los hijos.

Los gozos y las sombras de ser padres

Este libro no está aquí sólo para ayudarle en caso de crisis sino para que pueda desarrollar al máximo su potencial como padre o madre. Es lógico que su hijo dependa de usted, pero es también un individuo que tiene sus propias características particulares. Su objetivo en tanto que padre o madre es ayudarlo a sacar el máximo partido de esas características. Esos momentos preciosos jugando y aprendiendo con su hijo no volverán, así que disfrute de ellos para bien de ambos.

Suele decirse que criar a los hijos es una tarea para la cual no existe una preparación establecida ni una titulación reconocida. Se aprende sobre la marcha y la única recompensa es la satisfacción del trabajo bien hecho (recompensa que, con frecuencia, sólo llega cuando su hijo ya es adulto). Sin embargo, como madre tiene usted un atributo único: su instinto. Espero que este libro le dé la confianza necesaria para utilizar ese instinto de tal forma que disfrute ayudando a su hijo o hija a alcanzar todo su potencial.

Carol Cooper

Doctora Carol Cooper

EL RECIÉN NACIDO

Tener un hijo es una experiencia vital gozosa y extraordinaria. Pero es también el inicio de una empinada curva de aprendizaje y, si es su primer hijo o hija, será inevitable que tenga dudas sobre su cuidado diario. En este capítulo hay numerosos consejos para preparar la llegada del bebé, y también para atender a su cuidado durante las seis primeras semanas. Unas instrucciones claras y paso a paso le servirán de guía para alimentarlo (al pecho y con biberón), bañarlo, cambiarle los pañales y vestirlo. Encontrará unos consejos muy valiosos para consolar a un bebé que llora, así como un seguimiento fascinante del progreso que haga. También hay una sección centrada en sus propias necesidades durante este tiempo.

EQUÍPESE PARA SU BEBÉ

P ¿QUÉ TENGO QUE COMPRAR ANTES DE QUE NAZCA EL BEBÉ?

R Sólo necesita comprar un mínimo de ropa, pañales y artículos para bebé. Compre la mayoría de ropa después del nacimiento para adquirir la talla adecuada. Incluso los niños que nacen al término natural del embarazo pueden variar mucho en peso y altura. No obstante, necesitará algunas cosas esenciales como un capazo, una silla para el coche, un cochecito o sillita y una bañera para bebés (vea la página siguiente).

P ¿TENGO QUE COMPRAR UNA CUNA PARA QUE DUERMA EL BEBÉ?

R Un recién nacido puede dormir en cualquier sitio; incluso en el cajón de una cómoda. Durante las primeras semanas puede utilizar también el capazo o el moisés para dormir, pero más tarde necesitará una cuna. Escójala resistente porque el bebé pasará muchas horas en ella. La mayoría tienen laterales que pueden bajarse; compruebe que el mecanismo sea fácil de usar.

¿QUÉ ARTÍCULOS NECESITO?

Comprar aunque sólo sea lo esencial puede resultar muy caro. Deberá escoger entre gastar mucho dinero o gastar menos y adquirir las versiones básicas de las cosas necesarias. Pero recuerde que la seguridad y comodidad del bebé es lo primero. Lo más bonito no es siempre lo más seguro. Algunos padres son supersticiosos con respecto a comprar cosas para el bebé antes del nacimiento, pero muchas tiendas aceptan un depósito y entregan lo comprado después del parto.

Otros accesorios esenciales
También necesitará lo siguiente:
- pañales y accesorios para cambiarlos (vea la pág. 24);
- ropa (vea la pág.12) para vestir al bebé y un mantón para envolverlo;
- equipo para bañar al bebé (vea la pág. 30);
- si lo alimenta con biberón: biberones y tetillas, aparato esterilizador y líquido para esterilizarlos (vea la pág. 42);
- una manta lavable y tres o cuatro sábanas para cuna.

SILLITA
Sostendrá al bebé antes de que pueda sentarse. Colóquela siempre en el suelo; nunca encima de una mesa.

La funda debe ser lavable.

MOISÉS
Permitirá que el bebé duerma en cualquier sitio donde usted esté, pero sólo le durará unas semanas.

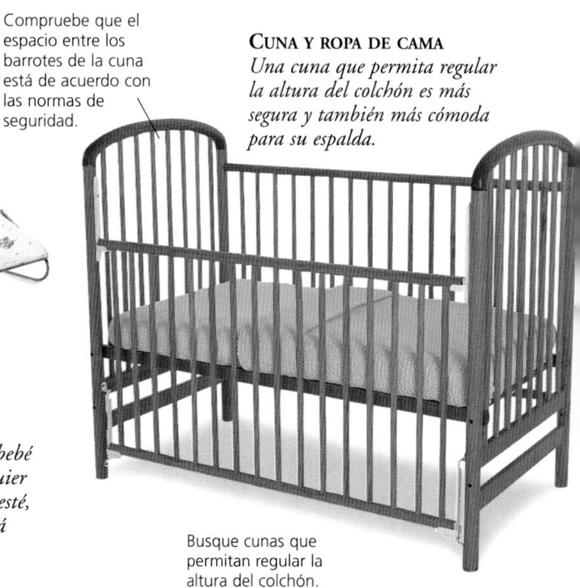

Compruebe que el espacio entre los barrotes de la cuna está de acuerdo con las normas de seguridad.

CUNA Y ROPA DE CAMA
Una cuna que permita regular la altura del colchón es más segura y también más cómoda para su espalda.

Busque cunas que permitan regular la altura del colchón.

P ¿QUÉ TIPO DE COLCHÓN Y ROPA DE CAMA NECESITARÁ MI BEBÉ?

R Necesitará una manta lavable (lo ideal es dos) y por lo menos tres o cuatro sábanas de algodón, felpa o franela. Las almohadas, edredones o fundas nórdicas no son aconsejables antes del año. Evite la piel de cordero, los sacos de dormir tipo nido, las mantas eléctricas y las botellas de agua caliente, ya que pueden dar un calor excesivo al bebé, igual que los protectores antigolpes (donde además el bebé podría quedar atrapado). En cuanto al colchón, puede ser de espuma, de fibras naturales o de muelles. Tiene que encajar perfectamente en la cuna para evitar huecos en los que pudiera quedar atrapado el bebé. La funda debe ser fácil de lavar; lo ideal es que sea de poliéster.

P ¿ES NECESARIO QUE COMPRE UNA ALARMA PARA BEBÉS?

R Es vital tener un monitor si el bebé duerme en una habitación diferente de la suya. También existen alarmas del sueño (alarmas contra la apnea) que suenan si el bebé no hace movimientos respiratorios durante 20 segundos. No obstante, estos aparatos no son siempre totalmente fiables. Pueden dispararse debido a un contacto defectuoso y también porque a veces los bebés dormidos hacen una pausa natural en la respiración de 20 a 25 segundos sin que les suceda nada malo. Igualmente, puede suceder que la alarma no suene; por ello es mejor que esté alerta y sepa cómo reanimar a su bebé en lugar de fiarse totalmente de un aparato.

La bañera
Una bañera portátil hace que bañar al bebé sea más fácil.

Bolsa para cambiar al bebé
Lleve los pañales, una alfombrilla plegable para cambiar al bebé, algodón, crema protectora, toallitas y loción en una bolsa cómoda.

Sillita para el coche
Es esencial para viajar sin peligro en el coche. También es necesaria para el viaje de vuelta a casa desde el hospital.

Portabebés
La mochila portabebés debe tener siempre un apoyo para la cabeza del recién nacido.

Cochecitos y sillitas
Tanto si son cochecitos como sillas, plegables o no, siempre que el bebé pueda ir acostado plano, pueden utilizarse desde el nacimiento. La elección depende del clima y de su estilo de vida. Un cochecito ofrece más protección frente a los elementos y es más fácil de empujar, pero más difícil de meter dentro del coche. Las sillitas plegables son mejores para una existencia que gira en torno al coche.

P ¿QUÉ ARTÍCULOS NO ESENCIALES SON ÚTILES PARA MI BEBÉ?

R Aparte de lo absolutamente esencial, también podría plantearse la compra de una mesa cambiador con una superficie fácil de limpiar en la cual el bebé pueda estar echado. Otros extra que puede comprar antes del nacimiento son un delantal impermeable para el baño, un termómetro para el dormitorio (vea la pág. 46) y un paquete de gasas (para limpiar regurgitaciones y babas). Los juguetes también son importantes; es bueno para cualquier bebé poder mirar algo lleno de colorido, como por ejemplo un móvil. Será un estímulo para él o ella. Asegúrese de que todos los peluches son lavables y que no encierran peligro para un recién nacido. Los sonajeros y las cajas de música son también adecuados para esta edad, pero pruébelos antes de comprarlos, ya que si hacen mucho ruido pueden dañar el oído de un recién nacido.

P ¿ES SEGURO COMPRAR ARTÍCULOS DE SEGUNDA MANO PARA MI BEBÉ?

R Cuando se compran artículos de segunda mano no se tienen los mismos derechos ni garantías que si son nuevos. Lo mismo podemos decir de las cosas que nos dejan. Revíselo todo cuidadosamente antes de comprar y hágale al vendedor cualquier pregunta que considere necesaria. Si no se siente totalmente satisfecha, no compre. Podría plantearse la adquisición de un cochecito de segunda mano, pero compruebe los frenos y compre una colchoneta nueva. Si compra una cuna, compruebe la estabilidad y los mecanismos de ajuste y adquiera, también en este caso, un colchón nuevo. Las mochilas portabebés no tendrían que presentar problema alguno; sin embargo, hay que comprobar bien los juguetes para estar seguro de que no encierran peligro. Evite comprar sillitas para el coche y artículos eléctricos de segunda mano; los pañales de felpa pueden ser demasiado ásperos.

¿QUÉ ROPA TENGO QUE COMPRAR PARA EL BEBÉ ANTES DE QUE NAZCA?

Empiece con lo mínimo y compre el resto más tarde. Aunque quizá conozca el sexo del bebé, no sabrá lo grande o pequeño que será hasta que haya nacido y, además, puede que le regalen ropa. La mayoría de bebés dejan pequeña la ropa de recién nacido muy rápidamente, así que es útil que nos regalen ropa de diferentes tallas.

PELELES ELÁSTICOS
La prenda más esencial para los primeros meses es el pelele. Escoja uno ancho y de algodón.

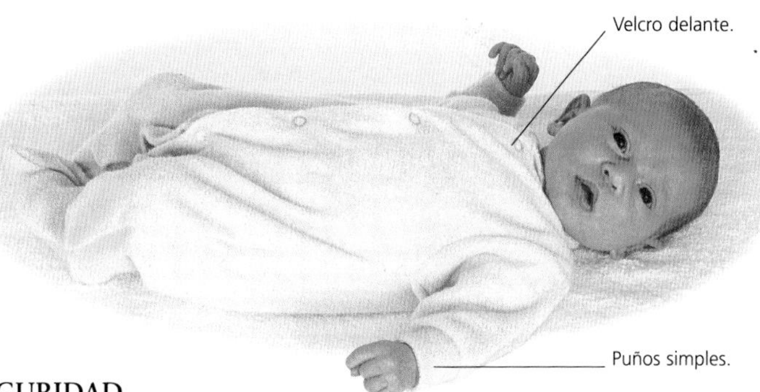

COMODIDAD Y SEGURIDAD

- Los factores clave son que la ropa resulte cómoda y segura para el bebé y práctica para usted.
- Las fibras naturales suelen ser más cómodas que las sintéticas.
- Evite las prendas con cintas de ajuste en el cuello; pueden ser peligrosas. Los botones deben estar bien cosidos. Los cierres automáticos son más fáciles de usar.
- La ropa debe ser lavable, sin necesitar plancha; el tiempo es demasiado precioso para malgastarlo.
- Los mejores peleles tienen cierres con velcro a lo largo de la parte frontal, así como en la entrepierna y a lo largo de las perneras.

El bebé nacido en verano
- 4 camisetas de algodón;
- 4 peleles (quizás alguno sin pies);
- 1-2 chaquetas de punto o de otro género;
- 2 gorros con ala;
- una toquilla;
- vestidos para las niñas;
- 2 pijamas;
- baberos de tela;
- manoplas para evitar que se arañe;
- calcetines.

El bebé nacido en invierno
- 4 camisetas (térmicas y de manga larga);
- 4 peleles;
- 2-4 chaquetas de punto;
- un gorro de lana;
- una toquilla;
- un mono con capucha;
- 2 pijamas;
- baberos de tela;
- manoplas;
- calcetines;
- botitas de lana.

SER PADRES

P ¿QUÉ PASA CON MI BEBÉ DESPUÉS DEL PARTO?

R Inmediatamente después del parto, el médico examinará al bebé y le hará el test de Apgar (vea más abajo). También lo pesará y lo medirá. Si todo está bien, se lo devolverán para que lo sostenga entre los brazos y le dé el pecho si quiere. También le darán una dosis de vitamina K.

P ¿POR QUÉ LE DAN VITAMINA K AL NACER?

R La vitamina K se produce en nuestro cuerpo y es necesaria para la coagulación sanguínea. Los recién nacidos carecen de esa vitamina, ya que no tienen las bacterias necesarias en los intestinos para fabricarla. Así que, a veces, pueden sangrar con consecuencias graves si esta hemorragia se produce en el cerebro. No obstante, esta llamada enfermedad hemorrágica del recién nacido puede prevenirse dándole vitamina K, sea en una dosis inyectada o mediante unas gotas en la boca. Hubo cierta preocupación porque las inyecciones de vitamina K pudieran ser perjudiciales para los bebés, pero no parece haber evidencia médica que avale esa prevención.

P ¿CUÁNDO EMPEZARÁ A RECONOCERME MI BEBÉ?

R Hay pruebas de que los bebés empiezan a reconocer a su madre a los pocos días de nacer. Su bebé usa todos sus sentidos desde muy temprano. Ya conoce su voz; la ha oído mucho antes de nacer. Algunos estudios indican que a los tres días de edad los bebés diferencian los olores; en esta etapa ya prefieren una gasa con unas gotas de leche materna a otra con leche de otra mujer. Por lo general, a los recién nacidos parece gustarles cualquier cosa que se parezca, aunque sea vagamente, a una cara humana.

P ME PARECE QUE MI BEBÉ ME SONRÍE, ¿ES POSIBLE?

R Se cree que los bebés empiezan a sonreír de verdad alrededor de las seis semanas. En un tiempo se pensó que esas ligeras sonrisas que los padres observan los primeros días se debían a gases o a un experimento al azar que hacía el bebé. Pero ahora muchos doctores están de acuerdo en que los bebés muy pequeños pueden sonreír y lo hacen; quizá como respuesta a las sonrisas de usted. También pueden imitar movimientos faciales, como sacar la lengua, desde una edad muy temprana.

¿QUÉ ES LA PRUEBA DE APGAR?

Llamada así por la doctora Virginia Apgar, es una evaluación clínica del estado del bebé al nacer y poco después. La prueba la realiza la comadrona o el médico un minuto después del nacimiento y otra vez cinco minutos más tarde (y más veces si lo consideran necesario).

PUNTUACIÓN DEL BEBÉ

SIGNO	PUNTUAC. 0	PUNTUAC. 1	PUNTUAC. 2
Aspecto (color del bebé) *(A por aspecto)*	Cuerpo azul, extremidades pálidas	Cuerpo rosado, extremidades azules	Rosado en todas partes
Pulso (latido cardíaco) *(P por pulso)*	No detectable	Lento	Superior a 100 por minuto
Gesto (reacción a los estímulos) *(G por gesto)*	Ninguna	Gesto facial u otra reacción	Llanto, estornudo o tos
Actividad (tono muscular) *(T por tono)*	Flacidez	Cierto tono	Movimientos activos
Respiración *(R por respiración)*	Nula	Lenta	Buena o llanto

Una puntuación total de 7 o más es normal; 10 es perfecta, mientras que entre 5 y 7 indica que puede ser necesario tener al bebé en observación o limpiar sus vías respiratorias. Una puntuación por debajo de 5 suele señalar que el bebé necesita oxígeno u otro tratamiento urgente.

El bebé recién nacido

Hay bebés pequeños y otros regordetes. Muchos apenas tienen pelo, mientras que algunos tienen mucho. La forma de la cabeza también puede variar, según sea la duración del parto y del método utilizado en el alumbramiento.

¿Qué aspecto tendrá mi bebé?

Drante los primeros días un bebé tiene algunos rasgos que a los padres primerizos pueden parecerles alarmantes. No se asuste. Algunas cosas que pueden parecerle peculiaridades o incluso defectos son, en realidad, rasgos normales que cambiarán conforme el bebé madure.

Los ojos pueden ser azules durante los cinco o seis primeros meses y los párpados a veces están hinchados.

La piel puede estar recubierta de *vernix caseosa* y la cara estar arrugada y enrojecida.

Los senos abultados son normales en los niños y niñas durante unos días después del nacimiento.

La vulva de una niña puede tener un aspecto rojizo e inflamado y presentar un flujo claro y un poco de sangre alrededor del séptimo día. (En los niños, el escroto puede estar rojo e hinchado).

Con frecuencia las manos y los pies son azulados o moteados al principio o también después de dormir. Más tarde puede ser que la piel se descame.

La cabeza tal vez no sea simétrica, pero por lo general, pronto se iguala.

En la piel puede haber manchas azul-grisáceas (las llamadas manchas azules mongólicas). Son corrientes en las nalgas y en brazos y piernas.

¿Qué puede hacer mi bebé?

Quizá esté desvalido si usted no lo alimenta ni le da calor, pero cuenta ya con algunas capacidades y reflejos.

- Puede ver, especialmente entre 20 y 25 cm. Sus músculos oculares carecen de coordinación, así que quizá bizquee, pero eso no significa que vaya a tener problemas a largo plazo. Sus ojos no se adaptan a la visión a distancia tan bien como los de un bebé de más edad.
- Oye bien y tiene el sentido del olfato.
- Tiene el reflejo de la succión y cuando le toque con el dedo el paladar, reaccionará chupando con fuerza.

El reflejo de andar
Si le sujeta derecho, con los pies en contacto con una superficie firme, los moverá como si quisiera andar, aunque todavía no puede hacerlo.

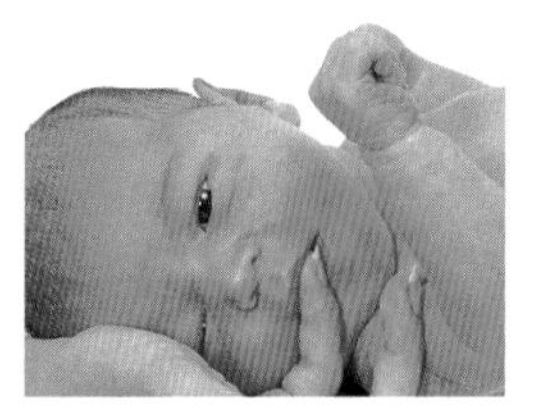

El reflejo rotativo
Si le acaricia la mejilla, se volverá hacia su dedo y abrirá la boca. Este reflejo le ayuda a alimentarse.

El reflejo del sobresalto (Moro)
Si le deja caer la cabeza hacia atrás, abrirá los brazos y las piernas como si se estuviera cayendo.

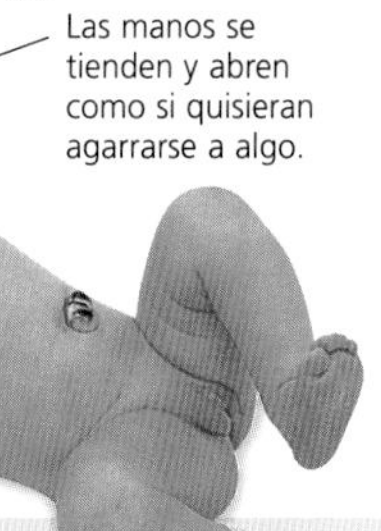

Las manos se tienden y abren como si quisieran agarrarse a algo.

El reflejo de asir
Si le acaricia la palma de la mano con un dedo, se lo cogerá con fuerza.

¿POR QUÉ EL DOCTOR EXAMINA A MI BEBÉ RECIÉN NACIDO?

En el hospital o la clínica el doctor examina al bebé antes de que vuelvan a casa para asegurarse de que está bien y descartar cualquier anomalía física. En los partos que tienen lugar en casa, la comadrona o el médico lo examina al cabo de unas horas de nacer.

Qué comprueba el médico

- **Cabeza:** la forma y tamaño de la cabeza del bebé.
- **Corazón y pulmones:** por medio del estetoscopio se asegura de que los pulmones están limpios y el corazón suena normal.
- **Boca:** el doctor palpa el interior de la boca para comprobar que el paladar esté plenamente desarrollado.
- **Abdomen:** se palpan los órganos abdominales para comprobar que son de tamaño normal y se examinan las ingles para descartar una hernia. Le preguntarán si el bebé ha defecado; si no, el doctor puede mirar el recto.
- **Genitales:** los genitales externos del bebé también son examinados por el médico.
- **Caderas:** se examinan las caderas para ver si hay alguna señal de dislocación; para hacerlo se doblan hacia arriba y hacia fuera.
- **Columna:** deslizando un dedo a lo largo de la columna, el médico puede asegurarse de que la columna del bebé está formada normalmente.

¿QUÉ ES LA PRUEBA DE GUTHRIE?

A los diez primeros días de vida se toma, mediante un pinchazo, una pequeña muestra de sangre del talón del recién nacido. Esa sangre se analiza para ver si existe una deficiencia tiroidea o fenilpirúvica (una deficiencia en la química del cuerpo). Esas anomalías pueden obstaculizar el crecimiento y el desarrollo mental del bebé.

PREOCUPACIONES HABITUALES

¿Por qué mi bebé tiene tantas manchas?

La circulación de un recién nacido no está plenamente desarrollada. Como la sangre puede «encharcarse» en una parte del cuerpo, la parte superior de éste puede parecer más pálida. Quizás haya marcas rojas o rojizas en forma de V en la nuca (a veces también en otras partes del cuerpo, especialmente los párpados). Son inofensivas y se volverán más claras o desaparecerán.

¿Por qué mi bebé tiene los ojos «pegajosos»?

Los ojos pueden volverse pegajosos cuando una infección de la mucosa ocular provoca una secreción de líquido o de pus (conjuntivitis). Es muy corriente en los recién nacidos porque, a veces, recogen gérmenes durante su paso por el canal de nacimiento en el parto. Los lagrimales no están plenamente desarrollados y, por ello, no pueden eliminar las bacterias con facilidad. En los casos de conjuntivitis leve, sólo tiene que limpiar los párpados con un algodón o una gasa empapada en una solución salina estéril, frotando suavemente desde el extremo del ojo hacia la nariz. Otros casos necesitarán que el doctor recete gotas o una pomada.

¿Es normal la piel seca y escamosa?

Muchos bebés tienen la piel reseca cuando sólo cuentan unos pocos días de edad. Ésta es muy evidente en los pies y los tobillos, pero puede darse en cualquier lugar, en la zona que queda debajo de los pañales, por ejemplo. Los bebés nacidos después de plazo tienen la piel más reseca, pero mejorará con el uso de una loción suave o de aceite después del baño. Evite añadir productos al agua del baño.

¿Qué es la ictericia? ¿Es grave?

La ictericia leve (una coloración amarillenta en la piel y/o en el blanco de los ojos) es corriente en los bebés a los 2 o 3 días de edad. Se produce porque el hígado del bebé es demasiado inmaduro para resolver el problema de la bilirrubina; el pigmento amarillo producido por los glóbulos rojos como producto normal de desecho. Los bebés prematuros tienen más probabilidades de tener ictericia porque su hígado es menos maduro. Esta dolencia se alivia después de una semana o dos. Si aparece dentro de las 24 horas posteriores al parto o si persiste durante más de 14 días, hay que hacer análisis para estar seguros de que el hígado es normal.

Estoy pensando en circuncidar a mi bebé. ¿Es una buena idea?

La cincuncisión es un tema polémico, pero podemos decir sin temor a equivocarnos que sus beneficios médicos son escasos o inexistentes. No hay prueba alguna de que proteja contra las infecciones urinarias o de otro tipo ni más tarde, cuando el niño es hombre, del cáncer del cuello del útero a su pareja. El argumento de la higiene es aun más dudoso. La cincuncisión es dolorosa y aunque las complicaciones graves sean muy raras, pueden darse casos de infección, gangrena e incluso muerte. A veces los hombres circuncidados cuando eran niños sienten resentimiento contra lo que consideran un ataque a sus genitales sin su consentimiento. Pero si su bebé ha nacido en una cultura o en el seno de unas creencias religiosas en donde se espera que sea circuncidado, luego podría lamentar no haberlo sido.

EL VÍNCULO AFECTIVO CON EL BEBÉ

P TODO EL MUNDO HABLA DE VÍNCULO AFECTIVO. ¿QUÉ SIGNIFICA REALMENTE?

R El vínculo afectivo es lo que los padres sienten por su bebé, una especie de tirón emocional. Puede empezar antes del nacimiento, cuando usted le ve en una ecografía o siente cómo le da patadas. También puede suceder cuando oye cómo late su corazón durante un examen prenatal. Muchos padres dicen que sienten amor por su bebé tan pronto como nace, pero ese vínculo afectivo no siempre se produce tan rápidamente.

GUÍA DE SUPERVIVENCIA PARA PADRES

NO ME SIENTO UNIDA A MI BEBÉ

Si no siente una oleada abrumadora de amor por su bebé recién nacido, no se sienta usted anormal. Según uno de los estudios realizados, sólo dos tercios de las madres experimentaban una súbita emoción hacia su bebé (y menos en las madres de mellizos, ya que es más difícil conocer íntimamente a más de un recién nacido a la vez).

¿Me pasa algo malo?
Si no siente un vínculo afectivo emocional inmediato con su bebé, puede ser debido a que está cansada, anémica o enferma, o quizás su bebé sea muy exigente o no esté bien. Cójalo en brazos todo lo que pueda y esté cerca de él siempre que le sea posible. Si sus sentimientos hacia él no son muy fuertes ahora, limítese a ser amable y procure sonreír. Él la necesita y responderá.

¿Es natural sentir de esta manera?
Si es su primer bebé, quizá tenga una mezcla de sentimientos con respecto al hecho de ser madre. No se preocupe; es algo perfectamente natural. No obstante, si se siente irritada o deprimida, debería contárselo a su médico.

¿Puede la separación impedir la creación del vínculo afectivo?
Los padres cuyos hijos son ingresados en una Unidad de Cuidados Especiales (vea la pág. 56), y las madres que han sufrido una cesárea o que han tenido un parto difícil se preocupan con frecuencia pensando si esa separación impedirá la creación de los vínculos afectivos. Quizá la retrase y siempre es una lástima perderse esos primeros momentos de contacto, pero seguirá habiendo tiempo más tarde.

P ¿TENGO QUE AMAMANTAR A MI BEBÉ PARA QUE NUESTRO VÍNCULO AFECTIVO SE ESTABLEZCA?

R No. Darle el pecho aportará a una madre una intimidad intensa y gozosa con el bebé, pero no es esencial para establecer el vínculo afectivo. La prueba es que muchos padres o madres que le dan el biberón a sus hijos y los padres adoptivos también lo sienten. Tome al bebé en sus brazos, mírelo a los ojos, hable con él y llegue a conocerlo, algo que también hará que él o ella reconozca su voz y su cara. Los bebés aprenden a través del ejemplo y estas «conversaciones» son importantes en su desarrollo.

P ¿ESTABLECERÉ EL VÍNCULO AFECTIVO CON MAYOR RAPIDEZ SI TENGO AL BEBÉ CONMIGO TODO EL TIEMPO?

R Aunque no sea esencial, puede ayudar. Además, también es más seguro tener al bebé cerca. En el hospital muchos padres prefieren la tranquilidad de saber dónde está exactamente el bebé y con quién. No obstante, no es necesario que crea que debe estar constantemente en su compañía. Si alguna otra persona lo cuida durante un rato, eso no significa que su instinto maternal sea deficiente; no se sienta culpable.

P ¿ES IMPORTANTE QUE TENGA A MI BEBÉ EN BRAZOS CON FRECUENCIA?

R Sí. Un recién nacido acaba de abandonar la comodidad del útero y sigue necesitando sentir su contacto y su calidez, mirarla y oírla; por ello, es importante que lo acune entre sus brazos muy a menudo. También necesita el estímulo que le proporciona al mirarlo a los ojos y sonreírle. En algunas culturas, es normal que una madre tenga o lleve en brazos a su bebé siempre los primeros meses. No hace falta llegar a esto ni necesita que lo acune sin cesar. De vez en cuando tiene que dormir... y usted también.

P ¿CUÁL ES LA MEJOR MANERA DE COMUNICARME CON ÉL?

R Es muy importante hablarle al bebé desde el principio. Las palabras que use no importan en ese momento, ya que son los sonidos en sí mismos los que desempeñan una parte activa en su desarrollo. No obstante, pronto estará listo para relacionarse socialmente y tener «conversaciones» con usted y entonces lo que diga tendrá importancia. Sonríale. Los bebés parecen estar programados para apreciar las sonrisas de la gente. Puede que, al principio, se sienta un poco ridícula sonriendo sola, pero pronto el bebé le devolverá la sonrisa.

LA VUELTA A CASA

P ¿VENDRÁ UNA COMADRONA A CASA A VISITARNOS A MÍ Y AL BEBÉ?

R En muchos países cuentan con la figura de la comadrona o la visitadora médica, que se encargan de garantizar el bienestar de la madre y el bebé durante los primeros días. Antiguamente en España existía también la figura de la comadrona, pero en la actualidad sus funciones las desempeña el pediatra, a quien debe acudir si tiene cualquier duda o problema.

P ¿PODRÉ SEGUIR MI VIDA HABITUAL CUANDO VUELVA A CASA?

R No se esfuerce tratando de continuar con su vida exactamente donde la dejó; las comidas «de compromiso» y la casa impecablemente limpia y ordenada tendrán que esperar por el momento. Ahora tiene que adaptarse al hecho de que usted y su bebé son lo primero y que quizá necesite ayuda para las demás tareas. Su pareja o una amiga pueden encargarse de lo básico para el bebé, por ejemplo los pañales, y de preparar la comida para usted.

P ¿CON CUÁNTA FRECUENCIA TENGO QUE VER AL MÉDICO Y AL PEDIATRA?

R Depende. El médico se encargará de solucionar cualquier molestia, llevar a cabo el examen posnatal, realizar los controles del desarrollo del bebé y aconsejarla sobre métodos anticonceptivos. Verá al pediatra antes de abandonar el hospital, pero después sólo si tiene un problema de salud que exija una atención hospitalaria especializada.

P ME SIENTO TAN CANSADA... Y AÚN ESTOY EN EL HOSPITAL. ¿CÓMO ME LAS ARREGLARÉ CUANDO VUELVA A CASA?

R Es normal que se sienta cansada y preocupada cuando acaba de ser madre. Tener un bebé es el mayor cambio que se puede experimentar en la vida y se necesita tiempo para adaptarse. Cuídese y le resultará más fácil cuidar también del bebé.

P ESTOY SEGURA DE QUE NO PODRÉ ARREGLÁRMELAS. ¿NECESITO AYUDA PARA CUANDO VUELVA A CASA?

R Sí, es una buena idea. Hable con sus amigos, los vecinos y los médicos para que la ayuden a enfrentarse al hecho de ser madre. Quizá su pareja pueda pedir un permiso por paternidad o uno de los abuelos o una amiga le echen una mano.

¿PERJUDICARÁ A MI BEBÉ EL QUE YO FUME?

Sí, sin ninguna duda. Como fumar presenta tantos peligros para un bebé, es difícil no hacer que las advertencias sanitarias suenen a sermón... así pues, ahí va mi sermón. En tanto que padres, somos responsables de proteger al bebé de los peligros, pero además convertirse en madre puede ser la ocasión ideal para dejar de fumar, algo que también beneficiará a toda la familia. En última instancia, es usted quien decide. Si cree que tiene que fumar, entonces, por favor, no lo haga bajo ningún concepto en la misma habitación que el bebé.

- El humo del cigarrillo contiene no sólo nicotina y alquitrán sino también monóxido de carbono, amoníaco, cianuro y un cóctel de otros productos químicos, algunos de los cuales producen cáncer.
- Se cree que alrededor de un 25% de todas las muertes en la cuna (el síndrome de la muerte súbita del lactante, vea la pág. 46) están asociadas a que es un «fumador pasivo».
- Los niños que viven en hogares de fumadores tienden a ser más bajos que los que viven en hogares de no fumadores.
- Los niños que viven en hogares donde el padre o la madre, o ambos, fuman tienen más probabilidades de sufrir asma e infecciones bronquiales.
- Las alergias son cuatro veces más corrientes entre los hijos de fumadores.
- La infección crónica de oído, que puede llevar a una sordera intermitente y deficiencias del lenguaje, también está asociada a los padres que fuman.
- Alrededor del 10 o el 15% de incendios en el hogar son provocados por los cigarrillos, los fósforos y otros materiales relacionados con el hábito de fumar.

CÓMO COGER AL BEBÉ

P ¿CUÁL ES LA MEJOR MANERA DE COGER A MI BEBÉ?

R La mejor manera es la que le resulte más natural, pero sosteniéndole siempre la cabeza; todavía no la controla y se sentirá inseguro sin apoyo. A un bebé le gusta poder mirarla a la cara, algo que puede hacer si lo sostiene contra usted rodeándolo con el brazo. Los estudios indican que los bebés prefieren que los tengan en el lado izquierdo. Quizá sea porque así pueden oír más fácilmente el latido de su corazón.

P ¿CÓMO PUEDO SENTIR MÁS CONFIANZA AL COGER A MI BEBÉ?

R Procure relajarse. Irá ganando confianza conforme vaya acostumbrándose al bebé y adaptándose mejor a su papel de madre. Antes de que se dé cuenta se sentirá cómoda y tendrá su propia manera de cogerlo y moverlo. Cuando lo tenga en brazos, sonríale y háblele. Esto hará que se sienta seguro. Sosténgalo muy cerca de usted cuando lo coja y cuando lo deje.

P ¿CUÁL ES LA MANERA MÁS SEGURA DE LLEVARLO EN BRAZOS CUANDO ME MUEVO DE UN LADO PARA OTRO?

R Sosténgalo bien y vigile por dónde anda. El bebé es vulnerable si usted se cae y ha habido bebés que se han roto una pierna debido a un tropezón de su madre. Si va por la calle, no llevé al bebé en brazos, especialmente si está oscuro o hay mucha gente; utilice una mochila portabebés.

P MI PAREJA TIENE MIEDO DE HACERLE DAÑO SI LO COGE. ¿TIENE RAZÓN?

R A los adultos que no están acostumbrados a los bebés les preocupa aplastar al recién nacido al cogerlo de forma inexperta, pero no es probable que su pareja le haga daño siempre que recuerde que debe sostenerle la cabeza y que no tiene que hacer las cosas con prisas. Si lo quiere, el bebé lo percibirá. Deje que lo coja sin intervenir demasiado. Ahora que son una familia, es importante tanto desde el punto de vista psicológico como del práctico que no sea usted la única que se encargue de tenerlo en brazos.

P ¿IMPORTA QUE MUCHAS PERSONAS DIFERENTES LO COJAN?

R No importa siempre que todas sepan cómo hacerlo ofreciéndole seguridad y cariño. Recuérdeles que le sostengan la cabeza. No le dé vergüenza hacer una demostración; la mayoría de abuelos han perdido la costumbre de tener bebés en brazos. Como madre, es (o pronto será) la máxima experta en el tema de su bebé. Explique cómo le gusta que lo cojan. Cuando se lo dé a otra persona, hágalo con suavidad; procure no dejarlo caer sin más en la falda o en los brazos de alguien. Con tacto, recupérelo cuando crea que ya ha sido suficiente. En el caso de otros niños, esto puede ser al cabo de un minuto más o menos. Para evitar riesgos innecesarios, es mejor no dejar que nadie lo coja si tiene una infección, por ejemplo, una hinchazón en los labios debida a un resfriado, una conjuntivitis o impétigo.

GUÍA DE SUPERVIVENCIA PARA PADRES

NO CONSIENTE QUE LO DEJE EN LA CUNA

No me deja hacer nada. ¿Qué hago?
Antes del nacimiento, algunas personas creen que podrán llevarse al bebé a la oficina en una mochila o que se quedará echado tranquilamente en un moisés durante horas. Pero tiene que enfrentarse a la realidad; no va a ser así. La verdad es que su bebé la necesita *a usted,* además de comida, calor y que le cambien los pañales. Incluso las actividades cotidianas –como cepillarse los dientes– pueden resultar algo diferentes ahora. Por ejemplo, un largo baño relajante puede tener que esperar hasta que el bebé haya sido alimentado, cambiado y duerma.

¿Puedo llevar a mi bebé de un lado para otro conmigo?
Aprenderá a hacer muchas cosas con el bebé apoyado en el hombro y sujetándolo con un brazo. No todo puede hacerse así, pero una mochila portabebés (vea la pág. 20) puede solucionarle algunos problemas.

¿Cómo puedo arreglármelas?
Tendrá que abandonar algunas actividades que no son estrictamente necesarias y aceptar que la ayuden. Si empieza una tarea de envergadura, seguro que su bebé se despierta y llora para llamar su atención.

¿CÓMO DEBO COGER A MI BEBÉ?

Muchos padres primerizos no están seguros de cómo coger a su bebé. Las técnicas que les mostramos a continuación les servirán de orientación.

COGER AL BEBÉ

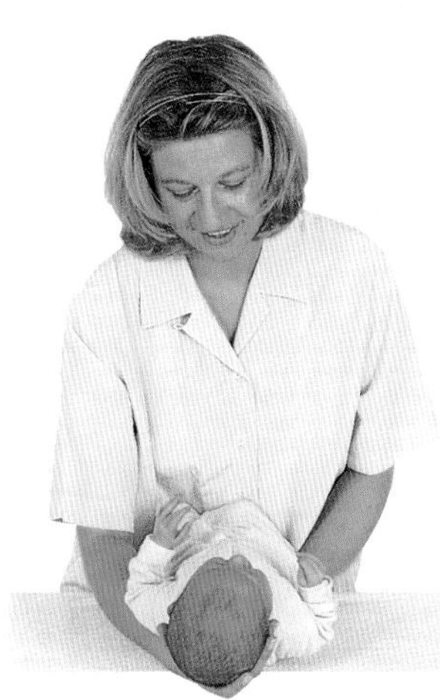

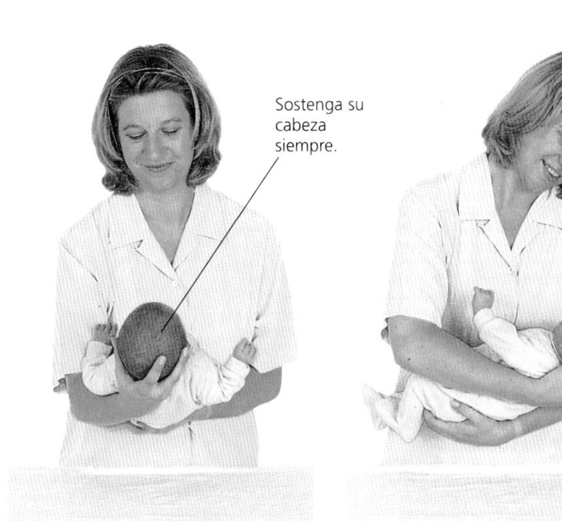

1 Colóquele una mano detrás de la cabeza y el cuello y la otra debajo de las nalgas.

2 Levántelo cerca de su cuerpo y continúe sosteniéndolo y acunándolo entre sus manos.

3 Vuélvalo hacia su pecho y hombros conforme vaya enderezándose.

SOSTENER AL BEBÉ

Puede sostener al bebé en varias posiciones; la mejor es la que resulte más cómoda para los dos. El bebé necesita sentirse seguro, tanto si lo apoya en el hueco formado por el codo doblado, como si lo lleva derecho contra su pecho o incluso boca abajo en sus brazos.

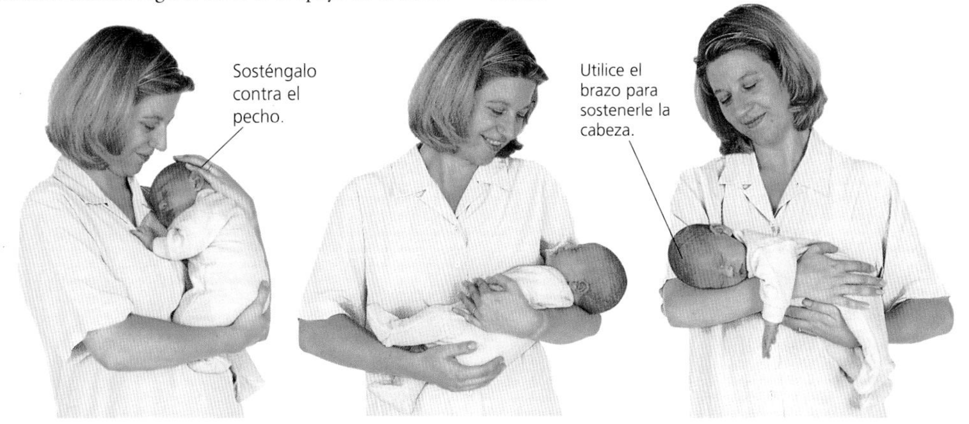

EN EL HOMBRO
Póngale una mano debajo de las nalgas para soportar el peso y sosténgale la cabeza con la otra mano.

EN EL BRAZO, DE CARA A USTED
Apoye la cabeza del bebé en el interior del codo doblado y sosténgale las nalgas con la otra mano.

EN EL BRAZO, CARA ABAJO
Deje reposar al bebé a lo largo de su antebrazo con una mano debajo de él y la otra sosteniéndole el cuerpo.

¿CÓMO SE USA UNA MOCHILA PORTABEBÉS?

La que se lleva delante puede utilizarse casi inmediatamente, siempre que no sea demasiado grande para el bebé y que cuente con un apoyacabezas. Muchos portabebés llevan el apoyacabezas incorporado. Si piensa utilizarla, acostúmbrelo a ella desde las primeras seis semanas. Si tiene mellizos, el portabebés sigue siendo útil para transportar a uno de los dos mientras el otro está dormido; o cada uno de los padres puede llevar a uno. Probablemente, el bebé no querrá quedarse en la mochila demasiado tiempo. Para empezar, el límite puede ser de media hora, pero podrá alargar ese plazo conforme crezca.

¿CÓMO PONGO A MI BEBÉ EN LA MOCHILA?

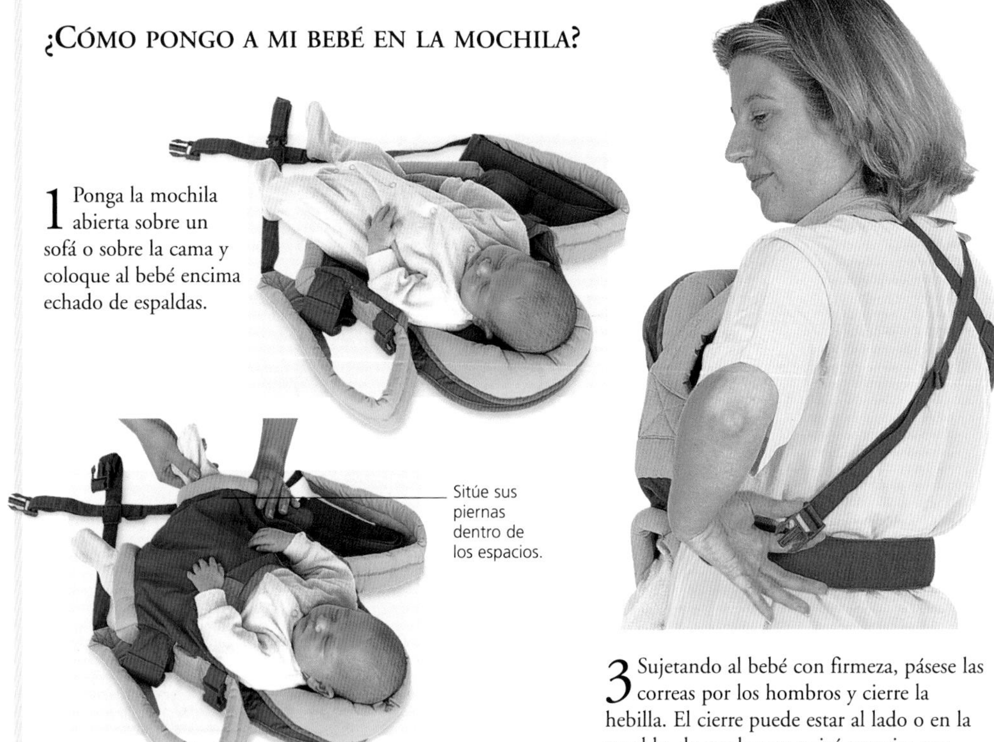

1 Ponga la mochila abierta sobre un sofá o sobre la cama y coloque al bebé encima echado de espaldas.

2 Métale las piernas con cuidado en los agujeros que hay en la mochila. Siéntese y acerque al bebé, junto con la mochila hacia usted, sujetándolo a un altura en la que pueda besarle la parte superior de la cabeza.

3 Sujetando al bebé con firmeza, pásese las correas por los hombros y cierre la hebilla. El cierre puede estar al lado o en la espalda, de modo que quizá necesite que otro adulto la ayude. Póngase de pie cuando el bebé esté bien asegurado. Vigile que las piernas cuenten con apoyo, pero no estén aplastadas ni apretadas.

¿PUEDO HACERME YO MISMA UNA MOCHILA PORTABEBÉS?

Si es necesario, puede fabricarse una con una sábana o un trozo de tejido resistente, que mida alrededor de 1 × 2 metros. Pásese la tela por encima de un hombro, lo ideal es el izquierdo, y anude los extremos con un nudo fuerte en la cadera opuesta. Haga girar el portabebés de forma que el nudo quede en la espalda. Luego meta al bebé con cuidado en la bolsa formada en la parte delantera por el resto de la tela. Asegúrese de que el pequeño queda sujeto firmemente.

CÓMO VESTIRLO Y DESNUDARLO

P ¿QUÉ ROPA DEBE LLEVAR MI BEBÉ DURANTE EL DÍA?

R Debe llevar una camiseta y un pelele y además una chaqueta. Esto tendría que bastar si la temperatura está alrededor de los 18 °C. En invierno necesitará una chaqueta más gruesa y en verano quizá no necesite ninguna. Si hace calor de verdad, puede ser suficiente una camiseta y el pañal, pero no debe dejarlo al sol. Su control de la temperatura es bastante rudimentario en este estadio. En invierno, quítele la ropa de calle cuando entre en casa, incluso si está dormido.

P ¿QUÉ ROPA DEBE LLEVAR MI BEBÉ DURANTE LA NOCHE?

R A su bebé no le importa si es de día o de noche, así que –para facilitarle las cosas a usted– puede llevar lo mismo por la noche que durante el día, excepto la chaqueta. No obstante, si lo prefiere, puede ponerle ropa para dormir, como la que lleva velcro en los bordes. Esto lo mantendrá caliente y hará que sea más fácil cambiarle los pañales por la noche que si llevara un pelele. También puede ayudarle a diferenciar la noche y el día.

P ¿CÓMO PUEDO SABER SI TIENE DEMASIADO CALOR O DEMASIADO FRÍO?

R El cuerpo de un bebé tendría que notarse templado al tacto, pero no húmedo ni sudoroso. Si tiene la cabeza, el pecho o la nuca húmedos o si lo nota caliente al tacto, entonces es que lleva demasiada ropa. Puede adivinarlo porque los bebés que tienen calor suelen mostrarse malhumorados o llorar. Si le nota las manos o los pies fríos, entonces quizá tenga demasiado frío. El abdomen, por debajo de la ropa, puede notarse templado aunque él tenga frío. Quizá no llore aunque tenga frío debido a la necesidad de conservar energía para mantener la temperatura del cuerpo.

P ¿NECESITA UNA CHAQUETA O UN JERSEY?

R Sin ninguna duda el bebé los necesita si hace fresco, y puede hacer bastante frío dentro de casa incluso en verano. Es mejor evitar las chaquetas que se cierran con una cinta o un cordón en el cuello porque pueden apretarle demasiado. Además, el bebé podría chupar un extremo e incluso atragantarse con él. Compruebe siempre que los botones estén bien cosidos.

P ¿CUÁNDO TENGO QUE PONERLE UN GORRO O UN SOMBRERO A MI BEBÉ?

R Póngale un gorro siempre que lo saque en invierno, porque un bebé pierde mucho calor por la cabeza. Los bebés prematuros, sobre todo, tienen dificultades para controlar la temperatura del cuerpo. Si el gorro tiene una cinta para atárselo debajo del cuello, asegúrese de que no puede segarle la piel o incluso estrangularlo; al igual que sucede con cualquier extremo suelto, podría chuparlo y atragantarse. En verano es esencial un sombrero con ala. El sombrero ayudará a protegerle los ojos y la cara de la luz.

¿YA NECESITA ZAPATOS?

El bebé necesitará algo que le mantenga los pies calientes. Calcetines y botitas de punto son lo ideal en esta edad; es más difícil que se caigan y pierdan las botitas que los calcetines. Los zapatos de cochecito quizá sean una monada, pero son demasiado rígidos y restringen sus movimientos. Un bebé debe mover e incluso chuparse los dedos de los pies.

CALZADO ADECUADO
Las botitas de lana pueden ser eficaces cuando hace frío. Escoja unos zapatos de tela, o incluso de piel suave con elástico en los tobillos.

Las «botas» de algodón con elástico en los tobillos le mantienen los pies calientes y es difícil que se caigan.

Los zapatos de piel muy suave con elástico en los tobillos son fáciles de poner y difíciles de perder.

¿CÓMO DEBO VESTIR A MI BEBÉ?

Si es cariñosa y le habla a menudo, vestir a su bebé será siempre una experiencia agradable para los dos. Es necesario vestir y desnudar a un bebé con frecuencia y necesitará contar con varios recambios de ropa.

¿QUÉ ROPA PUEDE NECESITAR MI BEBÉ?

Necesitará algunos artículos sencillos y prácticos, pero sólo muy pocos de la talla más pequeña, porque en esta etapa está creciendo tan deprisa que dejará pequeña la mayoría de ropa antes de gastarla. Escoja prendas que se puedan lavar a máquina y sean fáciles de cuidar.

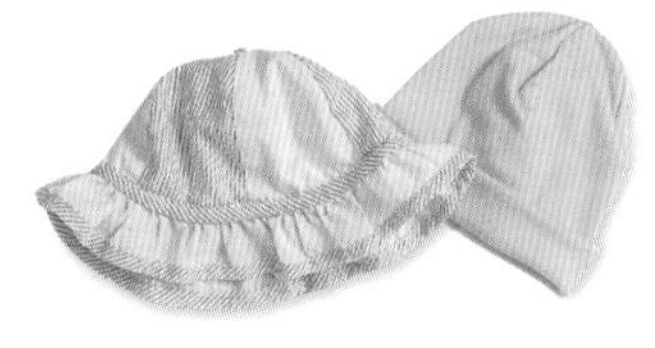

SOMBRERO PARA EL SOL Y GORRO PARA EL FRÍO
Es esencial tener un sombrero para proteger la cabeza y la cara del bebé del sol. El gorro lo necesitará cuando haga frío para conservar el calor del cuerpo.

PELELE
Necesitará varios, ya que puede tener que cambiarlos muy a menudo. Asegúrese de que son lo bastante grandes para su bebé.

RANITA CON VELCRO
Escoja una que tenga un cuello ancho que resulte fácil de pasar por la cabeza del bebé.

MANOPLAS ANTIARAÑAZOS
Hay manoplas de algodón con un cordón alrededor de la muñeca. Algunos peleles de recién nacido tienen puños a los que se puede dar la vuelta para formar manoplas. Pueden utilizarse para evitar que el bebé se rasque la cara con sus uñas afiladas.

CHAQUETA
La necesitará cuando haga frío o incluso dentro de casa si hace fresco.

CALCETINES
A menos que haga calor, el bebé necesitará calcetines si lleva leotardos o un pelele sin pies. En otro caso, póngale calcetines sólo si hace mucho frío.

SI EL BEBÉ ODIA QUE LO VISTAN Y LO DESNUDEN

- Recuerde que todo pasa, y sin ninguna duda él también superará ese odio a las sesiones para vestirlo y desnudarlo.
- Reduzca al mínimo los cambios de ropa.
- Mantenga la habitación caliente y asegúrese de que sus manos también lo están.
- Utilice ropa sencilla, un chandal de dos piezas, por ejemplo; va bien porque puede dejar al descubierto sólo una parte más pequeña del cuerpo. No siempre hace que cambien las cosas, pero vale la pena probarlo.
- Póngalo encima de una superficie firme, como la cama, pero arrodíllese para evitar el dolor de espalda o lesiones en la columna.
- Si utiliza un cambiador, cubra el plástico con una toalla suave o un pañal de gasa.
- Cuando lo vista o lo desnude, acérquese a él/ella para que su cara quede dentro del alcance de su mejor visión (entre 20 y 25 centímetros)
- Actúe rápido pero con cariño.
- Estire la ropa para que se adapte al bebé, no al revés.
- No le quite la camiseta mientras pueda.
- Emita sonidos tranquilizadores mientras le quita o le pone la ropa.
- Recompénselo con muchas caricias cuando acabe.

Cómo poner una ranita

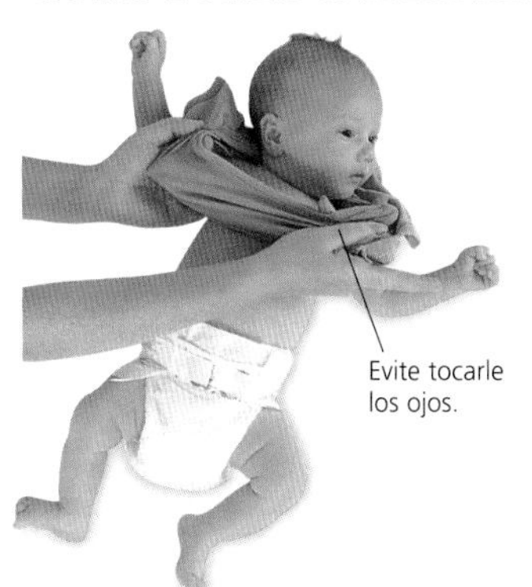

1 Estire el cuello de la ranita para abrirlo bien antes de metérsela suavemente por la cabeza.

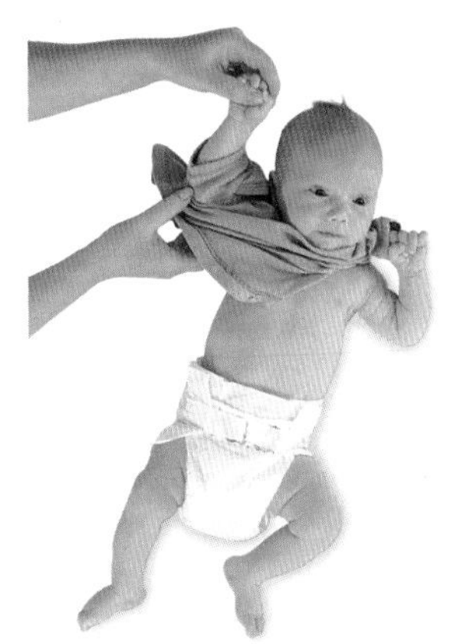

2 Cójale el pulgar y los otros dedos juntos y haga pasar la mano suavemente por la manga.

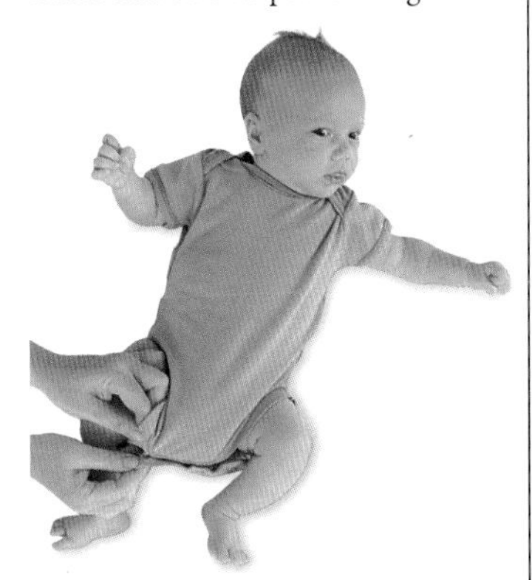

3 Estire la ranita por encima de la barriga. Levántele las piernas y bájele la espalda. Una los cierres.

Cómo poner un pelele

1 Coja al bebé mientras despliega el pelele encima del cambiador. Los cierres tienen que estar abiertos. Ponga al bebé de espaldas sobre él, con el cuello a la altura del cuello del pelele.

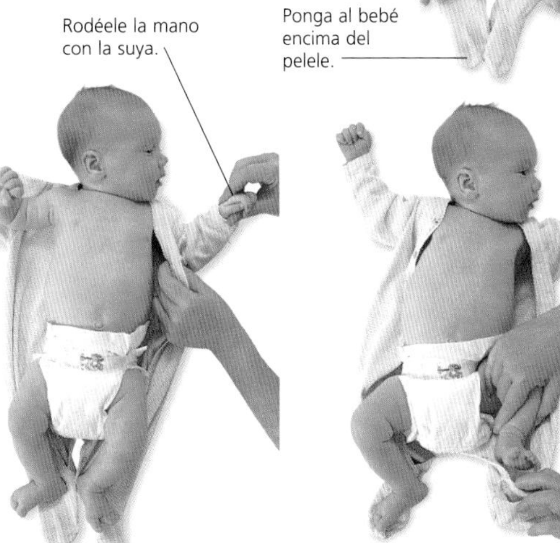

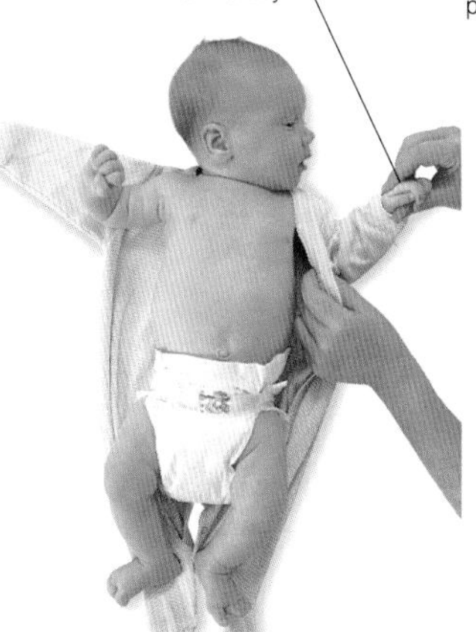

2 Pásele la mano y el brazo por la manga. Repita con el otro lado.

3 Métale con cuidado primero un pie y luego el otro en las perneras, recogidas, del pelele.

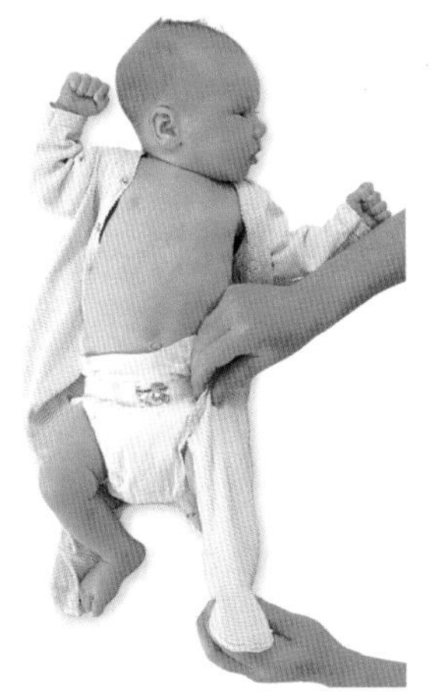

4 Asegúrese de que los dedos de los pies están metidos en la zona de los pies del pelele.

5 Abroche todos los cierres, desde la ingle hacia arriba o desde el cuello hacia abajo.

Los pañales

P ¿Qué tipos de pañales hay en el mercado?

R Hay pañales desechables y pañales lavables. Los desechables son cómodos y ahorran tiempo y se venden en diferentes formas y tamaños. Los lavables se encuentran en los tradicionales cuadrados de toalla de rizo y también en otros tejidos y formas. Ambos tipos han evolucionado en los últimos años y no hay unos que sean mejores que otros en cuanto a evitar el eritema de las nalgas.

P ¿Qué diferencia hay entre los pañales para niños y para niñas?

R Los de los niños tienen más grosor en la parte delantera y los de las niñas en la parte central, entre las piernas. No obstante, la distinción no es especialmente importante. Hoy todos los pañales son muy absorbentes y los unisex son perfectamente aceptables, pero eso sí, asegúrese de que sean de la talla de su bebé.

¿Qué pañales debo usar?

Escójalos según sus circunstancias y sus preferencias. Si tiene usted una piel muy reseca, por ejemplo, no le conviene lavar los pañales de algodón; en ese caso, los desechables serán más adecuados.

Pañales desechables

- Más fáciles de usar porque no hay que lavarlos ni esterilizarlos.
- No hay que hacer un desembolso inicial importante. No obstante, tendrá que comprar repuestos cada semana y, por lo tanto, a la larga le resultarán más caros que los de algodón, que pueden lavarse y volverse a usar.
- Son muy absorbentes, más que los reutilizables. Eso no quiere decir que tenga que cambiar a su bebé con menos frecuencia, pero sí que es menos probable que la humedad traspase, así que la piel del bebé permanecerá más seca.
- No son realmente desechables. Como no puede echarlos al inodoro, necesitará bolsas para tirarlos al cubo de la basura una vez usados.

Pañales no desechables (de algodón)

- Necesitará imperdibles o cierres modernos o de velcro, el pañal y unas bragas impermeables.
- Lleva tiempo y esfuerzo aclararlos, lavarlos y esterilizarlos. Si utiliza un servicio de lavandería, pueden resultarle más caros que los desechables.
- Aunque parezcan ser respetuosos con el medio ambiente, los detergentes utilizados para lavarlos quizá no lo sean.
- Pueden llegar a ser más baratos que los desechables aunque el desembolso inicial sea alto; necesitará dos docenas (más si tiene mellizos) y dos cubos para ponerlos en remojo y esterilizarlos.
- No es seguro que pueda guardarlos para su próximo bebé, ya que quizá se hayan vuelto ásperos debido a los numerosos lavados.

Diferentes tipos de pañal

Hay varios tipos de pañal, que van desde los cómodos desechables hasta los de algodón lavable. Si decide usar los de tejido, también necesitará imperdibles, los pañales y varias bragas de plástico.

Pañal desechable

Pañal de tejido en forma de T

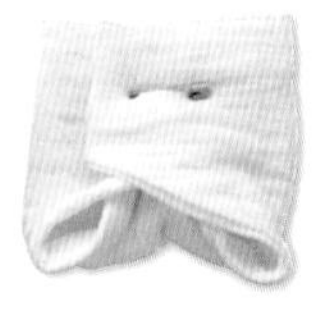
Cuadrados de gasa

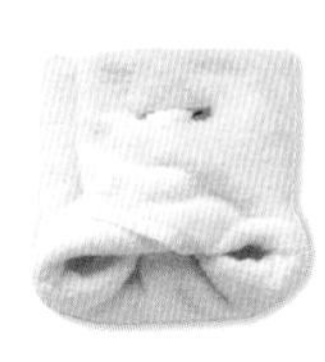
Pañal de toalla

Pañal absorbente

Bragas con cierres automáticos

P ¿CUÁNDO DEBO CAMBIARLE EL PAÑAL A MI BEBÉ?

R «Con frecuencia» es la mejor respuesta. Para que esté cómodo, cámbiele el pañal tan pronto como esté sucio o cuando lo note lleno o pesado. Con los modernos pañales desechables, es difícil decir cuándo están húmedos, así que no espere a que aparezca una mancha en la ropa. Necesitará un cambio de pañal aproximadamente cada dos horas durante el día, quizá con menos frecuencia por la noche (no despierte nunca al bebé para cambiarlo). Por término medio, eso significa unos 10 pañales cada 24 horas. El mejor momento para cambiar el pañal suele ser justo después de darle de comer, porque una toma puede ir seguida, o incluso acompañada, de un movimiento intestinal reflejo.

P ¿DÓNDE DEBO CAMBIARLE EL PAÑAL A MI BEBÉ?

R Escoja siempre un lugar caliente, sobre una superficie firme, pero cómoda y que esté, preferiblemente, al nivel de su cintura, para que le resulte más fácil. Una mesa cambiador es lo ideal o un cambiador guateado colocado encima de una cómoda. Caso de no contar con ninguna de las dos cosas, también puede poner el cambiador en el suelo, aunque esto no es demasiado bueno para su espalda, ya que tendrá que arrodillarse o inclinarse. Si vive en una casa de más de un piso, es una buena idea tener accesorios y recambio de pañales en cada planta; esto le ahorrará tener que correr escaleras arriba cada vez que necesite cambiarle el pañal al bebé.

¿CÓMO LE CAMBIO EL PAÑAL A MI BEBÉ?

Cuando tenga que cambiarle el pañal, prepárelo todo de antemano. Tenga todo lo necesario guardado en una bolsa, sea para utilizarla en casa o para llevarla con usted cuando salga. Utilice toallitas para bebé si no tiene agua caliente y algodón.

CAMBIAR UN PAÑAL

¿QUÉ NECESITO?

- Cambiador.
- Algodón.
- Agua templada.
- Toalla (opcional).
- Crema protectora.
- Pañal limpio.

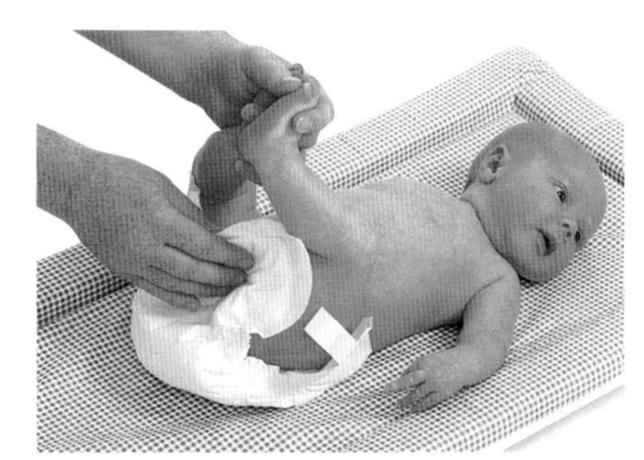

1 Suelte el pañal sucio. Sostenga las piernas del bebé hacia arriba y limpie suavemente los excrementos que pueda haber con la parte frontal del pañal. Enróllelo desde la parte frontal y déjelo a un lado.

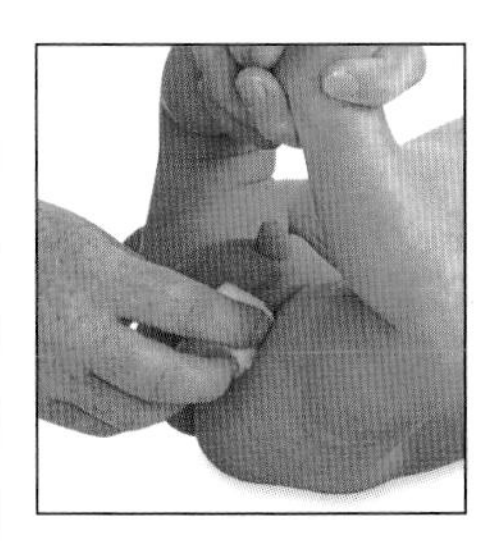

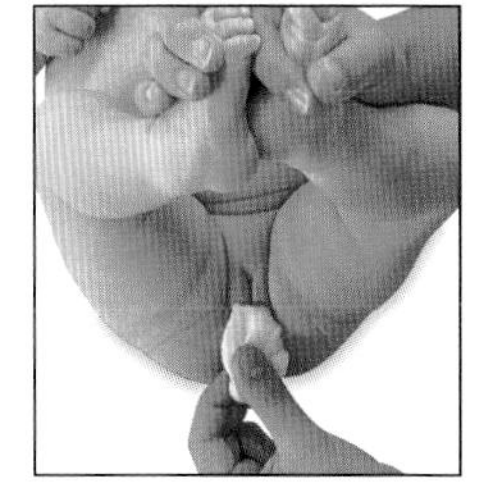

2 Sosteniendo las piernas del bebé en alto, límpielo con un algodón empapado en agua templada. Si el bebé es un niño (arriba, izquierda), preste especial atención al pliegue entre el escroto y el muslo. Limpie también por debajo del escroto. No es necesario limpiar debajo del prepucio. Para las niñas (arriba, derecha), limpie desde delante hacia atrás.

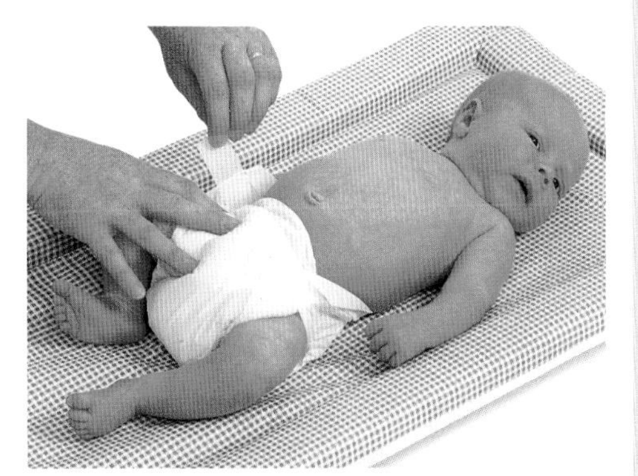

3 Séquelo con una toalla o un trozo de algodón. Colóquele un pañal limpio debajo. Aplíquele una fina capa de crema protectora. Cierre el pañal.

P ¿QUÉ DEBO HACER CUANDO LA PIEL DE MI BEBÉ ESTÁ IRRITADA?

R Deje que le dé el aire en la zona afectada tanto como sea posible. Cuando lo haya limpiado y secado, déjelo en el cambiador para que juegue, sin pañal, por lo menos 20 minutos varias veces al día. Antes de ponerle un pañal limpio, aplíquele una fina capa de pomada protectora (sola o con un antiséptico). Si ve unos puntos rojizos, dígaselo al médico; podría ser una infección bacteriana, por ejemplo en forma de pústulas, que necesitara una pomada específica (vea la pág. 113).

P ¿LOS PAÑALES DESECHABLES PUEDEN CAUSAR ERITEMA?

R Sí, pero igual que cualquier otro pañal que esté puesto demasiado tiempo. Por eso es tan importante cambiar los pañales con frecuencia. Los modernos pañales desechables probablemente van mejor que los de tela para conservar las nalgas del bebé secas porque tienen un núcleo muy absorbente que aleja la humedad de la piel. En teoría, los productos químicos de los pañales desechables pueden irritar la piel del bebé, pero en la práctica no parece que eso suceda. Si sospecha que la irritación se debe a esos productos, cambie de marca de pañal y hable con el pediatra.

P ¿LAS TOALLITAS PARA BEBÉ SON ÚTILES PARA LIMPIARLE LAS NALGAS?

R Son muy cómodas cuando estamos fuera de casa. No obstante, no olvide que las toallitas pueden irritar la piel de un bebé muy pequeño, así que es mejor utilizar algodón humedecido en agua templada siempre que sea posible.

P ¿ES NECESARIO QUE LIMPIE LA PIEL DE DEBAJO DEL PREPUCIO?

R No hay necesidad de hacerlo, es más, no debe ni intentarlo. En realidad hará más daño que bien, ya que el prepucio de un bebé sigue adherido a la punta del pene hasta los 12 meses o más. Limítese a usar una pequeña cantidad de algodón para limpiar suavemente el pene y luego séquelo bien.

P ¿DEBO PONERLE UNA POMADA O LOCIÓN PROTECTORAS CUANDO LE CAMBIE EL PAÑAL?

R Dado que las deposiciones están llenas de gérmenes y la orina irrita la piel, el bebé necesita una pomada como protección impermeabilizadora de la piel en la zona de las nalgas y los genitales. Esto, junto al cambio frecuente de pañal, es todo lo que precisa para prevenir la irritación. El aceite de zinc y castor y el gel de petróleo son protectores adecuados. Ambos deben aplicarse sobre la piel completamente seca. Es suficiente una capa fina; si utiliza demasiada cantidad, puede obstruir el interior del pañal y, sobre todo, impedir que un pañal desechable absorba la orina. Después de aplicar la pomada, póngale enseguida el pañal limpio.

P ¿PUEDO PONERLE TALCO A MI BEBÉ?

R No. Evite usar polvos de talco; no aportan ningún beneficio a la piel del bebé. Los gránulos pueden irritársela, especialmente cuando se introducen entre los pliegues húmedos. El talco es también un potente irritante en el interior del cuerpo. Hay indicios de que los polvos de talco son decididamente perjudiciales para las niñas; se cree que si penetran desde la zona genital hasta el peritoneo a través de las trompas de Falopio, pueden provocar una inflamación crónica alrededor de los ovarios causando, a largo plazo, dolor y posiblemente otros síntomas.

HABLE CON SU BEBÉ
Cuando le cambie el pañal, háblele y sonríale. Convertirá una tarea de rutina en un momento agradable para los dos.

ELIMINACIÓN DE LAS DEPOSICIONES Y LA ORINA

P ¿CON CUÁNTA FRECUENCIA DEBERÍA ORINAR EL BEBÉ?

R Aunque no controle la vejiga, ésta se vacía de forma periódica, en lugar de gotear continuamente. Hasta las seis semanas, un bebé orina entre 20 y 30 veces cada 24 horas, pero no es necesario cambiarle el pañal con tanta frecuencia. En un bebé, lo que debe preocuparnos son los pañales secos.

P ¿CÓMO PUEDO SABER SI ORINA LO SUFICIENTE?

R Aunque es difícil notar la humedad en muchos pañales desechables, ya que la encierran en un relleno muy absorbente, el peso del pañal es una buena pista. Si no orina durante tres horas o más, puede significar que está deshidratado. Si es así, acuda al pediatra en busca de consejo.

P LOS PAÑALES DE MI BEBÉ TIENEN MANCHAS DE COLOR ROJO. ¿ES SANGRE EN LA ORINA?

R Es poco probable que sea sangre. El tinte rosado, o incluso rojo, que se ve a veces en la orina de un bebé suele deberse a unas sales químicas llamadas uratos, que suelen ser desechos normales. Si no está segura, muéstrele el pañal al pediatra. La sangre en la orina es poco corriente, pero puede ser grave. En un niño, puede indicar un problema en el pene o el prepucio. Alrededor del séptimo día, una niña puede sangrar por la vagina, algo que no es motivo de preocupación. Se debe a que las hormonas de la madre se han infiltrado en su circulación poco antes de nacer.

P ¿QUÉ SIGNIFICA SI LA ORINA HUELE MAL?

R Hay tres razones principales para que la orina del bebé tenga un olor desagradable. Si hace tiempo que no le ha cambiado el pañal, la orina puede oler mal; la solución es simple: cambiarle el pañal más a menudo. También puede oler mal si está muy concentrada, lo cual puede suceder si el bebé no tiene suficientes líquidos. Pruebe a darle una toma más, si lo alimenta al pecho o agua hervida y templada entre tomas si le da biberón. La deshidratación puede ser grave; así pues, si el bebé no está bien o si los pañales están secos, consulte al médico. Las infecciones del tracto urinario pueden afectar incluso a los más pequeños y, si no se tratan, son graves. Acuda a su médico si su bebé parece encontrarse mal.

P ¿CON CUÁNTA FRECUENCIA TIENE QUE IR DE VIENTRE?

R Probablemente lo hará varias veces al día. En las primeras seis semanas, el promedio es de tres o cuatro cada 24 horas, pero pueden ser más. Los bebés alimentados al pecho pueden hacer deposiciones muy frecuentes y sueltas. Mientras el bebé parezca estar bien, no se trata de diarrea. Otros bebés pueden pasar días sin ir de vientre. Mientras el bebé haya evacuado por lo menos una vez desde el nacimiento, no suele haber ningún problema.

P ¿CUÁL ES EL COLOR NORMAL PARA LAS DEPOSICIONES DE UN BEBÉ?

R En las primeras 24 horas de vida, un bebé elimina meconio. Es una sustancia verde negruzca y de consistencia pastosa formada principalmente de mucosidad y bilis. Al cabo de uno o dos días, se vuelve de un color marrón verdoso claro y es más líquida y menos pegajosa que el meconio.

P ¿POR QUÉ CAMBIAN DE COLOR LAS DEPOSICIONES DEL BEBÉ?

R Porque ahora utiliza sus intestinos para absorber los nutrientes. El meconio era más bien un preexcremento formado cuando el bebé se alimentaba únicamente a través de la sangre que circulaba por el cordón umbilical. Cuando el color cambie, también es probable que cambie la consistencia.

P ¿QUÉ ASPECTO DEBERÍAN TENER LAS DEPOSICIONES DE MI BEBÉ SI LO CRÍO AL PECHO?

R Las deposiciones de un bebé alimentado al pecho suelen ser ocres o de un color amarillo anaranjado, como la mostaza inglesa, y oler a leche agria o a yogur agriado. Pueden ser muy frecuentes, con mucosidad visible o grumos de aspecto jabonoso. También pueden ser de color verde brillante, que los padres confunden con la diarrea, pero por lo general, no pasa nada malo.

P ¿QUÉ ASPECTO DEBERÍAN TENER LAS DEPOSICIONES DE MI BEBÉ SI LO ALIMENTO CON BIBERÓN?

R La leche de fórmula tiende a hacer que las deposiciones sean más voluminosas y más consistentes. Suelen tener un color marrón claro y ser bastante malolientes, casi como las de un adulto, porque contienen una mezcla de bacterias diferentes a las del bebé amamantado. Las deposiciones verdes son más significativas en un bebé alimentado con biberón.

CÓMO MANTENER LIMPIO AL BEBÉ

P ¿CON CUÁNTA FRECUENCIA Y CUÁNDO DEBO LIMPIAR A MI BEBÉ?

R Debería asearlo cada día (vea la pág. siguiente). No es necesario bañarlo a diario; será suficiente hacerlo cada dos o tres días. Para asearlo, escoja un momento en que no puedan interrumpirla, ya que no podrá dejarlo solo para contestar el teléfono o abrir la puerta.

P ¿CUÁL ES LA MEJOR MANERA DE MANTENER LIMPIO A MI BEBÉ?

R Puede bañar al bebé regularmente o sólo asearlo, es decir, limpiarle la cara, las manos y las nalgas (vea la pág. siguiente). Este tipo de limpieza no exige desnudarlo por completo y necesita menos esfuerzo, así que es ideal si ni usted ni él disfrutan especialmente del baño.

¿CÓMO DEBO CUIDAR DEL CORDÓN UMBILICAL?

El bebé tendrá un trozo del cordón de 1 o 2 centímetros de largo, cerrado con una especie de pinza de plástico, que al cabo de 24 horas empezará a secarse y oscurecerse. La pinza será retirada o se caerá sola después de unos 3 días. Puede que haya una línea de división entre la parte negruzca del cordón y la piel del ombligo del bebé, antes de que la parte sobrante se desprenda y caiga.

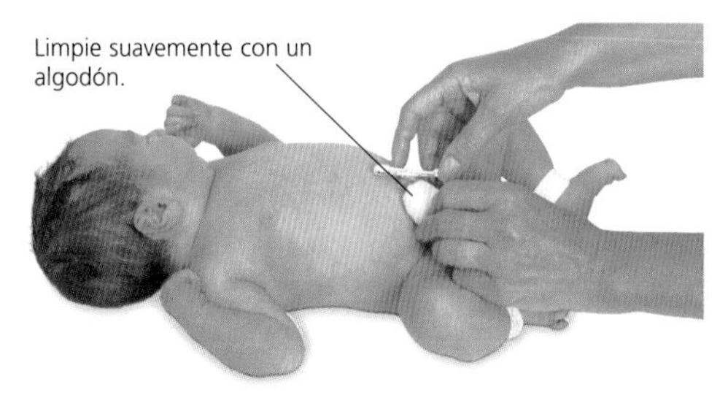

EL CUIDADO DEL CORDÓN
Hasta que se desprenda, hay que mantenerlo tan limpio y seco como sea posible para evitar las infecciones. Límpielo una vez al día con algodón y agua hervida templada.

¿Debo limpiar el cordón?
Sí. Utilice algodón y agua hervida templada, toallitas antisépticas o alcohol (o unos polvos antibacterianos si se los proporciona el pediatra). Cuando le cambie el pañal, doble la parte superior para no tapar el cordón.

Si toco el cordón, ¿le hago daño al bebé?
No, a menos que haya una infección, así que no tema tocarlo con un algodón o con una toallita antiséptica.

¿Cuándo se caerá?
Por lo general, entre el quinto y el noveno día después del parto. Lo hará antes si el cordón se mantiene seco y más tarde si hay una infección.

¿Por qué sangra el cordón de mi bebé?
Cuando el cordón empieza a desprenderse, pueden aparecer una gotitas de sangre antigua. Algunas veces, el ombligo sangra en una pequeña zona justo después de que se desprenda el cordón, pero si se mantiene limpio, pronto deja de hacerlo.

¿Qué tengo que hacer si rezuma y está rojo?

Es normal que el cordón rezume ligeramente antes de desprenderse. Consulte al pediatra si esto continúa o si el ombligo huele mal. Una infección ligera puede exigir un antiséptico. En pocos casos, puede que el bebé necesite antibióticos por vía oral.

Ahora que el cordón ya se ha desprendido, queda una parte carnosa. ¿Qué es?
Es un tejido de granulación, que se convertirá en una cicatriz corriente. Es normal que haya una superficie como de carne viva, que desaparecerá al cabo de unos días. A veces el tejido de granulación está irritado o es amplio. Si es así, consulte a su médico, que puede tratarlo con un cauterizador de nitrato de plata, que hará que, temporalmente, el tejido de granulación se vuelva de color gris plateado.

¿La hinchazón del ombligo es una hernia?
Puede ser una hernia umbilical. Son muy corrientes. No aplique vendas ni fajas. Suele solucionarse sola al cabo de unos meses, pero incluso si tarda años, no necesita tratamiento alguno.

¿CÓMO ASEO A MI BEBÉ?

Tendría que asear al bebé una vez al día. Incluso si lo baña a diario, necesitará hacerle este aseo de vez en cuando. Por ejemplo, si regurgita mucho (vea la pág. 44), puede hacérsele una costra en el cuello, las manos y las orejas. Hable con su bebé mientras lo asea. Si no está acostumbrado, necesitará que lo tranquilicen. Cuando lo esté, disfrutará de ese momento de relación social.

¿QUÉ NECESITO?

- Cambiador.
- Agua hervida templada para limpiarle los ojos.
- Agua normal del grifo, templada.
- Algodón para limpiarle los ojos.
- Dos toallitas; utilice una exclusivamente para la zona que queda debajo del pañal.
- Una toalla suave.
- Líquido o loción para el baño especial para bebés.
- Un pañal limpio y pomada protectora.
- Un recambio de ropa.

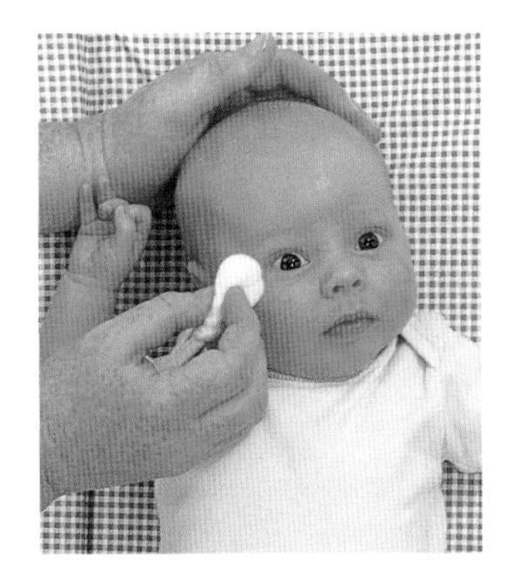

1 Acueste al bebé boca arriba en el cambiador o en una toalla, todavía vestido. Límpiele los ojos desde el lagrimal hacia fuera, con un trozo limpio de algodón, diferente para cada ojo, empapado en agua hervida y templada.

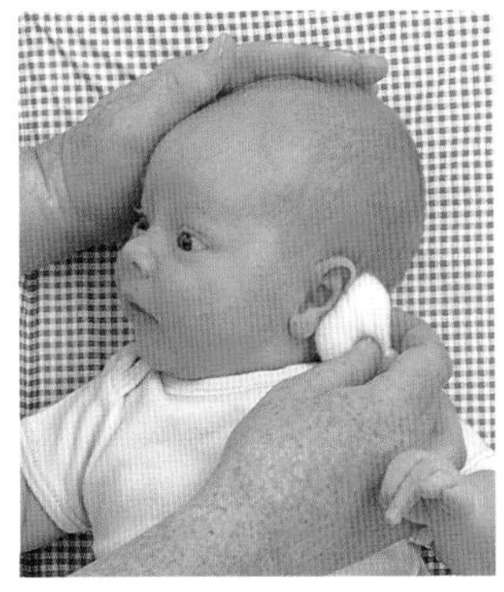

2 Con un algodón limpio mojado en agua templada, límpiele las orejas y los pliegues del cuello. Con un nuevo trozo de algodón, limpie alrededor de la boca y la nariz. Séquelo bien.

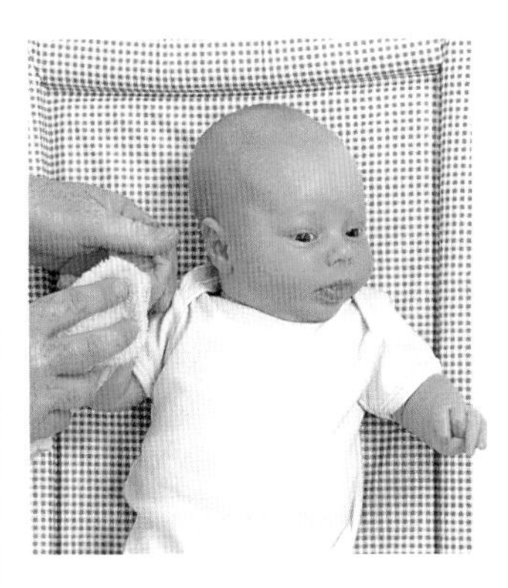

3 Humedezca una toallita en agua templada y límpiele las manos. Séquele la cara, el cuello y las manos con una toalla. Quítele la camiseta, lávele las axilas y séquelo bien. Si hace frío, o no le gusta estar desnudo, póngale una camiseta limpia.

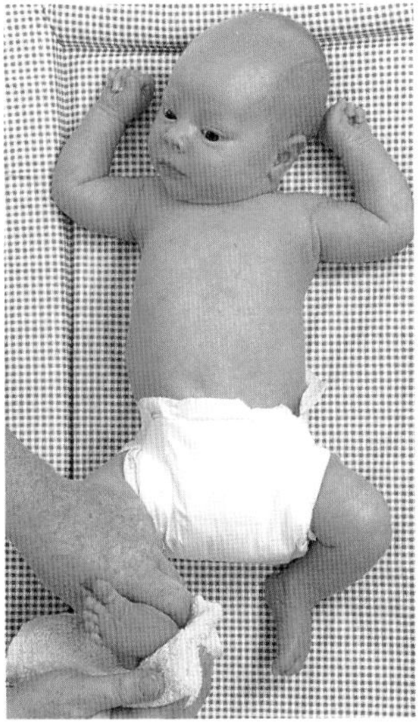

4 Sin quitarle el pañal, límpiele los pies con otra toallita humedecida en agua templada.

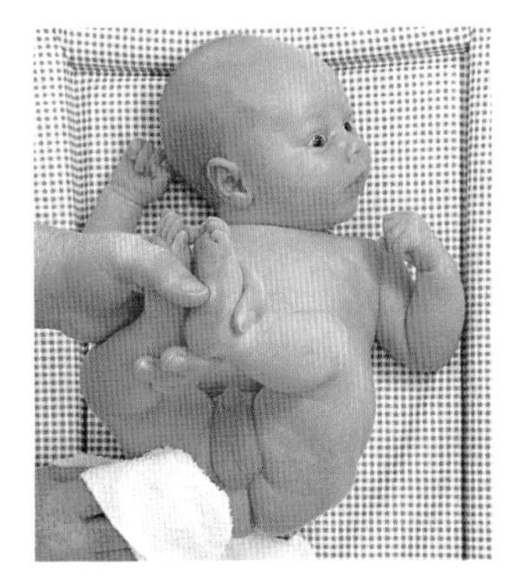

5 Para terminar, quítele el pañal y limpie esa zona con la toallita. Si está sucio, utilice también loción para bebés, pero tenga cuidado de aclarar a fondo. Seque al bebé con la toalla. Póngale un pañal limpio y vístalo.

EL PRIMER BAÑO

P ¿DÓNDE TENGO QUE BAÑAR A MI BEBÉ?

R Escoja una habitación donde no haga frío (entre 20 y 24 °C.) Puede utilizar el baño, la sala, la cocina o el dormitorio. La ventaja de bañarlo en el cuarto de baño (o en la cocina) es que allí hay agua; poco después del parto una mujer no debe acarrear cosas pesadas como por ejemplo una bañera para bebés llena de agua.

P ¿CUÁL ES EL MEJOR MOMENTO DEL DÍA PARA EL BAÑO?

R No importa mucho la hora que sea; alrededor de una hora antes de darle de comer es lo ideal, especialmente si quiere que haga una siesta después de esa comida. A medio camino entre comidas también va bien, pero evite bañar al bebé cuando tenga mucha hambre porque puede que se ponga a chillar y proteste. Si lo baña justo después de darle de comer, puede vomitar dentro de la bañera. No lo bañe cuando uno de las dos esté muy cansado; si no, acabarán los dos más tensos y agotados; incluso puede hacer algo peligroso por descuido. Más adelante, cuando esté más acostumbrada a bañar al bebé, empiece a bañarlo por la noche, como parte de la rutina nocturna.

P ¿CON CUÁNTA FRECUENCIA ES NECESARIO QUE LE LAVE EL PELO?

R Lo usual es lavárselo cada vez que lo bañe. No obstante, si lo baña cada día, eso no es estrictamente necesario, sobre todo porque los bebés no tienen mucho pelo. Pero láveselo siempre que tenga un aspecto grasiento o greñudo.

P MI BEBÉ TIENE UN CUERO CABELLUDO ESCAMOSO Y GRASIENTO. ¿QUÉ PUEDO HACER?

R Es debido a una acumulación de piel muerta en el cuero cabelludo. Aunque tenga el aspecto de costras escamosas, no tiene nada que ver con la caspa, el eczema, una infección o una mala higiene.
A muchos niños les pasa y pronto desaparecerá si le lava el pelo con champú regularmente. Si es necesario, puede frotarle el cuero cabelludo con un poco de aceite de oliva para ablandar las escamas y acelerar el proceso. (No utilice aceite de almendras o de otros frutos secos porque podrían producirle alergia.) También puede comprar algún champú para bebés, formulado especialmente para tratar esas escamas. Aunque disuelven parte de la piel muerta, su efecto no es mejor que el del aceite de oliva.

¿CÓMO BAÑO A MI BEBÉ?

Puede que en el hospital ya le hayan enseñado cómo se baña a un bebé, pero hacerlo sola por primera vez siempre será muy diferente.

¿QUÉ NECESITO?

Prepárelo todo antes de empezar a bañar al bebé. Necesitará lo siguiente:

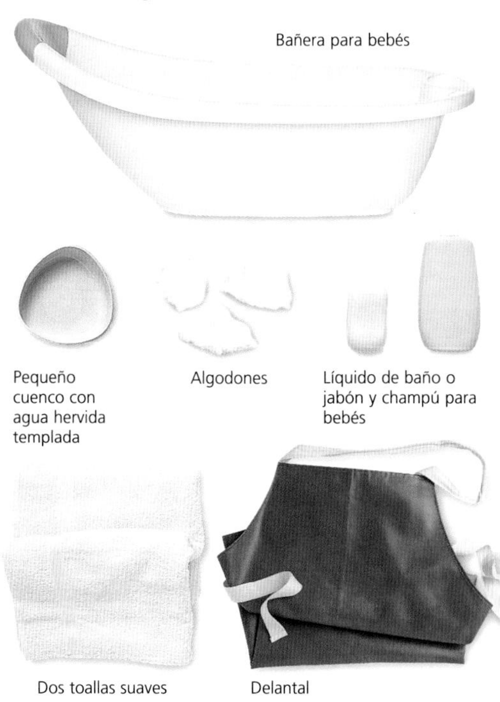

Bañera para bebés

Pequeño cuenco con agua hervida templada

Algodones

Líquido de baño o jabón y champú para bebés

Dos toallas suaves

Delantal

Otras cosas esenciales
Necesitará también lo siguiente:
- Cambiador, pañales y pomada protectora.
- Ropa limpia para el bebé.

CÓMO BAÑAR A UN BEBÉ CON LA PIEL RESECA

Si el bebé tiene la piel reseca, seleccione cuidadosamente los productos del baño. Si utiliza jabón, debe ser suave. Puede añadir aceite para bebés a la bañera para suavizar la piel seca de su bebé, pero tenga cuidado, ya que esto hará que esté aún más resbaladizo y podría deslizársele de entre las manos.

BAÑAR AL BEBÉ

La temperatura del agua es muy importante; tiene que ser de unos 35 °C. Si llena la bañera con agua del grifo, ponga pimero en marcha el agua fría y luego vaya añadiendo agua caliente hasta que la temperatura sea la correcta (y haya unos 8 cm de agua en la bañera). También puede llenar a medias cubos con agua y llevarlos hasta la bañera. No intente nunca transportar una bañera llena de agua de un lado a otro. Mientras lo baña, háblele y sonríale, y así la experiencia será agradable para ambos.

1 Ponga agua en la bañera; compruebe la temperatura introduciendo el codo. Tiene que notarla templada en su piel.

2 Lávele la cara al bebé; utilice un trozo diferente de algodón empapado en agua hervida, templada, para cada ojo y otro trozo para las orejas y la boca.

3 Desnúdelo pero déjele el pañal. Envuélvalo en una toalla, metiéndole los brazos dentro para que no le molesten.

4 Sujetándolo con firmeza sobre el borde de la bañera, lávele el pelo. Utilice agua de la bañera con un poco de jabón o un poco de champú para bebés, con la mano como un cuenco para mojarle la cabeza.

Utilice una mano en forma de cuenco para aclararle el pelo.

5 Ponga al bebé en un cambiador o en sus rodillas y séquele el pelo a fondo con la segunda toalla. Quítele el pañal y límpiele esa zona con agua (como hemos visto en el apartado del aseo, en la pág. 29). Añada líquido de baño para bebés al agua.

6 Meta al bebé en la bañera, con una mano debajo de la cabeza y los hombros y la otra debajo de las nalgas. No deje de sujetarlo bien porque, al estar mojado, estará muy resbaladizo.

7 Utilice la mano que tenía debajo de las nalgas para mojar al bebé y jugar con él. Use jabón si está sucio, pero que sea suave; no lo use si tiene la piel muy reseca.

8 Colóquele una mano debajo de las nalgas y séquelo del baño. Envuélvalo en una toalla y séquelo a fondo. Aplique crema protectora en la zona del pañal, póngale un pañal limpio y vístalo.

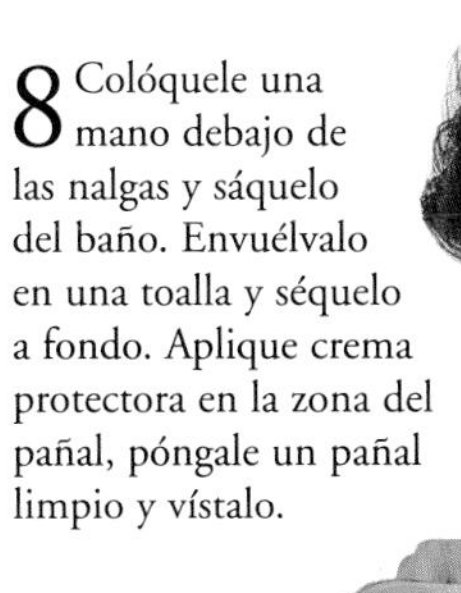

CÓMO ALIMENTAR AL BEBÉ

¿QUÉ ES MEJOR PARA MI BEBÉ: EL PECHO O EL BIBERÓN?

En general, amamantar el bebé es mejor, pero como es su bebé, es usted quien decide lo que quiere hacer. Antes, hay que tener en cuenta muchos factores.

FACTOR	LACTANCIA MATERNA	LACTANCIA CON BIBERÓN
La salud del bebé	▪ La leche del pecho siempre tiene la consistencia adecuada, con la cantidad justa de agua y nutrientes. ▪ Los anticuerpos en la leche del pecho protegerán al bebé contra las infecciones durante los tres primeros meses. ▪ Es menos probable que tenga gastroenteritis, porque la leche materna es estéril. ▪ Ofrece protección contra el eccema, el asma y otras dolencias alérgicas. ▪ Posiblemente el riesgo de diabetes infantil disminuya. ▪ No es probable que coma en demasía porque el suministro de leche materna va de acuerdo con sus demandas. ▪ La calidad de la leche materna se adapta a sus necesidades; la leche de las madres con bebés nacidos prematuramente tiene un contenido más alto en grasas y proteínas y más bajo en lactosa. ▪ Se absorbe más hierro en la leche materna. ▪ Probablemente necesitará eliminar menos gases. ▪ Las deposiciones no olerán tan mal y la comida que regurgite olerá menos a rancio.	▪ La leche que tome el bebé no se verá afectada por la salud física, la nutrición o la ansiedad de la madre. ▪ Los medicamentos que la madre deba tomar no afectarán a la leche. ▪ Sabrá exactamente cuánta leche toma el bebé. ▪ Es menos probable que se quede con hambre. ▪ Aunque la leche materna sea superior en la mayoría de aspectos, la leche preparada tiene más hierro y vitamina K (necesaria para la coagulación normal de la sangre). ▪ Si es usted vegetariana, puede que el bebé sea menos susceptible de padecer una deficiencia de vitamina B12.
Su salud	▪ La succión ayuda a que el útero se contraiga. ▪ Consume más calorías, lo cual ayuda a que recupere su figura y talla de antes del embarazo. ▪ Estimula su glándula pituitaria para que produzca prolactina, que inhibe la ovulación. La alimentación al pecho puede actuar como contraceptivo, aunque no es probable que sea eficaz al cien por cien. ▪ El riesgo de padecer cáncer de mama parece disminuir con la lactancia materna. ▪ Amamantar al bebé puede ser una experiencia muy gratificante.	▪ No necesita dejar al descubierto sus pechos, algo importante cuando hace frío y en lugares públicos. ▪ La leche no rezumará de sus pechos manchándole la ropa. ▪ Los pezones no le dolerán ni se le agrietarán ▪ Dar un biberón exige menos energía que amamantar. ▪ Hay mujeres a las que no les gusta amamantar.
Comodidad	▪ No se necesita nada especial ni hay que gastar tiempo en preparaciones. ▪ Su leche ya es estéril, está a la temperatura adecuada y lista en cualquier sitio donde usted esté, lo cual ahorra al bebé un tiempo de espera, especialmente por la noche. ▪ Es más barata que el biberón. ▪ Si empieza amamantando, siempre puede cambiar de opinión y pasar al biberón más tarde.	▪ Otra persona puede preparar los biberones. ▪ Si va a volver a trabajar o simplemente quiere dormir toda la noche sin interrupciones, otra persona puede alimentar al bebé. ▪ Amamantar no siempre es tan sencillo y fácil como uno imagina. ▪ Es posible empezar con biberones y luego pasar al pecho, aunque quizá resulte bastante difícil.
Relación y vínculo afectivo	▪ Usted y su bebé tendrán un contacto muy estrecho, de piel a piel. ▪ Favorece la intimidad que tiene con su bebé y puede reforzar su vínculo afectivo.	▪ Igualmente puede mimar al bebé y acunarlo entre sus brazos. ▪ O establecer el vínculo afectivo con él. ▪ Otras personas pueden beneficiarse de tener una responsabilidad más directa en el cuidado del bebé. ▪ Si hay un hermano mayor, se sentirá menos celoso.

LACTANCIA MATERNA

P ¿TENGO QUE HACER ALGO COMO PREPARACIÓN PARA DAR EL PECHO?

R Necesitará tres sujetadores maternos que le presten el apoyo adecuado a los pechos, con tirantes anchos que alivien el peso en los hombros y abiertos por delante para amamantar al bebé. También necesitará algunas gasas (desechables o lavables) para poner dentro de la copa de los sujetadores a fin de que absorban cualquier goteo.

P ¿TENDRÉ LECHE EN CUANTO NAZCA MI BEBÉ?

R No. Durante los primeros días, producirá sólo un líquido amarillento llamado calostro. Aunque es acuoso, es rico en proteínas y minerales, bajo en grasas y muy importante para el bebé. Algunas de las proteínas son anticuerpos que su sistema inmunológico, debido a su inmadurez, no puede producir. En muchas mujeres, el calostro brota de los senos al final del embarazo. El cuerpo continúa fabricando calostro durante un tiempo después de aparecer la leche (tres o cuatro días), aunque no es tan fácil verlo cuando se mezcla con ésta.

P ¿PODRÉ DAR EL PECHO SI NO EMPIEZO INMEDIATAMENTE DESPUÉS DEL PARTO?

R Puede esperar varios días, pero cuanto más espere, más difícil será. Si no tiene al bebé con usted, puede serle necesario extraer la leche (vea la pág. 38). Si tiene intención de amamantar al bebé, dígaselo a las enfermeras para que no le den el biberón sin su permiso. Es posible amamantar a un bebé que empezó siendo alimentado con biberón, pero es más difícil.

P ¿QUÉ ASPECTO TIENE LA LECHE MATERNA?

R Es más acuosa que la leche preparada, con un aspecto más parecido a la leche descremada, pero no se engañe, en realidad es muy nutritiva. La leche materna varía también en su composición en diferentes momentos de cada tetada. La llamada «leche inicial» es la producida al inicio de cada toma, mientras que la «leche posterior» sale más tarde. El bebé necesita los dos tipos de leche materna. La «leche inicial» sale de los conductos que hay justo detrás del pezón, así pues, surge cuando el bebé empieza a mamar. Es baja en grasa y ligeramente acuosa, lo cual satisface la sed del bebé. La «leche posterior» es más rica en calorías y más alta en grasa. Se produce en los dos tercios finales de la toma en respuesta a la succión.

P ¿TIENE SENTIDO AMAMANTAR SI PRONTO VOY A VOLVER AL TRABAJO?

R No hay razón para no empezar a dar el pecho, pero continuar cuando haya vuelto al trabajo dependerá en gran manera del tipo de trabajo que tenga y de cómo organice el cuidado del bebé. Es más fácil si el bebé es atendido en la guardería de su empresa. Se sentirá muy cansada si vuelve al trabajo mientras amamanta al bebé, pero se cansaría de cualquier modo y dar el pecho al bebé después de un día de trabajo puede ser muy gratificante para ambos. Además, incluso si se pasa a los biberones al cabo de unas semanas, ya le habrá proporcionado al bebé un buen comienzo.

P SI TENGO LOS PECHOS GRANDES, ¿PUEDO SOFOCAR AL BEBÉ?

R Es posible que unos senos grandes tapen la nariz del bebé, haciendo que le sea difícil alimentarse y respirar al mismo tiempo. No obstante, a menos que sea muy pequeño o prematuro, no es probable que se ahogue, aunque sí que deje de mamar. Pruebe a cambiar de posición (vea la pág. 34). También puede presionar en el pecho justo por encima de la aréola (la zona que circunda el pezón) para que la nariz del bebé tenga más espacio.

P TENGO PECHOS PEQUEÑOS. ¿PRODUCIRÉ SUFICIENTE LECHE?

R El tamaño del pecho no tiene nada que ver con la cantidad de leche que las glándulas de su interior producen. A veces se ha dicho que sucede lo contrario, incluso por parte de profesionales del sector sanitario, pero esas afirmaciones son incorrectas y no llevan a nada. Algunas mujeres con pechos pequeños no consiguen amamantar, pero hay mujeres con pechos grandes que tampoco lo consiguen. La diferencia es que unos comentarios inútiles e inexactos pueden hacer que una mujer con los pechos pequeños se sienta incompetente y que sus esfuerzos fracasen debido a una ansiedad sin fundamento con respecto a todo el procedimiento.

P SI AMAMANTO A MI BEBÉ, ¿LOS PECHOS ME QUEDARÁN CAÍDOS?

R No. En realidad es el embarazo, no dar el pecho, lo que hace que los pechos pierdan firmeza. Hay unos ligamentos que soportan la estructura del pecho y para impedir que se estiren en exceso, tiene que llevar siempre unos sujetadores maternos (vea la pág. 37), especialmente si tiene los pechos grandes. Necesitará por lo menos tres que se abran por delante, pero no antes de la semana 36 del embarazo.

¿Cómo doy el pecho?

Póngase cómoda y en una postura correcta antes de empezar a amamantar al bebé; estará así un rato. Siéntese en una butaca, en un sofá o en la cama y reserve unos 40 minutos. Al principio, necesitará tiempo para instaurar esa costumbre. Concéntrese en el bebé y no haga caso de las interrupciones.

Posiciones básicas

Sentada en una butaca
Siéntese, apoye la espalda y los brazos en cojines. Acérquese la cabeza del bebé, poniéndola al mismo nivel que el pecho. Todo su cuerpo tendría que estar vuelto hacia usted, no sólo la cabeza.

Apoye su peso en un almohadón.

Echada
Échese de lado en un sofá o en la cama, apoyando la cabeza en la mano o en una almohada. Coloque el bebé a su lado y de cara a usted, de forma que pueda alimentarse del pecho que queda en contacto con la cama.

Amamantar a mellizos

Como la leche materna es una cuestión de oferta y demanda, amamantar a mellizos o incluso a trillizos es posible, pero es más cansado y lleva más tiempo acumular el suministro de leche que con un único bebé. Primero póngase cómoda. Le irá bien tener una almohada triangular o en forma de V para colocar debajo de los bebés, como también que otro adulto la ayude a organizarse para cada toma.
En los primeros días es útil tener a alguien con usted por si uno de los bebés suelta el pezón. Algunas madres reservan un pecho para cada bebé pero corren el riesgo de volverse asimétricas si uno de los bebés chupa más fuerte que el otro. Pruebe a cambiar a los bebés de lado una vez se hayan acostumbrado a tomar el pecho.

Colocar a los bebés
Suele ser más fácil dar el pecho a los dos al mismo tiempo. La forma más cómoda es ponerlos debajo de los brazos, como si llevara una pelota de rugby, porque puede abrazar a los dos al mismo tiempo y ellos no pueden darse patadas.

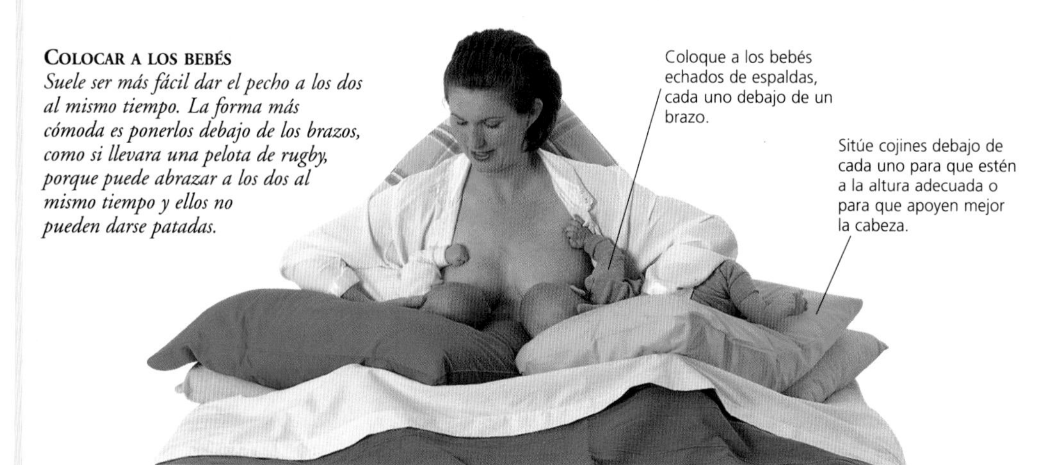

Coloque a los bebés echados de espaldas, cada uno debajo de un brazo.

Sitúe cojines debajo de cada uno para que estén a la altura adecuada o para que apoyen mejor la cabeza.

AGARRARSE AL PECHO

Así es como la boca del bebé agarra el pezón para mamar. Tiene que chupar el pezón succionando en la zona de alrededor para extraer la leche. Si sólo comprime el pezón se cerrarán los conductos y no saldrá nada.

AGARRARSE CORRECTAMENTE
El bebé tendría que cogerse al pecho. Asegúrese de que tiene tanto el pezón como la mayor parte de la aréola dentro de la boca; la parte inferior de la aréola debe quedar completamente cubierta. Si no se ha agarrado bien, no intente sacárselo tirando, ya que podría hacerse daño en el pezón; póngale un dedo en la comisura del labio para interrumpir la succión y vuelva a probar.

AMAMANTAR DESPUÉS DE UNA CESÁREA

Dar el pecho ayuda a que se contraiga el útero, algo casi más importante después de una cesárea que de un parto vaginal. Con una incisión reciente que puede tardar varias semanas en cicatrizar, amamantar puede resultar incómodo, especialmente si se trata de un bebé con más peso del habitual. Pruebe con la posición de la imagen o utilice la sujeción de «pelota de rugby» (vea la pág. anterior). A veces se aconseja dar el pecho tumbada de lado, pero darse la vuelta para ponerse de lado puede ser incómodo debido a la herida abdominal.

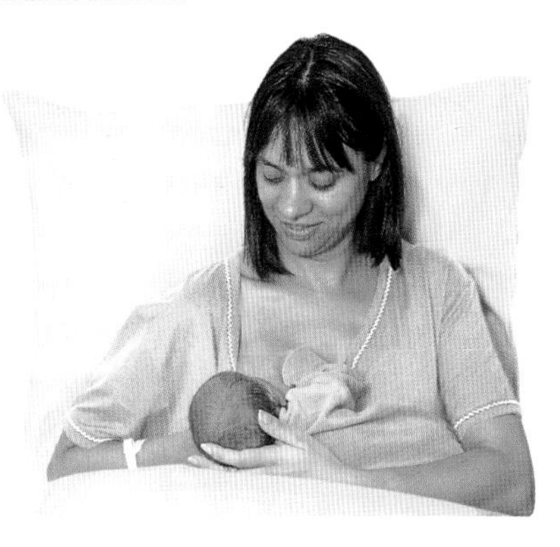

PÓNGASE CÓMODA
La postura más cómoda para amamantar al bebé después de una cesárea es levantándolo hasta la altura del pecho utilizando un montón de almohadas o cojines blandos. Así no tendrá que inclinarse hacia delante y el peso del bebé no le presionará la herida abdominal.

LOS PRIMEROS DÍAS

P ¿CON CUÁNTA FRECUENCIA TENGO QUE AMAMANTAR A MI BEBÉ RECIÉN NACIDO?

R Tiene que poner el bebé al pecho siempre que tenga hambre, «a petición». Al principio esto resultará muy irregular, pero no deje de hacerlo. Será beneficioso porque la acción de chupar aumenta la producción de leche y, conforme satisfaga sus necesidades, las tomas adoptarán una periodicidad más previsible para ambos. Un bebé de tamaño normal con menos de seis semanas hará ocho tomas cada 24 horas, como mínimo, una o dos de las cuales serán durante la noche.

P ¿CUÁNTO TIEMPO TENGO QUE DEJAR QUE SE ALIMENTE?

R «Todo el tiempo que quiera» es el consejo habitual, pero esto quizás no sea del todo acertado. Los bebés dedican entre 10 y 20 minutos a cada pecho; algunos mucho más y no todo ese tiempo es productivo. Dejar que el bebé decida sigue siendo la mejor política, aunque quizá resulte difícil o incómodo. Sus pechos necesitarán la estimulación de la succión para producir la cantidad adecuada de leche. Lo ideal es ofrecer ambos pechos en cada toma, pero como los bebés maman normalmente más de un lado que del otro, empiece con un pecho diferente cada vez para equilibrar.

P ¿CÓMO PUEDO SABER SI MI BEBÉ TOMA SUFICIENTE LECHE?

R Con la leche materna es difícil saberlo. La prueba será que el bebé progrese, aunque se necesitará por lo menos una semana o dos para que esto se refleje en un aumento de peso. Si está preocupada, pese al bebé más a menudo. Algunas madres pesan al bebé antes y después de cada toma para calcular cuánto han tomado, pero eso no es del todo fiable. Ni tampoco puede comparar la cantidad de leche materna con la preparada. La concentración de la leche materna varía, así que el peso de la toma no es relevante.

P ¿QUÉ TENGO QUE HACER SI EL BEBÉ SE QUEDA DORMIDO A MITAD DE UNA TOMA?

R Déjelo que duerma y usted tómese un descanso. Quizá no pase mucho tiempo hasta la siguiente toma. No obstante, si cree que ha tomado muy poco, cámbiele el pañal. Esto puede despertarlo lo suficiente como para que vuelva a mamar. No es posible obligar a un bebé a permanecer despierto y alimentarse y no tiene que intentarlo; la única excepción sería que el bebé estuviera enfermo o fuera muy prematuro y le resultara agotador chupar.

P ¿TENGO QUE AMAMANTAR A LOS MELLIZOS AL MISMO TIEMPO?

R Dar el pecho simultáneamente ahorra tiempo y aprovecha la leche que pueda derramarse del otro pecho, pero puede que los bebés no quieran alimentarse al mismo tiempo. Cuando uno de los dos se despierta para comer, muchas madres despiertan al otro y lo ponen también al pecho. Alimentarlos separadamente significa que cada uno reciba atención individual, pero tendrá que pasar más tiempo dando el pecho y le quedará menos para todo lo demás.

P ¿TENGO QUE HACER ERUCTAR AL BEBÉ DESPUÉS DE CADA TOMA?

R La mayoría de bebés lo necesitan, pero no todos. Los bebés que toman el pecho ingieren menos aire que los que se alimentan con biberón. Pronto descubrirá si el bebé tiene mucho aire. Si sólo tiene una mínima cantidad, quizá lo único que necesite sea una pausa en posición vertical después de la toma para que pueda sacarlo (vea la pág. 44).

P ¿TENGO QUE DESPERTAR AL BEBÉ PARA AMAMANTARLO?

R En general, los bebés responden a sus propias necesidades; así pues, no tiene que despertar al bebé para que coma. No obstante, los bebés muy pequeños o prematuros pueden necesitar más tomas de las que piden. Si su bebé es pequeño o vulnerable por la razón que sea, pregúntele al médico si tiene que ponerlo al pecho, digamos, cada dos o tres horas tanto si lo pide como si no.

P ¿ES NECESARIO QUE TAMBIÉN LE DÉ AGUA A MI BEBÉ?

R A diferencia de la leche preparada, la leche materna es completa y se adapta a sus exigencias. También es más baja en sodio, así que no se deshidratará. No necesitará darle agua a menos que las circunstancias sean excepcionales: si está usted enferma o en caso de una ola de calor. No obstante, dar biberones con agua a su bebé puede acostumbrarlo a usar una tetina, haciendo que más tarde sea menos traumático pasar del pecho al biberón.

GUÍA DE SUPERVIVENCIA PARA PADRES

MI BEBÉ CHILLA CUANDO LO PONGO AL PECHO

No es raro que un bebé con un hambre terrible chille cuando lo ponen al pecho, en lugar de aferrarse al pezón. Entre las causas posibles están las siguientes:

- Los pechos están tan llenos de leche que el bebé no puede agarrarse bien.
- Puede que el bebé tenga muguet en la boca.
- Puede que usted haya comido algo que no le siente bien a él.
- Puede que le disguste algún producto de perfumería o cosmética que usted esté usando.
- Puede que esté enfermo, por ejemplo con una infección de oído (vea la pág. 217), o que tenga un resfriado que le obstruya la nariz
- Si en algún momento le ha dado un biberón, tal vez no le guste tener que hacer el esfuerzo extra para extraer leche del pecho.
- Puede tener tanta hambre que no consiga mamar.

Posibles soluciones

- Primero, relájese. Sea paciente y cariñosa. Una toma no tiene que ser una batalla y disgustarse no la ayudará en nada, ya que el bebé se contagiará de cualquier preocupación que usted sienta.
- Si tiene los pechos demasiado llenos, tome un baño caliente con toallas mojadas sobre los senos. También puede extraerse algo de leche a mano o con un sacaleches.
- Mire la boca del bebé para ver si tiene muguet (una infección por *Candida albicans*). Tiene el aspecto de puntos o manchas blancuzcas en las encías. También la lengua puede tener un aspecto rojizo y moteado. Si descubre estas señales, consulte al médico.
- Dele el pecho en un lugar tranquilo y dígale a todo el mundo que no la molesten mientras lo esté haciendo.
- Pruebe con una posición diferente, por ejemplo la «pelota de rugby» (vea la pág. 34).
- Deje que el bebé le chupe primero el dedo.
- Pruebe a tentarlo dejándole caer unas gotas de leche (o de calostro) sobre los labios.
- No ejerza la fuerza para sujetar al bebé mientras trata de darle el pecho, pero sí que puede probar a envolverlo en una manta (vea la pág. 48).
- Asegúrese de que está en la posición correcta y que no tiene la nariz obstruida.
- Si sigue sin cogerse al pecho, déjelo y vuelva a probar al cabo de media hora.

Cuando encuentre una solución, procure averiguar por qué ha funcionado y recuérdelo para la próxima vez. Si no sabe por qué el bebé está tan agitado, simplemente asegúrese de que en el futuro no tenga que esperar para su toma. Si nada de esto funciona, consulte al médico por si el bebé estuviera enfermo.

CUIDE DE SÍ MISMA

P ¿NECESITARÉ SUJETADORES ESPECIALES PARA AMAMANTAR AL BEBÉ?

R Sí. Los sujetadores corrientes abrochados delante no son prácticos cuando se está dando el pecho y sus sujetadores habituales no serán lo bastante grandes. Para facilitar el proceso, compre los sujetadores maternales antes de que nazca el bebé. Tienen copas que pueden abrirse individualmente, mientras que otros se sueltan del tirante.

P ¿POR QUÉ ME GOTEA EL OTRO PECHO DURANTE UNA TOMA?

R Los pechos de muchas mujeres gotean, mientras que en los de otras la leche sale a chorro. En ambos casos se trata del reflejo normal de la subida, que hace que la leche se concentre en el pezón. Ese reflejo es también el responsable de la sensación de tensión que puede experimentar al empezar una toma y de la tirantez que puede sentir en ambos pechos cuando se acerca la hora de dar el pecho o cuando oye que su bebé llora con hambre. Lleve una gasa absorbente dentro de cada copa del sostén para impedir que la ropa se le moje o manche.

P LOS PECHOS SIEMPRE ME GOTEAN POR LA NOCHE. ¿PUEDO HACER ALGO?

R Hasta cierto punto esto es normal. Como usted descansa por la noche (y puede que el bebé duerma), los pechos producen naturalmente más leche y, por lo tanto, de madrugada puede despertarse empapada. Para su comodidad, cuando se vaya a dormir, póngase unos sujetadores que le ajusten bien y varias gasas absorbentes.

P NOTO LOS PECHOS DEMASIADO LLENOS. ¿QUÉ PUEDO HACER?

R Es normal sentirlos demasiado llenos, especialmente en los días entre el segundo y el cuarto después del parto, cuando aumenta el flujo sanguíneo a los senos y sube la leche. Eso se llama congestión. Puede que los pechos le latan y le duelan o parezcan estar llenos de bultos. También los pezones pueden verse afectados, ya que la plenitud de los senos puede impedirles sobresalir y entonces el bebé tendrá dificultades para agarrarse. Si le sucede esto, dese un baño caliente o póngase toallas mojadas en los pechos. Si esto no es suficiente, extraiga algo de leche manualmente, o con un sacaleches (vea la pág. 38). No trate de vaciar los pechos por completo: extraiga sólo un poco de leche. Aumente la frecuencia de las tomas, hasta cada hora si es necesario. Si aplica un masaje suave en los senos mientras esté dando el pecho, puede ayudar a estimular el flujo de leche y aliviar la congestión. Tome una o dos tabletas de paracetamol si las necesita.

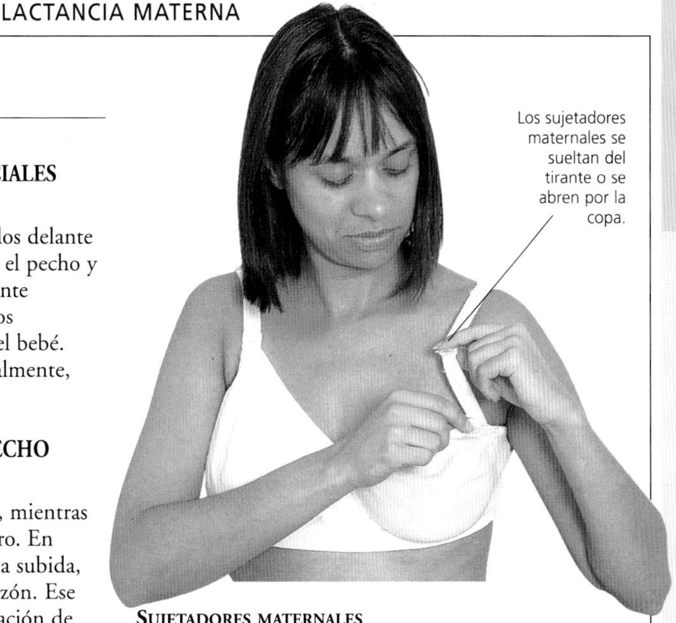

SUJETADORES MATERNALES
Son esenciales para dar el pecho. Lo ideal es que compre dos o tres, 3 o 4 semanas antes de que nazca el bebé. Si es posible haga que se los adapten a su medida. Necesitará una talla mayor con una copa también mayor que antes. Quizá las copas le parezcan grandes al principio, pero no será así una vez que le haya subido la leche.

P ¿POR QUÉ EL AMAMANTAR ME PRODUCE DOLOR DE ESTÓMAGO, COMO UNA CONTRACCIÓN?

R Esto puede suceder porque el útero se está contrayendo. La succión del bebé en el pezón estimula la glándula pituitaria del cerebro, haciendo que segregue una hormona, la oxitocina. Esta hormona es la que hace que el útero se contraiga, provocando los dolores abdominales que siente cuando da el pecho al bebé. No se preocupe. Se llaman entuertos y suelen desaparecer al cabo de unos días de dar el pecho. Continuará produciendo oxitocina, pero como el útero se habrá contraído a un tamaño más normal, no sentirá nada en el abdomen cuando amamante al bebé.

P ¿DÓNDE PUEDO ENCONTRAR AYUDA SI TENGO ALGÚN PROBLEMA PARA AMAMANTAR AL BEBÉ?

R Puede hablar con el médico. En muchos países hay grupos de apoyo formados por madres que han tenido y resuelto problemas al dar el pecho. El hecho de que amamantar sea un proceso natural no siempre equivale a que sea fácil empezar. Muchas mujeres tienen problemas durante las primeras semanas, así que hable con otras madres antes de tirar la toalla definitivamente.

P ¿DAR EL PECHO ME AYUDARÁ A RECUPERAR MI SILUETA?

R Sí. Dar el pecho puede ayudarla a recuperar la silueta. La razón es que el proceso de amamantar plantea exigencias a su metabolismo y le hará gastar más calorías que si alimentara al bebé con biberón. Además, las hormonas producidas estimulan al útero para que se contraiga hasta volver a la normalidad más rápidamente. No obstante, es importante recordar que esto puede llevar tiempo; por lo tanto no se sienta frustrada si no sucede durante las primeras semanas después del parto. Asimismo, no hay garantías de que vuelva a tener la misma silueta y peso que tenía antes de nacer el bebé.

P ¿NECESITO COMER MÁS MIENTRAS ESTÉ AMAMANTANDO AL BEBÉ?

R Necesita comer más que antes de quedar embarazada. Por término medio, necesitará entre 500 y 600 calorías extra al día para mantener la producción de leche (más si tiene mellizos o trillizos). Su apetito le servirá de guía, pero para darle una idea, 500 calorías son aproximadamente una comida ligera extra al día. Si tiene mellizos (vea la pág. 34) necesitará por lo menos 1.000 calorías extra. También puede picar entre comidas alimentos nutritivos que contengan muchas proteínas, carbohidratos y calcio, en lugar de grasas. No caiga en la tentación de saltarse comidas, incluso si tiene exceso de peso.

¿PUEDO EXTRAERME LA LECHE?

Si se está saltando tomas porque no está con el bebé (y éste toma el biberón o leche materna extraída), extraerse la leche mantendrá su producción. Si necesita hacerlo de forma regular, estudie la posibilidad de utilizar un sacaleches. Consulte a su médico.

EXTRACCIÓN MANUAL

El método más simple es la extracción manual. Es lento pero no necesita nada más que un recipiente estéril para guardar la leche. Es especialmente adecuado para aliviar unos senos congestionados o para los pezones irritados.

¿Cómo debo guardar la leche extraída?
Guárdela en la nevera en una botella estéril un máximo de 24 horas o utilice una nevera portátil y bolsas de hielo. Caliéntela al baño maría. Para conservarla más tiempo, congélela en botellitas de plástico y utilícela antes de seis meses. Descongélela a temperatura ambiente o en la nevera. Nunca la vuelva a congelar ni recalentar.

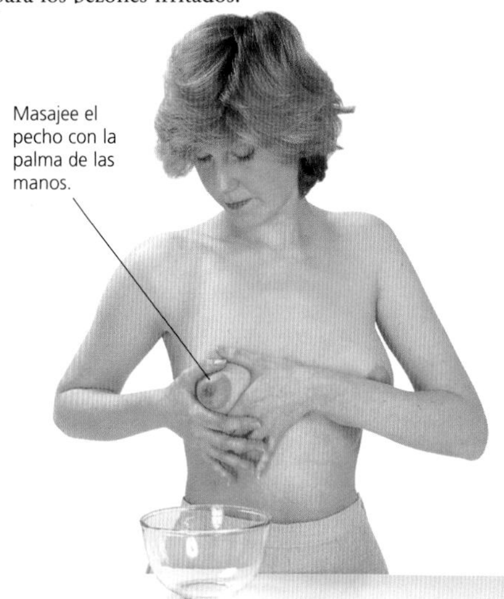

1 Sostenga el pecho con una mano y utilice la otra para presionar suavemente en dirección al pezón. Masajee todo el pecho de esta manera.

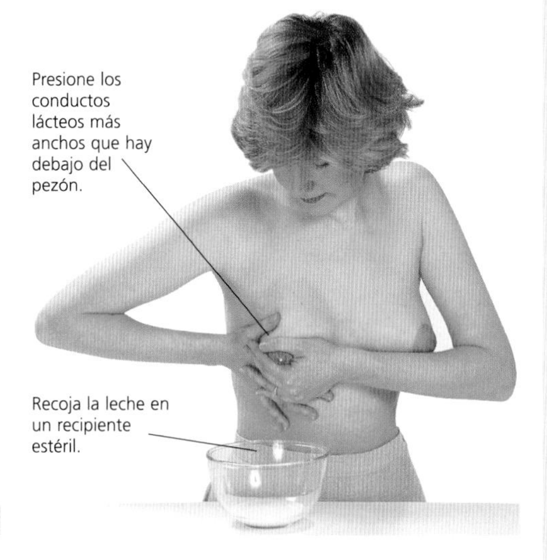

2 Presione en el borde entre el pezón y el resto del pecho. La leche saldrá a chorritos finos; continúe masajeando esta parte del pecho y fluirá la leche.

P ¿CUÁL ES LA MEJOR MANERA DE AUMENTAR Y MANTENER MI PRODUCCIÓN DE LECHE?

R Deje que el bebé se alimente siempre que tenga hambre; la producción de leche sigue la ley de la oferta y la demanda. Como los bebés grandes necesitan más sustento, un bebé con mucho peso puede querer alimentarse más a menudo que otro con menos. Es también importante relajarse mientras dé el pecho, la tensión puede inhibir el reflejo de subida. Como su salud afectará a su producción de leche, cuídese. Procure descansar lo suficiente; acostarse un rato por la tarde es una buena idea, ya que esto aumentará la cantidad de leche para la toma de primera hora de la noche, que puede ser bastante baja. Posponga o delegue los trabajos físicos pesados. Tampoco es recomendable hacer ejercicios violentos, incluso si es usted del tipo atlético; consumirá calorías y se dice que aumenta el contenido en ácido lácteo de la leche materna. Beba mucha agua y siga una dieta sana y equilibrada. Es necesario que haga comidas regulares a lo largo del día. Quizá quiera eliminar algunos kilos, pero no se ponga a dieta. Ahora no es el momento de reducir la cantidad de alimentos que toma.

P ¿PUEDO AUMENTAR MI PRODUCCIÓN DE LECHE SI NO TENGO SUFICIENTE?

R Sí. El mejor consejo es que descanse mucho y se dé la oportunidad de producir más leche. Puede probar a permanecer acostada la mayor parte del día, llevándose al bebé con usted. Deje todas las tareas de la casa y pídale a su pareja, a la familia o a los amigos que las hagan por usted. Coma bien, beba mucho y dé el pecho al bebé con la mayor frecuencia posible. Al cabo de 48 horas debe haber aumentado su producción y tener mucha más leche. Si esto le preocupa, consulte al médico.

P ¿QUÉ ALIMENTOS Y BEBIDAS DEBO EVITAR MIENTRAS DÉ EL PECHO?

R En general, no hay nada que deba evitar siempre que tome alimentos sanos, pero si hay alergias en la familia, entonces es mejor evitar los cacahuetes y el aceite de cacahuete bajo cualquier forma. Esto puede evitar que el bebé sea alérgico a los cacahuetes más tarde. Algunas mujeres opinan que comer alimentos muy especiados, cítricos, col o coles de Bruselas y alubias causa trastornos en la digestión del bebé y hace que llore, tenga un exceso de gases y unas deposiciones más sueltas. El zumo de los cítricos también puede causar problemas. Si es así, elimine esos alimentos de su dieta y observe si hay cambios en el bebé. Hay muchas madres que creen que las cebollas y los ajos hacen que el bebé no quiera mamar, pero eso es algo improbable si están cocinados.

P ¿CUÁNTO LÍQUIDO TENGO QUE BEBER MIENTRAS DÉ EL PECHO?

R Beba tanto como le apetezca. Muchas mujeres sienten una sed enorme al principio de una toma, así que puede ser una buena idea poner una bebida a mano antes de sentarse a dar el pecho. No obstante, no tiene sentido obligarse a beber si no tiene ganas. Ingerir líquidos a la fuerza no hará que produzca más leche.

P ¿DEBO EVITAR BEBER ALCOHOL MIENTRAS DÉ EL PECHO?

R No, pero el alcohol puede pasar al bebé a través de la leche materna; así pues, tiene que limitarse a cantidades pequeñas, por ejemplo una única bebida alcohólica al día. Miles de mujeres lactantes disfrutan tomando una bebida alcohólica de vez en cuando, sin que esto le cause ningún daño al bebé. El alcohol puede ayudar a relajarla, lo cual no es nada malo.

¿NO HAY PELIGRO EN TOMAR MEDICAMENTOS?

¿Puedo tomar analgésicos?
La aspirina puede pasar a la leche materna y hacer que un bebé sangre en exceso, con unos resultados peligrosos. Probablemente, eso es algo que sólo sucede si se toman dosis altas, pero es mejor evitar ese medicamento. Para los pequeños dolores y molestias, el paracetamol es una buena alternativa. Aunque también pasa a la leche materna, las cantidades son demasiado pequeñas.

¿Y otros medicamentos?
A veces una madre lactante necesita medicamentos que pueden afectar al bebé. Como con cualquier medicación, hay que evaluar cuidadosamente el equilibrio entre el riesgo y el beneficio. No obstante, por lo general se puede optar por otro medicamento o se puede pasar al biberón.

- Los medicamentos que pasan a la leche materna son los siguientes:
- Los anticoagulantes, como la warfarina.
- Algunos antibióticos, como la tetraciclina.
- Algunos antidepresivos, como la fluoxetina.
- Muchos productos contra la hipertensión.

Hay también otros factores que considerar. Las píldoras contraceptivas de estrógeno y progesterona combinadas reducen la producción de leche, pero se puede tomar la píldora diaria de progesterona sola.

PROBLEMAS DE LA LACTANCIA MATERNA

P ¿ES NORMAL TENER LOS PEZONES DOLORIDOS?

R Es habitual una cierta irritación al principio, quizá durante dos o tres semanas, hasta que se endurecen debido a la succión del bebé. No obstante, si es algo más que una simple molestia, entonces puede que el bebé no se agarre correctamente; si muerde la punta del pezón hará que se irrite (vea la pág. 35). Pero también pueden irritársele los pezones aunque el bebé se coja perfectamente.

P ¿QUÉ PUEDO HACER PARA RESOLVER EL PROBLEMA?

R Compruebe que el bebé coge correctamente el pecho. Nunca estire para sacarle el pecho de la boca; utilice un dedo para eliminar el efecto de ventosa provocado por la succión. Si le duelen los pezones, examínelos; si están enrojecidos, irritados y punteados de blanco puede tener una infección y debe ir al médico. Mantenga los pezones siempre limpios y secos entre tomas; no deje gasas húmedas dentro del sujetador. Utilice un secador a baja velocidad para secarse los pezones y prescinda de sujetador cuando pueda. No utilice cremas a menos que se lo aconseje el médico. Si no tiene un dolor muy agudo, continúe amamantando al bebé. Tiene que darle el pecho con la frecuencia habitual, pero quizá tenga que limitar el tiempo que el bebé pasa mamando. La mayoría de la leche sale en los primeros cinco o diez minutos, por lo tanto, tendrá el suficiente alimento aunque mame menos tiempo.

P TENGO UNA GRIETA DOLOROSA EN EL PEZÓN. ¿HE DE DEJAR DE AMAMANTAR AL BEBÉ?

R No necesariamente. Una grieta puede ser el resultado de un pezón irritado o puede aparecer sin previo aviso. Quizá sangre un poco, pero nunca dé por supuesto que la sangre que haya en la leche se deba a ese problema. Si no puede ver ni notar que haya una grieta, consulte con el médico. Posiblemente podrá seguir amamantando al bebé utilizando un pezón artificial, que se puede adquirir en la farmacia y en algunas otras tiendas. Si sigue sintiendo mucho dolor, deje de dar ese pecho durante 24 horas, alimente al bebé con biberones y extráigase la leche para evitar la congestión. Cuando mejore, vuelva a poner el bebé al pecho, limitando la duración de cada toma, pero no su frecuencia. Si la grieta no se cura rápidamente, consulte con el médico; puede que necesite un antibiótico.

P TENGO AMPOLLAS ROJIZAS EN LOS PEZONES. ¿POR QUÉ?

R Mientras no le duelan, esas pequeñas ampollas no tienen que preocuparle en absoluto. Se producen por la fuerza con que el bebé succiona y son más habituales en las primeras semanas. Consulte con el médico si son grandes y le duelen.

P ME DUELEN LOS PECHOS, PERO LOS PEZONES TIENEN UN ASPECTO NORMAL. ¿POR QUÉ?

R Muchas mujeres sienten un dolor agudo cuando empiezan a amamantar al bebé. Podría ser debido al súbito llenado de los conductos lácteos. No obstante, no hay por qué preocuparse. Es un dolor normal y desaparecerá al continuar amamantando. Si persistiera, vea si el pecho tiene un aspecto enrojecido e inflamado. Si es así, consulte con el médico.

P ¿QUÉ TENGO QUE HACER SI UNO DE MIS DOS PECHOS ESTÁ SENSIBLE E IRRITADO?

R En las primeras semanas, una zona sensible en un pecho puede ser debida a un que un conducto lácteo se obstruye y el pecho se inflame. Si le pasa esto, beba mucho líquido y no lleve sujetador durante un tiempo. También puede ponerse una hoja de col en el interior del sujetador; parece ser útil. Amamante al bebé con frecuencia, empezando con el pecho dolorido y mientras lo hace, dese un masaje suave por encima de la zona sensible, presionando hacia el pezón. Consulte al médico si tiene fiebre, dolores generalizados o escalofríos; podrían ser debidos a una mastitis, que haría necesario un tratamiento con antibióticos.

P ¿POR QUÉ NOTO LAS AXILAS HINCHADAS AHORA QUE DOY EL PECHO?

R Una parte del pecho llega hasta las axilas; se llama el extremo axilar. Puede notar que esa zona está repleta justo antes de una toma, pero es una sensación que tiene que desaparecer rápidamente. Si tiene dolor o hinchazón de forma persistente en las axilas, consulte con el médico.

P ME HA SALIDO UN BULTO EN EL PECHO. ¿ES CÁNCER?

R Un bulto en el pecho no suele ser cáncer. Un bulto que se desarrolla durante la lactancia con frecuencia sólo es un conducto bloqueado o quizá un pequeño quiste lleno de leche. Es bastante corriente en las primeras etapas de la lactancia materna. No obstante, para estar tranquila, consulte con el médico si el bulto no ha desaparecido al cabo de unos días.

CÓMO COMBINAR LA LACTANCIA MATERNA Y LOS BIBERONES

P ¿PUEDO CAMBIAR DE OPINIÓN Y DAR EL PECHO SI HE EMPEZADO CON BIBERONES?

R Sí, aunque es mucho más difícil que al revés. Cuanto antes vuelva a dar el pecho al bebé, mejor y lo ideal es hacerlo antes de que se acostumbre al biberón, porque la leche sale más rápidamente y una tetina es, por lo general, más fácil de chupar que un pezón. Cuando decida pasar del biberón al pecho, tendrá que esforzarse mucho para estimular su producción de leche. Para hacerlo, descanse mucho, siga una dieta sana y nutritiva y beba mucho líquido durante todo el día (vea la pág. 39).

P ¿PUEDO COMBINAR EL PECHO Y LOS BIBERONES CON ÉXITO?

R Sí, pero tendrá que hacer un esfuerzo. Para que funcione bien, amamante al bebé cuando su producción de leche esté en su punto máximo. Por la mañana temprano es la mejor opción, pero también hay otros momentos, dependiendo de sus habitos personales y de su forma de vida. Cuando funciona bien, parecería que la combinación de pecho y biberón es tener lo mejor de ambos mundos. No obstante, pueden ser muchas molestias para usted, ya que necesitará toda la entrega que exige amamantar más toda la parafernalia que requiere esterilizar y preparar los biberones. Por otro lado, la combinación puede tener ciertas ventajas y no es la menor que le proporciona satisfacción a usted y una valiosa protección anticuerpos a su bebé.

P ¿ES BUENA IDEA DAR UN BIBERÓN DE LECHE PREPARADA, ADEMÁS DE LECHE MATERNA?

R Puede serlo para complementar las tomas de leche materna, por ejemplo cuando el bebé no gana peso. Si quiere continuar dando el pecho, los biberones sólo tendrían que complementar, no sustituir la leche materna. Por esta razón, muchas madres deciden dar un biberón a primera hora de la noche, un momento en que es probable que la leche materna no sea abundante. O si trabaja, puede optar por dar biberones durante el día y el pecho por la noche. Si quiere continuar amamantando al bebé, entonces es mejor no empezar con los biberones hasta que el bebé esté bien acostumbrado al pecho, digamos cuando tenga unas cuatro semanas.

P ¿TENDRÉ PROBLEMAS PARA HACER QUE MI BEBÉ SE INTERESE EN LOS BIBERONES?

R Quizá. Un biberón y su tetina no huelen tan bien como usted, así que el bebé puede rechazarlos al principio. Pruebe a dejar que otra persona le dé el biberón, para que no se sienta confuso teniéndola a usted tan cerca. Si sigue rechazándolo, pruebe con otra tetina (vea la pág. 42). Por lo general, su paciencia se verá recompensada. No obstante, si todo lo demás falla, puede darle la leche de una taza o con una cuchara. Incluso los bebés muy pequeños pueden tomar la leche así, aunque debe esterilizar siempre todo lo que use (vea la pág. 42).

P ¿LE DOY EL BIBERÓN ANTES O DESPUÉS DEL PECHO?

R Si quiere continuar amamantándolo, dele el biberón después de que haya tomado todo lo que quiera de los dos pechos. Si le ofrece el biberón primero, tomará toda la leche que necesita de él y casi no chupará el pecho, especialmente porque los pezones suelen necesitar más esfuerzo que una tetina. Sin estímulo, al cabo de unos días su producción de leche disminuirá. Darle un biberón en lugar de una tetada tendrá los mismos resultados.

P ¿NO TENDRÉ POCO A POCO MENOS LECHE SI LE DOY BIBERONES?

R Probablemente sí, si no le da el pecho con frecuencia. No obstante, mientras no deje de estimular la producción de leche, tendría que conseguir combinar el pecho y los biberones.

P ¿PUEDO HACER ALGO MÁS PARA ESTIMULAR MI PRODUCCIÓN DE LECHE?

R Si no ha empezado a dar el pecho al bebé hasta más de una semana después del parto, puede necesitar un accesorio de relactancia (complementación). Se trata de un recipiente con leche preparada que se cuelga del cuello; el bebé se alimenta a través de un fino tubo (cuya salida descansa al lado del pezón) cuando chupa el pecho. Este aparato copia la alimentación al pecho, pero proporciona al bebé leche preparada. La succión del bebé al alimentarse de esta manera estimulará su propia producción de leche. Las madres adoptivas que quieren amamantar a su bebé también pueden utilizar este accesorio con éxito.

LACTANCIA CON BIBERÓN

P ¿QUÉ NECESITO PARA EL BIBERÓN DE MI BEBÉ?

R Necesitará lo siguiente: ocho biberones (de tamaño estándar) con tapa, más de ocho tetinas (porque se rompen y estropean con facilidad), un aparato para esterilizar, leche preparada con una cucharilla medidora, un cuchillo de filo recto (preferiblemente de plástico), una jarra medidora (opcional), un cepillo limpiabotellas para lavar los biberones, sal de mesa (si utiliza tetinas de goma), y un embudo (de plástico).

P ¿CUÁL ES LA MEJOR CLASE DE TETINA?

R La que mejor le vaya al bebé. Las tetinas de goma son las más baratas. Escoja una con un agujero de tamaño medio, a menos que el pediatra le aconseje lo contrario. Si el agujero es demasiado grande, el bebé puede atragantarse, mientras que si es demasiado pequeño el bebé se sentirá frustrado. Las tetinas de goma se deterioran rápidamente y no duran mucho; tírelas en cuanto se agrieten o las note pegajosas.

P ¿HAY DIFERENCIAS ENTRE LAS DIFERENTES LECHES PREPARADAS? ¿QUÉ TIPO ES EL MEJOR?

R Las leches preparadas varían ligeramente en su contenido y sabor. Lo mejor es que adopte un preparado con suero (la llamada fórmula de la primera etapa). Son las más adecuadas para la digestión y los riñones de un recién nacido. Hay algunas fórmulas vegetarianas en el mercado; consulte con el pediatra.

P ¿PUEDO CAMBIAR DE MARCA?

R No es recomendable, porque la digestión del bebé sigue sin estar plenamente desarrollada y se cree que necesita acostumbrarse a un único tipo de preparación. Además, puede disgustarle el cambio de sabor. No obstante, consulte con el pediatra si está preocupada porque el bebé no progresa.

P ¿DEBO AÑADIR ALGO AL PREPARADO?

R La respuesta casi siempre es «no». Pero si el bebé tiene estreñimiento, pese a darle preparados extra y agua y el doctor decide que no hay ningún problema, puede aconsejarle que añada un poco de azúcar moreno al preparado. Esto ablandará las deposiciones y hará que le resulte más fácil expulsarlas, pero puede ser perjudicial para los dientes en formación y, además, hará que el bebé se acostumbre a los dulces. No obstante, a veces añadir azúcar puede resultar útil.

P ¿PUEDO CALENTAR LOS BIBERONES EN UN HORNO MICROONDAS?

R No. Las radiaciones de un microondas calientan las grasas más rápidamente que otras sustancias y pueden formar puntos calientes en la leche que queman o irritan al bebé. Como resultado, los delicados tejidos de la boca y la garganta pueden hincharse, obstruyendo el paso del aire y llegando incluso a ocasionar la asfixia.

P ¿NO ES PELIGROSO LLEVAR BIBERONES TODO EL DÍA EN LA BOLSA?

R No, siempre que se mantengan fríos. Necesitará una bolsa nevera, preferiblemente con una bolsa de plástico con hielo. Hay bolsas con un aislante especial diseñadas para llevar un biberón.

¿CÓMO MANTENGO LOS BIBERONES Y LAS TETINAS LIMPIOS?

¿Cómo limpio los biberones y las tetinas?
Lávelo todo con agua jabonosa caliente y frote los biberones y las tapas, así como los bordes con el cepillo para biberones. Si utiliza tetinas de goma, vuélvalas del revés, frótelas con un poco de sal, usando los dedos, para eliminar los residuos de leche. Aclare la sal *por completo*.

¿Es necesario que los esterilice?
Sí. Debido al riesgo de gastroenteritis, debe esterilizar todo lo que use para los biberones, incluyendo el cuchillo que utilice para rasar la leche en polvo en la cucharilla medidora. Hay tres métodos básicos para esterilizar:

- Esterilización en agua fría utilizando productos químicos (tabletas o líquido).
- Esterilizadores al vapor, hechos para los biberones pequeños, sean aparatos eléctricos o de los que se meten en un microondas doméstico.
- También puede esterilizar los biberones hirviéndolos en un cazo con agua durante 10 minutos (las tetinas necesitan cuatro minutos). Este método tiende a dejar residuos, pero es cómodo para una emergencia.

¿Cómo preparo las tomas de biberón?

Prepare varios biberones al mismo tiempo. Para 24 horas el bebé necesitará unos 150 ml. de preparado por kilo de peso. Si el bebé vacía un biberón por completo, prepare más leche en la próxima tanda. Los biberones pueden guardarse hasta 24 horas en la nevera a 5 °C.

El método de la jarra

Empiece siempre por lavarse las manos. Saque la jarra, el cuchillo y el embudo del esterilizador; no los aclare. Hierva agua nueva para cada tanda de biberones; vacíe el hervidor cada vez. No utilice agua descalcificada, ya que algunos descalcificadores domésticos añaden sodio al agua.

¿Qué necesito?

- Un aparato esterilizador.
- Una jarra medidora, un embudo, un cuchillo y una cuchara.
- Leche en polvo con una cucharilla medidora.
- Ocho biberones.

1 Ponga la cantidad adecuada de agua hervida en la jarra; deje enfriar un poco. Saque los biberones y las tetinas del esterilizador.

2 Añada la cantidad adecuada de leche preparada al agua; si pierde la cuenta, vuelva a empezar. Remueva la leche para deshacer cualquier grumo; el polvo se disuelve en agua caliente.

3 Vierta la cantidad correcta de leche en cada biberón. Coloque la tetina invertida en el biberón, con cuidado para que no toque la leche. Enrosque bien la tapa.

El método del biberón

Primero lávese las manos, luego saque los biberones y las tetinas del esterilizador; no los aclare. Utilice agua recién hervida para llenar los biberones.

1 Vierta la cantidad correcta de agua en cada biberón esterilizado. Espere que el agua tenga la temperatura adecuada: 50-60 °C.

2 Cuando el agua se haya enfriado lo suficiente, añada a cada biberón el número de cucharadas de leche correcto. Si se descuenta, vacíelo y vuelva a empezar.

3 Coloque la tetina en el biberón y enrosque la tapa para crear un cierre hermético.

4 Agite cada biberón para disolver cualquier grumo. Guárdelo en la nevera hasta que lo necesite.

Cómo calentar la leche

Ponga el biberón sin abrir en un cazo o cuenco con agua caliente. Cuanto más caliente esté el agua, más rápido se calentará el biberón. Puede utilizar agua acabada de hervir, añadiendo quizá un poco de agua del grifo.

Cómo comprobar la temperatura de la leche
Primero agite el biberón; luego viértase un poco de leche en la parte interior de la muñeca. Tiene que estar a unos 37 °C, la temperatura de la sangre, y no la notará ni fría ni caliente en la piel. Si no está suficientemente caliente, ponga la tapa exterior sobre la tetina y coloque el biberón en el agua caliente. Si está demasiado caliente, añada un poco de agua fría al cazo o cuenco para enfriarlo. Agite siempre el biberón antes de comprobar la temperatura.

¿CÓMO TENGO QUE DARLE EL BIBERÓN A MI BEBÉ?

Prepárelo todo antes de empezar y siéntese en un lugar cómodo y tranquilo. Reserve tiempo para la toma y no apresure al bebé. Procure no hacer caso de ninguna interrupción mientras le esté dando el biberón.

CÓMO DAR EL BIBERÓN AL BEBÉ

1 Acérquele el biberón templado (vea la pág. 43) a la boca. Tóquele el labio o la comisura de la boca con la punta de la tetina. Inmediatamente se volverá hacia el biberón, buscándolo, y empezará a chupar.

2 Sostenga el biberón inclinado de forma que la tetina siempre esté llena; esto ayudará a que el bebé no ingiera aire. Observe el nivel de la leche y también la tetina, que no tendría que quedar totalmente aplanada. Si esto sucede, sáquesela un poco de la boca para romper el vacío y luego vuelva a dársela.

CÓMO HACER ERUCTAR A SU BEBÉ

¿Cuál es la mejor manera de hacer eructar a mi bebé?
Sosténgalo derecho, sentado sobre su falda, y frótele suavemente la espalda, sujetándole la cabeza y la espalda. Cuando tenga unas cuatro semanas, puede ayudarlo a eructar apoyándolo en su hombro. Cuando un bebé saca aire, puede devolver también alguna cantidad de alimento; esto se llama regurgitar.

¿Qué hago si se queda dormido?
Si el bebé se queda dormido durante una toma y no puede ayudarlo a eructar sin despertarlo, no se preocupe. Si suele producir muchos aires, sosténgalo derecho durante un rato, ya que puede eructar aunque esté dormido. Puede incluso sostenerlo apoyándolo en su hombro. Mientras tenga cuidado de que la cabeza no quede sin apoyo, puede hacerle eructar aunque esté dormido.

SOSTENGA AL BEBÉ DERECHO
Manténgalo derecho sobre su falda, con un babero o paño debajo de la barbilla por si saca algo más que aire. Sosténgale la cabeza y el cuello y frótele la espalda.

Frótele suavemente la espalda para que saque el aire.

SOSTENGA AL BEBÉ SOBRE EL HOMBRO
Cuando tenga unas cuatro semanas, el bebé puede eructar apoyado en su hombro. Es posible que también saque algo de leche, así que es mejor que se proteja la ropa.

Preocupaciones relacionadas

P ¿CÓMO SABRÉ QUE MI BEBÉ YA HA TOMADO SUFICIENTE LECHE?

R El bebé dejará de chupar cuando esté satisfecho. Tanto puede mantener la boca en la tetina como no hacerlo y tanto puede ser que se haya adormilado como que no, pero habrá dejado de chupar. Aparte el biberón con suavidad y déjelo a un lado. Si queda algo de leche, tírela y lave el biberón; también puede vaciarlo y lavarlo más tarde. Si el bebé ha vaciado el biberón por completo, no sabrá cuánta leche más habría tomado, así que prepare más cantidad de la que necesita (vea la pág. 43).

P ¿TENGO QUE DARLE AGUA A MI BEBÉ ADEMÁS DE LA LECHE?

R Sí. Aunque la leche suele ser suficiente, quizá tenga más sed si está más caliente de lo habitual, si tiene fiebre o si hace calor. Darle un biberón extra de leche en estas circunstancias no satisfará esa necesidad ni evitará la deshidratación porque la leche artificial contiene sal, proteínas y carbohidratos junto con otros nutrientes, además de agua. Por lo tanto, tiene que darle agua hervida templada en un biberón si el bebé ha tomado la leche pero todavía quiere más.

GUÍA DE SUPERVIVENCIA PARA PADRES

Me siento culpable por darle biberones

Los profesionales de la salud y otros padres pueden mostrarse muy negativos con respecto a la lactancia artificial. Puede parecer que la desaprueban y quizá usted sienta que no le ofrecen mucho apoyo si decide no dar el pecho al bebé. Recuerde esto:

- La leche artificial es casi tan buena desde el punto de vista nutricional como la materna.
- La lactancia artificial no significa de ninguna manera que su relación con el bebé sea deficiente.
- Puede seguir disfrutando en cada ocasión que alimente al bebé.
- El bebé puede seguir siendo acunado entre sus brazos.
- No se sentirá feliz si se ve coaccionada para dar el pecho cuando de verdad no quiere hacerlo. Si se decide por la lactancia artificial, es mejor no pensar en ella como si hubiera fracasado al no amamantar al bebé. Sea sincera y sea usted misma. Busque la intimidad con su bebé y disfrute de él.

P ¿PUEDO DEJAR SOLO AL BEBÉ CON UN BIBERÓN EN LA BOCA?

R No. Es peligroso, porque podría ahogarse. Además, echará en falta la calidez de estar entre sus brazos mientras se alimenta. Si después de las primeras semanas necesita tener un brazo libre, puede utilizar algunos cojines para apoyarlo mientras sujeta el biberón con el ángulo adecuado. No obstante, incluso si utiliza este sistema, el bebé perderá una parte de ese importante contacto físico con usted. En mi opinión, es mucho mejor que el bebé disfrute de sus dos brazos, además de su total atención, mientras usted le da el biberón.

P ¿POR QUÉ MI BEBÉ DEVUELVE TANTO DE LO QUE TOMA?

R Por razones desconocidas, algunos bebés devuelven más que otros. Los que tragan más rápido tienden a regurgitar más (devolver más alimento). Un bebé que regurgita mucho quizás haya bebido más de lo que necesita. La cantidad que devuelva siempre parecerá mayor de lo que es en realidad. Puede comprobarlo usted misma vertiendo, digamos, 10 ml de leche sobrante en un paño o en una toalla. Se sorprenderá al ver la suciedad que una pequeña cantidad puede crear. Pero siempre debe consultar con su médico si el bebé vomita con violencia, sacando grandes cantidades de alimento o si no parece estar bien.

P ¿POR QUÉ MI BEBÉ TIENE ESTREÑIMIENTO?

R Los bebés alimentados con biberón hacen unas deposiciones más duras que los alimentados al pecho; incluso pueden llegar a estar bastante estreñidos, con deposiciones muy duras y difíciles de expulsar. También puede producirse estreñimiento debido a una alimentación insuficiente (por ejemplo, si no le está dando bastante leche o no le deja que tome toda la que quiere); a la deshidratación (por lo general, cuando hace calor o cuando tiene fiebre) y a problemas como una glándula tiroides hipoactiva o a un megacolon (un intestino anormalmente dilatado). Ambas dolencias son raras y la prueba de Guthrie (vea la pág.15) debería haber descartado el problema de la tiroides. El estreñimiento suele solucionarse si le da más leche y además agua hervida templada. Puede que su pediatra le aconseje que añada más agua a la preparación láctea. Si el bebé tiene más de cuatro semanas, pruebe a darle zumos de fruta, al principio diluidos en agua hervida templada. Consulte con el médico si el estreñimiento continúa.

EL SUEÑO

¿PUEDO EVITAR LA MUERTE SÚBITA?

La muerte en la cuna, o síndrome de la muerte súbita del recién nacido (SMSRN), no se conoce plenamente, pero se van aclarando algunos factores. Aunque no se puede estar seguro al cien por cien de impedirla, el riesgo puede reducirse en gran manera.

- No fume ni lleve el bebé a ambientes con humo. El humo del tabaco puede robarle el oxígeno, además de reducir la capacidad de sus pulmones y bronquios para resistir las infecciones.
- Acueste al bebé de espaldas. Si está de lado existe el peligro de que se dé la vuelta solo y se ponga boca abajo.
- No deje que tenga demasiado calor. No utilice nunca mantas eléctricas, mantas de piel de cordero o botellas de agua caliente ni ponga la cuna cerca de un radiador o estufa. No use protectores de cuna ni acumule peluches en la cuna.
- Acuda al médico si cree que el bebé puede estar enfermo. La mayoría de enfermedades carecen de importancia, pero en algunos casos no es así.

DORMIR SIN PELIGRO
Para impedir que el niño se revuelva debajo de la ropa, colóquelo de forma que sus pies toquen los pies de la cuna.

La cuna no debe estar abarrotada de cosas.

P ¿DÓNDE TIENE QUE DORMIR MI BEBÉ DURANTE LAS PRIMERAS SEIS SEMANAS?

R Durante las primeras cuatro a seis semanas, tenga al bebé cerca de usted, en su propio dormitorio durante la noche y cerca de donde usted esté durante el día. En esas semanas, se irá acostumbrando al mundo que hay fuera del seno materno, y usted también se habituará a cuidarlo. Es necesario que sepa si vomita por la noche y él se sentirá más tranquilo si la nota cerca. Si tiene que dormir solo en una habitación, utilice un monitor para oírlo.

P ¿QUÉ TIPO DE ROPA DE CAMA NECESITA?

R Necesita una sábana para cubrir el colchón; una sábana para taparlo, que quede bien remetida debajo del colchón para evitar el peligro de que se suelte y llegue a cubrirle la cabeza y una o dos mantas lavables, según sea la temperatura del dormitorio y la época del año. De nuevo, deben quedan bien sujetas debajo del colchón. No utilice cobertores de piel de cordero, ni edredones de pluma o sacos de dormir para un bebé muy pequeño; podrían darle demasiado calor (vea la pág. 11).

P ¿CUÁL ES LA TEMPERATURA IDEAL PARA QUE DUERMA EL BEBÉ?

R La habitación debe estar a 18 °C. Eso significa no poner calefacción en la habitación por la noche, a menos que haga un frío glacial.

P ¿HAY QUE MANTENER LA HABITACIÓN DEL BEBÉ SIN RUIDOS?

R No necesariamente. Los bebés pueden dormir en ambientes bastante ruidosos; de hecho pueden dormir casi en cualquier sitio. No es necesario andar de puntillas cuando lo haya acostado. No obstante, un ruido inesperado puede despertarlo; por lo tanto, no ponga en marcha la radio o empiece a pasar el aspirador cuando esté profundamente dormido.

P ¿CUÁL ES LA MEJOR POSICIÓN PARA QUE DUERMA EL BEBÉ?

R Los recién nacidos tienen que dormir boca arriba, a menos que su médico le diga lo contrario. El bebé no se asfixiará en esta posición y además también se reducirá el riesgo de la muerte súbita (vea a la izquierda). Tiene que preparar la cuna, el capazo o el moisés de tal modo que los pies del bebé toquen los pies de la cama y así evitar que se desplace hacia abajo.

P ¿CUÁNTAS HORAS DIARIAS NECESITA DORMIR EL BEBÉ EN LAS PRIMERAS SEIS SEMANAS?

R A los padres que esperan que el bebé no haga más que dormir y alimentarse les espera una desagradable sorpresa. Hasta las seis semanas, el bebé medio estará despierto entre 4 y 10 horas de cada 24. El bebé no dormirá todas sus horas seguidas, sino que se despertará según su necesidad de alimentarse.

P ¿QUÉ PUEDO HACER PARA QUE MI BEBÉ SE DUERMA?

R Para empezar, el bebé se adormilará siempre que lo necesite. No podrá hacer que se duerma cuando a usted le convenga, como tampoco podrá tenerlo despierto cuando usted quiera. Muchos bebés tienden a adormecerse al final de una toma, mientras que otros seguirán despiertos pero relajados durante un tiempo para, finalmente, quedarse dormidos. Si su bebé no puede relajarse y permanece totalmente despierto, puede probar a pasearse con él en brazos o apoyado en el hombro. Casi siempre funciona. Si llora cuando lo deja en la cuna, cójalo y acúnelo hasta que empiece a quedarse dormido y pruebe a dejarlo de nuevo.

GUÍA DE SUPERVIVENCIA PARA PADRES

NO PUEDE DORMIR SIN EL CHUPETE

No se preocupe si el bebé parece depender totalmente del chupete; no lo necesitará de forma permanente. El chupete no es tan perjudicial como algunas personas creen. No deforma los dientes del bebé ni le causará ningún impedimento del habla, a menos que lo use todo el tiempo. Las investigaciones recientes indican que el chupete puede ser mejor para los dientes del bebé que si se chupa el dedo.

¿Cuándo debo darle el chupete?
Pruebe a dárselo sólo para dormir. No se lo dé si no lo necesita. Su boca no debe ser un aparcamiento permanente para el chupete.

¿Tengo que limpiar el chupete regularmente?
Hay que esterilizar siempre el chupete (vea la pág. 42) antes de ponerlo en la boca del bebé. Hay que esterilizarlo cada vez que caiga al suelo. Es antihigiénico lamer el chupete para limpiarlo y luego volver a dárselo al bebé.

P ¿POR QUÉ ALGUNOS BEBÉS PARECEN NECESITAR DORMIR MENOS QUE OTROS?

R Todos los bebés son diferentes. Suele decirse, con cierta razón, que los bebés que han sido muy activos en el seno materno, después necesitan dormir menos que la media. Dado que la cantidad de sueño que se necesita depende en parte de la madurez del cerebro del bebé, algunas personas creen que los bebés muy inteligentes necesitan dormir menos, pero no hay pruebas fiables que respalden este punto de vista.

P ¿CÓMO PUEDO HACER QUE MI BEBÉ DUERMA MÁS TIEMPO?

R En realidad, no se puede impedir que un bebé se despierte si tiene hambre o ya no está cansado. No obstante, puede evitar que se despierte por estar incómodo cuidando de que lleve ropa adecuada. Evite los peleles ajustados, pueden quedarle pequeños muy rápidamente. Vigile que la habitación tenga la temperatura justa (18 °C) y cámbiele el pañal antes de ponerlo a dormir.

P ¿CUÁL ES LA MEJOR MANERA DE LOGRAR QUE EL BEBÉ DUERMA MÁS POR LA NOCHE?

R Por la noche, acuda a su lado rápidamente. Seguirá haciendo tomas nocturnas durante por lo menos seis semanas, pero si tiene suerte quizá logre seis horas de sueño ininterrumpido. Va bien darle una última toma antes de irse usted a la cama. Por la noche, póngalo en la cuna, en lugar de en el capazo o en el cochecito y cámbiele el pañal. Conforme pasen las semanas, una habitación en penumbra (pero no totalmente a oscuras), lo ayudará a distinguir el día y la noche. Cuando tenga alrededor de un mes, vístalo con ropa para dormir por la noche.

P ¿DORMIRÁ MÁS MI BEBÉ A OSCURAS?

R No es probable. Un bebé puede dormir cuando hay luz, así que no es necesario que corra las cortinas. No obstante, no debe dormir o estar acostado donde le dé la luz directa del sol, ya que podría tener demasiado calor (o incluso quemarse, si la ventana está abierta). Pero es buena idea señalar la diferencia entre el día y la noche para que al alcanzar las seis semanas de edad, empiece a percibir cuándo se espera que duerma.

P ¿CÓMO PUEDO AYUDAR A DORMIR A MI BEBÉ CUANDO ESTÁ RESFRIADO?

R Puede levantar la cabecera de la cama un poco, si le es posible hacerlo sin peligro. Una fuente de vapor en la habitación ayudará a descongestionarle las vías respiratorias, igual que un baño justo antes de ponerlo a dormir. Si el bebé tose mucho o tiene dificultades para respirar, consulte al médico.

¿NO HAY PELIGRO EN ENVOLVER AL BEBÉ?

Se puede envolver al bebé de una forma que imite la seguridad del seno materno. Al envolverlo se mantienen los brazos en una posición cómoda que hace que se sienta seguro. También puede ayudar a que duerma más tiempo; si mueve o agita los brazos o las piernas cuando está dormido, es menos probable que se despierte que si está bien envuelto. A algunos bebés no les gusta. Envolver al bebé no es peligroso en invierno, pero es importante que compruebe siempre la temperatura que tiene tocándole la piel. Esté lista para desenvolverlo inmediatamente si lo nota caliente o tiene aspecto de sufrir calor en lugar de sentirse cómodamente abrigado.

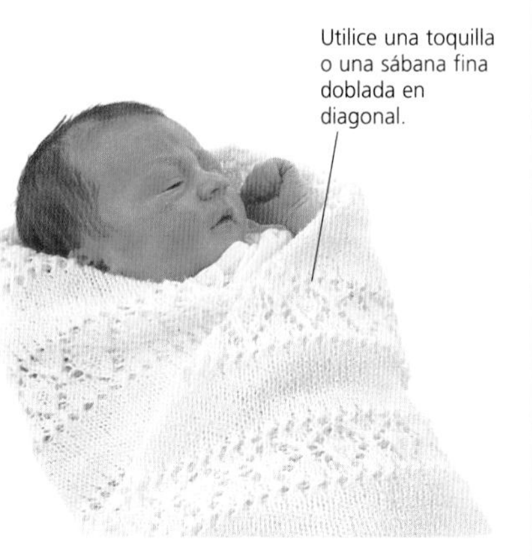
Utilice una toquilla o una sábana fina doblada en diagonal.

LLEVARSE EL BEBÉ A LA CAMA

P ¿NO HAY PELIGRO EN QUE ME LLEVE EL BEBÉ A LA CAMA CONMIGO?

R Los expertos siguen sin ponerse de acuerdo. No hay nada malo en llevarse al bebé a la cama para acunarlo y alimentarlo siempre que no se quede usted dormida. Algunas personas creen que el riesgo de la muerte súbita es menor si el bebé duerme con la madre, pero no es probable que sea así. El posible peligro es que si la ropa de la cama le cubriera la cabeza, podría sofocarse o sufrir un exceso de calor; también podría caerse de la cama.

P ¿CÓMO PUEDO SABER SI MI BEBÉ TENDRÁ DEMASIADO CALOR EN MI CAMA?

R No puede estar segura, pero reducirá el riesgo utilizando una manta, en lugar de un edredón o una funda nórdica. Utilice una almohada pequeña para usted y no abrigue demasiado al pequeño. No se duerma mientras el bebé esté con usted, lo cual en la práctica significa no tener al bebé en su cama toda la noche.

P ¿APLASTARÉ AL BEBÉ SI DUERME CONMIGO?

R Podría hacerlo si tiene un sueño profundo, así que no lo lleve a la cama con usted si ha bebido alcohol o ha tomado cualquier medicamento sedante o, especialmente, alguna droga. Tampoco tiene que llevárselo a la cama si fuma (aunque no sea en la misma habitación que él). Si no hay mucho espacio en la cama, no trate de dormir con él. No lo ponga en el lado de afuera, ya que puede caerse.

P ¿PUEDO LLEVARME LOS MELLIZOS A LA CAMA?

R Necesitará una cama muy grande para que quepan todos. Aun así, uno de los mellizos estará probablemente cerca del borde porque tendrá uno a cada lado de usted. Corre el riesgo de que caiga, o sea que ponga el colchón en el suelo o lléveselos a la cama con usted sólo en la siesta.

P ¿CUÁNDO DEBO DEJAR DE LLEVARME EL BEBÉ A LA CAMA CONMIGO?

R Muchos padres duermen con el bebé durante un año o más, pero yo creo que debería dejar de hacerlo cuando tenga seis meses como máximo. El riesgo de un exceso de calor disminuye, pero el bebé será más grande y también más capaz de permanecer despierto cuando lo desee. Incluso podría estar menos cansado que usted y, como cada vez podrá moverse más, podría producirse un accidente cuando usted se quede dormida. A esta edad, además, pueden molestarse y despertarse mutuamente a lo largo de la noche.

P ¿TENGO QUE LLEVARME EL BEBÉ A LA CAMA CONMIGO SI ESTÁ ENFERMO?

R Aunque no hay investigaciones que lo demuestren, en mi opinión esto puede ser arriesgado. El exceso de calor es el principal riesgo de llevarse al bebé a la cama con usted. Si tiene fiebre, es aún más probable que se produzca ese exceso de calor, incluso que alcance un nivel peligroso. Muchos padres prefieren llevarse al bebé enfermo a la cama porque quieren tenerlo cerca, pero hay formas mejores. Puede poner el moisés o la cuna portátil al lado de su cama o trasladar la cuna a su dormitorio.

GUÍA DE SUPERVIVENCIA PARA PADRES

ME CUESTA ARREGLÁRMELAS CON TAN POCO SUEÑO

¿Cuándo empezará mi bebé a dormir toda la noche?
Algunos bebés empiezan a dormir toda la noche de un tirón a los tres meses de edad, mientras que otros lo hacen más tarde y algunos, por suerte, antes. No obstante, es raro encontrar un bebé de menos de seis semanas que duerma durante más de seis horas seguidas por la noche. Puede que le parezca una de las épocas peores de su vida, pero consuélese, hay bebés que «nunca» duermen toda la noche seguida.

Estoy tan cansada... ¿Cómo puedo conseguir descansar un poco?
Si no puede dormir toda la noche, entonces debe acostumbrarse a hacer siestas durante el día. Relájese tan pronto como el bebé se haya dormido; no utilice este precioso tiempo para poner al día las tareas de la casa. Aprenda a descansar sin dormir. Hay técnicas de relajación que pueden ayudarla o, sencillamente, escuche su música favorita.

Ni siquiera tengo energía para vestirme; ¿cómo voy a arreglármelas?
De día vístase, en lugar de estar por casa con la ropa de dormir. Puede que una bata resulte cómoda, pero desdibuja la diferencia entre las horas de estar despierta y las de dormir y puede perpetuar la desagradable sensación de ese período agotador. Si realmente no puede más, pídale a una amiga o a algún familiar que se quede con el bebé una noche.

¿Cómo puedo recuperar el sueño perdido?
Cuando ponga al bebé a dormir por la noche, acuéstese también usted; no se quede levantada hasta tarde mirando la televisión. Pídale a su pareja que se levante por la noche de forma habitual, si es posible. Si está dándole el pecho, que le traigan en bebé a la cama en lugar de tener que levantarse será un pequeño lujo.

¿Los otros padres sienten lo mismo que yo?
Otros padres primerizos tienen los mismos problemas con las noches sin dormir, pero algunas personas aguantan mejor la falta de sueño que otras. El sueño de los adultos varía tanto como el de los bebés. Algunos de nosotros nos ponemos de mal humor si no dormimos por lo menos ocho horas, mientras que hay personas que se las arreglan con sólo tres horas. Sin embargo, las apariencias engañan: algunas madres que parecen tan felices, quizá no quieran admitir lo mal que se sienten. Un poco de maquillaje puede disimular el hecho de que se sienten como usted.

¿Puedo llevarme el bebé a la cama conmigo?
Eso puede ahorrarle la molestia de levantarse a menudo para ver cómo está. No obstante, si está agotada, puede dormirse muy profundamente, algo que sería peligroso (vea la pág. anterior).

¿Mi bebé se despierta a propósito?
La falta de sueño de un bebé puede ser una tortura para los padres, pero no es premeditada ni deliberada. A esta edad el ciclo de sueño y vigilia no está bajo su control... ni bajo el de usted, por desgracia.

¿Puedo hacer algo para que duerma más?
En realidad, no. Si el bebé duerme seis horas por la noche, quizá pueda reorganizar ese período, adelantando las tomas de alimento para conseguir el máximo beneficio de las horas de sueño que le deja tener. Puede tratar de envolverlo para tranquilizarlo (vea la pág. anterior), pero no deje que tenga demasiado calor. Aparte de eso, sólo es cuestión de lograr no volverse loca hasta que duerma toda la noche. La mitad de la batalla está ganada si aceptamos que las cosas son así. Un padre o una madre que haya llevado con éxito una carrera de altos vuelos puede encontrar esto muy duro, pero los bebés, a diferencia de los empleados, no obedecen órdenes. Cuando haya aprendido a aceptar la situación, podrá mantener mejor la calma. Y esto, a su vez, le ayudará a relajarse más fácilmente cuando tenga la oportunidad y le permitirá ser más positiva y menos inclinada a la agresividad.

¿Cómo puedo hacer más cosas mientras él está despierto?
Puede que le parezca un sueño imposible, pero pronto le encontrará el truco. Con un poco de práctica, podrá hacer la mayoría de cosas con el bebé en brazos o tumbado feliz en una sillita.

¿Cómo puedo arreglármelas con unos mellizos que no duermen?
Aunque la situación mejorará, en este momento puede ser algo muy difícil. Trate de hacer que su pareja o un familiar la ayude durante la noche. Si puede permitirse contratar a alguien, hágalo. Por desgracia, los sirvientes que viven en casa no siempre son la bendición que uno espera, porque es más probable que un bebé que llora despierte a sus padres que a un extraño. No obstante, por lo menos tendrá ayuda para las tareas de la casa y puede que valga la pena hacer ese gasto. Trate de sincronizar el momento de alimentar a los bebés en cuanto pueda.

EL LLANTO Y EL CONSUELO

P ¿CUÁLES SON LAS PRINCIPALES RAZONES DE QUE MI BEBÉ LLORE?

R El llanto es la única forma de comunicarse que tiene el bebé. Los padres suelen decir que desearían que su bebé no llorara. No obstante, si no lo hiciera, nunca sabrían qué necesita, sea alimento o eliminar gases. Mire el gráfico que hay a continuación donde anotamos las razones del llanto, hasta donde las conocemos. La causa más habitual es el hambre, pero también puede llorar porque tiene sed o demasiado calor o demasiado frío, o cólico o se siente incómodo o aburrido o tiene miedo o está cansado. A veces un ruido brusco puede desatar el llanto y también el exceso de estímulos o la falta de contacto físico con la madre o el padre. Acúnelo y pronto dejará de llorar.

P ¿CUÁL ES LA MEJOR MANERA DE CONSOLAR AL BEBÉ?

R Aparte de atender a sus necesidades básicas, proporciónele el contacto con usted. A muchos bebés les gusta el contacto de piel contra piel. Pase algún tiempo sonriéndole y hablando con él sosegadamente. Estréchelo entre sus brazos de forma que pueda oír el latido de su corazón. Puede que no sea una coincidencia que la mayoría de madres (pero no tanto los padres) sostengan a sus bebés con el brazo izquierdo, tanto si son diestras como zurdas. Si mece al bebé suavemente en sus brazos tendrá un resultado casi infalible; el movimiento más sosegador parece ser de un balanceo por segundo. Si quiere tener las manos libres, utilice una mochila portabebés (vea la pág. 20). Y quizá le interese pensar en un chupete cuando el bebé esté realmente desconsolado.

RAZONES DEL LLANTO

CAUSAS	POR QUÉ LO HACE LLORAR
Hambre	Es la causa más común y la que tiene que tratar de resolver en primer lugar. En esos primeros e inestables días, incluso una toma una hora antes no descarta el que su bebé llore de hambre.
Sed	Es muy poco corriente en los bebés alimentados al pecho, pero más corriente entre los que toman biberón, especialmente si hace calor.
Calor	Quizá el bebé tenga la cara roja o le sude la nuca.
Frío	Los bebés que tienen frío a veces lloran, pero no siempre. Tóquele la nuca o las manos; si las tiene frías o pálidas (incluso azules) quizá tenga frío. Si es así, cójalo para darle calor.
Incomodidad	Como no se puede dar la vuelta, un bebé puede sentirse incómodo en la postura en que está. Recuerde también que su ropa –especialmente las manoplas y los pies de los peleles– pueden apretarle demasiado.
Dolor	El cólico es la causa más probable del dolor en un bebé de menos de seis semanas, pero hay otras posibilidades, como el eritema de las nalgas. Si no está segura de cuál es el problema, consulte a su médico.
Defecación	Algunos bebés lloran un poco cuando defecan, aun si no están estreñidos.
Susto o temor	Los bebés son criaturas sensibles y cualquier movimiento súbito o ruido fuerte pueden desencadenar su llanto
Falta de contacto	Ésta es una causa común del llanto en un bebé muy pequeño y la razón por la que al cogerlo y acunarlo, deje de llorar.
Aburrimiento	Puede darse en cualquier momento, pero es especialmente corriente a partir de las cuatro semanas de edad, cuando el bebé quizá necesite algo de actividad además de contacto humano.
Cansancio	Los bebés lloran cuando están cansados o estimulados en exceso. Puede que tengan ganas de dormir.

P ¿PODRÍA MI BEBÉ ESTAR LLORANDO DEBIDO AL TRAUMA DEL NACIMIENTO?

R Es posible. Los recién nacidos (o incluso antes de nacer) pueden sentir dolor, y el parto es una dura prueba física tanto para el bebé como para la madre; puede hasta cambiar la forma del cráneo del bebé. El nacimiento es también un cambio emocional y ambiental enorme; es sacar a un bebé de un pequeño espacio confinado a un mundo lleno de luz sin el contacto continuo con su madre. Ninguna investigación científica lo ha demostrado sin sombra de duda, pero sería un error descartar el trauma del nacimiento como la causa del llanto, por lo menos en los primeros días de vida. No obstante, y como la mayoría de padres descubren pronto, los bebés suelen llorar más después de ese período de tiempo.

P ¿PUEDO SABER CUÁL ES EL PROBLEMA POR SU FORMA DE LLORAR?

R No siempre, pero hay tipos distintos de llanto y pronto sabrá diferenciar qué es lo que el bebé quiere. Reconocerá el llanto del hambre, que varía de tono con cada grito. Un llanto quejumbroso puede querer decir que está cansado. Un llanto fuerte, agudo y persistente que nos atraviesa puede significar que le duele algo; podría ser cólico (vea la pág. 52), especialmente si encoge las piernas.

CONSUELE A SU BEBÉ
Coger al bebé y acunarlo entre sus brazos con frecuencia lo calmará cuando llora. Sonríale y háblele o cántele suavemente para tranquilizarlo.

GUÍA DE SUPERVIVENCIA PARA PADRES

MI BEBÉ NO TIENE CONSUELO

¿Cómo averiguo qué necesita?
Revise todas las posibilidades que hay en la tabla (vea la pág. anterior) y trate de descubrir la razón del llanto del bebé. Quizá tenga que desnudarlo por completo para asegurarse de que no le aprieta mucho el pañal o de que un hilo suelto no le siega los dedos de los pies.

¿Cómo sé que le duele algo?
Durante las dos primeras semanas, el cólico (véa la pág. 52) es la causa más corriente del llanto de un recién nacido. No obstante, hay otras dolencias dolorosas, como una infección de oídos, una hernia estrangulada y una gastroenteritis. Si se siente preocupada por su bebé y cree que puede llorar de dolor, consulte con su médico enseguida, especialmente si, además, rechaza el alimento.

Lo he probado todo. ¿Por qué sigue llorando?
Si el bebé ha recibido un estímulo excesivo, continuará llorando a menos que le dé la oportunidad de no hacer nada más que dormir. A los bebés les resulta más fácil hacer esto estando en los brazos de alguien.

¿Es verdad que mi humor afectará al bebé?
Se cree que los bebés se contagian de las emociones de otras personas a una edad muy temprana. Puede que sintonicen con el humor de sus padres o simplemente que reaccionen al aumento de tensión que notan en los brazos que la persona que los coge. Por ello, procure mantenerse siempre tranquila, por mucho que el bebé llore.

¿Tengo un bebé que llora mucho?
Es posible, pero recuerde que, dentro de un tiempo, ya no lo hará. Si todo lo demás falla, sáquelo a pasear en el cochecito o a dar una vuelta en el coche. Cuando se duerma, aparque, apague el motor y relájese un rato leyendo un libro antes de volver a casa. No obstante, hágalo sólo como último recurso ya que el bebé puede llegar a depender de ello.

¿Debo buscar ayuda?
Se sabe de algunos padres que han perdido la paciencia y han hecho daño al bebé sin querer. Si alguna vez siente que podría hacerle daño a su bebé, llame al médico o a una amiga inmediatamente. Tiene que conseguir ayuda no sólo por el bien del bebé, sino por el suyo.

P ¿LAS CINTAS CON SONIDOS DEL SENO MATERNO AYUDAN A QUE EL BEBÉ DEJE DE LLORAR?

R Sí, pueden ayudar a consolar a un bebé que llora. Estas cintas imitan los sonidos que el bebé oye antes de nacer, pero para que sean eficaces, tiene que empezar a oírlas cuando tiene una o dos semanas. A veces a los bebés también les gusta el sonido de una aspiradora o de una radio mal sintonizada, aunque esto, naturalmente, no sea tan relajante para usted.

P LLORA MENOS CON OTRAS PERSONAS QUE CONMIGO. ¿ES CULPA MÍA?

R No. Los bebés tienen una preferencia natural por su madre, pero a veces un amigo o un abuelo no están sometidos a las mismas presiones y, por lo tanto, están menos tensos. Si tiene que soportar con frecuencia el llanto del bebé o está agotada debido a las exigencias naturales de la maternidad, puede estar estresada. El bebé se contagia y llora más porque está en sintonía con el humor de la madre. Los bebés pueden, también, percibir si sus padres están deprimidos o enfermos. No obstante, a veces hay una razón más simple para que llore menos en brazos de otras personas; quizá le guste cambiar de ambiente.

Su bebé puede llorar menos con otras personas.

CALMAR AL BEBÉ
Con frecuencia, los bebés perciben el humor y la ansiedad de la madre y lloran por eso. Es posible que el padre del bebé o un amigo o amiga o alguno de los abuelos pueda calmarlo cuando usted no lo consigue.

¿QUÉ ES EL CÓLICO?

El cólico es un dolor en el intestino (o colon) que algunos bebés sufren en los primeros tres meses. Aunque no es posible saber seguro si un bebé tiene dolor de vientre, con frecuencia se diagnostica cólico.

¿El cólico existe realmente?
Algunas personas creen que no, pero al igual que otros muchos médicos y padres, he visto los suficientes bebés con este tipo de llanto para estar convencida de que sí que existe.

¿Cuál es la causa del cólico?
Nadie lo sabe seguro, pero hay varias teorías. La más plausible es que los intestinos de un recién nacido no se hayan desarrollado todavía y sean, por lo tanto, exageradamente sensibles al paso de la comida y los gases por ellos. El dolor es lo que hace que llore.

¿Cuáles son los síntomas del cólico?
Los más fáciles de reconocer son los siguientes:
- Llora sin parar durante períodos que pueden ir desde 15 minutos hasta varias horas y durante ese tiempo es muy difícil consolar al bebé.
- El bebé encoge las piernas al llorar.
- El bebé llora muchísimo, de forma regular, especialmente por las noches (es el llamado «cólico nocturno»).
- Ese hábito de llanto se inicia hacia las dos semanas de edad.

¿El cólico puede ser culpa mía?
Casi con total certeza, no. Algunas personas achacan el cólico a la ansiedad materna y algunos estudios muestran que los bebés de padres profesionales de clase media tienen más cólicos. No obstante, es probable que esto sea porque esos padres buscan ayuda más rápidamente. El cólico parece ser más común en los chicos que en las chicas. Por otro lado, las investigaciones no han podido demostrar de forma convincente que haya un vínculo entre el cólico y la alimentación con biberón, el peso al nacer, el aumento o no de peso o haber nacido el primero o el segundo.

¿Cuándo se acabará?
El cólico suele desaparecer a las 10 o 12 semanas de haber empezado. Algunos doctores lo llaman el cólico de los tres meses porque, con frecuencia, desaparece (no empieza) cuando un bebé alcanza los tres meses de edad. No obstante, puede durar hasta que el bebé tenga cuatro meses.

¿Cómo puedo aliviar el cólico?
Hacer que el bebé eructe adecuadamente (vea la pág. 44) puede eliminar cualquier gas que haya quedado atrapado en el intestino y, de esta forma, reducir el cólico, aunque no es probable que lo anule por completo. Si alimenta al bebé con biberón, vigile la posición del biberón para que no absorba aire. Puede comprar unas tetinas etiquetadas como anticólico, que tienen un reborde interior que actúa como válvula. Algunos padres las encuentran inestimables, pero no hay ninguna prueba de que funcionen. Probablemente es más importante asegurarse de que los agujeros de las tetinas no son demasiado pequeños. Los agujeros muy pequeños son muy frustrantes para el bebé porque tiene que chupar con más fuerza y durante más tiempo, lo cual, a su vez, puede aumentar la cantidad de aire que traga mientras se alimenta.

¿Hay algún medicamento que pueda aliviar el cólico de mi bebé?
Hay varios medicamentos que pueden ayudar. Por ejemplo, algunas gotas anticólico para bebés contienen dimeticona, que tiene una acción antiespumosa en el contenido del estómago. Puede valer la pena probar alguno de estos medicamentos, aunque, claro, no hay ninguna seguridad de que vaya a curar el cólico de su bebé. No obstante, no dé nunca a un bebé un medicamento pensado para niños mayores o para adultos sin consultar antes con el médico o con el farmacéutico.

¿Debo darle a mi bebé una gota de vino o coñac?
No, tajantemente no. A esta edad, su hígado es demasiado inmaduro para el alcohol (además sería ilegal en muchos países). Si usted bebe alcohol durante la lactancia, no olvide que algo de ese alcohol puede pasar a través de la leche al cuerpo del bebé y perjudicarlo. Le recomiendo que se limite a una bebida alcohólica al día.

Mi bebé llora sin parar. ¿Podría ser por algo que yo como?
Es posible, pero los bebés propensos al cólico tienden a mostrar esos síntomas la mayoría de días y, evidentemente, su dieta varía de un día a otro. No obstante, comer cítricos o beber su zumo puede empeorar o incluso desatar el cólico en los bebés alimentados al pecho. Otro posible causante es la leche de vaca, por ello procure eliminar la leche y los productos lácteos de su dieta, pero olvídese si no ha funcionado al cabo de unos días; a largo plazo esta dieta es demasiado baja en calcio para continuarla mucho tiempo.

Si alimento a mi bebé con biberón, ¿debo cambiar la fórmula?
A los bebés que toman biberón puede serles beneficioso cambiar a una fórmula no láctea, pero hay que considerar muchos aspectos, entre ellos la posible alergia a la soja, a los ingredientes modificados genéticamente en las fórmulas, no lácteas y el coste de utilizar esas fórmulas, ya que pueden ser más caras. Consulte a su médico antes de decidir cambiar de fórmula a causa del cólico.

¿Sostener al bebé en una determinada posición le aliviará?
Sí. Parece que sostener al bebé boca abajo alivia el llanto. Según las instrucciones para evitar la muerte en la cuna, no debe dejar que el bebé duerma boca abajo. Pero sí que puede tenerlo en brazos en esa posición y frotarle la espalda al mismo tiempo. Puede pasear mientras lo hace, pero tenga cuidado porque podría regurgitarle sobre las piernas o los zapatos.

TERAPIAS COMPLEMENTARIAS

Darle un masaje al bebé (con aceite para bebés) suele calmarlo y vale la pena probarlo (vea la pág. 122). No obstante, no lo haga si el bebé no se encuentra bien o tiene alguna infección en la piel.

Homeopatía
Hay algunos remedios homeopáticos que pueden calmar a un bebé que llora.

- Si el bebé encoge las piernas y le gusta que le presionen el vientre, puede aliviarle el Colocynth.
- Si regurgita y eructa mucho y le molesta que le presionen el vientre, entonces puede utilizar Carbo vegetalis.
- Como alternativa, especialmente para bebés que lloran con rabia, y que se esfuerzan mientras defecan, puede probar con Nux vomica.

Cómo se administra un remedio homeopático
Estos remedios homeopáticos se compran sin receta en muchas farmacia. Están en tabletas o en gránulos. Quizá tenga que disolver las tabletas en un poco de agua hervida, templada. La dosis usual es de media cucharadita de té antes de las tomas. Si el cólico mejora, interrumpa el tratamiento, pero si empeora, consulte al médico.

CUANDO EL BEBÉ NO ESTÁ BIEN

P ME PARECE QUE EL BEBÉ ESTÁ ENFERMO. ¿CÓMO PUEDO ESTAR SEGURA?

R Un bebé enfermo se muestra apagado y sin ganas de tomar alimento. Puede vomitar o tener deposiciones frecuentes y sueltas. En los bebés una enfermedad sin relación alguna con el vientre puede causar diarrea o vómitos. Si tiene fiebre, lo notará caliente al tacto. Los pañales estarán más secos de lo normal debido a la deshidratación. Cuando está enfermo, el bebé no será él mismo de una forma que resulta difícil de definir. Muchos padres parecen desarrollar un sexto sentido que les dice cuándo el bebé está enfermo y usted también aprenderá pronto a confiar en su instinto.

P ¿QUÉ DEBO HACER SI MI BEBÉ ESTÁ ENFERMO?

R Tiene que averiguar cuál es el problema, lo cual implica consultar o llevarlo al médico. Cuanto más pequeño sea el bebé, más importante es no retrasar la consulta. También le dirán qué tiene que hacer: si cambiar el tipo de alimentación, darle más agua, o quizá le recetarán un medicamento. No le dé paracetamol ni ningún medicamento sin receta a un bebé de menos de tres meses excepto si se lo dice el médico. No le dé nunca aspirina hasta los 12 años; entraña un riesgo pequeño pero indudable de una grave complicación de hígado llamada síndrome de Reye.

P NO ESTOY SEGURA DE QUE MI BEBÉ ESTÉ ENFERMO. ¿ESTARÉ HACIENDO PERDER EL TIEMPO AL MÉDICO?

R No siempre es fácil para una madre sin experiencia saber con seguridad si un bebé está enfermo; a veces incluso es difícil para padres experimentados. Los doctores son seres humanos y muchos son padres también. Quizá estén muy ocupados, pero comprenderán su preocupación.

P ¿CÓMO PUEDO HACER QUE EL MÉDICO COMPRENDA LO QUE ME PREOCUPA?

R Describa cualquier síntoma que haya observado. Si le preocupa una enfermedad específica, por ejemplo, el eccema o la meningitis, menciónelo explícitamente. El médico podrá despejar sus temores inmediatamente, en cuyo caso podrá dejar de preocuparse. Si no habla claramente, nunca sabrá si usted y su médico están en la misma onda.

P ¿EMPEORARÁ EL BEBÉ SI LO LLEVO A LA CONSULTA DEL MÉDICO?

R No. Al contrario de lo que mucha gente piensa, ir a la consulta no hace que la tos o la fiebre se conviertan inmediatamente en una neumonía doble. Mientras el bebé esté protegido de la temperatura exterior, llevarlo a la consulta no entraña peligro. No me parece razonable esperar que el doctor vaya a visitarlo a casa, a menos que las circunstancias sean excepcionales. Los bebés son «portátiles» y las visitas en casa consumen mucho tiempo. Según mis estimaciones, un médico puede visitar a cuatro personas, por lo menos, y quizá hasta diez en el tiempo necesario para ir a visitar a un solo paciente en su casa. Telefonee primero y dígale a la recepcionista que va a llevar un bebé muy pequeño. Los médicos deben tratar de no hacerla esperar una vez esté en la consulta. En cuanto al riesgo de contagiarse de otros pacientes, una buena consulta médica practicará la política de no tener a los pacientes con erupciones y enfermedades infecciosas en la sala de espera común.

P A VECES ME PARECE QUE EL MÉDICO SE ME «SACA DE ENCIMA». ¿QUÉ PUEDO HACER?

R Algunos médicos se irritan e impacientan, especialmente si tienen que responder a consultas aparentemente triviales. Es difícil respetar a un profesional que no nos toma en serio. En tanto que nuevos padres, ustedes se están embarcando en una relación de larga duración con los profesionales de la salud y es importante que se entiendan bien. No es necesario que lleguen a ser «colegas», pero usted debe poder decir lo que siente y respetar la opinión del médico. Si no se llevan bien, quizá sea conveniente cambiar de médico.

P ¿QUÉ ROPA TENGO QUE PONERLE AL BEBÉ CUANDO ESTÁ ENFERMO?

R En realidad, no importa lo que lleve puesto, siempre que no le dé demasiado calor. Los bebés no pueden controlar la temperatura del cuerpo, especialmente cuando tienen fiebre, por ligera que ésta sea. Es muy importante no abrigar al bebé en exceso cuando está enfermo. Asegúrese siempre de que cualquier persona que cuide al bebé lo vista con ropa ligera, digan lo que digan en sentido contrario, en particular algunos familiares bienintencionados de cierta edad.

¿CUÁNDO DEBO LLAMAR AL MÉDICO?

Si el bebé parece no estar bien pero no está segura de si tiene que ponerse en contacto con el médico, recuerde que siempre es mejor hacerlo. El doctor sabe que una falsa alarma de vez en cuando es mejor que dejar las cosas hasta que ya es demasiado tarde.

Síntomas que hay que observar

Si el bebé tiene alguno de los síntomas anotados a continuación, tiene que acudir al médico lo antes posible. Observe lo siguiente:

- La fontanela hundida (señal de deshidratación).
- Gritos de dolor.
- La diarrea, especialmente si va acompañada de vómitos (puede ser útil llevarle un pañal sucio al médico).
- Tos o respiración acelerada.
- Rechazo de más de una toma de alimento.
- Los pañales están secos cuando tendrían que estar mojados.
- Vómitos en varias ocasiones (más que la regurgitación usual). Si esos vómitos duran más de 12 horas, llame al médico.
- Fiebre (o suda pese a llevar poca ropa).

CUÁNDO HAY QUE BUSCAR AYUDA CON URGENCIA

Busque atención médica inmediatamente si el bebé:

- Se ha quemado o ha tenido cualquier otro accidente.
- Está azul o tiene manchas, especialmente alrededor de la boca.
- Ha tenido un ataque (convulsiones).
- Está inconsciente, adormilado o letárgico.
- Vomita bilis o sangre.

Importante

Si no puede ponerse en contacto con el médico inmediatamente, debe ir directamente a la sección de urgencias del hospital más cercano. Si el bebé tiene unos síntomas potencialmente graves, siempre es necesario que actúe con rapidez y no demore buscar ayuda médica.

P ¿CÓMO PUEDO EVITAR QUE MI BEBÉ COJA CATARROS Y RESFRIADOS?

R Durante los primeros años, el bebé cogerá prácticamente todo lo que haya. Eso no puede evitarse por completo, pero mientras sea todavía muy pequeño, especialmente si ha sido prematuro, protéjalo lo mejor que pueda. Aliméntelo al pecho para darle unos anticuerpos valiosos; evite el humo del tabaco, no lo lleve a lugares con mucha gente, y no deje que lo coja nadie que tenga una enfermedad infecciosa.

P ¿HAY ALGO QUE PUEDA HACER POR MI BEBÉ CUANDO TIENE UN CATARRO?

R Como la nariz le goteará o la tendrá tapada por la mucosidad, el bebé tendrá dificultades para alimentarse y respirar al mismo tiempo. Tenga paciencia durante las tomas. Límpiele la nariz con un poco de algodón hidrófilo, los pañuelos de papel suelen ser demasiado ásperos. Algunos médicos aconsejan ponerle una solución salina en la nariz para destaparle la nariz, pero existe un pequeño riesgo de que penetre hasta el pecho del bebé y empeore su estado. Levántele la cabeza por la noche, si puede hacerlo sin peligro, metiendo una almohada dura debajo del colchón.

P ¿MI BEBÉ NECESITARÁ ANTIBIÓTICOS SI TIENE UN CATARRO?

R Los catarros son provocados por virus y, por lo tanto, no tienen cura. Debido a esto, los antibióticos no harán nada, así que no espere que el médico se los recete. No obstante, tiene que acudir al médico si el bebé tiene fiebre, si parece encontrarse mal o no quiere comer y si no mejora al cabo de unos días.

P ¿LOS TRATAMIENTOS COMPLEMENTARIOS NO TIENEN RIESGO PARA MI BEBÉ?

R Los remedios homeópaticos pueden usarse sin peligro, incluso en el caso de bebés muy pequeños. Para los niños que gimen a veces se usa Kali bichromium o Pulsatilla. Probablemente, no hay riesgo alguno en usarlos siempre que un médico haya hecho un diagnóstico y el bebé no parezca estar mal. Pero recuerde que es de vital importancia consultar al médico si una enfermedad es potencialmente grave y eso es aún más cierto cuando se trata de bebés de menos de seis semanas.

BEBÉS CON CUIDADOS ESPECIALES

¿PARA QUÉ ES TODO EL EQUIPO?

Puede alarmarse al ver que su bebé está en la Unidad de Cuidados Especiales para Bebés o la Unidad Neonatal de Cuidados Intensivos, sobre todo por la impresionante tecnología desplegada allí.

Los principales artículos del equipo

- **Incubadora.** Controla la temperatura y la humedad, creando de hecho un útero artificial. Unas ventanillas de ojo de buey permiten el acceso para la alimentación y el cuidado médico... y para que usted puede tocar a su bebé.
- **Monitores.** Controlan el pulso y la presión sanguínea del bebé, generalmente mediante lecturas continuas, también su temperatura y la cantidad de oxígeno que tiene en la sangre.
- **Ventilador.** Ayuda a penetrar el aire en los pulmones del bebé. Los hay de diferentes tipos.
- **Escáners.** Pueden ser ultrasónicos o TC (tomografía computarizada). A veces se utilizan para visualizar el interior del cráneo del bebé, lo cual ayuda a diagnosticar cualquier hemorragia que puedan sufrir los bebés prematuros y también a predecir otro problema duradero que pueda producirse en el futuro.

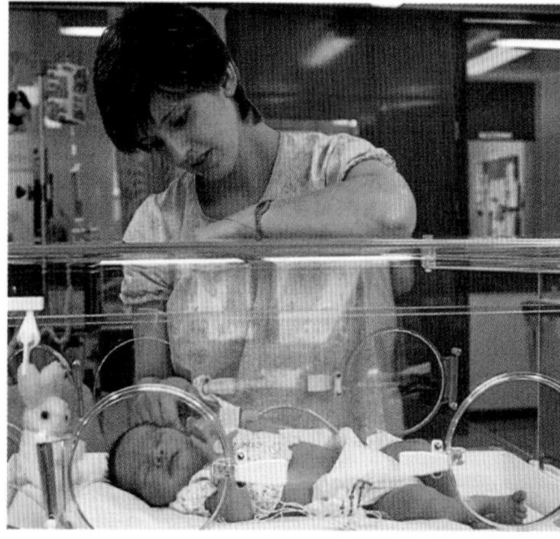

CUIDAR DE SU BEBÉ
Usted puede cuidar de su bebé mientras está en la UCE. Es posible hablarle, tocarlo y acariciarlo a través de las ventanillas de la incubadora.

P ¿QUÉ CUIDADOS EXTRA NECESITA MI BEBÉ PREMATURO?

R Como los bebés prematuros han carecido de parte del tiempo de maduración en el útero, suelen necesitar nutrición, calor y protección. La capacidad de succión del bebé puede estar poco desarrollada y, por ello, necesitará que lo alimenten a través de un tubo o por vía intravenosa. También será más propenso a tener unos niveles de glucosa más bajos que otro bebé que haya nacido a término porque su hígado es inmaduro. Sus reservas de grasa son menores, así que se enfriará más fácilmente. Su sistema inmunológico no es todavía plenamente funcional, pero una incubadora puede protegerlo de algunas infecciones y, además, proporcionarle calor. Puede necesitar también otras ayudas; por ejemplo, para respirar. Esto es debido a que los pulmones de un bebé prematuro pueden tener un déficit de un agente químico activo, necesario para que el aire penetre fácilmente en los pulmones. Por ello, podría tener conectado un ventilador.

P ¿QUÉ SON LA UNIDAD DE CUIDADOS ESPECIALES Y LA UNIDAD DE CUIDADOS INTENSIVOS?

R La Unidad de Cuidados Especiales para Bebés (UCEB) es una sala con enfermeras y pediatras especializados que prestan a los bebés recién nacidos pequeños o enfermos unos cuidados y supervisión expertos. Suele haber una enfermera para cada tres o cuatro bebés, además de toda una serie de equipos muy avanzados (vea a la izquierda). La Unidad Neonatal de Cuidados Intensivos (UNCI) es una sección que ofrece un nivel más alto de atención dentro de la UCEB, incluyendo ayuda respiratoria completa, para los bebés que están más gravemente enfermos y que, con frecuencia, son muy pequeños.

P ¿SIENTE DOLOR CUANDO LE HACEN ALGO EN LA UCEB?

R No siempre es posible darle a un bebé medicamentos contra el dolor, así pues, una respuesta sincera es que puede que sienta dolor algunas veces, igual que si le pincharan en el talón para hacerle un análisis de sangre (vea la pág. 15), pero es un dolor que dura poco. Si el bebé se retuerce y encoge, no significa necesariamente que sienta dolor, puede ser un reflejo natural. No obstante, si está preocupada, pregúntele a la enfermera o al médico que cuida de su bebé si puede estar sintiendo dolor y qué medidas podrían aplicarse para aliviarlo si es así.

P ¿MI BEBÉ SERÁ SIEMPRE DÉBIL POR HABER SIDO PREMATURO?

R Por lo general la respuesta es «No». El pediatra le dirá si es probable que su bebé coja infecciones recurrentes y qué debe hacer al respecto. Pregúntele si no está segura.

P ¿EL DESARROLLO DE MI BEBÉ SE VERÁ RETRASADO POR HABER SIDO PREMATURO?

R Su ritmo de crecimiento no tiene por qué verse retrasado, pero haber dejado el seno materno antes significa que su punto de partida es diferente. Si ha nacido con ocho semanas de adelanto, digamos, que a los seis meses será más parecido a un bebé de cuatro meses. Cualquier discrepancia se hace menos evidente con el tiempo.

P ¿PUEDO ALIMENTAR A MI BEBÉ AL PECHO SI ESTÁ EN CUIDADOS ESPECIALES?

R Sí. No obstante, el reflejo de la succión no aparece hasta alrededor de las 30 semanas del embarazo, así que un bebé nacido antes quizá no pueda chupar. Incluso hay bebés nacidos más tarde que, a veces, no se las arreglan bien con el pezón o la tetina y puede ser necesario extraer la leche para dársela por medio de un tubo que vaya desde la nariz hasta el estómago. La leche materna sigue siendo el alimento más adecuado para un bebé prematuro o vulnerable, pero quizá se añada vitamina D y fosfatos. Si todavía no es capaz de digerir alimentos, pueden alimentarlo por vía intravenosa (con un goteo introducido en la vena).

P ¿CÓMO ME LAS ARREGLARÉ CUANDO DEJE CUIDADOS INTENSIVOS?

R Asegúrese de comprender qué tiene que hacer, la frecuencia con que tiene que darle alimento, qué medicinas hay que darle (si es que hay que darle alguna) y cuándo tiene que volver para otra visita de seguimiento. También debe pedir que le den instrucciones claras sobre a quién acudir si tiene problemas. Normalmente, será su médico, pero puede que le digan que vuelva a llevar el bebé al hospital si no está bien. Cuando deje Cuidados Especiales, el bebé puede tener que ir a una sala de cuidados intermedios en el hospital, lo cual le dará la oportunidad de cuidarlo usted misma, con la orientación de los profesionales, antes de llevarlo a casa. No se sienta culpable por estar preocupada o nerviosa; los padres cuyos bebés no han estado en Cuidados Especiales también se sienten inseguros sobre su capacidad paterna.

P TENGO MIEDO DE QUE MI BEBÉ SE MUERA. ¿ES ARRIESGADO SENTIRSE DEMASIADO UNIDA A ÉL?

R Es natural que cualquier padre con un bebé en Cuidados Especiales tema que muera. Si es posible, procure no preocuparse, ya que lo más probable es que no lo pierda. No obstante, los padres que han sufrido esa pérdida parecen atesorar el tiempo que pasaron con su bebé. El duelo es más fácil si se tienen algunos recuerdos. Estreche sus lazos con el bebé tanto como pueda y cree recuerdos especiales, tanto si son fotos de su bebé o huellas de sus pies.

GUÍA DE SUPERVIVENCIA PARA PADRES

ESTOY MUY PREOCUPADA POR MI BEBÉ QUE ESTÁ EN CUIDADOS ESPECIALES

¿Es normal preocuparme por mi bebé?
Cuando el bebé está en Cuidados Especiales, es normal preocuparse y también es normal que tanto la madre como el padre muestren sus emociones. Es señal de que les importa, así pues, no tema expresar lo que siente; el personal de la Unidad está acostumbrado. Asignado a la Unidad de Cuidados Especiales hay un consejero con quien puede hablar de lo que le preocupa si así lo desea.

¿Sobrevivirá mi bebé?
Evidentemente, la respuesta depende de las circunstancias precisas de su bebé. En general, un 6% de los bebés nacen prematuramente, es decir antes de las 37 semanas de embarazo. Un bebé muy prematuro nacido, digamos, con 28 semanas, se enfrenta a unas dificultades mayores que otro al que sólo le falta una semana para el término.

¿Cómo puedo mantener la esperanza?
Vale la pena recordar que el nivel de la asistencia en Cuidados Especiales es ahora mejor que nunca. Cada vez hay más bebés que sobreviven y menos tienen problemas a largo plazo. Todas la unidades tienen a la vista una colección de fotografías y cartas de padres cuyo pequeño está estupendamente. Así que procure conservar la esperanza y deje que su bebé perciba su optimismo.

¿Debo preguntar por los progresos que hace mi bebé?
Sí. Cuando tenga cualquier pregunta sobre el progreso de su bebé, hágasela al médico o a la enfermera encargados de la Unidad. No haga comparaciones con otros bebés. Conocerá a otros padres que también tienen bebés en la UCEB, y esos lazos son importantes en momentos de crisis.

AYUDA PARA LOS PADRES

P ME AGOTA CUIDAR A MI BEBÉ. ¿ES NORMAL?

R Sí. Pocos padres primerizos están totalmente preparados para la realidad de tener un bebé, por mucho que hayan leído o les hayan explicado otros padres más experimentados. La realidad es que cuidar a un recién nacido es generalmente agotador, en especial para una madre que acaba de dar a luz (y más aún si le han hecho una cesárea o ha estado bajo anestesia general). Para superar esa época tan cansada, hay que sacrificar algo. Asegúrese de no ser usted.

GUÍA DE SUPERVIVENCIA PARA PADRES

ME SIENTO MUY NEGATIVA

¿Me pasa algo?
No. Durante el embarazo, muchas madres creen que un bebé traerá una felicidad pura y perfecta. Después del parto, si no están exultantes de alegría, piensan que les pasa algo. Pues, no. La realidad puede significar noches sin dormir, pechos que duelen y gotean, un vientre caído y ningún interés en el sexo. Puede tener sentimientos ambivalentes, especialmente si no tuvo un buen embarazo, el parto fue difícil (o no se produjo en el momento previsto), el dinero va justo o el sexo del bebé no es el que usted quería. Es normal no sentirse extasiada y dudar de la propia capacidad. Sin embargo, todo mejorará y la maternidad será más gratificante cuando el bebé reaccione a su presencia.

¿Es culpa mía sentirme tan decaída?
No. Procure no culparse por cómo se siente; la sociedad ofrece, a veces, unas expectativas poco realistas de cómo tendríamos que sentirnos y comportarnos como padres. No todo el mundo puede ser el padre o la madre perfectos. Hable con otros padres. Pronto admitirán que tienen sentimientos negativos, por lo menos parte del tiempo. Procure salir cada día; quedarse encerrada en casa sólo empeorará las cosas. Hable de lo que le preocupa con su pareja. Puede que él también tenga unas preocupaciones similares y se sienta aliviado de poder hablar de ellas. Consulte a su médico si las cosas no mejoran; podría estar cayendo en una depresión.

P TODO EL TIEMPO TENGO GANAS DE LLORAR. ¿ME PASA SÓLO A MÍ?

R No, no es sólo a usted. Los altibajos emocionales son normales después de tener un bebé. Los «bajones» suelen producirse al tercer o cuarto día del parto. Aunque pueda echarse a llorar sin motivo aparente alguno, no tiene que sentirse ridícula, esa melancolía se debe probablemente a fluctuaciones hormonales. Si no mejora de humor al cabo de unos días, quizá esté sufriendo de depresión posparto.

P ME SIENTO MUY DECAÍDA. ¿ES LA DEPRESIÓN POSPARTO?

R Probablemente no. La depresión posparto es más grave y dura más tiempo. Aparte del llanto, suele haber un sentimiento de baja autoestima y también una sensación de impotencia. Todo parece ser un esfuerzo y parece haber poco de qué disfrutar. Hasta cierto punto, estos sentimientos son normales en las madres primerizas, así que, a veces, la depresión posparto puede pasar desapercibida si no es grave.

P HE OÍDO LA EXPRESIÓN PSICOSIS PUERPERAL. ¿QUÉ ES EXACTAMENTE?

R La psicosis puerperal es más grave y menos corriente que la depresión posparto (se produce después de uno de cada 1.000 partos). Suele iniciarse bruscamente al cabo de unos días o de una semana de nacer el bebé. Sin darse cuenta, empezará a comportarse de una forma errática e irracional y no podrá pensar de una forma lógica. A veces el habla se vuelve caótica y difícil de comprender. Pueden producirse alucinaciones, como en la esquizofrenia. La psicosis puerperal necesita un tratamiento psiquiátrico especializado, con frecuencia en el hospital, en una Unidad de Maternidad especial, pero generalmente las perspectivas de curación son buenas.

P ¿QUÉ PUEDO HACER PARA PODER ARREGLÁRMELAS CON EL CUIDADO DE MI BEBÉ?

R Vuelva a evaluar sus prioridades a fin de conservar su energía para lo que realmente importa: su bebé. Si antes del parto era un ama de casa orgullosa y una adicta al trabajo, ahora tendrá que relajarse un poco más. Su casa no tiene que estar perfecta (aunque sí higiénicamente limpia). Cuando el bebé esté dormido, no se lance a limpiar, siéntese con los pies en alto y pase ese tiempo eliminando la tensión. Coma bien y procure hacer los ejercicios que el doctor le ha recomendado.

¿QUÉ PUEDO HACER CON RESPECTO A LA DEPRESIÓN POSPARTO?

¿Cuánto me durará la depresión?
Si no recibe tratamiento, la depresión posparto puede durar bastante, incluso años. No obstante, con un tratamiento suele mejorar al cabo de unas semanas.

¿Podría haberla evitado de alguna manera?
Posiblemente no. Las mujeres que no están preparadas para tener hijos o cuentan con poco apoyo son más susceptibles de sufrir la depresión posparto. No obstante, no se conocen con total seguridad sus causas; así pues, es difícil ver de qué manera podrían evitarse en cada caso.

¿Afectará a mi relación con el bebé?
Podría hacerlo si no recibe tratamiento. Sentirse decaída puede minar su energía, reducir su capacidad para hacer frente a la situación y modificar todas sus relaciones, incluyendo la que tiene con el bebé. La depresión posparto también puede ser uno de los factores que llevan al maltrato infantil. Así pues, si cree que la padece, tiene que buscar ayuda lo antes posible, por su propio bien y por el de su familia. Acuda a su médico y explíquele cómo se siente.

¿Necesitaré medicación?
Puede ser. Algunas madres mejoran con un apoyo sólido por parte de su médico o acudiendo a consulta de una forma más regular. No obstante, otras necesitan tratamiento con antidepresivos. A diferencia de los tranquilizantes, éstos no son adictivos, aunque los tome durante meses, y puede representar una diferencia enorme para su bienestar.

¿Puedo seguir dando el pecho si estoy tomando medicamentos?
Sí. Por lo general es posible hacerlo aunque tome antidepresivos. No obstante, una parte pasa a la leche, por lo tanto, dígale a su médico que está criando, ya que afectará al tipo de antidepresivo que le recete.

¿Volveré a tener depresión cuando tenga otro bebé?
No necesariamente. No obstante, cuanto más grave sea su depresión actual, más probable será que vuelva a padecerla en próximos partos. Por otro lado, el conocimiento de su dolencia puede significar que tendrá más apoyo y ayuda en embarazos posteriores, lo cual evitaría que se repita la depresión.

P ¿CÓMO PUEDO LOGRAR QUE MI PAREJA SE IMPLIQUE MÁS?

R Tanto el padre como la madre necesitan adaptarse al hecho de tener un bebé y a algunos les resulta difícil. No se limite a delegar las tareas menos atractivas, como cambiar los pañales o lavar los biberones; haga que participe en todos los aspectos del cuidado del bebé. Anímelo a que lo coja en brazos; no espere a que sea mayor para dejar que establezca un vínculo con él. Puede llevarlo en una mochila o bañarlo. Enséñele cómo se hace y procure no criticarlo sin cesar.

P ¿CÓMO PUEDO TENER TIEMPO PARA MI PAREJA ADEMÁS DE PARA MI BEBÉ?

R Habrá momentos en que se preguntará si recuperarán alguna vez la relación que tenían antes del nacimiento del bebé. Lo harán, pero probablemente con otra base. Muchos hombres se sienten soslayados o incluso rechazados cuando llega un bebé, lo cual es comprensible ya que ahora la madre desempeña un papel nuevo y que exige mucho tiempo. Puede que no consigan hacer cosas juntos por un tiempo, pero inténtelo de todos modos. Alquilen un vídeo, hablen y hagan planes. Deje que su pareja sepa que sigue importándole, aunque ahora no tenga ni tiempo ni energía para las relaciones sexuales.

P ME SIENTO DESBORDADA CON LOS MELLIZOS. ¿CÓMO PODRÉ ARREGLÁRMELAS?

R Las primeras seis semanas son probablemente el período más difícil que tendrá con los mellizos. Pero no desespere, se las arreglará. Establezca una rutina que elimine cualquier tarea que no sea esencial y acepte cualquier oferta razonable de ayuda por parte de amigos y familia. Alguien puede hacerle la compra o quizá sacar a pasear a uno o a los dos bebés. Reserve tiempo para disfrutar de ellos y conocerlos. Pronto crecerán. No se deje influir demasiado por los consejos de los padres de hijos únicos. No están en su situación y no pueden comprender verdaderamente cómo es para usted.

P ¿CUÁL ES LA MEJOR MANERA DE TRATAR TODOS LOS CONSEJOS QUE ME DAN?

R Es sorprendente como cualquiera, incluyendo personas que apenas conoce, de repente, resulta ser un experto en el cuidado de los bebés. No hay duda de que no puede llevar todos los consejos a la práctica porque lo que le digan unos se contradice con lo que otros le han dicho hace un momento. Limítese a aplicar lo que le parezca sensato. Utilice siempre las informaciones sólidas, no lo que le digan de oídas, para crear su propio estilo de madre.

CRECIMIENTO Y DESARROLLO

P ¿TENGO QUE LLEVAR A MI BEBÉ AL MÉDICO PARA LOS RECONOCIMIENTOS DE CONTROL?

R Sí. Es necesario que lo pesen regularmente durante las primeras seis semanas y también es necesario que lo vea el médico entre las seis y las ocho semanas.

P ¿CON CUÁNTA FRECUENCIA HAY QUE PESAR AL BEBÉ?

R Como promedio, cada dos semanas aproximadamente, pero depende de las circunstancias. Un bebé muy pequeño puede necesitar que lo pesen con más frecuencia y lo mismo sucede con un bebé que no gane peso al ritmo esperado.

PESAR A LOS MELLIZOS

¿Con cuánta frecuencia tengo que pesar a los mellizos?
Puede sentir la tentación de no ir a la consulta porque le resulte muy cansado llevar a dos bebés al mismo tiempo para que los pesen. No obstante, los mellizos necesitan pesarse con la misma frecuencia que los demás bebés y, a veces, con mayor frecuencia, porque suelen ser más pequeños y delgados incluso si no nacieron prematuramente.

¿Cómo puedo hacer que la visita sea más fácil?
- Pregunte si puede entrar con el cochecito en la sala donde se pesa a los bebés. Es más fácil que llevar a los dos bebés en brazos.
- Pídale a alguien que la acompañe.
- Pídale a alguien de la consulta que sostenga a uno de los bebés mientras usted se ocupa del otro.
- Pese a los bebés sin desnudarlos, habiendo llevado con usted un conjunto idéntico de ropa para pesarlo allí y luego restarlo del total.

¿Debo preocuparme si el peso de los dos es diferente?
Por lo general, no. A los padres esto suele preocuparles porque cualquier diferencia en el tamaño de sus mellizos es algo muy evidente de una sola ojeada y sienten que los bebés tendrían que pesar lo mismo. No obstante, los mellizos son, con frecuencia, bastante diferentes en peso y es algo totalmente normal. Mientras cada uno parezca feliz y crezca bien a su propio ritmo, no tiene que preocuparse.

P ¿CON CUÁNTA RAPIDEZ TIENE QUE GANAR PESO MI BEBÉ?

R Durante los tres primeros meses, debería aumentar entre 150 y 200 gramos a la semana. Esto, como generaciones de médicos han aprendido, son 30 gramos cada día, salvo los domingos.

P MI BEBÉ PERDIÓ PESO AL PRINCIPIO. ¿TENGO QUE PREOCUPARME?

R Los recién nacidos, tanto si son alimentados al pecho como con biberón, no toman mucho alimento durante los primeros días de vida. Por lo tanto, es natural que pierda 200 gramos o más. No se preocupe, mientras haya recuperado su peso al nacer cuando tenga 10 días.

P MI BEBÉ ES MÁS REGORDETE QUE LOS DEMÁS. ¿SERÁ GORDO?

R No necesariamente. Puede que parezca regordete simplemente porque ésa sea su constitución o porque los otros bebés con los que lo ha comparado estén subalimentados o hayan sido prematuros. Por lo general, un bebé tomará el alimento que necesita. No obstante, puede engordar demasiado si lo alimenta tanto si tiene hambre como si no. Pero incluso si piensa que está gordo, nunca debe tratar de hacerle perder peso.

P ¿QUÉ ROPA DEBE LLEVAR MI BEBÉ PARA PESARLO?

R Lo usual es pesar al bebé con una camiseta y el pañal, para impedir que le moleste el frío de la báscula, pero para tener una lectura más precisa deberá desnudarlo por completo. Una alternativa es llevar otra camiseta y pañal idénticos y pesarlos para luego restar ese peso del total que ha dado el bebé vestido.

P ¿QUÉ SIGNIFICA QUE MI BEBÉ SEA MUY ALTO?

R Puede significar que va a ser alto pero, por lo general, la talla de un bebé no es una predicción muy fiable de lo que medirá cuando sea adulto. Y, con frecuencia, las mediciones de talla pueden estar equivocadas. Los bebés de esta edad se encogen al estar echados y la medición puede depender de cuánto se le puedan estirar las piernas. Con frecuencia he visto mediciones totalmente absurdas, aunque se hagan en el hospital.

P LAS VISITAS AL MÉDICO SON UNA PRUEBA DE RESISTENCIA TANTO PARA MI BEBÉ COMO PARA MÍ. ¿QUÉ PUEDO HACER?

R Procure desvestirlo lo menos posible y háblele suavemente todo el tiempo. Aunque la consulta sea un lugar desconocido, pronto se acostumbrará a él. Enseguida después de pesarlo, dele de comer. Vaya a la consulta de forma regular, pero procure no preocuparse por la visita ni porque se compare su peso con el de otros bebés. No vaya a la consulta si tiene poco tiempo; la experiencia será peor.

P ¿QUÉ IMPORTANCIA TIENE LA CIRCUNFERENCIA DE LA CABEZA DE MI BEBÉ?

R La circunferencia de la cabeza es muy importante. Es una señal del potencial de crecimiento del bebé. La tasa de crecimiento de la circunferencia de la cabeza también es importante; un aumento rápido puede ser poco sano, incluso indicar hidrocefalia (existencia de agua en el cerebro). Si hay motivos de preocupación, se medirá y pesará al bebé con mayor frecuencia.

¿Por qué miden a mi bebé?

Para estar seguros de que tanto usted como su médico evalúan el progreso del bebé, su peso, longitud y circunferencia de la cabeza se anotan en un gráfico porcentual.

¿Qué es un gráfico porcentual?
Es un gráfico donde están impresas las «curvas porcentuales» basadas en la medición de un gran número de bebés. Si su bebé está en la curva vigésimoquinta, eso significa que un 75% de bebés pesarán más y un 25% menos que su bebé. Los resultados aislados no tienen mucha importancia; en esta etapa lo importante es la continuidad del crecimiento.

El progreso del bebé

Guía aproximada del desarrollo del bebé.

EDAD	MEDICIONES
Al nacer	Peso: cualquiera entre 2,3 kg y 4,9 kg. Circunferencia craneal: entre 31 y 39 cm. Longitud: entre 45 y 57 cm.
A las 4 semanas	Peso: entre 3 y 6 kg. Cincunferencia craneal: entre 33 y 40 cm. Longitud: entre 48 y 60 cm.
A las 6 semanas	Peso: entre 3,2 y 6,5 kg. Circunferencia craneal: entre 34 y 42 cm. Longitud: entre 51 y 62 cm.

El peso de su bebé
La enfermera o el médico pesarán al bebé de forma regular para asegurarse de que su aumento de peso es continuado y que se desarrolla de forma normal.

EL PRIMER EXAMEN DEL DESARROLLO

A las seis semanas, aproximadamente, al bebé le harán su primer reconocimiento para evaluar su desarrollo. Ese examen lo hará el pediatra. En algunos lugares, lo harán hacia las ocho semanas, en el momento de darle sus primeras vacunas.

¿Qué tengo que llevar al examen?
Lleve un pañal extra y la bolsa para cambiarlo, junto con un biberón si lo alimenta con leche artificial. Vista al bebé con algo que resulte fácil de quitar y poner, no para que el doctor pueda ir más rápido, sino para que sea más cómodo para el bebé. Usted querrá que el bebé esté de un humor cooperador y sonriente para que el médico pueda valorar su capacidad de relación y su desarrollo.

Mi bebé fue prematuro; ¿cuándo deben hacerle el examen de las seis semanas?
Seis semanas después de nacer, pero el médico tendrá en cuenta que fue prematuro.

Me olvidé del examen de las seis semanas; ¿cuándo tengo que hacerlo?
En cuanto se acuerde. Es mejor hacerlo tarde que nunca.

¿Tendré que inmunizar a mi bebé?
Sí. Sin inmunización corre el riesgo de contraer enfermedades graves, como la polio, la difteria, el tétanos, la tosferina y algunos tipos de meningitis. La inmunización significa vacunarlo, por vía oral o mediante inyección. La vacuna estimula la inmunidad del cuerpo contra una infección específica (vea la pág. 213). Le darán las primeras vacunas a las seis semanas. No todas son efectivas al cien por cien, pero vale la pena ponérselas.

¿QUÉ PUEDE HACER MI BEBÉ CUANDO TIENE SEIS SEMANAS?

El cuerpo de un recién nacido es desmadejado, aunque tiene muchos reflejos primitivos (vea la pág. 14). A las seis semanas, las cosas han cambiado: está perdiendo algunos de sus primeros reflejos y, al mismo tiempo, aprendiendo a controlar su cuerpo voluntariamente. El reflejo del andar ha desaparecido, quizá todavía le quede el de agarrar, pero más débil. Tendrá un mejor control de brazos y piernas y podrá levantar ligeramente la cabeza cuando esté tumbado. En general, reaccionará más a los estímulos y puede que llore menos. De forma sutil, pero evidente, cada vez se comunicará mejor.

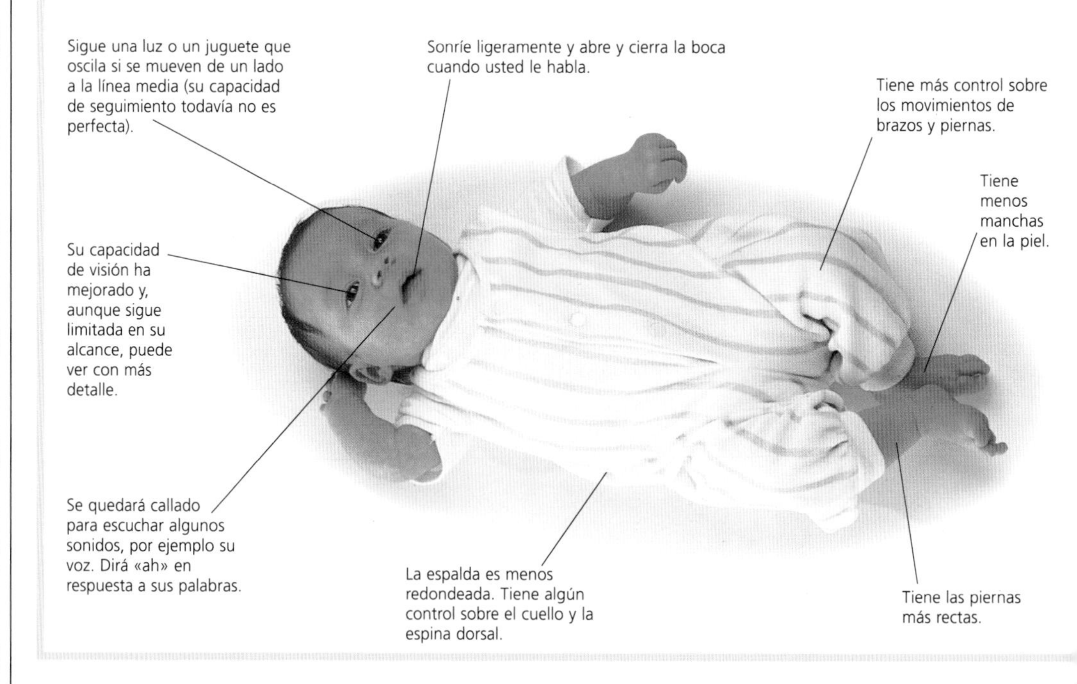

¿QUÉ MIRARÁ EL MÉDICO?

Empezará comprobando el peso, la altura y la circunferencia craneal. También reconocerá al bebé para ver si hay
- una enfermedad congénita del corazón,
- dislocación de la cadera,
- estrabismo, cataratas y otros problemas de los ojos,
- problemas de audición,
- testículos no descendidos (en los chicos),
- desarrollo, especialmente en cuanto a la conducta y la respuesta social, el tono muscular y el control de la cabeza.

Aunque debe consultar con el médico cualquier preocupación que tenga en cuanto surja, el examen de las seis semanas es una buena oportunidad para hablar con detalle de cualquier cosa que le preocupe.

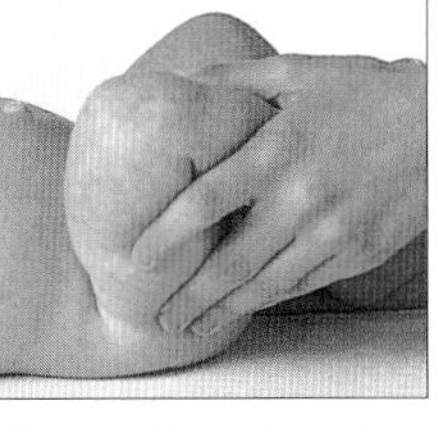

EXAMEN DE LA CADERA *El médico palpará las caderas para comprobar que no haya una posible dislocación.*

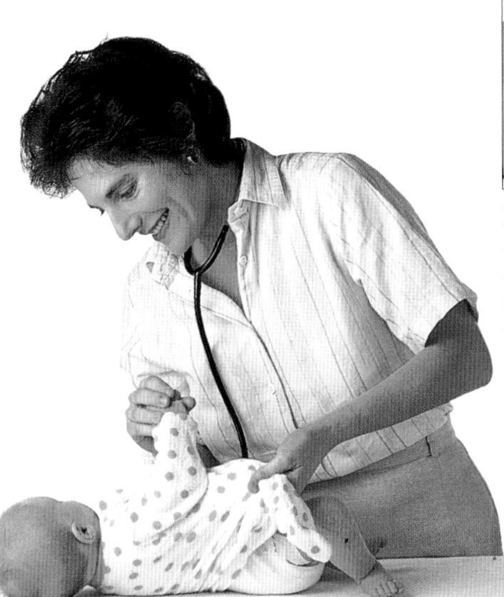

EXTREMIDADES Y TONO MUSCULAR *El médico desnudará al bebé para examinar su tono muscular y cómo mueve los brazos y las piernas.*

CONTROL DE LA CABEZA *El doctor sostendrá al bebé en el aire para ver si sostiene la cabeza en línea con el cuerpo.*

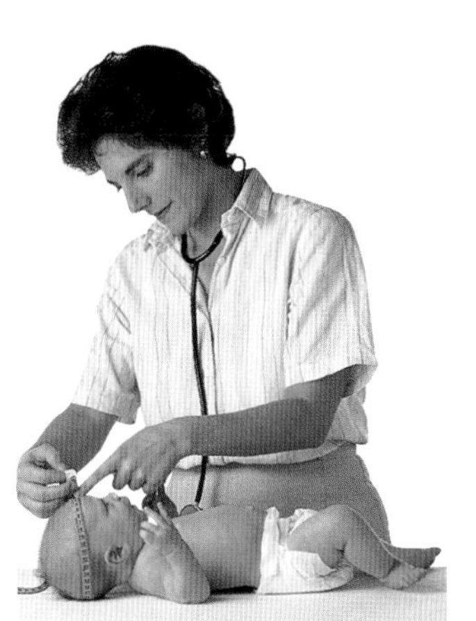

CIRCUNFERENCIA CRANEAL *El doctor medirá la circunferencia de la cabeza del bebé para ver si el crecimiento es normal.*

CONTROL MUSCULAR *El doctor también comprobará cuánto control de su postura tiene el bebé.*

SU EXAMEN POSPARTO

¿Yo también necesito un examen?
Sí. También usted necesita una examen al cabo de seis semanas, para ver si el útero ha recuperado su tamaño normal, el perineo se recupera y si le va bien con la lactancia. Usted y su médico pueden hablar de la contracepción en ese momento.

Me hicieron una cesárea; ¿también necesito el examen?
Sí. El tamaño del útero sigue siendo importante. En realidad, se contrae peor después de una cesárea que después de un parto vaginal. El médico también comprobará que la incisión cicatrice bien.

Alimentación y nutrición

Su bebé necesita la nutrición adecuada para convertirse en un niño sano y feliz y en un adulto en buena forma. Por esta razón, la alimentación y la nutrición pueden llegar a ser temas importantísimos tanto para los padres como para el niño. Este capítulo está lleno de consejos prácticos sobre la alimentación y la nutrición, que serán de importancia desde las seis semanas de edad hasta los principios de la niñez. Se abordan las preocupaciones comunes y se ofrecen soluciones para todo, desde la lactancia materna o con biberón, el destete y la preparación de comidas sanas y equilibradas hasta la seguridad de los alimentos, las alergias, la forma de tratar las modas en alimentación y cómo enseñar a su bebé a comer solo.

Cómo alimentar a un recién nacido

P ¿CUÁNDO TENGO QUE EMPEZAR A DARLE A MI BEBÉ ALGO MÁS QUE LECHE?

R No hasta los cuatro meses. Antes no está físicamente preparado para los alimentos sólidos. Si tiene mucha hambre antes de esa edad, aumente la frecuencia de las tomas, sean de pecho o de biberón.

P MI BEBÉ ES CADA VEZ MÁS GRANDE. ¿CUÁL ES LA MEJOR POSTURA PARA DARLE EL PECHO?

R Puede utilizar las mismas posturas que antes, pero procure tener un buen apoyo para el brazo y para el cada vez más pesado cuerpo del bebé. Sostenerlo como una pelota de rugby (vea la pág. 34) será más difícil conforme el cuerpo sea más largo, pero dar el pecho se habrá vuelto más fácil ahora y descubrirá que puede incluso ponerse de pie y hacer cosas mientras lo alimenta. Si tiene que ir arriba y abajo, tenga cuidado de sujetarlo con firmeza.

P ¿ES POSIBLE SOBREALIMENTAR A UN BEBÉ SI LO AMAMANTO?

R Según la creencia popular, no, porque los bebés sólo chupan cuando tienen hambre. No obstante, mi propia opinión y la de algunos pediatras es que puede darse ese caso, aunque es tan raro que, probablemente, no necesita preocuparse. Por ejemplo, puede sobrealimentar al bebé si le da otras cosas además de la leche materna. Esto suele suceder cuando se empieza con alimentos sólidos demasiado pronto (vea la pág. 68). Un bebé que chupa buscando consuelo puede tomar más leche de la que necesita, porque al succionar estimulará sus pechos para que produzcan más leche. Pero la mayoría de bebés alimentados al pecho no están sobrealimentados.

P A MI BEBÉ LE ESTÁN SALIENDO LOS DIENTES. ¿ME MORDERÁ MIENTRAS MAMA?

R Puede ser. Pueden dolerle las encías hacia los seis meses de edad, justo antes de que le salga un diente, y la dentición empezar antes. Es probable que en esta etapa mordisquee todo lo que tenga a su alcance y el pezón no es una excepción. Reaccione de forma natural: suelte un grito de dolor, aparte al bebé del pecho y dígale «No». Pronto dejará de morder. Entre tomas, dele un aro para la dentición.

P VUELVO A TRABAJAR. ¿CÓMO PUEDO COMBINAR DAR EL PECHO Y EL BIBERÓN?

R Si tiene leche en abundancia, sencillamente alimente al bebé cuando usted quiera, dejándolo que chupe tanto tiempo como desee. Si le preocupa la cantidad de leche que produce (la fatiga puede reducir la producción cuando vuelva al trabajo), extraiga la leche en el trabajo (vea la pág. 38). Su empresa debe proporcionarle el tiempo y el lugar para hacerlo. Recuerde llevarse todo lo que necesita y mantenerlo limpio.

P ¿CUÁNDO TENGO QUE DEJAR DE AMAMANTAR A MI BEBÉ?

R Depende de usted y de su forma de vida; no hay un momento preciso. Los bebés son menos propensos a coger infecciones si han sido alimentados al pecho durante un año, de modo que desde este punto de vista, cuanto más tiempo lo amamante mejor. Hacia los 12 meses se nutrirá ya con suficientes alimentos sólidos y también beberá de una taza o vaso especial. Si lo deja en manos de su bebé, probablemente él mismo dejará el pecho hacia el año de edad o incluso más tarde.

GUÍA DE SUPERVIVENCIA PARA PADRES

Mi bebé, criado al pecho, rechaza el biberón

Es algo que puede suceder a veces, especialmente si el bebé llega a las seis semanas sin haber tomado nunca un biberón. No lo fuerce. Se pondrá nervioso y puede llegar a atragantarse. Pruebe a hacer una de las siguientes cosas:

- Pídale a alguien que le dé el biberón (salga de la habitación si es necesario para evitar distraerlo mientras se alimenta).
- Ofrézcale el biberón mientras pasea con él en brazos, meciéndolo ligeramente mientras anda.
- Pruebe a poner un poco de leche materna en el biberón en lugar de la de fórmula.
- Pruebe con una tetina diferente; las de silicona tienen mejor sabor que las de caucho (látex).
- Si tiene cerca de seis meses, pruebe con una taza especial.

P QUIERO DEJAR DE DAR EL PECHO. ¿CÓMO TENGO QUE HACERLO?

R Debe hacerlo de forma gradual, dejando un margen de hasta tres semanas para lograrlo. Si todavía está dándole únicamente el pecho, ofrézcale un biberón con leche artificial en la toma en que usted tenga menos leche y que suele ser al principio de la noche. Unos cuantos días después, elimine otra tetada del programa diario. No apresure el proceso. La última toma del día debe ser la última que elimine, ya que suele ser la más gratificante tanto para el bebé como para usted.

P ¿PUEDE MI BEBÉ PASAR DIRECTAMENTE DEL PECHO A BEBER EN TAZA?

R Sí que puede hacerlo. Hay bebés de incluso tres meses que se alimentan de una taza, especialmente si ésta es especial, con tapa y pitorro. Escoja un pitorro con agujeros pequeños para que el bebé no se atragante, y sosténgasela. Como al principio la mayor parte de la leche se le caerá de la boca, póngale un babero.

P MI BEBÉ QUIERE SUJETAR EL BIBERÓN ÉL SOLO. ¿TENGO QUE DEJARLO?

R No hasta que tenga por lo menos cinco meses de edad. No lo pierda de vista ni deje de sujetar el biberón. Hasta que sea más hábil, podría dejarlo caer al suelo y tendría que cambiar la tetina. Nunca lo deje solo con el biberón: podría atragantarse.

¿CÓMO ALIMENTO A MIS MELLIZOS?

Los mellizos se moverán cada vez más y a usted se le cansarán los brazos.

Si les da biberón

Coja a uno con el brazo y recueste al otro en una pierna, en el sofá o en cojines a su lado. También puede ponerlos a ambos en sillitas para el coche, en un columpio con arnés o en un sofá mientras que usted se arrodilla o se sienta en el suelo delante de ellos. Cuando aprendan a sentarse, será más fácil darles el biberón, pero vigile que estén seguros y que no puedan caer.

Si les da el pecho

Continúe con la posición de la pelota de rugby (vea la pág. 34) vigilando que tengan la cabeza bien apoyada. Cuídese usted también para comer, beber y descansar mucho.

TOMAS NOCTURNAS

P MI BEBÉ DEJÓ DE COMER POR LA NOCHE A LOS DOS MESES. ¿POR QUÉ AHORA VUELVE A DESPERTARSE?

R Hay rachas de aumento del apetito alrededor de las seis semanas, los tres meses y, de nuevo, entre 4 y 6 meses. Si se vuelve a despertar hacia los 4 o 6 meses, significa que ya está listo para los alimentos sólidos. Si es un bebé grande, sus necesidades nutricionales pueden haber superado lo que la leche sola (materna o artificial) puede proporcionarle.

P ¿CÓMO PUEDO ESTIMULARLO PARA QUE DEJE LAS TOMAS NOCTURNAS?

R Después de los 4 meses, ofrézcale agua o leche diluida (vea la pág. 84) si está segura de que toma la suficiente leche durante el día y sigue ganando peso. Si le da biberones, tendría que estar dejando algo en todas las tomas. Sirve de ayuda si se queda dormido por sí mismo; póngalo en la cuna cuando está todavía despierto. Ayúdele a distinguir entre el día y la noche (vea la pág. 82).

P ¿ES BUENA IDEA DARLE UNA TOMA ABUNDANTE ANTES DE DORMIR?

R No. Puede asegurarse de que se va a dormir plenamente satisfecho dándole una toma poco antes de la hora de dormir, pero como no puede hacer que su proceso digestivo sea más lento, esto quizá no impida que se despierte por la noche. Muchos padres tratan de llenar al bebé de leche justo antes de dormir con la vana esperanza de conseguir dormir toda una noche seguida, pero no puede hacer que el bebé tome más de lo que necesita; si lo hace es probable que vomite o que tenga dolor de vientre. Algunos padres añaden un poco de galleta o de arroz para bebés al biberón del niño, todavía no destetado, pero esto no se debe hacer; es muy malo para el sistema digestivo del bebé.

P ¿SEGUIRÁ CON LAS TOMAS NOCTURNAS MÁS TIEMPO PORQUE TOMA EL PECHO?

R La opinión oficial es que no. No obstante, los bebés alimentados al pecho son más proclives a reclamar una toma nocturna porque, al mismo tiempo, les resulta reconfortante. También es más probable que la madre ofrezca el pecho al bebé que llora porque es más fácil.

CÓMO DESTETAR AL BEBÉ

P ¿QUÉ SIGNIFICA EXACTAMENTE «DESTETAR»?

R Significa empezar a dar alimentos sólidos al bebé. Algunas personas utilizan este término para pasar del pecho al biberón, pero resulta confuso a menos que se añadan las palabras «del pecho al biberón».

P ALGUNAS PERSONAS DICEN QUE LA ALIMENTACIÓN SÓLIDA DEBERÍA EMPEZAR A LAS SEIS SEMANAS. ¿ES CORRECTO?

R No. A esa edad, el desarrollo del bebé no es suficiente para tomar sólidos. Los riñones y los intestinos siguen siendo inmaduros y, por ello, los alimentos sólidos tampoco son buenos para ellos desde el punto de vista nutricional. También hay pruebas de que si se empieza con sólidos demasiado temprano, se corre un riesgo mayor de provocar alergias a la comida. Esto es especialmente cierto de la alergia al trigo, llamada alergia celíaca (enteritis gluteica). Las investigaciones realizadas demuestran también que los bebés destetados temprano tosen más y hacen más ruido al respirar.

P ¿CUÁNDO TENGO QUE EMPEZAR A DESTETAR A MI BEBÉ?

R Puede empezar a introducir alimentos sólidos cuando tenga entre 4 y 6 meses de edad. Al principio, los sólidos serán un extra a la leche; no serán una parte apreciable de la alimentación del bebé hasta que tome tres comidas al día.

P ¿PUEDO POSPONER EL DESTETE HASTA QUE EL BEBÉ TENGA UN AÑO?

R Yo no lo dejaría hasta más allá de los seis meses, incluso si ha sido prematuro, a menos que el doctor le aconseje lo contrario. Si lo desteta demasiado tarde, puede que tenga una deficiencia en nutrientes valiosos como el hierro, el zinc y las vitaminas A y D, porque tanto la leche materna como la artificial son relativamente pobres en ellos. Destetar muy tarde significa también que perderá una oportunidad cuando el bebé esté preparado, por su desarrollo, para empezar a experimentar con los sólidos y con otros sabores. Finalmente, necesita masticar alimentos sólidos a fin de que su mandíbula y su capacidad de habla se desarrollen.

P ¿CÓMO SABRÉ QUE MI BEBÉ ESTÁ LISTO PARA EL DESTETE?

R Probablemente lo está si, entre las 4 y los 6 meses de edad, se vuelve a despertar por la noche para comer, sigue pareciendo tener hambre después de una toma y gana peso más lentamente.

P MI BEBÉ LO MUERDE TODO. ¿ESTÁ LISTO PARA LOS ALIMENTOS SÓLIDOS?

R No necesariamente. A los tres meses de edad, todos los bebés empiezan a llevarse las manos a la boca y también emplean la boca para explorar las cosas (vea la pág.147). También es posible que el bebé lo muerda todo porque le duelen las encías debido a la dentición, algo que también puede hacer que babeen mucho (vea la pág.127).

P ¿DEBO REDUCIR LAS TOMAS DE LECHE CUANDO EMPIECE CON LOS ALIMENTOS SÓLIDOS?

R No. Las primeras veces que tome alimentos sólidos serán sólo degustaciones, nada más. Todavía no estará comiendo lo suficiente para que cuente. Siga con la misma cantidad de tomas de leche.

P ¿CUÁL ES EL MEJOR MOMENTO DEL DÍA PARA EMPEZAR A DARLE ALIMENTOS SÓLIDOS?

R Cuando le resulte cómodo lavarlo después. Procure escoger un momento en que esté totalmente despierto, pero no desesperado de hambre. Evite el principio de la noche por si reacciona mal a la comida y se despierta durante la noche. Puede también darle sólidos antes de la toma de leche o dejarle que tome un poco de leche y luego pruebe los sólidos, antes de volver al resto de la leche.

P ¿EMPEZAR EL DESTETE AYUDARÁ A QUE DUERMA TODA LA NOCHE SEGUIDA?

R Hay divergencia de opiniones, pero yo diría que no. La cantidad de alimento que se toma a esa edad es tan pequeña que no hará que el bebé duerma más. Creo que es una coincidencia que los bebés empiecen a dejar que sus padres duerman toda la noche alrededor del momento en que son destetados. Probablemente sólo se trata de que ahora el bebé es más estable.

P ¿TENGO QUE EMPEZAR A DARLE BEBIDA ADEMÁS DE ALIMENTOS SÓLIDOS?

R Cuando tome alimentos sólidos, el bebé tendrá más sed. Puede darle zumo de frutas diluido en agua hervida y fría, preferiblemente en una taza o vaso con pitorro. Ofrézcaselo sólo a las horas de comer, cuando produce más saliva. Otras bebidas para bebé pueden tener demasiado azúcar y son innecesarias. Puede darle también agua del grifo, hervida y enfriada, a cualquier edad. El agua mineral, con o sin gas, suele contener demasiado sodio y otros minerales, además de numerosas bacterias.

Cómo iniciar al bebé en los alimentos sólidos

El bebé nació sabiendo chupar, pero no comer con cuchara, así que tendrá que enseñarle. Al principio apenas tomará nada. No obstante, relájese y tenga paciencia; pronto empezará a disfrutar del sabor de diferentes alimentos.

¿Qué necesito?

Necesitará un cuenco, una cuchara y una taza, que tiene que esterilizar antes de usarlos a menos que los haya lavado en el lavavajillas. También necesitará baberos.

Cuenco de plástico

Cucharas

Vaso con pitorro o taza

Molinillo para comidas o batidora

Lo mejor es un babero de toalla con forro de plástico durante los primeros meses

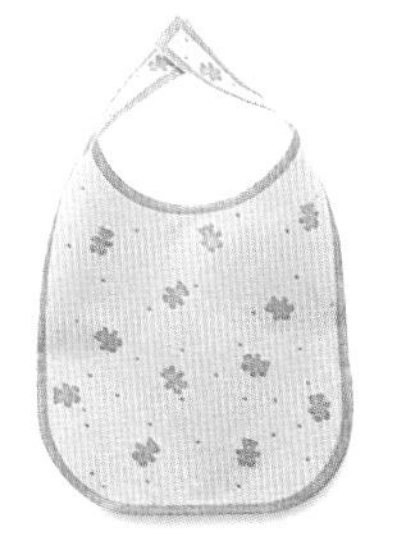

Para viajar es útil un babero desechable

Cuando sea mayor, es útil un babero de toalla con mangas

¿Cómo tengo que alimentar al bebé?

Lávese las manos antes de prepararle la comida. Esa comida tiene que estar a temperatura ambiente o templada. Compruébelo con el dedo.

1 Ponga un poco de comida en la punta de una cuchara. Tenga cuidado de no llenarla demasiado ya que, si lo hace, el bebé la escupirá.

2 Póngale la cuchara sobre el labio inferior y deje que chupe la comida. Si la escupe sobre la barbilla, recójala y vuelva a dársela.

3 Si esto falla, ofrézcale una pequeña cantidad de comida con la punta del dedo. Utilizar el dedo hará que al bebé la experiencia le resulte menos extraña.

Cómo darle la comida
Póngase en una postura que sea cómoda para usted y para el bebé. Sosteniendo la cabeza y la parte superior del cuerpo del bebé, le ayudará a tragar.

PRIMEROS ALIMENTOS ADECUADOS

P ¿CON QUÉ ALIMENTOS TENGO QUE EMPEZAR?

R El arroz para bebés es un buen primer alimento sólido (vea otras sugerencias en el gráfico inferior). Es soso, nutritivo y poco susceptible de causar alergias. Puede mezclarlo con un poco de leche de fórmula o de pecho o un poco de agua hervida templada. El bebé no debe beber leche de vaca hasta que tenga un año (vea la siguiente pregunta), aunque puede tomar algunos productos lácteos antes. No obstante, puede utilizar usted la leche de vaca para cocinar desde los seis meses de edad.

P ¿QUÉ ALIMENTOS DEBO EVITAR DARLE A MI BEBÉ?

R Evite darle cualquier producto con frutos secos hasta que tenga dos años y los frutos enteros hasta los cinco; la miel hasta que tenga un año, los huevos duros y el trigo hasta los seis meses y la fruta con semillas pequeñas, como las fresas, hasta los cinco meses. Puede mezclar el cereal para bebés con leche normal de vaca pasteurizada y darle algunos productos lácteos, pero recuerde que la leche de vaca contiene muy poca vitamina D y hierro para un bebé de esa edad. Evite también la leche de oveja o cabra por las mismas razones. Si algún familiar padece alergias, como asma o eccema, espere a darle huevos, pescado, trigo o leche de vaca en cualquier forma hasta que tenga un año.

P ¿POR QUÉ NO PUEDO DARLE TRIGO ANTES DE LOS SEIS MESES?

R El gluten del trigo puede causarle una sensibilidad permanente a todos los derivados del trigo. Esta dolencia se denomina enfermedad celíaca (enteritis gluteica). Retrasando la introducción del gluten hasta los seis meses de edad reduce el riesgo de que un bebé tenga esa enfermedad. Recuerde que las galletas contienen trigo, así que evite dárselas al bebé antes de los seis meses.

P ¿CUÁNDO PUEDO DARLE A MI BEBÉ LO MISMO QUE AL RESTO DE LA FAMILIA?

R Todavía no. Puede tomar alimentos preparados en casa, pero la comida de los adultos tendrá, por lo general, demasiada sal y, posiblemente, demasiada fibra para él y será, generalmente, demasiado complicada; a esta edad lo que el bebé necesita es uno o dos ingredientes a la vez. Deje pasar siempre unos cuantos días entre la introducción de un nuevo tipo de alimento y otro.

P ¿TENGO QUE DARLE A MI BEBÉ ALIMENTOS PREPARADOS?

R Sí, son adecuados para un bebé de está edad, pero lea el envoltorio para estar segura de que no tienen demasiado azúcar. No obstante, en este estadio, desperdiciará buena parte de esos alimentos, ya que el bebé sólo los probará, así que será mejor no abrir botes hasta que tome cantidades mayores de comida sólida. En algunos supermercados y farmacias se venden alimentos orgánicos preparados para bebés.

¿QUÉ ALIMENTOS PUEDO DARLE Y CUÁNDO?

EDAD	¿QUÉ PUEDO DARLE?	¿CÓMO DÁRSELO?
4 meses	Sabores simples. Lo mejor es una única vez al día. Pruebe: cereal (arroz para bebés), fruta (manzana, y pera cocidas, plátano o papaya crudos), verduras (brócoli, zanahoria, coliflor, calabacín, nabo, patata, chirivía o boniato).	Sin sal y sin grumos. Deben cocinarse (aparte del plátano o la papaya), o pasarse por un molinillo hasta que tengan la textura del *ketchup* o de una sopa espesa sin grumos. Como es para probar, el bebé sólo tomará cantidades muy pequeñas.
5 meses	Mezclas más complejas. El bebé puede tomar dos comidas al día, aunque seguirán siendo pequeñas. Pruebe con arroz para bebés por la mañana y fruta o verduras (vea arriba) a mediodía o por la noche, si lo prefiere.	Todavía sin sal, pero pueden tener una textura más gruesa, pasándolas por los agujeros más grandes de un colador, o haciéndolas puré con un tenedor.
6 meses	Mayor variedad, incluyendo carne, pollo, pescado, lo que tome la familia (evite la sal, las especias y el ajo), trigo y gluten (pasta), yogures, sémola, tapioca.	Empiece a aplastar la comida con un tenedor en lugar de pasarla por el colador. A algunos bebés siguen sin gustarles los grumos; si ése es el caso, haga un puré más fino hasta que lo coma. Utilice una taza con pitorro para los líquidos.

P ¿QUÉ ES MEJOR: LA COMIDA PARA BEBÉ EN POLVO O EN TARROS?

R Ambas son satisfactorias. En los primeros estadios del destete, los alimentos en polvo son más económicos porque puede preparar la cantidad que quiera y el resto se conservará mientras esté seco. Mézclelos con la leche o con agua hervida y enfriada para eliminar cualquier grumo. Lea siempre cuidadosamente las instrucciones.

P ¿CUÁL ES EL MEJOR MODO DE PREPARAR LA COMIDA PARA MI BEBÉ?

R Hiérvala o cuézala al vapor o al horno. También puede prepararla en el microondas, pero recuerde que puede haber trozos más calientes. Para dispersarlos, déjela reposar, mézclela bien y deje que se enfríe antes de dársela. No fría la comida, a menos que sea con poco aceite.

P ¿CÓMO PUEDO CONGELAR PEQUEÑAS PORCIONES PARA MI BEBÉ?

R Utilice una bandeja de cubitos de hielo limpia, algunos botes de yogur o envases de queso fresco, lo que le resulte más conveniente, tanto para usted como para el apetito de su bebé. Tenga siempre cuidado de lavar y secar bien los envases que haya escogido antes de usarlos para congelar la comida del bebé.

P SU COMIDA PARECE INSÍPIDA. ¿TENGO QUE AÑADIR SAL O AZÚCAR?

R No añada nunca nada a la comida del bebé. El bebé necesita comida sosa, no salada ni llena de sodio. El azúcar también es innecesario, a menos que necesite añadir un poco para contrarrestar el ácido de algunas frutas. Así que no sienta la tentación de añadir ni una cosa ni otra a la comida, aunque tenga mejor sabor para used.

CÓMO USAR UNA TAZA CON PITORRO

Puede que el bebé tenga sed porque come más sólidos, pero rechace el biberón. Si es así, pruebe con una taza con pitorro.

CÓMO USAR UNA TAZA CON PITORRO *Vigile al bebé mientras usa una taza con pitorro para impedir que se atragante. Prepárese para recoger el líquido que se vierta.*

P ¿PUEDO GUARDAR SIN PELIGRO LA COMIDA QUE SOBRE PARA OTRA COMIDA?

R No. No debe guardar ningún cereal que haya sigo mezclado con leche o agua. No guarde nunca ningún resto que haya estado en el plato del bebé (o que haya tocado la cuchara, la boca o las manos del bebé o de usted). Puede conservar los restos de un tarro de comida, siempre que no los haya sacado de éste ni se lo haya dado metiendo la cuchara directamente en el bote.

GUÍA DE SUPERVIVENCIA PARA PADRES

MI BEBÉ RECHAZA LOS ALIMENTOS SÓLIDOS

¿Por qué rechaza los sólidos?

- Puede que tenga mucha hambre y en ese momento quiera leche en lugar de comida sólida.
- Puede que no le guste esa comida en particular.
- Puede que no se lo dé de la forma adecuada; cuide de que la comida tenga la temperatura correcta y mire cómo se la da (vea la pág. 69).
- Puede necesitar mucho menos de lo que usted piensa.

¿Qué puedo hacer?

- Compruebe que la comida no esté demasiado caliente.
- Dele un poco de leche para quitarle el hambre y luego pruebe otra vez con la comida sólida antes de acabar de darle el resto de la leche.
- Pruebe con una cuchara más pequeña y póngasela sobre el labio inferior,
- No se preocupe si la rechaza. Vuelva a probar más tarde.

NECESIDADES NUTRICIONALES

P YO SOY VEGETARIANA PERO, ¿MI BEBÉ TIENE QUE COMER CARNE?

R No necesariamente. Una dieta vegetariana puede ser satisfactoria y proporcionar todos los nutrientes que el bebé necesite, incluyendo el hierro, siempre que tenga un poco de cuidado extra con lo que le da (vea más abajo). No obstante, la carne es beneficiosa para los bebés a partir de los cinco meses porque es rica en hierro, zinc y proteínas.

P SOY ESTRICTAMENTE VEGETARIANA. ¿PUEDO CRIAR A MI BEBÉ DE LA MISMA MANERA?

R Según mi opinión una dieta vegetariana estricta (sin ninguna proteína animal ni ningún suplemento nutricional) no es satisfactoria desde el punto de vista de la nutrición. El principal problema es conseguir las suficientes proteínas, calcio, vitamina D y vitamina B12. Puede llegar a un compromiso y criar a su bebé según una dieta vegetariana simple.

P ¿QUÉ SUPLEMENTOS VITAMÍNICOS NECESITA MI BEBÉ DURANTE LOS SEIS PRIMEROS MESES?

R Dándole una dieta equilibrada, tendría que ser suficiente para proporcionarle todas las vitaminas que necesita. No obstante, muchos bebés necesitan vitamina D desde la edad de un mes, especialmente los que corren el riesgo de una deficiencia de esa vitamina. Son principalmente niños del subcontinente indio que viven en países con menos sol. Otros niños puede tener carencias. La vitamina C es destruida por la cocción; la vitamina D, igual que la A, depende de la absorción de grasa. Pueden darse complementos de vitamina A, C y D desde las cuatro o seis semanas hasta los 5 años.

¿QUÉ NECESITA MI BEBÉ?

Los bebés necesitan una dieta relativamente alta en energía (calorías), alta en grasas, baja en fibra y baja en sal. Debe contener suficientes proteínas para el crecimiento y carbohidratos para la energía.

Necesidades diarias aproximadas

EDAD	ENERGÍA	PROTEÍNAS	GRASAS	HIERRO
Hasta 3 meses	530 Cal.	13 g	4 g	2 mg
3–6 meses	700 Cal.	13 g	4 g	4 mg
6–9 meses	800 Cal.	14 g	4 g	8 mg
9–12 meses en adelante	1.200 Cal.	20 g	4 g	9 mg

P ¿CUÁL ES EL MEJOR PREPARADO VITAMÍNICO PARA MI BEBÉ?

R Las vitaminas infantiles en gotas proporcionadas por diversos Ministerios de Sanidad son totalmente adecuadas para las necesidades del bebé en este estadio. No hay absolutamente ninguna necesidad de que compre complementos más elaborados o caros. No los necesita y los bebés no suelen ser exigentes en este sentido.

¿QUÉ ALIMENTOS DEBO DARLE A MI BEBÉ VEGETARIANO?

Si no le da al bebé carne ni pollo ni pescado, debe conseguir los nutrientes necesarios de otras fuentes. La vitamina B12 procede principalmente de fuentes animales, pero la leche y los productos lácteos (y los huevos a partir de los 6 meses) suministrarán la cantidad suficiente para el bebé.

A partir de 4 meses añadir
- puré fino de verduras (patatas, zanahorias, espinacas, calabacín, boniato),
- frutas en puré (manzana y pera cocidas, plátano crudo, puré de albaricoques secos cocidos),
- papilla de arroz, maíz, mijo o sagú,
- NADA DE FRUTOS SECOS NI HUEVOS.

A partir de 5 meses añadir
- lentejas en puré,
- amplíe la serie de verduras y frutas; pruebe el aguacate, el mango, las uvas (peladas, sin semillas y partidas por la mitad,
- algunos productos lácteos, como el yogur para bebés,
- NADA DE FRUTOS SECOS NI HUEVOS.

A partir de 6 meses añadir
- tofu, lentejas y frijoles (con poca sal y azúcar),
- lácteos, por ejemplo, queso,
- huevos duros (si no hay historial familiar de alergias),
- NADA DE FRUTOS SECOS.

P ¿LOS COMPLEMENTOS VITAMÍNICOS PUEDEN SER PERJUDICIALES PARA MI BEBÉ?

R Los aprobados no entrañan peligro, pero no supere la dosis recomendada, incluso si su bebé fue prematuro, si es enfermizo o lo ha destetado tarde. El cuerpo elimina el exceso de vitamina C, pero otros complementos, como la vitamina A, son tóxicos a grandes dosis. El hierro también es tóxico a grandes dosis, pero la mayoría de los complementos para bebés no lo contienen.

P ¿LAS VITAMINAS O MINERALES EXTRA HARÁN QUE MI BEBÉ SEA MÁS INTELIGENTE?

R No. Ha habido mucha publicidad diciendo que las vitaminas y los minerales aumentan la inteligencia del niño, pero sólo aumentarán el potencial mental de su hijo si éste es deficitario en vitaminas o minerales. La escasez de hierro y otros minerales puede reducir la concentración, pero es más peligroso darle al niño demasiados complementos.

¿CÓMO PUEDO SABER SI MI BEBÉ ES ALÉRGICO A ALGÚN ALIMENTO?

No se sabe seguro, pero las alergias a los alimentos son bastante comunes. La mucosa intestinal permite la entrada de más proteínas en los tres primeros meses de vida y algunos alimentos pueden iniciar un proceso que más tarde cause reacciones alérgicas. No obstante, algunas personas tienden a achacar todos los problemas a las alergias y se somete a algunos niños (y adultos) a unas dietas muy restringidas cuando no hay verdaderas pruebas de alergia.

¿Cuáles son las alergias a los alimentos más corrientes?
En los niños pequeños, las más corrientes son:
- alergia a los cacahuetes y otros frutos secos,
- enfermedad celíaca (alergia al trigo/gluten),
- intolerancia a las proteínas de la leche de vaca (suele resolverse hacia los dos años de edad).

¿Qué diferencia hay entre la alergia y la intolerancia a un alimento?
Ambos términos significan que tomar ese alimento provoca una reacción. La alergia significa que el sistema inmunológico no funciona bien. La intolerancia significa que no hay pruebas de que el sistema inmunológico tenga algo que ver.

¿Qué síntomas puede provocar la alergia a un alimento?
Los síntomas pueden ser leves o graves e incluir:
- sarpullidos (como el eccema y la urticaria),
- diarrea o vómitos,
- se detiene el crecimiento o el aumento de peso,
- toses y estornudos,
- choque anafiláctico, que es una reacción rara pero aguda que puede causar la muerte (vea la pág. 230).

¿Las alergias a un alimento son cosa de familia?
Las alergias son más frecuentes en unas familias que en otras; por lo tanto, es posible que sí.

¿La diarrea es siempre debida a la alergia a un alimento?
No, ésta no es la causa más corriente. También puede ser el efecto de la forma o textura de un alimento y no del alimento mismo. Esto sucede con muchos alimentos, especialmente el maíz y el pan integral. Elimine el alimento sospechoso de la dieta del bebé durante unos días y si la diarrea se soluciona, siempre puede volver a probarlo, pero aplaste o cuele la comida más finamente la próxima vez.

SARPULLIDOS CAUSADOS POR LA COMIDA
Un sarpullido alrededor de la boca puede ser causado por una alergia o sólo por un alimento que haya irritado la delicada piel. Limpie la cara suavemente con aldogón y agua y observe si la erupción desaparece. La próxima vez que el bebé coma lo mismo, séquele la cara enseguida.

CÓMO ALIMENTAR A UN BEBÉ DE MÁS DE 6 MESES

P ¿CUÁNTAS COMIDAS TENGO QUE DARLE A MI BEBÉ? ¿HE DE DARLE MENOS LECHE?

R Tres comidas diarias más tentempiés entre comidas. Llegará un punto en que tomará la comida sólida primero y después la leche. Suele suceder hacia los seis meses de edad.

P ¿QUÉ ES LA LECHE DE SEGUIMIENTO Y CUÁNDO TENGO QUE DÁRSELA A MI BEBÉ?

R Es una leche preparada que contiene más hierro, proteínas y vitamina D que la fórmula corriente. Désela al bebé a partir de los seis meses y hasta que pueda beber leche de vaca.

P ¿CUÁNDO PUEDO EMPEZAR A DARLE LECHE DE VACA A MI BEBÉ?

R A partir de los seis meses puede usar leche de vaca para mezclar los cereales, a menos que en su familia haya antecedentes de alergia. No le dé leche de vaca para beber hasta que tenga un año.

P ¿CUÁNDO TIENE MI BEBÉ QUE DEJAR DE USAR EL BIBERÓN?

R Hacia el año de edad. Tiene que beber en taza por una cuestión de socialización y también por el bien de sus dientes; beber demasiada leche con biberón puede llegar a causar caries.

P ¿QUÉ ALIMENTOS TENGO QUE EVITAR DARLE AL BEBÉ HASTA UN AÑO?

R No tiene que darle miel o leche de vaca como bebida principal (no tiene suficiente hierro). Si alguien de la familia es alérgico a los huevos, evítelos también. No le dé a su hijo ningún producto con frutos secos hasta los dos años de edad ni frutos enteros hasta los cinco.

P ¿QUÉ CARNES Y AVES NO SON PELIGROSAS PARA MI BEBÉ?

R Muchos padres están preocupados por el riesgo que puede haber en darle carne a un bebé. Lo importante es darle al bebé cortes de carne buenos. El pollo y el pavo son ideales porque tienen un sabor suave, pero también puede darle cordero, cerdo y buey. El lugar donde compre la carne es muy importante, especialmente la carne de buey, sobre todo si le preocupa el riesgo de la encefalopatía espongiforme o enfermedad de las vacas locas. Esa enfermedad es un problema potencial en muchos países. Conserve la carne en el frigorífico a menos de 5 °C. Y guarde la carne cruda en la parte inferior para evitar que el jugo contamine otros alimentos. Cocine la carne siempre bien hecha; el buey puede tener *E. coli* y las aves, salmonella y otras bacterias. La cocción destruye esos gérmenes.

¿TENGO QUE COMPRAR UNA SILLA ALTA?

Una silla alta proporciona al bebé un lugar seguro para comer a partir de los siete meses. A esa edad le puede dar trozos pequeños de comida que podrá coger con los dedos. Esto le permitirá empezar a comer solo. Quédese con él mientras come y no se olvide de sujetarlo bien a la silla con el arnés.

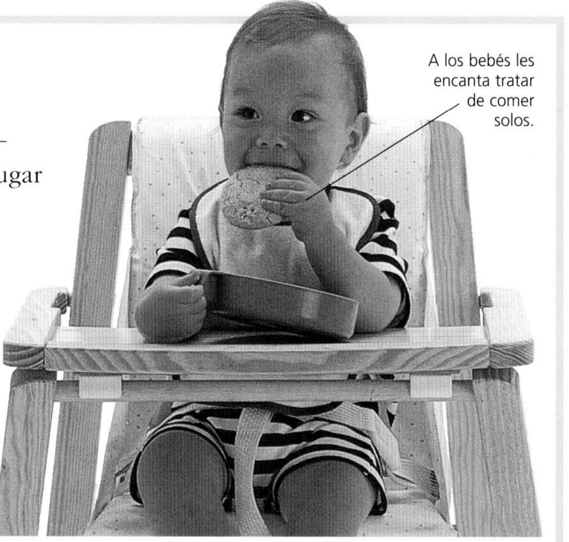

A los bebés les encanta tratar de comer solos.

USAR UNA SILLA ALTA
El bebé disfrutará al comer con las manos sentado en su silla alta. Mascar es un calmante si está sacando los dientes.

¿QUÉ ALIMENTOS PUEDO DARLE EN LAS ÚLTIMAS ETAPAS DEL DESTETE?

EDAD	QUÉ PUEDO DARLE	CÓMO DÁRSELO
6–9 meses	Puede usar leche de vaca para mezclar los cereales. Ofrézcale verduras, carne, pescado, queso duro; quizá huevos duros.	■ Dos o tres comidas al día, cosas entre horas y bebidas. ■ La textura puede ser más gruesa. ■ Empiece a darle cosas para comer con los dedos, como pan y tostadas.
9–12 meses	Ofrézcale legumbres (guisantes y alubias), huevos (duros) y pequeñas dosis de mantequilla y margarina.	■ Ahora las cosas para comer con los dedos son muy importantes. ■ Establezca las tres comidas al día, más cosas entre horas y bebidas según sus necesidades. ■ La textura de los alimentos puede ser más parecida a la de los adultos, pero añada poco (o ningún) azúcar y sal.

P ¿CÓMO PUEDO ASEGURARME DE QUE MI BEBÉ TOMA SUFICIENTE HIERRO?

R Déle una dieta muy variada. Además de en la carne, el hierro está presente en muchas verduras y frutas; por ejemplo en el zumo de ciruelas, en los albaricoques triturados, en las lentejas (aplastadas o en puré) y en las alubias, también bien aplastadas. La vitamina C ayuda a la absorción del hierro; por ello, a un bebé vegetariano le será beneficioso beber zumo de naranja diluido con las comidas. Evite el salvado, ya que puede impedir la absorción de hierro. Continúe dándole leche materna o de fórmula.

P ¿CUÁNDO PUEDE MI BEBÉ USAR UNA CUCHARA ÉL MISMO?

R Déjele usar una cuchara en cuanto muestre interés por hacerlo, pero utilizar bien una cuchara significa poder darle la vuelta y probablemente no conseguirá hacerlo hasta que tenga 12 meses o más. No obstante, no hay razón alguna de que no tenga una cuchara en la mano antes, mientras usted usa otra para darle de comer. Puede que la meta en la comida y que, de alguna manera, haga llegar ésta a la boca.

P DURANTE LA COMIDA SE ENSUCIA TODO. ¿QUÉ PUEDO HACER?

R Póngase ropa vieja y relájese. Ponga periódicos alrededor de la silla del bebé (es mejor que el plástico porque los papeles se pueden tirar a la basura). Los baberos de plástico duro con recogecomidas son útiles, pero no se lo deje puesto mucho rato, ya que le puede segar en el cuello (también es útil un babero con mangas). Tenga trapos y papel de cocina a mano.

P ME PREOCUPA QUE EL BEBÉ PUEDA ATRAGANTARSE. ¿CÓMO PUEDO EVITARLO?

R Permanezca al lado del bebé todo el tiempo que esté comiendo. No le dé frutos secos enteros o partidos por la mitad hasta que tenga 5 años. Espere a que pueda masticar mejor antes de darle zanahoria.

P ¿CUÁNDO PUEDO DEJAR DE ESTERILIZAR SU PLATO, CUCHARA Y TAZA?

R Puede dejar de esterilizar las cosas de comer de su bebé a partir de los seis meses, a menos que tenga un lavavajillas (vea la pág. 69). No obstante, todo tiene que seguir estando lo más limpio posible; por lo tanto, asegúrese de lavarlo todo con el máximo cuidado.

P ¿CÓMO PUEDO LOGRAR QUE COMER FUERA CON MI BEBÉ ME CAUSE MENOS TENSIÓN?

R Evite los restaurantes elegantes ya que necesita estar muy relajada para comer con el bebé. Llévese el arnés y el babero de éste y no haga comidas muy prolongadas. Para cuando los adultos estén escogiendo los postres, el bebé estará cansado o aburrido.

¿CÓMO PUEDO HACER QUE LA HORA DE COMER SEA DIVERTIDA?

Deje que el bebé disfrute
Le gustará tratar de comer solo; déjelo. Póngalo lejos de las paredes y cubra el suelo para limitar la suciedad al máximo. Comer con el bebé le ayudará a ver que la hora de comer es una ocasión social. Las cosas que puede comer con los dedos lo tendrán entretenido.

No le obligue a comer
Si hace que coma cuando no quiere, sólo conseguirá que la ocasión esté más llena de tensión para ambos. Déjese guiar por su apetito.

Evítele todo peligro
Compruebe que el bebé está seguro en su silla alta y utilice el arnés. No lo deje sin vigilancia.

CÓMO ALIMENTAR AL NIÑO DE MÁS DE UN AÑO

P MI HIJO ES MUY ACTIVO PERO NO COME MUCHO. ¿TENGO QUE PREOCUPARME?

R No. Mientras esté feliz y siga creciendo. Es normal que el apetito de un niño disminuya un poco alrededor de los 15 meses. Algunos niños comen realmente muy poco, considerando el ritmo agotador que llevan. Por extraño que parezca a esa edad, los niños tranquilos (que los hay) comen más que los más activos. Vigile que el niño no se llene con enormes cantidades de leche o zumo en lugar de comida.

¿QUÉ TENGO QUE DARLE A MI HIJO ENTRE HORAS?

La fruta fresca, el queso (incluyendo el requesón), el yogur, la leche, los cereales sin azúcar, los bocadillos, el huevo duro triturado, los bastoncitos de pan o de verduras crudas son un bocado sano entre comidas. Limite las pasas y los albaricoques secos, que son perjudiciales para los dientes del niño.

TENTEMPIÉS SANOS
Ofrézcale verduras crudas, galletas duras horneadas y bastoncitos de pan entre comidas. Si los corta con formas divertidas, puede hacer que le apetezcan.

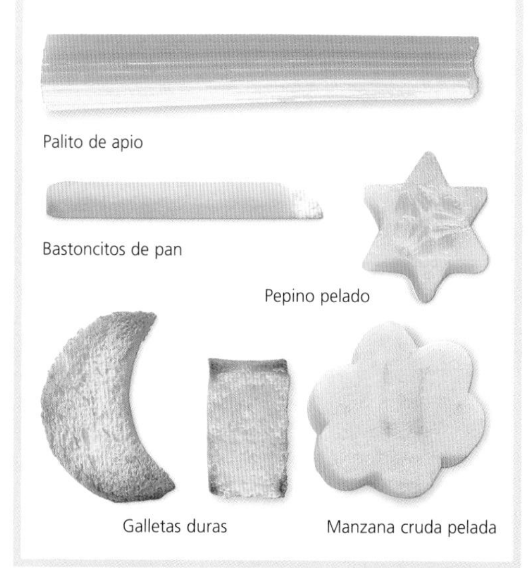

P RECHAZA TODA UNA SERIE DE ALIMENTOS. ¿QUÉ PUEDO HACER?

R También esto es bastante normal, especialmente si le sirve la misma comida con frecuencia. Pruebe a darle alimentos variados. Quizá tenga demasiada sed para comer. Si es así, dele un vaso de agua o zumo, pero no demasiada cantidad o le quitará el hambre. Si rechaza siempre un tipo de comida, elimínela de la dieta. Quizá la acepte en el futuro, pero si le obliga a comerla ahora no servirá de nada, porque se pondrá a jugar con la comida o la escupirá o vomitará más tarde o tirará el plato al suelo. Incluso puede desarrollar un rechazo de ese alimento para toda la vida, así que no vale la pena insistir. No estará malnutrido porque falte una cosa en su dieta.

P ¿UN BEBÉ PUEDE SOBREVIVIR CON UNA SERIE DE ALIMENTOS TAN LIMITADA?

R Los niños pequeños (entre uno y dos años y medio) pueden vivir (y crecer) con una dieta sorprendentemente restringida que ellos mismos seleccionan, con frecuencia desafiando la opinión de los expertos en nutrición. No obstante, está claro que es mejor que tomen alimentos sanos y variados. La deficiencia de hierro es el principal problema en esta edad. Alrededor de un cuarto de los niños de esta edad en el Reino Unido, e incluso más en otros países, tienen escasez de hierro. Además, aunque su hijo no tenga esa carencia debido a una dieta limitada, siempre es mejor que tome una mayor variedad de alimentos.

P NO QUIERE COMER A SUS HORAS. ¿QUÉ PUEDO HACER SI TOMA COSAS ENTRE HORAS CINCO O SEIS VECES AL DÍA?

R Es de presumir que le gustan esos bocados entre horas; así pues, ofrézcale algunas de esas cosas que le gustan juntas a la hora de comer. Por ejemplo, si pide galletas a las once y luego un yogur hacia la una, pruebe a combinar las dos cosas a las once y media o a mediodía y haga que se siente para comerlas.

P ¿CÓMO PUEDO EVITAR QUE COJA ÉL MISMO LAS COSAS QUE LE GUSTAN?

R Procure tenerlas fuera de su alcance, ya que es mejor que no coja comida él mismo. No obstante, dele algo de comer cuando tenga hambre. Algunos niños tienen un apetito enorme y necesitan comer entre horas, además de sus tres comidas al día.

P ¿POR QUÉ SE DEJA SIEMPRE COMIDA EN EL PLATO?

R Puede que le haya puesto demasiada o que quiera levantarse y hacer otra cosa. No le dé alternativas, como las galletas, cuando no quiere comer. Déjelo que se levante y se vaya. Es muy difícil, pero es lo único que puede hacer. La próxima vez sírvale menos comida. Se disgustará menos si no pasa demasiado tiempo cocinando para él, aunque tiene que darle una dieta razonablemente variada.

P LA COMIDA QUE QUEDA ES UN GRAN DESPERDICIO. ¿QUÉ HAGO CON ELLA?

R Tírela. La comida de su hijo no puede guardarse una vez que ha quedado contaminada por el contacto con la cuchara, el plato o los dedos. No se la coma usted, a menos que esté dispuesta a pagar las consecuencias; puede que engorde y, en cambio, los hábitos de su hijo no mejorarán.

P MI HIJO COME MUY LENTAMENTE. ¿HAY ALGUNA MANERA DE HACER QUE VAYA MÁS RÁPIDO?

R Por desgracia, no. Déjele que coma lo que quiera y luego retírele el plato. Los niños de esta edad pueden mostrarse poco cooperadores, así que resulta contraproducente tratar de convencerlos o sobornarlos para que coman.

P ¿CÓMO PUEDO MEJORAR LOS MODALES DE MI HIJO EN LA MESA?

R Dele un buen ejemplo y procure comer con él, en familia, o con amigos tan a menudo como le sea posible. Deje que coma solo. Como todavía no manejará muy bien la cuchara o el tenedor, tenga paciencia.

COMIDAS AGRADABLES

- Pida a su hijo que le ayude a poner la mesa. Disfrutará si siente que es algo especial.
- Incluya al menos una cosa que sepa que le gusta. No se inquiete si es lo único que come.
- Relájese. Su hijo ya no es un bebé, pero sigue siendo un niño, así que sea realista. Sería bueno que también los demás, incluidos abuelos e invitados, esperen cosas realistas de él.

P ¿PUEDO DARLE LECHE DE VACA COMO BEBIDA PRINCIPAL?

R A partir de los doce meses, puede empezar a tomar leche de vaca pasteurizada como bebida principal. Para empezar, dele leche entera. A menos que se lo aconseje el médico, no le dé leche semidesnatada hasta que tenga por lo menos dos años. A esa edad el niño debe tomar 400 ml de leche al día.

P ¿PUEDO CONTINUAR AMAMANTANDO A MI HIJO?

R Sí, pero como tomará ya tres comidas al día, ésa no será su principal fuente de nutrición. Probablemente chupará durante un corto período de tiempo cada vez. Y a usted puede resultarle difícil reunirse con otras madres que ya no dan el pecho a sus hijos, debido a su desaprobación.

GUÍA DE SUPERVIVENCIA PARA PADRES

MI HIJO SE NIEGA A COMER

Es bastante habitual que los niños de esta edad se nieguen a cooperar a la hora de comer. Muchos padres tienen problemas para convencer al niño de que coma. No es que haya hecho nada mal; procure permanecer tranquilo. La situación mejorará con el tiempo.

¿Qué puedo hacer?
Felicítelo cuando coma. Se sorprendería de la cantidad de niño caprichosos que cuando crecen (y una vez adultos) disfrutan de la comida; así pues, procure no preocuparse ni perder la paciencia. Muéstrese tan tranquila como sea posible. Pruebe a darle otras cosas. Puede que le guste ayudarla a preparar la comida. Incluso a los niños muy pequeños les encanta prepararse un bocadillo... bueno, o algo parecido.

¿No hay ninguna manera de lograr que coma?
No. Por desgracia, no es posible convencer a un niño de esa edad para que coma si no quiere hacerlo. Amenazarlo con castigarlo no tendrá ningún efecto. Tampoco se mostrará inclinado a comer si trata de distraerlo con vuelos de avión o pidiéndole que coma por usted o por alguien que también esté en la mesa. No haga nada especial, salvo ofrecerle la comida. Mientras no esté enfermo, comerá cuando tenga hambre. Recuerde que ni los niños ni los adultos pueden comer cuando están disgustados o enfadados; por lo tanto, no lleve conflictos a la mesa.

CÓMO ALIMENTAR AL NIÑO EN EDAD PREESCOLAR

P ¿CÓMO PUEDO HACER QUE LAS COMIDAS FAMILIARES SEAN MÁS AGRADABLES?

R Haciendo que los alimentos sean un poco más parecidos a los de los adultos puede atraer a su hijo de esa edad porque querrá sentirse mayor. Dele una servilleta, y cubiertos y un plato de verdad, no de plástico. Las comidas todavía tendrán que ser relativamente sencillas y cortas. Todavía no podrá mantener la atención ni permanecer sentado tanto tiempo como usted. Préstele más atención cuando se porte bien que cuando se porte mal. Vigile también que sus propios modales sean impecables; no hable con la boca llena, no ponga los codos sobre la mesa ni se levante a mitad de la comida.

P ¿QUÉ PUEDO HACER SI NO QUIERE SENTARSE O SE LEVANTA ANTES DE QUE HAYAMOS ACABADO?

R Depende de su propia actitud y de la clase de disciplina que quiera imponer. Un niño de esa edad debe poder permanecer sentado durante toda una comida, siempre que no sea muy larga. También puede aprender que hay que pedir permiso antes de dejar la mesa. Manténgase firme en esto, de forma que si se levanta sin pedirlo, no reciba nada más de comer en esa comida. Puede hacer una excepción con el desayuno, porque toda la familia probablemente irá con prisas y se sentará y levantará de la mesa.

P SIEMPRE QUIERE PICAR ENTRE HORAS. ¿TENGO QUE PROHIBÍRSELO?

R En mi opinión, no. Los niños que están creciendo a veces tienen hambre de verdad y ésa es una sensación muy desagradable. Si es casi la hora de comer, explíquele que pronto se servirá la comida. Un niño de esta edad no siempre puede esperar y quizás necesite comer algo para acallar los retortijones del hambre. Dele un bocado sano (vea la pág. 79).

P ¿CUÁLES SON LAS MEJORES BEBIDAS PARA MI HIJO?

R Debe limitar las bebidas dulces. Los refrescos de frutas tienen muchas calorías, pero poco valor nutricional de otro tipo. En grandes cantidades, puede hacer que su hijo se ponga irritable, que tenga diarrea e incluso frenar su crecimiento. Las bebidas burbujeantes tienen mucho fósforo y reducen la absorción de calcio. El té y el café son estimulantes. Ambos deben evitarse.

¿QUÉ HAGO CON LOS CAPRICHOS?

A menudo los niños pasan por fases en las que sólo quieren comer ciertos alimentos. Puede ser cansado, pero procure no preocuparse.

Antes, mi hijo comía de todo; ahora se ha vuelto caprichoso; ¿qué puedo hacer?
Muchas de estas actitudes duran sólo unas semanas, pero a veces dejan paso a otra moda. Es difícil saber si es una conducta encaminada a llamar la atención, pero no hay duda de que consigue llamarla. Tenga paciencia y:

- Anímelo a comer lo que quiera.
- Ofrézcale alimentos variados.
- No trate de convencerlo ni haga comentarios despreciativos. Si sigue creciendo, eso es lo único que importa.
- Dele vitaminas en gotas (vea la pág. 72).
- Elógielo por lo que come.

¿Alguna vez llegará a comer normalmente?
En este momento puede que sólo coma alimentos con una determinada forma o color. Un día comerá con bastante normalidad.

ANIME A SU HIJO *Dejando que su hijo le ayude a preparar las comidas aumentará su interés en comérselas.*

¿Cómo mantengo el peso de mi hijo?

Procure darle una dieta sana y equilibrada y que haga mucho ejercicio. No obstante, no haga demasiado hincapié en el peso. En esta edad el peso no es, necesariamente, un indicador del que tendrá más tarde. Antes se pensaba que el número de células grasas acumuladas en la infancia afectaba a la obesidad en la edad adulta, pero ahora ya no se cree que sea así.

Tentempiés sanos
Un niño que crece tiene hambre con frecuencia; proporciónele abundantes tentempiés sanos cuando necesite comer algo.

Sobrepeso

¿Cómo puedo saber si mi hijo está gordo?
Muchos niños tienen un aspecto redondeado sin estar realmente gordos. Puede llevarlo al médico para que controle su peso y su altura y vea dónde se sitúan en el gráfico porcentual. Recuerde que, incluso si su hijo está en el punto 95, no significa necesariamente que esté gordo; lo único que quiere decir es que un 95 % de los niños de esa edad pesan menos. Considere también su altura y su constitución. Si es alto y fornido puede que pese más. Si le preocupa que su hijo esté gordo, procure que tenga muchas oportunidades de estar activo. La inactividad es una causa común de la obesidad en esta edad, así que asegúrese de que anda y corre cada día.

¿Debo poner a mi hijo a dieta?
No. Está todavía creciendo. No obstante, puede ofrecerle unos alimentos más sanos para que no continúe engordando demasiado rápidamente. En la etapa preescolar, puede reducir los alimentos grasos, especialmente los fritos. Limite la leche que tome a 600 ml al día; dele leche semidesnatada y reduzca la cantidad de dulces y postres que toma.

¿Cómo puedo ayudar a mi hijo con sobrepeso?
Evite hablar todo el tiempo del peso. La preocupación por ese tema, puede llevar a desórdenes alimenticios más tarde, incluso a una edad temprana. Trate de averiguar si le preocupa algo; algunos niños comen en busca de consuelo.

Insuficiencia de peso

Si le preocupa de verdad que su hijo pueda estar demasiado delgado, pídale al médico que controle su peso y su altura.

Mi hijo de cuatro años es mucho más delgado que sus amigos. ¿Qué puedo hacer?
Algunos niños en edad preescolar son delgados y lo más probable es que su hijo sea normal. Algunas enfermedades, como la enfermedad celíaca y las infecciones crónicas puede ser causa de que el peso aumente poco, pero si gana peso de forma regular y está lleno de energía, entonces no tiene que preocuparse por él.

Uno de los mellizos es mucho más delgado que su hermano. ¿Tiene importancia?
No importa si a él no le importa. Incluso los mellizos son, con frecuencia, diferentes en peso y estatura. Cualquier discrepancia resulta muy evidente cuando los padres tienen otro hijo de la misma edad para comparar. Deje de hacer comparaciones. Sobre todo, no debe forzar a Toni a comer para «llegar a ser como Luis». Es comprensible que él quiera ser como es y que le digan que sea más como su hermano puede ser el principio de verdaderos problemas con la comida.

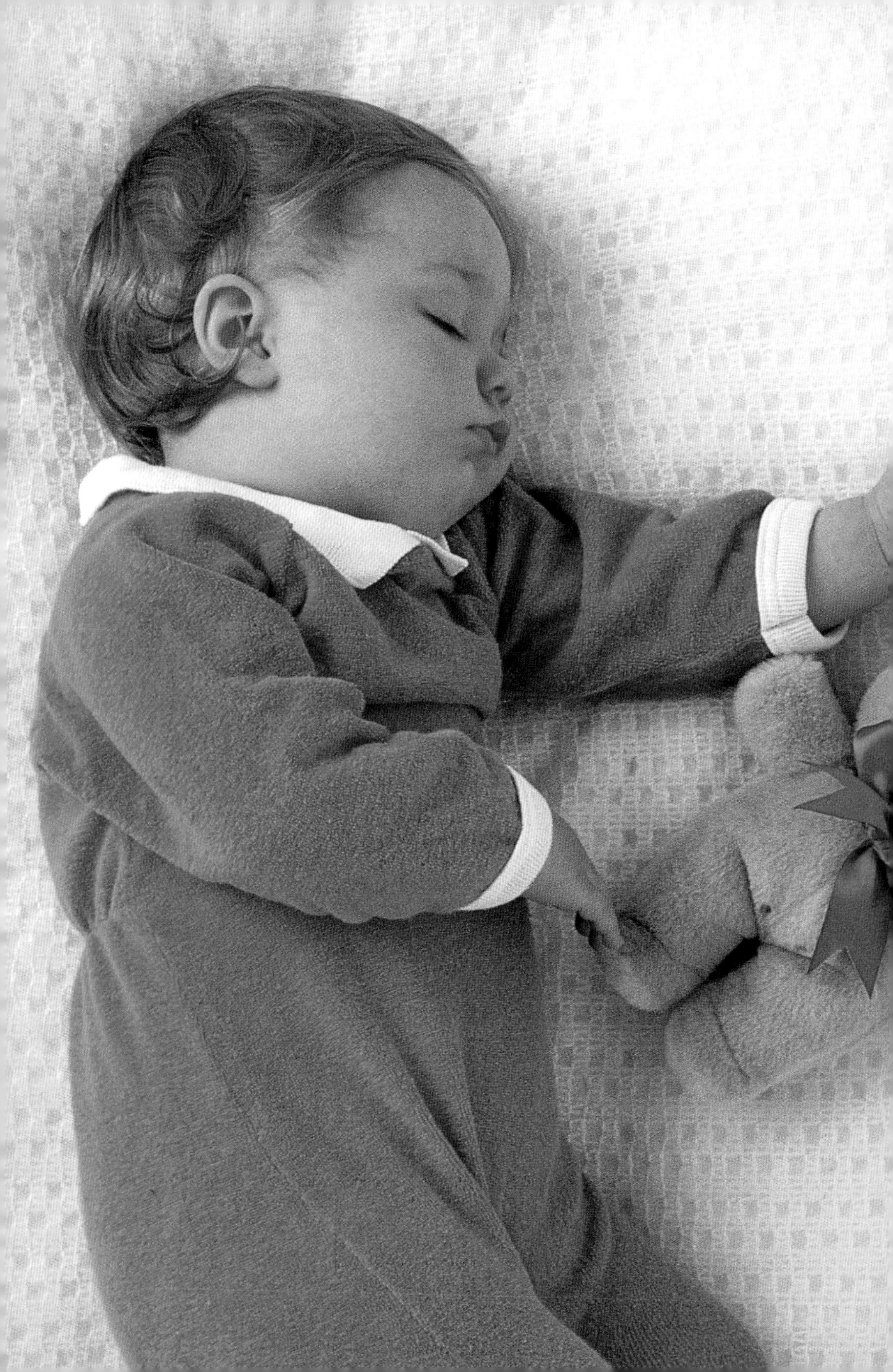

EL SUEÑO

El sueño es tan esencial para el bienestar de su hijo como para el suyo propio. Con frecuencia, los padres quieren saber exactamente cuántas horas de sueño necesitan los bebés y los niños; la respuesta es que, al igual que sucede con los adultos, cada niño es diferente. Sólo una cosa es cierta: si no se duerme lo suficiente, se está menos despierto y de peor humor. A muchos padres les preocupa qué posturas son seguras para dormir, cuál es la temperatura óptima de la habitación y qué ropa debe llevar el niño para dormir. Este capítulo ofrece orientación sobre todas estas cuestiones y algunas más. Y también consejos prácticos para que el niño duerma toda la noche, sugerencias para que lo haga en su propia cama, etc.

EL SUEÑO EN LOS RECIÉN NACIDOS

¿ES BUENA IDEA ESTABLECER UNA RUTINA?

Sí. Preparar al bebé para que se vaya a la cama con un ritual tranquilo y agradable que dé por finalizadas las actividades del día, se convertirá en una parte predecible y reconfortante de su vida y le ayudará a conciliar el sueño.

¿Cómo puedo establecer una rutina para la hora de dormir?
Póngale ropa diferente para dormir. Antes de llevarlo a la cuna, digan buenas noches juntos al resto de la familia. Cántele o dígale las mismas cosas cada noche cuando lo ponga en la cama. No obstante, no haga cosas demasiado complicadas, ya que podría seguir esperando, cada noche, una representación prolongada cuando sea mucho mayor.

¿Puedo hacer que el baño sea parte de la rutina y si es así, cuándo tengo que empezar?
Puede empezar tan pronto como quiera. Si ya toma alimentos sólidos, sus deposiciones serán más abundantes y malolientes, así que el baño diario es una buena idea. Si disfruta del baño y lo encuentra relajante, y no demasiado estimulante, puede hacer que sea parte de su rutina para la hora de dormir.

¿Cómo puedo lograr que el bebé se duerma a primera hora de la noche?
Llévelo a dar un paseo por la tarde y luego báñelo y dele de comer. No obstante, un bebé que se duerma temprano es un lujo y puede que el suyo no lo haga. No es justo esperar que se duerma si hay mucho movimiento a última hora de la tarde; por ejemplo cuando el padre o la madre vuelven del trabajo.

¿Puedo conseguir que duerma más por la noche?
Asegúrese de que tiene ganas de dormir ofreciéndole muchos estímulos y aire fresco cada día. Cuando se vaya acostumbrando a sus necesidades, verá que su toma de alimentos y sus otras actividades empiezan a formar un patrón y la rutina diaria conducirá de forma natural a la hora de dormir. Empiece a usar la cuna para que duerma por la noche, en lugar de ponerlo en el capazo y acuéstelo mientras todavía esté despierto para que aprenda a dormirse sin usted.

P ¿CUÁNTAS HORAS NECESITA DORMIR MI BEBÉ AL DÍA?

R No hay reglas fijas, aunque quizá necesite dormir menos de lo que usted cree. Los bebés de menos de seis meses tienden a dormir entre 13 y 15 horas cada día, distribuidas en cuatro períodos de sueño. Por ejemplo, puede dormir dos o tres veces durante el día y tener uno o dos períodos de sueño por la noche. A los tres meses, casi la mitad de los bebés empiezan a dormir toda la noche.

P ¿CÓMO SABRÉ CUÁNDO EL BEBÉ ESTÁ LISTO PARA DORMIR?

R Aprenderá a reconocer sus necesidades. No obstante, utilice también su sentido común. Si se despierta a las 5 de la tarde, después de una siesta de dos horas, no tendrá sueño otra vez a las 6.30. Puede ser útil darle la última toma de alimento en su dormitorio; los bebés somnolientos y relajados tienen la desconcertante costumbre de reanimarse cuando se les lleva a la habitación.

P ¿CÓMO PUEDO HACER QUE DISTINGA ENTRE EL DÍA Y LA NOCHE?

R Tenga luces suaves y cortinas gruesas en las ventanas para que no entre la luz. Si se despierta para comer, no lo estimule; cámbiele el pañal y dele de comer tranquilamente, sin alboroto y luego vuelva a ponerlo en la cama. Por la noche, mantenga al mínimo las actividades sociales y háblele en un tono sosegado, no estimulante.

P ¿TENGO QUE USAR UNA LUZ DE NOCHE EN EL DORMITORIO DEL BEBÉ?

R Una luz nocturna puede ayudarle a ver al bebé y a no tropezar en la oscuridad, pero puede que el bebé no la necesite durante su primer año. Algunas personas creen que hacer que un bebé se acostumbre a una luz de ese tipo desde una edad temprana será útil más tarde, cuando sea mayor y quiera ir al cuarto de baño por la noche. Lo adecuado es una bombilla de un watio.

P ¿CÓMO PUEDO LOGRAR QUE EL BEBÉ SE DUERMA SOLO?

R Asegúrese de que esté relajado, satisfecho y que no tenga hambre y luego póngalo en la cuna y dele tiempo para que esté cómodo. Acarícielo o dele unos golpecitos y dígale buenas noches, pero quédese cerca durante un ratito antes de salir de la habitación. También puede alejarse un poco y luego marcharse.

P MI BEBÉ SIEMPRE SE QUEDA DORMIDO AL ACABAR DE COMER. ¿ES UN PROBLEMA?

R No tiene importancia cuando es muy pequeño; algunos bebés no pueden mantener los ojos abiertos cuanto están repletos de comida. No obstante, hacia los seis meses como máximo tiene que tratar de acabar de darle el pecho o el biberón y ponerlo en la cuna aún despierto. Esto se aplica tanto al día como a la noche.

P ¿TENGO QUE DESPERTARLO SI SE QUEDA DORMIDO MIENTRAS COME?

R Si lo hace, despiértelo con suavidad durante un momento. Quizá no consiga despertarlo por completo, pero suele ser posible despabilarlo lo suficiente para que se dé cuenta de que lo pone en la cuna. Si siempre acuesta al bebé cuando ya está dormido, tendrá problemas para meterlo en la cama cuando sea mayor.

P SIEMPRE MEZCO AL BEBÉ HASTA QUE SE DUERME. ¿ES UNA BUENA IDEA?

R Está bien durante los dos primeros meses y a los dos les gusta, pero tiene que acostumbrarse a dormirse solo, sin que lo balanceen. Las pruebas señalan que los bebés pueden aprender a dormirse sin ayuda desde una edad temprana; adquirir ese hábito es una buena idea para que, después, se duerma solo.

P ¿CÓMO PUEDO ESTAR SEGURO DE QUE NO TIENE FRÍO DURANTE LA NOCHE?

R Si se destapa dando patadas, puede hacer dos cosas: entrar y taparlo o ponerle un pijama o un pelele más grueso para dormir. Puede ponerle calcetines si hace frío de verdad. Quizá necesite una chaqueta de punto, pero los botones, los lazos o los puños flojos pueden ser un riesgo. A partir de los cuatro meses, puede meterlo en un saco de dormir abrochado por la parte inferior, que lo mantendrá caliente y le permitirá mover las piernas libremente.

¿CÓMO PUEDO HACER QUE MI BEBÉ ESTÉ CÓMODO Y SEGURO?

Asegúrese de que tiene la ropa de cama adecuada; según cuál sea la temperatura necesitará una o dos mantas. Puede añadir o quitar capas según convenga. Hasta que tenga un año, evite los edredones, las almohadas y las pieles de borrego; todos ellos pueden provocarle un exceso de calor.

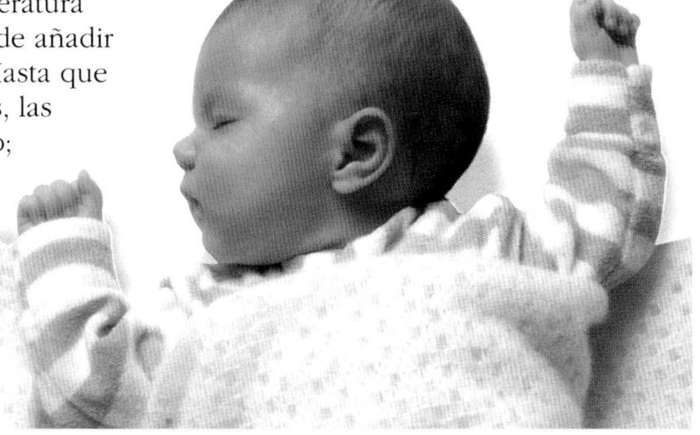

SITÚE A SU HIJO
Reducirá el riesgo de muerte en la cuna situándolo de espaldas con los pies contra el límite de la cuna.

CÓMO ASEGURARSE DE QUE NO CORRE PELIGRO

Es importante poner a dormir al bebé con los pies tocando la base de la cuna. Esto evitará que se deslice hacia abajo y quede con la cabeza cubierta por la ropa, lo cual podría provocarle un exceso de calor. Continúe acostando al bebé de espaldas hasta que tenga seis meses. Para entonces, el principal período de peligro de muerte en la cuna (vea la pág. 46) habrá pasado y se moverá tanto que probablemente se dará la vuelta por sí mismo para encontrar su postura preferida.

¿Qué otras medidas puedo tomar?
Mantenga siempre la temperatura del dormitorio del bebé a unos 18 °C. No debe estar demasiado caliente ni demasiado frío por la noche y debe usted evitar fumar en cualquier parte de la casa. Si el bebé está enfermo, llame al médico. La mayoría de enfermedades son de poca importancia y se deben a los resfriados y a otros virus similares, pero alguna vez una infección puede vencer las defensas de un bebé con resultados graves; por lo tanto, no dude en consultar al médico.

PROBLEMAS CORRIENTES DEL SUEÑO

P SIEMPRE SE DESPIERTA POR LA NOCHE. ¿TENGO QUE IR A VER SI ESTÁ BIEN CADA VEZ QUE SE DESPIERTA?

R No. Una queja o un lloriqueo «de prueba» pueden ser desoídos, especialmente después de los cuatro meses. La mayoría de bebés se despiertan de vez en cuando, hacen algún ruido de prueba y luego se vuelven a dormir. Esto es debido a que el ciclo de sueño y vigilia de un bebé es más corto que el suyo. A un bebé de tres meses le cuesta 45 minutos pasar de la somnolencia al sueño profundo al despertar, mientras que a un adulto le cuesta 90 minutos. Por lo tanto, el bebé se despertará a menudo durante la noche, pero tiene que aprender a dormirse solo de nuevo. Y lo hará si no tiene hambre y si el dormitorio está a oscuras. No obstante, acuda a su lado si oye un grito agudo o si está enfermo.

¿PUEDO AYUDAR A MIS MELLIZOS A DORMIR?

Es posible que los mellizos duerman mal, sobre todo si son muy pequeños o prematuros y hay que alimentarlos con frecuencia.

Se despiertan a horas diferentes. ¿Hay algo que pueda hacer?
No espere que tengan las mismas pautas de sueño, incluso si son idénticos. Busque ayuda: alguien que la asista en las tareas domésticas, unas semanas más de baja por maternidad o que su pareja se ocupe de los niños algunas noches.

¿Deben compartir la misma cuna?
Al principio, muchos mellizos duermen en la misma cuna, pero entre las 6 semanas y los 6 meses cada uno necesitará su propia cama. No debe preocuparles que se despierten el uno al otro, ya que, si pasa, será más bien por la mañana, no durante la noche. Si se molestan, quizá necesiten habitaciones separadas.

¿Debo acostarlos cuando aún están despiertos?
Sí. Es difícil dormir a los niños y después acostarlos sin que ninguno se despierte.

Me cuesta llevarlo todo. ¿Qué puedo hacer?
Mentalícese de que puede hacerlo y podrá. La tensión innecesaria no le ayudará ni a usted ni a los niños. Trate de estar más relajada y contenta y verá cómo se le hace más llevadero.

P MI BEBÉ SE DESPIERTA POR LA NOCHE Y QUIERE COMER. ¿TENGO QUE DARLE?

R Sí, si de verdad tiene hambre. Tiene que darle el pecho o el biberón, no una comida sólida, incluso después de haberlo destetado. No obstante, hacia el final del sexto mes puede empezar a darle menos leche por la noche. Si le da el pecho, procure limitar el tiempo que pasa mamando; si le da el biberón, dele una cantidad menor o la misma más diluida. Puede hacerlo poniendo una medida menos de polvo o, si lo prefiere, añadiendo más agua a la misma cantidad de leche. En cualquier caso, puede hacer que la toma sea cada vez más desleída. Cuando se parezca más al agua, ya no creerá que valga la pena reclamarla.

P ¿POR QUÉ MI BEBÉ DE TRES MESES HA EMPEZADO A DESPERTARME POR LA NOCHE OTRA VEZ?

R Hay bebés que ya dormían toda la noche que empiezan a despertarse de nuevo. (Para ser precisos, quizá siempre se despertaban, pero no lloraban). Si el bebé se aferra más a usted durante el día y exige más atención de lo habitual, puede que ese despertarse por la noche sea una parte normal de su desarrollo. Parece que esto sucede alrededor de las seis semanas, de las doce y luego a los cuatro y a los seis meses. No obstante, puede que el bebé tenga hambre; aunque todavía no tenga edad de tomar alimentos sólidos, o necesitar más cantidad de leche durante el día (vea las págs. 214-219) o que se haya producido algún cambio en su rutina, quizá debido a que sea fiesta o que haya invitados en casa.

P SE DESPIERTA MUY TEMPRANO. ¿QUÉ PUEDO HACER PARA QUE DUERMA MÁS?

R Pruebe a cambiar su rutina para ponerlo a dormir más tarde. Con el tiempo se despertará más tarde, siempre que no haya nada que lo moleste, por ejemplo, la luz del sol a través de la ventana. A pesar de todo, puede que tenga un bebé que se despierta más temprano de lo que a usted le gustaría. Si no llora de hambre cuando se despierta, no pasa nada si lo deja en la cuna para que parlotee feliz consigo mismo. Esto puede permitirle a usted adormilarse un poco más o, por lo menos, descansar en la cama sin tener que saltar para ver qué hace. Si no la deja en paz por la mañana, tiene dos opciones: dele una toma rápida y vuelva a ponerlo en la cuna, confiando que haya quedado satisfecho o empiece a irse, usted también, a la cama más temprano.

¿CHUPARSE EL DEDO O EL CHUPETE PUEDE DAÑAR LOS DIENTES?

Aunque chuparse el dedo o el chupete sirvan para apa bebé cuando está cansado y no quiere dormir, a algun padres les preocupa que pueda dañarle los dientes.

Chuparse el dedo
Cuando tienen tres meses de edad, los bebés empiezan a jugar con las manos y, con frecuencia, a chuparse el dedo. A la larga, esto puede hacer que los dientes frontales superiores sobresalgan de los inferiores. No obstante, una vez que el bebé ha «descubierto» su pulgar, lo único que puede hacer es prestarle mucha atención y ayudarlo a que se las arregle sin el dedo más tarde.

El chupete
No le dé un chupete si se las ha arreglado sin él durante las primeras seis semanas. Pero si ya lo usa, no se preocupe; los chupetes no son malos para los dientes. No obstante, restrinja su uso cuando esté despierto para que no acuda a él todo el tiempo. Una desventaja es que tendrá que ponérselo en la boca cuando se despierte por la noche.

USAR UN CHUPETE
Utilice un chupete esterilizado; no lo endulce nunca con miel.

P SIGO LLEVÁNDOME AL BEBÉ A LA CAMA CONMIGO. ¿DEBO HACERLO?

R En mi opinión, debería dejar de hacerlo por costumbre a los seis meses de edad, como máximo. El bebé se mueve cada vez más y corre un riesgo mayor de caerse de la cama. Además, es más grande, ocupa más espacio en la cama y puede molestarla más durante la noche. En algún momento será necesario que aprenda a dormir solo y, después de las primeras semanas, cuanto más tiempo le deje que duerma con usted, más dificultades tendrá para lograrlo. Si pasa su primer año en la cama con usted, puede seguir durmiendo allí cuando empiece a ir a la guardería o incluso a la escuela. Si no tiene usted pareja, entonces dormir juntos puede ser reconfortante y aliviar la soledad para ambos, pero tendrá que pagar un precio por ello: el bebé perderá su desarrollo independiente y usted quizá sacrifique una posible nueva relación.

P ¿PUEDO DEJAR QUE EL BEBÉ SE LLEVE JUGUETES A LA CAMA?

R Sí. Evidentemente, debe ser un juguete que no entrañe peligro si se acuesta encima, así que evite cualquier objeto duro o con filo. Los peluches son adecuados siempre que estén limpios; asegúrese de que el bebé no abraza al osito que se cayó al suelo tres veces durante el día. No le llene la cuna de peluches; aunque le cueste creerlo, pueden acalorar al bebé, e incluso ahogarlo.

GUÍA DE SUPERVIVENCIA PARA PADRES

APENAS HE DORMIDO EN TODA LA SEMANA

¿Cómo me afectará la falta de sueño?
Después de 24 horas sin dormir, el humor, el rendimiento y la capacidad de reacción disminuyen. No obstante, el bebé no les tortura deliberadamente.

¿Hay alguna manera de que consiga que duerma más por la noche?
Asegúrese de que las condiciones del dormitorio son óptimas para el sueño (vea la pág. 83) y mantenga una rutina satisfactoria para la hora de dormir (vea la pág. 82).

¿Cómo puedo arreglármelas durmiendo menos?
Cambie sus expectativas y acepte que su bebé quizá no duerma tanto como otros. Hasta cierto punto, se puede descansar sin dormir. Por ejemplo, puede aprender alguna técnica de relajación o meditación. En lugar de sentirse llena de resentimiento, pruebe a permanecer relajada para sacar el máximo partido de la oportunidad de descansar cuando al final el bebé se duerma.

¿Qué puedo hacer con las tareas de la casa?
Si está cansada, simplifique las cosas y no malgaste el tiempo en esas tareas.

EL SUEÑO EN LOS BEBÉS DE MÁS DE 6 MESES

P ¿CUÁNTAS HORAS DE SUEÑO NECESITA MI BEBÉ A PARTIR DE LOS SEIS MESES?

R Por término medio, un bebé entre los 6 y los 12 meses necesitará unas 12 horas de sueño cada noche y además dos siestas de alrededor de una hora cada una durante el día. Al final del primer año, probablemente se habrán reducido a una, pero tendrá hasta dos horas de duración.

P YA NO ESTÁ TAN DISPUESTO A IRSE A LA CAMA COMO ANTES. ¿POR QUÉ?

R Alrededor de los ocho meses de edad, el bebé adquiere la capacidad de permanecer despierto a propósito, incluso cuando está cansado. Sólo raramente se quedará dormido mientras toma el pecho o el biberón y tendrá que dejarlo en la cuna cuando aún esté completamente despierto. Por esa razón es buena idea acostumbrar al bebé a quedarse en la cama despierto antes de que llegue a esa edad. Además, en algún momento entre los seis y los diez meses, la mayoría de bebés pasan por un período de no querer estar sin su madre y pueden apegarse mucho a ella.

P ¿QUÉ ROPA, PARA EL BEBÉ Y PARA LA CAMA, TENGO QUE USAR AHORA QUE ES MAYOR?

R Puede ponerle al bebé un saco para dormir, que lo mantendrá caliente pero le permitirá moverse en la cuna. Tendría que empezar a usarlo antes de que pueda ponerse de pie; de lo contrario, lo encontrará limitador y no le gustará. Hasta que tenga un año, debe continuar evitando los edredones y las almohadas. No use tampoco protectores para los barrotes, ya que un bebé puede trepar agarrándose a ellos y caerse de la cuna.

P SI SIGUE UTILIZANDO UN CHUPETE, ¿ES UN PROBLEMA?

R No, mientras sólo sea para dormir. Pero tiene desventajas; quizá se despierte llorando porque se le ha caído de la boca y tendrá que levantarse a buscarlo. Empiece por limitarle el uso del chupete durante el día prestándole más atención y estímulo y luego procure eliminarlo del todo entre los 12 y los 18 meses de edad.

¿ES NORMAL QUE TENGA UN JUGUETE QUE LE DÉ «SEGURIDAD»?

Es un comportamiento bastante normal, pero vigile que sea un juguete sin peligro para un bebé de su edad y, preferentemente, que no haga ruido. Es corriente que un bebé mayor tenga dependencia de una manta, un osito o un juguete concreto.

COSAS QUE DAN SEGURIDAD

Algunos bebés tienen apego a un objeto en particular. Considere la posibilidad de invertir en dos iguales si puede, por si pasa lo peor y ese artículo favorito se pierde o se rompe. Quite cualquier cinta del cuello de los muñecos de peluche o cósala bien, ya que es un peligro potencial para el bebé.

LLEVARSE JUGUETES A LA CAMA
Un juguete favorito puede ser útil para que el bebé se duerma, pero evite los que son duros o tienen bordes afilados.

P ¿TENGO QUE DEJAR UNA LUZ ENCENDIDA PARA QUE SE DUERMA?

R Dejar una luz encendida puede darle la idea de que hay algo aterrador en la oscuridad. Además, las investigaciones recientes indican que dejar luces fuertes encendidas durante la noche puede provocar miopía más tarde. Si ya ha empezado a dejarla, piense en cambiarla por una luz de noche más tenue o instale un interruptor atenuador de la luz en el dormitorio del bebé.

P MI BEBÉ NO QUIERE DORMIR SI ES MI PAREJA QUIEN LO ACUESTA. ¿QUÉ PUEDO HACER?

R Es algo muy corriente, especialmente si uno de los dos padres pasa más tiempo con el bebé. Sea cariñosa, pero firme; para evitar que dependa de que sea usted quien lo ponga en la cama, que sea su pareja quien lo haga durante una semana. Ambos tienen que seguir la rutina nocturna habitual.

P MI BEBÉ SE PONE DE PIE EN LA CUNA, ¿TENGO QUE TRATAR DE IMPEDÍRSELO?

R No. Al cabo de un rato se tumbará, pero no puede obligarlo. Béselo y dígale buenas noches, como si estuviera acostado y luego, si está contento, déjelo. No deje la luz encendida a menos que lo haga todas las noches y no se demore. Si se pone a llorar cuando usted se haya marchado, espere unos momentos antes de volver, vuelva a decirle buenas noches y márchese.

P ¿TENGO QUE ACUDIR A SU LADO SI LLORA POR LA NOCHE?

R Después de los seis meses, un lloriqueo o incluso un llanto corto es bastante normal. Pero si continúa llorando, quédese con él el tiempo justo para tranquilizarlo, luego acarícielo y váyase.

P DESPUÉS DE UN FIN DE SEMANA FUERA DE CASA, NO SE QUIERE DORMIR. ¿QUÉ HAGO?

R Limítese a volver a la rutina diaria lo mejor que pueda y el hábito nocturno vendrá a continuación. Si no sucede así y sigue sin querer dormirse, instituya el «sistema de verificación» descrito en el recuadro inferior.

P HE VUELTO A TRABAJAR Y EL BEBÉ NO QUIERE DORMIR. ¿QUÉ PUEDO HACER?

R «Tiempo de calidad» es una frase que se usa en exceso, pero tiene que dedicarle ese tiempo. Hágalo a última hora de la tarde y limite lo que haga después a las actividades más rutinarias y, por lo tanto, más propicias al sueño. No espere a que se duerma para cenar. Si somete todas sus actividades a un compás de espera, hará que se sienta más irritada. Empiece a relajarse en cuanto vuelva del trabajo; por ejemplo, cámbiese de ropa y tome un baño. Algunos padres encuentran útil bañarse con el bebé al final de la tarde. Ahorre tiempo simplificando su vida; prepare comidas fáciles de cocinar y evite las tareas que pueda.

GUÍA DE SUPERVIVENCIA PARA PADRES

EL BEBÉ NO SE QUEDA TRANQUILO CUANDO LO DEJO EN LA CUNA

Lo mejor en esos casos, y lo más recomendado por la mayoría de expertos, es un sistema conocido como de control o «chequeo» del llanto. Se trata de limitarse a comprobar cómo está el bebé, en lugar de cogerlo en brazos o mecerlo.

Cuando ha llegado el momento para aplicar el sistema de chequeo

Antes de aplicar este método, la rutina diaria tiene que estar firmemente establecida y el bebé tiene que dormir toda la noche sin comer. Si muestra ansiedad cuando no está con usted durante el día, es que todavía no ha llegado el momento.

Haga que sea consciente de su presencia

Déjelo que sepa que está usted en casa; que puede dormirse tranquilo y que se han acabado las actividades del día.

El sistema de chequeo

Después de acostar al bebé en su cuna, tápelo, dele unas palmaditas cariñosas, dígale buenas noches y márchese. Si llora, vuelva, dele algunas palmaditas más y márchese de nuevo. Si continúa llorando, espere unos minutos. Póngase de acuerdo con su pareja sobre la duración de esta espera, por ejemplo tres minutos, y manténgase firme. Vuelva a entrar, compruebe que está bien, dele unas palmaditas y vuelva a decirle buenas noches. No permanezca allí ni lo coja en brazos. Vaya alargando gradualmente el período entre entrada y entrada.

Sea constante

Tal vez parezca cruel, pero no hay nada malvado en esta técnica. Puede dar buenos resultados en el espacio de una semana, pero tanto usted como su pareja deben ser constantes. Hasta que funcione, tienen que continuar con su rutina habitual.

PROBLEMAS CON EL SUEÑO NOCTURNO

P ¿ES BUENA IDEA QUE EL BEBÉ DUERMA EN NUESTRA CAMA?

R Yo diría que no. Probablemente les molestará cuando se despierte y parlotee a las 2 de la madrugada. Y si usted o su pareja roncan o hablan, puede despertarse y encontrar que eso es más fascinante que dormir. Además, puede convertirse en una costumbre; si sigue acudiendo a su cama después de los seis meses de edad, tal vez lo haga a los tres años o más.

P SE DESPIERTA A MITAD DE LA NOCHE. ¿TENGO QUE DARLE UNA TOMA NOCTURNA?

R No necesita la toma de la noche; así pues, dele sólo agua si tiene sed. Si no funciona, pruebe a diluir la fórmula progresivamente (vea la pág. 84). Si le da el pecho, ¿lo hace por él o en su propio beneficio? Podría darle el pecho al principio de la noche y a primera hora de la mañana y ofrecerle agua durante la noche. O pedirle a su pareja que le dé agua.

P ¿QUÉ PUEDO HACER SI EL BEBÉ SIGUE DESPERTÁNDOSE TEMPRANO?

R Sirve el mismo sistema que para un bebé más pequeño; pruebe a acostarlo un poco más tarde de lo habitual (vea la pág. 84). Retrasando la hora de dormir en cinco o diez minutos cada noche pronto habrá acumulado bastante tiempo. No obstante, no siempre funciona inmediatamente; así que prepárese para acostarse usted más temprano. Asegúrese de que la luz del sol no lo despierta por la mañana. Si todo lo demás falla, resígnese al hecho de que tiene un hijo madrugador y déjele juguetes en la cuna para que se entretenga sin despertarla a usted.

GUÍA DE SUPERVIVENCIA PARA PADRES

ME RESULTA DIFÍCIL AGUANTAR CON TAN POCO SUEÑO

¿Mi bebé se despierta a propósito?
No, aunque pueda parecerlo. Puede que se sienta más apegada a usted, algo normal alrededor de los seis meses. Hay bebés que antes dormían toda la noche y que a esa edad se despiertan más.

¿Tengo que consultar al médico?
Probablemente su médico será muy comprensivo, especialmente porque muchos médicos han pasado por la misma experiencia como padres; por lo tanto, no le dé vergüenza pedirle consejo. Si la falta de sueño hace que se sienta agresiva, acuda al médico en busca de consejo y apoyo.

¿Son útiles los sedantes para el bebé?
Los sedantes se usan pocas veces y, en realidad, no sirven de mucho salvo en los casos extremos (vea la pág. 90).

¿Cómo puedo relajarme?
Haga que su pareja (o un amigo o amiga) la ayude a cuidar del bebé; utilice tapones para los oídos cuando no le toque el turno de noche. Procure mantener un ambiente tranquilo en casa. Si sigue sin poder dormir, trate de relajarse escuchando música o leyendo un libro. En cuanto su hijo esté preparado, ponga en práctica el sistema de verificación (vea la pág. 87).

LOS MELLIZOS NO QUIEREN DORMIR. ¿CÓMO VOY A ARREGLÁRMELAS?

Si ya no puede más, siga las orientaciones que le damos a continuación para ayudarla física y emocionalmente.

Soluciones prácticas
- Disponga una cuna para cada bebé.
- Utilice el sistema de verificación (vea la pág. 87).
- Alterne con su pareja el turno nocturno.
- Procure prestarles mucha atención durante el día. Esto también redundará en su propio beneficio; como puede que las noches sean difíciles, es importante que pase tiempo disfrutando de sus bebés durante el día.

Sobrevivir emocionalmente
- Recuerde que no es culpa de los mellizos ni de usted y tenga la seguridad de que el primer año es el peor y que pronto pasará. Si está deprimida, consulte a su médico.
- Arrégleselas para hacer pequeñas siestas durante el día para sentirse más tranquila y más capaz de hacer frente al problema.

Conseguir ayuda
Los médicos y los pediatras son expertos, pero tienen una experiencia limitada en los casos de mellizos. Pida consejo a otros padres con mellizos.

PROBLEMAS CON EL SUEÑO DIURNO

P ¿CUÁNTO TIEMPO DEBE DORMIR EL BEBÉ DURANTE EL DÍA?

R No hay ningún «deber». Por término medio, un bebé de seis meses duerme unas tres horas y a los doce meses duerme dos horas, pero algunos bebés duermen sólo veinte minutos. Depende de su personalidad y del modo de vida de la familia. El bebé probablemente hará sólo una siesta al día cuando tenga un año o un año y medio.

P DUERME DURANTE EL DÍA, PERO NO QUIERE DORMIR POR LA NOCHE. ¿QUÉ PUEDO HACER?

R Sea realista y comprenda que la necesidad de sueño del bebé disminuye conforme crece. Si quiere acortar su siesta diurna, pruebe a despertarlo con algo de beber. También puede darle una comida más ligera en lugar de otra más pesada justo antes de la siesta principal para evitar que duerma demasiado tiempo. En lugar de ponerlo en la cuna para hacer la siesta, pruebe a dejarlo en una manta en el suelo en la misma habitación en que esté usted.

P ¿ES MEJOR QUE EL BEBÉ DUERMA POR LA MAÑANA O POR LA TARDE?

R Depende de lo que usted prefiera. A última hora de la mañana es probablemente mejor si acuesta al bebé temprano por la noche, pero las tardes son preferibles para que haga la siesta principal, si no tiene intención de acostarlo hasta las ocho o más tarde. Si no quiere que duerma al final de la mañana, adelante el almuerzo para lograr que duerma a principio de la tarde. Dele algo ligero de comer cuando lo despierte de la siesta y téngalo despierto hasta la noche.

P ¿CÓMO SABRÉ QUE EL BEBÉ ESTÁ PREPARADO PARA DORMIR MENOS DURANTE EL DÍA?

R Puede que le cueste más hacer la siesta o que la haga como siempre pero se duerma más tarde por la noche. Con frecuencia hay un período intermedio en el que una siesta no es suficiente, pero dos son demasiado; despiértelo de su segunda siesta.

P MI BEBÉ NUNCA DUERME DURANTE EL DÍA. ¿DEBO PREOCUPARME?

R No, aunque no es corriente que los bebés de menos de un año no duerman en absoluto durante el día. Un bebé muy activo quizá no necesite hacer una siesta, lo cual significa que dispondrá usted de poco tiempo propio. Si ése es el caso, tendrá que acostumbrarse a hacer las tareas de la casa en compañía de su bebé.

¿CÓMO PUEDO CONSEGUIR QUE HAGA LA SIESTA?

Si el bebé parece poco dispuesto a hacer una siesta durante el día, anímelo siguiendo alguna de estas sugerencias anotadas:

Cómo ayudarlo a dormir durante el día

- Procure sacarlo a pasear y ofrézcale experiencias variadas cada día. Hágalo por la mañana y dele una comida caliente al volver a casa; puede que entonces tenga ganas de dormir.
- Proporciónele un ambiente tranquilo y silencioso.
- Dele una bebida caliente, pero no lo deje solo con el biberón.
- Sáquelo a dar una vuelta en coche o en su cochecito.
- Cuando parezca cansado, póngalo en un capazo y dígale «que duermas bien». Puede que el sonido familiar de una caja de música lo arrulle hasta que se duerma. Si todo falla, no se preocupe. Quizá quiera decir que no necesita dormir, aunque usted sí lo necesite.

SUSCITE UNA SIESTA DIURNA *La combinación del aire libre y el movimiento del cochecito puede ayudar a suscitar el sueño.*

HÁBITOS PARA DORMIR EN UN NIÑO DE MÁS DE UN AÑO

P ¿QUÉ PUEDO HACER PARA QUE MI HIJO SE DUERMA SOLO?

R Haga que su dormitorio sea cálido y acogedor. Tiene que ser un lugar con sus cosas favoritas, donde se sienta cómodo. Una vez que esté en la cuna, no se mueva de puntillas; continúe haciendo sus tareas habituales; es útil que haya ruidos de cocina o de otro tipo para asegurarle que todo es normal. Antes de llevarlo a la cama, evite discusiones y castigos y también cuentos de miedo y programas de televisión o vídeos. Cuando lo haya puesto en la cuna, no haga caso de los pequeños murmullos de protesta. Muchos niños quieren quedarse levantados más tiempo, pero recuerde que quien manda es usted.

P MI HIJO CHILLA CUANDO LO PONGO EN LA CUNA. ¿QUÉ PUEDO HACER?

R Préstele mucha atención y dele mucho cariño antes de llevarlo a la cama, en lugar de después. Instaure unos hábitos para la hora de dormir que sean agradable y sosegados; no se trata de llevarlo al estilo militar hasta su dormitorio. No obstante, tampoco le consienta todos los caprichos. Las peticiones de otro vaso de agua o de otro cuento para dormir pueden aumentar en número y complejidad hasta llegar a ser un ritual imposible de manejar que incluya tomar dos bebidas calientes, cuentos extra, dar besos de buenas noches a los cuadros de la pared y asegurarse de que la puerta del dormitorio está en un ángulo específico.

LOS LIBROS PARA DORMIR

Leerle un cuento a su hijo antes de dormir puede formar parte de la costumbre diaria; además es una buena preparación para el sueño.

LEER CUENTOS
A la mayoría de niños les encanta acurrucarse junto a sus padres y que les lean un cuento para dormir. Además, esto ayuda a establecer un buen hábito de lectura para más tarde.

GUÍA DE SUPERVIVENCIA PARA PADRES

NO DUERME TODA LA NOCHE

Muchos niños de esta edad vuelven a despertarse por la noche después de meses de sueño ininterrumpido. Si su hijo lo hace, no se preocupe. Los problemas del sueño en los niños pequeños son muy corrientes, pero cuando llegue el momento de ir al parvulario ya no lo serán; así que anímese... las cosas mejorarán. Primero pruebe con el sistema de chequeo (vea la pág. 87). No es demasiado tarde para ponerlo en práctica, incluso a esta edad, siempre que se cumpla lo siguiente:

- El niño tiene que sentirse seguro; si acaba de llegar otro bebé, puede pensar que lo excluyen, y valdrá la pena esperar hasta que las cosas se tranquilicen.
- El niño duerme en su propia habitación y le gusta estar allí, rodeado de sus cosas.

Cuando se sienta usted desesperada
En casos extremos, por ejemplo cuando un niño que no duerme hace que los padres lo maltraten física o emocionalmente, los médicos pueden recetarle un sedante. Nunca debe ser una solución a largo plazo, sino una ayuda ocasional a corto plazo, para un par de noches. No obstante, sólo es un complemento para solucionar los problemas de sueño de un niño, que debe ir unido a un constante trato cariñoso y a unos buenos hábitos para la hora de dormir y sólo es aceptable cuando sea necesario para preservar la salud mental de la familia. Hable con el médico o acuda a grupos de apoyo donde pueda hablar con otros padres que tienen problemas similares.

P MI HIJO NO QUIERE IRSE A LA CAMA HASTA LAS DIEZ DE LA NOCHE. ¿NO NECESITA DORMIR MÁS?

R Probablemente, sí. Si resulta difícil meterlo en la cama a la hora señalada, pruebe a acostarlo cinco minutos más temprano cada día hasta que alcance la hora que le interesa. No obstante, no sea poco realista; si el bebé acaba de despertarse de una siesta larga, es poco probable que esté lo bastante cansado como para irse a la cama sólo dos horas más tarde. También es posible que ahora necesite dormir menos durante el día (vea más abajo). Si es necesario, reduzca o elimine las siestas.

P ¿PUEDE SEGUIR TOMANDO LECHE CALIENTE ANTES DE IRSE A LA CAMA?

R Sí, siempre que no se la lleve a la cama para entretenerse. Si bebe algo antes de acostarse, vigile que se lave los dientes después.

P ¿YA PUEDO PONERLE UN EDREDÓN EN LA CAMA?

R Sí, después del año de edad puede ponerle un edredón si la temperatura de la habitación lo requiere. Si tiene demasiado calor, siempre puede apartarlo de una patada durante la noche. Si le preocupa la temperatura ambiente, compruébela usted misma antes de irse a dormir; si le parece que el niño tiene demasiado calor, apártele el edredón y, al revés, si cree que puede tener frío durante la noche, arrópelo mejor.

JUGUETES PARA LA HORA DE DORMIR
Algunos niños se llevan su juguete favorito a la cama hasta bien entrados sus años escolares (vea la pág. 86) o lo estrechan entre los brazos cuando se sienten enfermos o en tensión.

Vigile que todos los juguetes cumplan las normas de seguridad.

P QUIERE LLEVARSE TODOS SUS MUÑECOS A LA CAMA. ¿CÓMO PUEDO CONSEGUIR LIMITAR EL NÚMERO?

R Procure escoger tres juguetes cada noche y haga que esa selección sea parte de la rutina de la hora de dormir. Haciéndolo, podrá reducir el número de juguetes y, al mismo tiempo, evitar cualquier conflicto o rabieta. El niño sentirá que participa en la selección, en lugar de pensar que usted le priva de sus compañeros de la hora de dormir. No obstante, si su intento no tiene éxito, no se preocupe. Tener un montón de juguetes alrededor no encierra tanto riesgo como cuando era un bebé, pero no le deje nada tan grande para subirse encima y saltar de la cuna.

¿MI HIJO NECESITA DORMIR DURANTE EL DÍA?

No hay reglas fijas sobre dormir durante el día, pero hacer una siesta por la tarde es normal hacia los dos años o dos años y medio. Evite las siestas a última hora de la tarde y no espere que sean tan largas como antes; si lo fueran el niño quizá no estará tan dispuesto a irse a dormir por la noche.

¿Qué hago si no quiere hacer la siesta?
No puede obligarlo a dormir durante el día. Si no quiere hacerlo cuando lo pone en la cuna, entonces asegúrese de que tenga un período de tranquilidad. Dele algunos juguetes y póngalo en la cuna o en una manta y deje que juegue solo, tranquilamente, durante una hora más o menos. Eso hará que descanse durante el día y que usted se relaje.

¿Cuándo es el mejor momento para que haga la siesta?
Depende de la hora en que usted quiera que se vaya a dormir. Si quiere acostarlo hacia las 6 de la tarde, entonces procure que la siesta la haga antes del almuerzo. No obstante, como las costumbres varían, si entre las de su hijo se acepta el acostarse tarde, puede seguir haciendo la siesta después del mediodía.

Hace la siesta, pero no quiere dormir por la noche; ¿qué puedo hacer?
Si está empezando a dormir mal o si es cada vez más difícil acostarlo, quizá esté durmiendo demasiado durante el día. Si sólo hace una siesta, trate de no dejarle que la haga cada día. Si hace más de una siesta, redúzcala a una y procure que sea por la mañana mejor que por la tarde.

Problemas corrientes del sueño

P ¿QUÉ PUEDO HACER SI EL NIÑO SE DESPIERTA POR LA NOCHE?

R Primero espere a ver si necesita algo de verdad, en cuyo caso los ruidos que hace acabarán en llanto. Puede que, por ejemplo, le duelan las encías debido a la dentición (pero no se lo diga a él). Limítese a darle lo que necesita de forma sosegada y tranquilizadora y vuelva a acostarlo. No se lo lleve a la cama a menos que esté dispuesta a arrostrar las consecuencias de que eso se convierta en costumbre.

P ¿TENGO QUE DARLE DE BEBER POR LA NOCHE, SI QUIERE?

R Los niños de esta edad ya no necesitan una toma de leche durante la noche, así que si le da de beber, tiene que ser agua. Si suele despertarse pidiendo de beber, déjele una taza con pitorro a mano.

P ESTÁ EMPEZANDO A BAJARSE DE LA CUNA. ¿QUÉ TENGO QUE HACER?

R Tendría que trasladarlo a una cama de adulto pronto, antes de que tenga un accidente. Entretanto, en cuanto vea que puede pasar por encima de la baranda para bajarse de la cuna (por ejemplo, si pone una pierna por encima) deje los lados bajados todo el tiempo. Esto no evitará que se caiga, pero la altura será menor. También puede dejar una silla al lado de la cuna para que pueda bajar sin peligro.

P SE DESPIERTA MUY TEMPRANO. ¿QUÉ PUEDO HACER PARA QUE DUERMA MÁS?

R No puede hacer que duerma más, pero puede ponerle juguetes y libros blandos en la cuna para tenerlo entretenido. Además, asegúrese de que no corre peligro si baja. Para que usted pueda dormir más, acuéstese más temprano y utilice tapones para los oídos y así no le oirá parlotear al despuntar el día.

P NO QUIERE IRSE A LA CAMA SIN UNA LUZ. ¿ES UN PROBLEMA?

R No. Probablemente dentro de un tiempo se le pasará (vea la pág. siguiente), pero entre tanto, no hay nada malo en tenerla. A algunos niños les gusta el brillo tranquilizador de una luz tenue por la noche y no creo que les perjudique. Incluso si esa luz se convierte en algo permanente durante toda la niñez, sigue siendo cómoda para impedir que el niño tropiece en la oscuridad cuando ya duerma en una cama y se levante por la noche. Además, también puede resultarle útil para que usted no tropiece con los muebles por la noche, cuando entre a ver cómo está. Asegúrese de que la luz no sea demasiado brillante; la habitación debe estar lo bastante oscura como para que los ojos del niño descansen. También puede tratar de reducir al máximo la luz de primeras horas de la mañana si quiere que el niño se quede en la cama un poco más.

¿Cuándo puede empezar a dormir en una cama?

No hay un momento preciso, pero por razones prácticas suele ser alrededor de los dos años, porque entonces el niño ya quiere escalar los lados de la cuna.

¿Cómo tengo que hacer el cambio?
Hable con el niño de hacerse mayor y de empezar a dormir en una cama grande. No obstante, si es posible, tenga tanto la cuna como la cama en la misma habitación durante un tiempo. Haga que la cama sea atractiva poniendo encima sus juguetes favoritos y siguiendo los mismos hábitos para la hora de dormir que siempre. No «expulse» al niño de la cuna sólo para que la ceda a un hermano recién nacido; es mejor poner a éste en un moisés o tomar prestada o comprar otra cuna para capear ese tiempo de transición.

Mi hijo quiere quedarse en la cuna; ¿cómo puedo animarlo a pasar a la cama grande?
No se preocupe demasiado. A menos que trate de saltar de la cuna, no tiene sentido presionarlo para que la deje. Un niño puede dormir en una cuna hasta los cuatro años; no es corriente, pero conozco algunos niños que lo hacen y a quienes no les causa daño alguno, a menos que intenten bajarse. Sobre todo, es una cuestión de seguridad.

¿Es buena idea comprar una cama para niños?
No. Una cama para niños es más pequeña que la cama normal de adulto y creo que es malgastar el dinero porque el niño no la usará mucho tiempo; como máximo unos (pocos) años. No obstante, puede que valga la pena si el dormitorio es demasiado pequeño para una cama individual de tamaño normal.

EL SUEÑO EN LOS NIÑOS EN EDAD PREESCOLAR

P MI HIJO REMOLONEA A LA HORA DE IRSE A DORMIR. ¿QUÉ PUEDO HACER?

R Los niños de esta edad (hacia los dos años y medio) quieren irse a dormir más tarde porque no quieren perderse nada. Fije una hora de dormir adecuada y dígale que ésa es la hora de irse a la cama, y avíselo cuando falte una media hora. Haga que su pareja participe y sean constantes y firmes. Puede que al principio sea cansado, pero al final funcionará. También tendrá que decidir si la «hora de irse a dormir» significa «apagar las luces» o si puede quedarse despierto mirando un libro y apagar las luces más tarde. Es una decisión respecto a la manera de vivir que usted y su pareja tomarán juntos.

P CUANDO SE HA IDO LA CANGURO ESTÁ CANSADO, PERO NO QUIERE DORMIR. ¿QUÉ PUEDO HACER?

R Puede que tenga que abreviar su tiempo especial con él por la noche. Pregúntele lo que ha hecho e interésese por sus actividades, pero no lo sobreexcite. Acabe el día de una forma tranquila, para que se vaya a la cama sabiendo que no se va a perder nada. Para asegurarse de que los dos consiguen el descanso necesario, puede prometerle una salida juntos durante el fin de semana con la condición de que se vaya a dormir a la hora durante la semana. Pero tiene que ser una promesa que pueda cumplir.

P SIEMPRE QUIERE BEBER ANTES DE IRSE A LA CAMA. ¿QUÉ TENGO QUE DARLE?

R Le sugiero que le dé agua o leche. Por el bien de sus dientes, evite darle bebidas dulces a menos que se los cepille inmediatamente después de tomarlas. Cuando esté tratando de mantenerlo seco durante la noche, también es sensato evitar las bebidas con burbujas, los zumos de frutas y las bebidas ácidas.

P NO SE QUEDA TRANQUILO A MENOS QUE LE DEJE LA PUERTA ABIERTA. ¿QUÉ TENGO QUE HACER?

R Es totalmente razonable dejarla abierta. En realidad, no hay razón alguna para que la puerta esté cerrada, a menos que quiera evitar que entre el perro, el gato u otra mascota. Muchas personas, adultos incluidos, prefieren tener la puerta entreabierta y les tranquiliza oír los ruidos de la casa mientras se duermen. Además, tiene otras ventajas para usted como madre.

P ¿MI HIJO DEBE SEGUIR TENIENDO UNA LUZ DE NOCHE?

R No veo nada malo en que siga usando una luz de noche. Es la solución obvia cuando a un niño le asusta la oscuridad. También es útil cuando el niño empieza a levantarse por la noche para usar el orinal o el cuarto de baño.

P ¿LLEGARÁ UN MOMENTO EN QUE SEA LO BASTANTE MAYOR PARA DEJAR DE TENER LA LUZ ENCENDIDA POR LA NOCHE?

R Sí que llegará, pero puede llevar su tiempo. Una de las formas de lograr que deje de tener la luz encendida es ir alejando la lámpara de la cama hasta situarla fuera de la habitación. Tenga cuidado, no obstante, con ponerla de tal forma que él no pueda tropezar con el hilo si se levanta. Otra solución es instalar una luz (o luz de noche) en el pasillo cerca de la puerta de su dormitorio.

P MI HIJO VIENE A MI CAMA POR LA NOCHE. ¿QUÉ PUEDO HACER?

R Puede ser algo muy agradable de vez en cuando, pero tendría que ponerle fin antes de que se convierta en una costumbre. Es una tarea difícil, pero si se mantiene firme, finalmente lo conseguirá. También puede elaborar un gráfico de recompensas, con una estrella por cada noche que no venga a su cama. Al cabo de unas dos semanas, una serie de estrellas le concederán un premio (vea la pág. 176). Haga que su sistema de recompensas sea realista; si hasta ahora ha venido a su cama cada noche, nunca conseguirá una estrella y se sentirá desilusionado. Por lo tanto, el objetivo tiene que ser alcanzable.

P SE DESPIERTA MUY TEMPRANO POR LA MAÑANA. ¿CÓMO PUEDO IMPEDIRLO?

R No puede evitar que se despierte espontáneamente, pero sí que puede dejar que tenga juguetes, libros y algo para beber o incluso una galleta para que se entretenga; así podrá jugar tranquilamente solo en su dormitorio durante un rato cuando se despierte. Si es necesario, proporciónele una luz en un temporizador para que sepa la hora que es. Otra opción es un despertador, pero pocos niños resisten la tentación de juguetear con él y puede ser una dura prueba para usted cuando se dispare a mitad de la noche.

¿Los remedios homeopáticos van bien para los problemas del sueño?

Muchos padres usan homeopatía para los problemas que sus hijos tienen para dormir y hay pruebas de que va bien. No obstante, un remedio homeopático no tendría que sustituir a otros sistemas para intentar resolver los problemas del sueño de un niño y, evidentemente, darle al niño medicamentos, complementarios u ortodoxos, no es excusa para continuar con unos hábitos erróneos.

Cómo funciona la homeopatía

Los remedios se extraen de los animales, las plantas o los minerales y luego se diluyen. El principio que subyace a la homeopatía es que cuanto más diluido el remedio, mayor es su potencia. Las dosis prescritas son las mismas para todas las edades: a un niño se le puede dar la misma dosis que a una persona de 70 años. La homeopatía nunca le hará ningún daño y puede valer la pena probarla. Si tiene dudas sobre el remedio que debe utilizar, consulte primero a un homeópata titulado.

Cómo seleccionar el remedio

Todos los remedios pueden comprarse en forma de tabletas y algunos como gránulos con sabor dulce (vea la pág. 227). Estos remedios pueden utilizarlos los bebés y los niños mayores, pero compruebe si el producto escogido en particular es adecuado para la edad de su hijo.

Manzanilla
Si la dentición está afectando el sueño, se cree que la manzanilla es muy buena.

Calcarea carbónica
Para los terrores nocturnos, la calcarea carbónica puede ser útil.

Fósforo
Puede ser un buen complemento de la luz nocturna si es un niño sensible y tiene miedo de la oscuridad.

Nota importante
A diferencia de los medicamentos convencionales, los homeopáticos tienen que dejar de darse cuando los síntomas mejoran. Se cree que continuar con el tratamiento una vez que esos síntomas han desaparecido puede ser contraproducente e incluso contrarrestar el bien que se haya obtenido.

Cómo administrar un remedio
Aplaste la tableta entre dos cucharas o en un mortero; luego disuélvalo en un poco de agua para que el niño la beba.

PESADILLAS Y TERROR NOCTURNO

P ¿CÓMO PUEDO LOGRAR QUE SE VAYA A LA CAMA SI TIENE MIEDO?

R Haga que su habitación sea lo más agradable posible, con buena iluminación y ropa de cama atractiva (aunque todavía la moje) y una mesita de noche con algunas de sus cosas favoritas. Ayúdelo a tener la habitación arreglada, limpiándola con él, y haga todo lo posible para que asocie su habitación con actividades agradables. Por ejemplo, léale un cuento en su dormitorio. Una vez que esté en la cama, tranquilícelo y márchese.

P MI HIJO TIENE PESADILLAS. ¿ES ALGO CORRIENTE?

R Sí, las pesadillas son especialmente corrientes entre los tres y los cuatro años de edad. Un niño que tiene una pesadilla suele despertarse chillando o llorando. Quizá le cuente qué ha soñado o se limite a decirle que ha tenido un mal sueño. No se preocupe, las pesadillas no quieren decir que el niño esté angustiado, pero sí que pueden reflejar algo que haya oído o visto, por ejemplo, un cuento o un vídeo de miedo.

P ¿PUEDO HACER ALGO PARA IMPEDIR QUE TENGA PESADILLAS?

R Puede ayudarle si evita los cuentos demasiado excitantes o estimulantes a la hora de dormir; cuentos que puedan meterle en la cabeza ideas de monstruos o extraterrestres. Si parece tener miedo al acostarse, asegúrele que la casa está a salvo de cualquier peligro, que es un sitio seguro, que usted está ahí cuidándole y que sólo los amigos o la familia pueden entrar.

P ¿QUÉ TENGO QUE HACER CUANDO MI HIJO HA TENIDO UNA PESADILLA?

R Abrácelo y tranquilícelo, y cuando esté más tranquilo, vuelva a meterlo en la cama y arrópelo. Si hace que se sienta seguro, por lo general se dormirá profundamente después de una pesadilla.

P ¿SERÁ ÚTIL CONTAR CON UNA LUZ DE NOCHE SI TIENE PESADILLAS?

R No le impedirá tener pesadillas necesariamente, pero puede ayudar a tranquilizarlo si se despierta en medio de la noche después de una pesadilla. Por otro lado, las sombras que una luz de este tipo crea en la habitación pueden tener el efecto contrario en el niño, llegando incluso a provocar una pesadilla; los niños tienen una imaginación muy vívida.

P MI HIJO SE DESPIERTA CHILLANDO POR LA NOCHE. ¿QUÉ LE PASA?

R Puede ser terror nocturno, caracterizado porque el niño se despierta chillando y con los ojos abiertos de par en par, pero sin estar realmente despierto. Es más raro que una pesadilla y se produce durante una etapa de sueño profundo, razón por la cual no se despierta. Durante un terror nocturno, el niño se sentará de golpe, chillará y sudará. No comprenderá nada de lo que usted le diga y usted puede espantarse mucho por el aspecto que presenta.

P ¿QUÉ PUEDO HACER DURANTE UN TERROR NOCTURNO?

R No es mucho lo que puede hacer salvo encender la luz, aunque esto sirva más para tranquilizarla a usted. No trate de despertarlo, argumentar o convencerlo, ya que puede empeorar las cosas. Limítese a esperar que el terror pase. Cuando haya pasado, vuelva a acomodarlo en la cama y trate de dormirse también usted.

P ¿PASA ALGO MALO SI MI HIJO TIENE TERRORES NOCTURNOS?

R No, así que procure no preocuparse. Esos terrores son alarmantes para el que los presencia, pero el niño no suele tener ningún problema físico ni psicológico. Por alguna razón, son más comunes en los chicos después de los cuatro años y siempre desaparecen al crecer.

P MI HIJO HABLA DORMIDO. ¿TIENE QUE PREOCUPARME?

R Raramente es señal de nada malo. Muchos niños hablan, murmuran o gritan durante el sueño y el único problema es que así pueden molestar al resto de la casa.

P MI HIJO SE LEVANTA Y CAMINA DORMIDO. ¿TENGO QUE INQUIETARME?

R El sonambulismo no es señal de un problema grave, pero puede ser peligroso. Se produce durante el sueño profundo, así que incluso si el niño se despierta, no es posible comunicarse con él. La principal preocupación es la seguridad de su hijo. Vigile que las ventanas y las puertas al exterior están bien cerradas con llave. A muchos padres les preocupa que su hijo pueda caerse por las escaleras, pero eso sucede muy pocas veces. Es más fácil que el accidente lo causen las barreras en la parte alta de la escalera, ya que el niño no espera que su camino esté bloqueado. Pero si hay una puerta baja en el acceso a la escalera, asegúrese de que queda cerrada con llave.

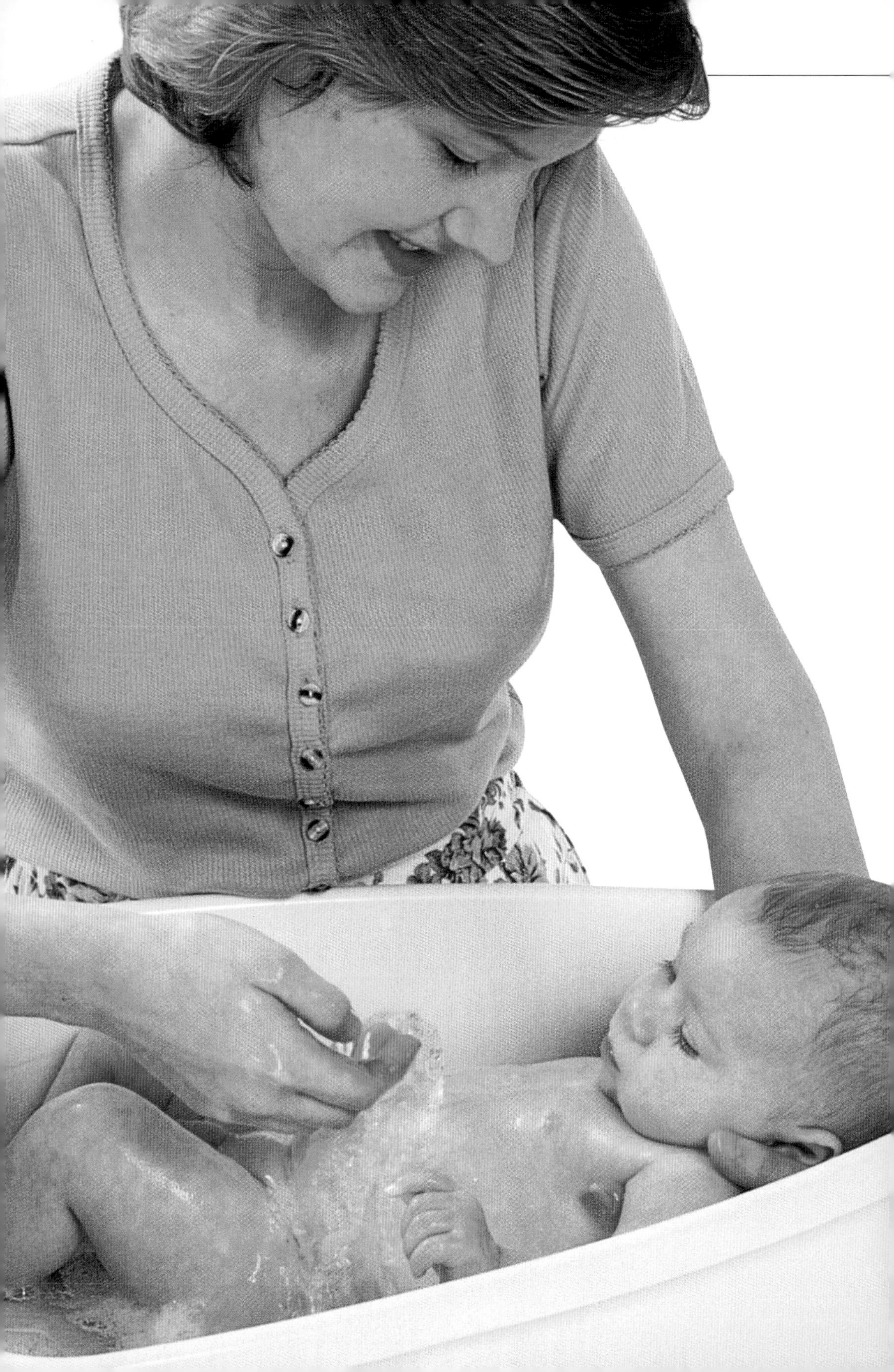

Cuidados Diarios

Cuidar a un niño pequeño es una labor exigente pero gratificante. Armada con conocimientos prácticos y con la comprensión de las necesidades de su hijo, podrá convertir un trabajo rutinario en una oportunidad de que él juegue y aprenda. Aquí encontrará todo lo que necesita saber sobre tareas rutinarias como bañar, lavar el pelo, escoger ropa para su hijo y vestirlo. También le ofrecemos gran cantidad de consejos tranquilizadores sobre cuestiones como acostumbrarlo a usar el retrete, así como tácticas para evitar los conflictos innecesarios cuando su hijo, cada vez más independiente, insista en vestirse solo o se niegue a ponerse los zapatos.

Cómo vestir a su hijo

Cómo vestir a un recién nacido

P ¿CUÁL ES LA ROPA MÁS ADECUADA PARA MI BEBÉ EN ESTE MOMENTO?

R Las prendas más cómodas son los peleles o los chándals. Los petos con muy divertidos y suelen tener velcro en la entrepierna para cambiar el pañal. No obstante, procure evitar los cierres metálicos en los tirantes ya que pueden rozar el cuello del bebé. Además, algunos tejidos de tejanos pueden resultar demasiado ásperos para la piel de un bebé.

P ¿ES NECESARIO QUE EL BEBÉ LLEVE CAMISETA?

R Sí. Una camiseta tipo ranita con velcro en la entrepierna lo mantendrá caliente y el pañal en su sitio. Las camisetas también evitan que la piel delicada sufra rozaduras a causa de las costuras de algunas prendas. Utilice camisetas termales con mangas durante el invierno; en verano una camiseta sin mangas puede ser la única vestimenta que necesite su bebé.

P ¿QUÉ TIENE QUE LLEVAR CUANDO ESTÁ AL AIRE LIBRE?

R Depende del tiempo y del medio de transporte. Un bebé no es capaz de controlar su temperatura corporal con tanta facilidad como un adulto y puede acalorarse o enfriarse en exceso. Por lo tanto, si va en una silllita de paseo, expuesto a los elementos, durante el invierno, puede necesitar un mono guateado, pero si va en un cochecito, entonces una manta y una chaqueta serán suficientes. Es esencial un gorro o sombrero para el frío y botas y manoplas de punto para mantenerlo caliente. Cuando haga calor, el bebé probablemente irá más cómodo con poca ropa, pero vigilando que está protegido del sol (vea más abajo). Puede añadir capas de ropa si empieza a refrescar.

P ¿DE VERDAD NECESITA UN SOMBRERO PARA EL SOL DURANTE EL VERANO?

R Sí. Hasta los seis meses de edad, la piel del bebé debe quedar protegida del sol directo. Un sombrero le protegerá la cara y el cuello. Los sombreros más eficaces son los que tienen un ala ancha que da sombra a la mayor parte de la cara y el cuello. Algunos tienen también una especie de faldón detrás que les cubre la delicada nuca. Además de ropa de protección, puede necesitar asimismo una sombrilla o un toldo y crema de protección solar (vea la pág. 208).

P ¿CUÁL ES LA MEJOR MANERA DE LAVAR LA ROPA DEL BEBÉ?

R Por razones de higiene, lo ideal es lavar la ropa del bebé aparte del resto de la colada de la familia. Si la ropa de un adulto o de otro niño mayor han de ir en la misma lavadora, no meta los calcetines ni la ropa interior de éstos. La lavadora deja la ropa más limpia que lavando a mano y es mucho más cómoda, lo cual puede decidir el tipo de prendas que compre para el bebé. Evite sobrecargar la máquina, ya que esto impediría que lavara bien.

P ¿QUÉ TIPO DE JABÓN EN POLVO TENGO QUE USAR?

R Use siempre jabón no biológico, ya que el biológico deja enzimas en el tejido que pueden irritar una piel joven y sensible. Aclare bien la ropa para eliminar cualquier rastro de jabón y luego séquela completamente.

P ¿PUEDO USAR SUAVIZANTE PARA LA ROPA DEL BEBÉ?

R Sí. El suavizante es especialmente útil si el agua es dura (lleva sales calcáreas). Sin suavizante, la ropa puede llegar a tener un tacto muy áspero. No obstante, esos productos pueden causar reacciones alérgicas, así que escoja uno que haya sido probado dermatológicamente y esté formulado para pieles sensibles.

GUÍA DE SUPERVIVENCIA PARA PADRES

Mi bebé chilla cuando lo visto y lo desvisto

Muchos bebés lloran cuando los visten o los desnudan. Para reducir ese disgusto:

- Asegúrese de que la habitación está caliente.
- Reduzca al mínimo el cambio de ropa.
- Asegúrese de que la ropa es lo bastante grande y compre prendas que sean fáciles de poner y quitar; evite los peleles con cierres a la espalda y en la entrepierna.
- Sosténgalo con cariño pero con firmeza mientras lo viste.
- Sonríale y haga sonidos tranquilizadores mientras lo viste o lo desnuda.

¿CÓMO TENGO QUE PONERLE UN ABRIGO O CHAQUETA?

Si el bebé es muy pequeño, no podrá sentarlo para vestirlo. Cuando le ponga abrigos o chaquetones, acuéstelo de espaldas y siga los pasos que le indicamos.

1 Acuéstelo con la espalda sobre el chaquetón abierto y métale cada brazo por la manga correspondiente.

2 Meta los dedos por la manga para sujetarle la mano mientras le desliza la manga por el brazo.

3 Cuando le haya puesto las dos mangas, abróchele los cierres y súbale la capucha si es necesario.

CÓMO LAVAR LA ROPA DEL BEBÉ

P ¿CUÁL ES LA MEJOR MANERA DE SECAR LA ROPA DEL BEBÉ?

R Si tiene secadora, puede conseguir una ropa más suave que si la tiende a secar; además es mucho más rápido. Por desgracia, no todas las prendas del bebé pueden ir a la secadora, ya que algunas encogen; si tiene dudas, compruebe las instrucciones de lavado. Si quita las etiquetas de la ropa del bebé para que esté más cómodo, guárdelas en algún sitio donde pueda encontrarlas fácilmente. Tenga cuidado de no ponerle la ropa al bebé directamente de la secadora.

P ¿LOS CALCETINES Y LOS PELELES ELÁSTICOS PUEDEN DAÑAR LOS PIES DEL BEBÉ?

R Sí, si le aprietan demasiado, así que compre una talla mayor cuando sea necesario. Si no tiene peleles de una talla más, como medida provisional puede cortarle las perneras o descoserles las costuras a los que tenga.

P ¿ES NECESARIO QUE EL BEBÉ LLEVE ZAPATOS?

R No hasta que empiece a andar. Si hace frío póngale botas o calcetines. Evite los zapatos rígidos; no sirven para nada y pueden ser perjudiciales ya que restringen los movimientos. Tiene que poder mover libremente los dedos; estirarlos de punta y encogerlos.

P ¿NECESITA LLEVAR ROPA DIFERENTE PARA DORMIR?

R Sí, a partir de las seis semanas de edad, ya que esto le ayudará a diferenciar entre el día y la noche. Puede cambiarle el pelele o ponerle un pijama. A partir de los cuatro meses, puede dormir en una especie de camisón que se cierra por el borde inferior formando un saco de dormir. La mayoría de ropa para dormir lleva velcro, que es más cómodo y menos peligroso que los botones. A menos que haga calor, por la noche también necesitará llevar una camiseta.

Cómo vestir a bebés de más de 6 meses

¿Qué ropa es adecuada para el bebé?

Cuando compre ropa para un bebé un poco mayor, verá que hay mucha más variedad donde escoger. Recuerde que el bebé tiene una capacidad cada vez mayor para moverse, así que, aunque parezca sensato comprar ropa con mucho espacio para crecer, tiene que asegurarse de que no es demasiado grande; las prendas muy grandes dificultan el movimiento y se gastan y manchan antes de quedar pequeñas.

Cómo escoger la ropa

Compre ropa que sea fácil de lavar y secar y que no necesite plancha. Evite los colores claros, ya que no se mantendrán limpios mucho tiempo; las rodillas recogen la suciedad del suelo y la parte alta quedará salpicada de comida.

Peleles
Siguen siendo prendas útiles, especialmente para la noche. Puede comprarlos con o sin pies.

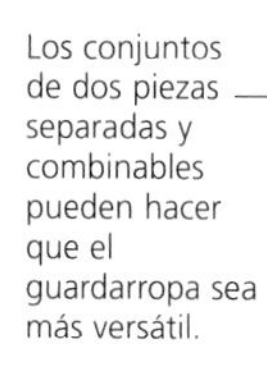

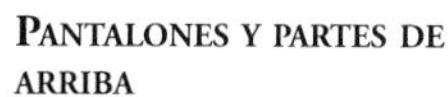

Los conjuntos de dos piezas separadas y combinables pueden hacer que el guardarropa sea más versátil.

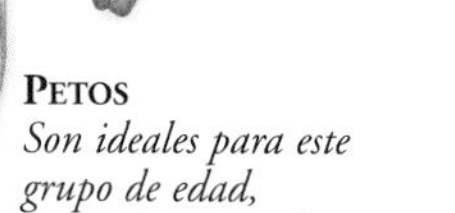

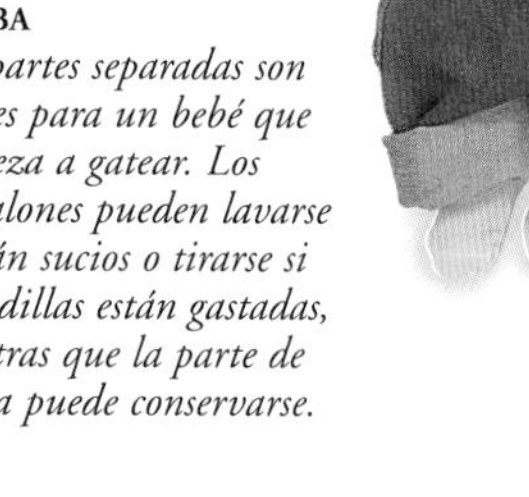

Petos
Son ideales para este grupo de edad, especialmente si llevan rodilleras.

Pantalones y partes de arriba
Dos partes separadas son ideales para un bebé que empieza a gatear. Los pantalones pueden lavarse si están sucios o tirarse si las rodillas están gastadas, mientras que la parte de arriba puede conservarse.

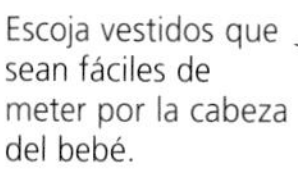

Escoja vestidos que sean fáciles de meter por la cabeza del bebé.

Vestidos
Los vestidos pueden ponerse encima de unos leotardos gruesos. Asegúrese de que no sean demasiado largos para que no le impidan gatear.

Asegúrese de que puede moverse con total libertad.

Monos guateados
Los monos guateados son ideales para el frío cuando el niño va en la sillita de paseo.

P ¿MI BEBÉ TIENE QUE SEGUIR LLEVANDO CAMISETA AHORA QUE ES MAYOR?

R Sí. Una camiseta con cierres automáticos en la parte inferior es ideal para que el pañal no se deslice y se caiga cuando el bebé se mueve.

P ¿QUÉ ROPA ES LA MEJOR PARA MI BEBÉ CUANDO HACE CALOR?

R Si hace mucho calor, el bebé puede llevar sólo una camiseta encima del pañal, pero poniéndole mucha protección solar. Asegúrese de que lleve siempre un sombrero para el sol; aunque no será suficiente para impedir que se queme, ayudará a protegerle la cara y el cuello. Un gorro estilo legionario es especialmente práctico (vea a la derecha). Tanto los niños como las niñas pueden llevar pantalones cortos de tejidos más ligeros. Las niñas pueden llevar vestidos o faldas de algodón, pero tienen que ser cortos para que no les molesten al gatear. También puede reservar esos vestidos para ocasiones especiales.

P ¿QUÉ TIENE QUE LLEVAR EL BEBÉ CUANDO HACE FRÍO?

R Entre las opciones prácticas para el frío están los monos guateados, las chaquetas también guateadas con capucha (anoraks), los leotardos que le mantendrán las piernas y los pies calientes en la sillita de paseo sin obstaculizarle los movimientos y botitas de lana o de piel de cordero (aunque los bebés tienden a quitarse lo que lleven en los pies). Escoja prendas lo más sencillas posibles y que no tengan sistemas de cierre complicados. Cuanto más sencilla sea la ropa, más fácil será ponérsela y quitársela para cambiarle los pañales. Los bebés tienen la habilidad de hacer una deposición justo cuando están completamente vestidos y a punto de salir a la calle.

P ¿QUÉ TIPO DE SOMBRERO TIENE QUE LLEVAR CUANDO HACE FRÍO?

R Los gorros son mejores que los sombreros, ya que es más difícil que se le caigan, pero vigile que la cinta no le siegue la piel del cuello.

P ¿CUÁL ES EL MEJOR TIPO DE CALCETINES?

R Mientras gatee, no importa mucho qué calcetines lleve, siempre que sean de su medida. Yo le aconsejaría que comprara muchos pares baratos porque entre usted, el bebé y la lavadora se perderán muchos. Cuando empiece a ponerse de pie y moverse entre los muebles, asegúrese de que los calcetines tienen suelas antideslizantes.

SOMBRERO PROTECTOR
En verano, es importante proteger al bebé de los rayos solares. Este sombrero «legionario» evitará que se queme su frágil piel.

P ¿MI BEBÉ YA NECESITA ZAPATOS?

R Necesitará zapatos cuando empiece a andar. Hasta entonces, es mejor que vaya con los pies descalzos. Póngale calcetines tipo zapatilla o botitas con suelas antideslizantes. No use calcetines sin suelas de ese tipo a menos que la habitación tenga moqueta; si resbalara, podría desanimarse y no volver a intentar ponerse de pie.

P ¿QUÉ TIENE QUE LLEVAR MI BEBÉ DURANTE LA NOCHE?

R Cualquiera de las siguientes prendas es adecuada: peleles, pijamas (pueden tener mangas cortas o largas, según la temperatura); pantalones de pijama y una camiseta (cuando haga más calor); para las niñas, camisones (son especialmente útiles para cambiarles el pañal durante la noche). Cuando haga calor, es posible que lo único que necesite sea una camiseta; si no las camisetas son innecesarias, salvo que use una simple, sin cierres.

P EL BEBÉ PIENSA QUE VESTIRLO ES UN JUEGO Y SE RESISTE. ¿CÓMO PUEDO PONERLE LA ROPA?

R Podrá hacerlo con más facilidad si usted participa de la diversión; si se escapa gateando, siéntese en el umbral lista para meterle la camiseta por la cabeza cuando pase. Si todo lo demás falla, hágale cosquillas en la barriga. Probablemente se dará la vuelta riéndose sin parar y podrá vestirlo sin encontrar resistencia. También puede resultarle más fácil vestirlo si se lo sienta en la falda; a esta edad los bebés prefieren estar sentados que echados. Escoja ropa lo más sencilla posible de poner y quitar. Dos prendas de vestir suelen ser más fáciles que un traje completo. Si siempre se revuelve cuando lo viste, pregúntese si todo lo que le pone es necesario.

Cómo vestir al niño que empieza a andar

P ¿QUÉ ROPA ES LA MÁS ADECUADA PARA MI HIJO A ESTA EDAD?

R Los chándals o pantalones cortos son ideales para esta edad, pero escoja cinturas elásticas mejor que las braguetas con cremallera o botones. Puede llevar sudaderas o camisetas en la parte de arriba. Los tejanos son más prácticos que los petos si necesita ir al baño a toda prisa, pero siempre con una cintura elástica. Las niñas pueden llevar ropa similar o leotardos. Los vestidos y las faldas pueden ser peligrosos cuando un niño de esa edad sube escaleras ya que pueden hacer que tropiece. En cualquier caso, escoja ropa holgada para tener en cuenta que crece, pero no demasiado grande, ya que puede estorbarle el movimiento y es probable que el niño gaste la ropa antes de dejarla pequeña.

P ¿SIGUE NECESITANDO LLEVAR CAMISETA CADA DÍA?

R Sólo si hace frío. Puede continuar con camisetas tipo ranita durante un tiempo y luego pasar a las camisetas normales, que resultan más fáciles para enseñarle a usar el váter.

P ¿QUÉ TIENE QUE LLEVAR MI HIJO CUANDO HACE CALOR?

R Tanto los niños como las niñas de esta edad pueden llevar pantalones cortos, una camiseta y un sombrero para el sol –del estilo legionario, que les protege la nuca– (vea la pág. 101). Una niña puede llevar un vestido corto que no la haga tropezar.

P ¿QUÉ ROPA ES LA MÁS ADECUADA PARA MI HIJO CUANDO HACE FRÍO?

R Póngale un chaquetón caliente, lavable o una chaqueta guateada impermeable, preferiblemente una con capucha y que pueda aprender a abrocharse solo. Puede que un buen abrigo de lana tenga un aspecto precioso, pero es difícil mantenerlo limpio y pronto lo habrá dejado pequeño. No olvide las manoplas y las botas de lluvia (con calcetines calientes) para el tiempo húmedo.

Cómo mantener la ropa limpia

En este período la ropa del niño puede recoger una gran variedad de manchas. Siga las orientaciones que le damos más abajo además de las instrucciones de lavado que hay en el interior de la prenda; si quita las etiquetas por comodidad, guárdelas en algún sitio seguro. Tenga siempre los productos de limpieza lejos del alcance del niño.

MANCHA	QUÉ PUEDE HACER
Rotulador, bolígrafo, lápices de colores	Humedezca ligeramente con alcohol desnaturalizado antes de meter la prenda en la lavadora.
Sangre	Empape en agua fría y salada; luego lave en agua templada o en un programa frío.
Hierba	Frote con alcohol desnaturalizado. Si sigue verde, frote con un poco de glicerina y luego lave en la lavadora.
Betún	Frote con detergente antes de lavarlo a máquina.
Grasa	Es una mancha difícil, pero puede tener éxito con una gota de detergente o un poco de glicerina, antes de meter en la lavadora.
Chocolate	Humedezca con agua templada jabonosa; luego use un quitamanchas patentado y lave a máquina como de costumbre.
Leche	Empape en una solución de bórax; luego lave en la lavadora.
Mermeladas y miel	Si son recientes, es fácil quitarlas, pero si están secas puede necesitar ponerlas en remojo con una solución de bórax o jabón antes de lavar a máquina.

P ¿QUÉ PUEDE LLEVAR MI HIJO POR LA NOCHE?

R Los pijamas son lo más práctico; puede llevarlos de manga corta cuando hace calor y de manga larga en invierno. Ahora ya es demasiado mayor para la ropa estilo saco de dormir. Es mejor evitarla, ya que podría caerse al ponerse de pie sobre la costura inferior. Un batín o albornoz no es estrictamente necesario, pero puede animar a un niño poco inclinado a acostarse a prepararse para ir a la cama.

P MI BEBÉ NO PARA DE QUITARSE LOS ZAPATOS. ¿ES PREOCUPANTE?

R No demasiado. Mientras los lleve puestos en el exterior, no es necesario que los lleve siempre dentro de casa. Cuando sea mayor y esté lleno de barro después de jugar en el exterior, se sentirá contenta de que se quite los zapatos. Lo que sí tiene que hacer es vigilar dónde los deja cuando se los quita para no tener que pasarse horas buscando un zapatito diminuto por toda la casa.

P MI HIJO SE QUITA LA ROPA EN LUGARES PÚBLICOS. ¿QUÉ PUEDO HACER?

R Procure explicarle que no puede desnudarse en público, pero no se preocupe. Quitarse la ropa es más fácil que ponérsela y es algo corriente en los niños entre un año y un año y medio. Los otros padres los comprenderán.

P MI HIJO ODIA QUE LO VISTA. ¿CÓMO PUEDO RESOLVERLO?

R Organícese. Prepare la ropa la noche antes y escoja ropa sencilla; muchas prendas complicadas desaniman. Utilice la astucia para vestirlo; distráigalo con un juguete o un libro mientras le pone la camiseta. Anímelo a que se ponga algunas cosas él solo. La imitación es útil, así que deje que vea cómo se visten usted o su pareja.

P MI HIJO QUIERE VESTIRSE SOLO. ¿CÓMO PUEDO AYUDARLO?

R Incluso si no lo hace muy bien, ayúdelo lo menos posible y si tiene que ayudarlo, hágalo discretamente. Póngale una prenda a cambio de que él se ponga otra. No le dé prisa; si necesita más tiempo, déselo, incluso si eso significa levantarse más temprano. Puede animarlo facilitándole las cosas. Por ejemplo, evite las prendas con cremalleras; resultarán frustrantes, así que proporciónele pantalones de chándal con cintura elástica y otra ropa similar. Los botones también pueden ser difíciles de abrochar para los niños de esta edad; escoja prendas con cintura elástica o cierres velcro. Su paciencia se verá recompensada; a los dos años y medio tendría que poder ponerse los calzoncillos o las bragas y los pantalones solo y se sentirá orgulloso de sí mismo.

¿CUÁNDO LLEGARÁ EL MOMENTO DE PONERLE UNOS ZAPATOS DE VERDAD?

Si hace un mes que anda y va seguro, entonces ha llegado el momento de los zapatos. Vaya a una buena zapatería para que le midan los pies y escoja unos zapatos que le vayan bien. Tienen que ser de la misma forma que sus pies pero no es necesario que lo sostengan; los huesos y los músculos de los pies serán los que soporten su peso. Evite zapatos de piel muy dura; tienen que ser lo bastante flexibles para que pueda andar con facilidad pero también han de tener un cierre seguro, por ejemplo con una hebilla o velcro.

¿Cuántos pares de zapatos necesita?
Aparte de unas botas de lluvia, su hijo necesitará un par de zapatos. Como crece tan rápidamente, enseguida dejará pequeños su primer par de zapatos.

¿Con cuánta frecuencia tengo que hacer que le midan los pies?
Llévelo aproximadamente cada seis u ocho semanas después de su primer par.

¿Necesita zapatos con hormas anchas?
Si tiene unos pies de ancho normal, no. No obstante, eso es algo que no sabrá hasta que le hayan medido los pies bien; así pues, es importante ir a una zapatería o sección de zapatería infantil especializada, por lo menos, durante los primeros años.

¿Tengo que comprarle zapatillas de deporte?
Si le van bien, esas zapatillas son perfectamente adecuadas para la mayoría de fines y sin ninguna duda para estar en casa y al aire libre cuando hace calor. No obstante, no protegen demasiado contra las heridas.

Odia probarse zapatos. ¿Qué puedo hacer?
Sea positiva. Si espera que se porte mal, él lo notará y se portará mal. Si todo lo demás falla, asegúrese de su colaboración sobornándolo con la promesa de darle o hacer algo que le guste después.

¿Cómo puedo lograr que lleve zapatos?
Si se resiste a llevarlos, puede que sean incómodos. Compruebe que los calcetines le vayan bien y que no tengan una costura dura cerca de los dedos. También puede volver a llevarlos a la tienda y pedirles que comprueben la talla. Si sigue resistiéndose, llegue a un compromiso haciéndole llevar zapatos en la calle y quedarse sin ellos dentro de casa.

Se cae con mucha frecuencia. ¿Serán demasiado pequeños los zapatos?
Puede que sí, o que la horma no le vaya bien, o quizá el borde sea demasiado grueso. Si su hijo tropieza aunque no lleve zapatos, consulte al médico. Algunos niños se caen cuando empiezan a andar porque los dedos se inclinan hacia dentro. Puede ser debido a la rotación del fémur, que se arreglará sola cuando el niño crezca.

CÓMO VESTIR A LOS NIÑOS EN PREESCOLAR

P ¿MI HIJO TIENE QUE SABER VESTIRSE SOLO A LOS CINCO AÑOS?

R No necesariamente, pero si va a empezar a ir a la escuela a los cinco años es muy útil que pueda hacerlo. No obstante, no sea demasiado ambiciosa. Las corbatas de la escuela, los pequeños y difíciles botones, los pantalones con cremallera y los zapatos con cordones suelen ser demasiado difíciles para un niño de cinco años, así que simplifique la vestimenta al máximo por el bien de los dos. Continúe comprando pantalones y faldas con cintura elástica. Puede adaptar la corbata haciendo el nudo, cortando un trozo de tela en la parte que queda oculta por el cuello y sustituyéndola por un trozo de goma elástica para que pueda pasarse la corbata con el nudo ya hecho por la cabeza.

P ¿CÓMO PUEDO ANIMARLO SI TIENE DIFICULTADES PARA VESTIRSE?

R Elogie siempre sus esfuerzos por vestirse y arréglele la ropa sólo si hay algo realmente mal puesto. Si se ha puesto una camiseta del revés, no es nada grave. No obstante, si los demás pueden pensar que tiene un aspecto ridículo, puede señalarle lo que está mal con tacto y sugerirle que vuelva a intentar ponerse esa prenda en concreto. Si se resiste, déjelo; con el tiempo encontrará la manera de vestirse adecuadamente.

P ¿DEBE PONERSE ROPA LIMPIA CADA DÍA?

R En mi opinión, no es necesario. No obstante, tiene que llevar ropa que esté limpia. Yo diría que cada conjunto puede durarle dos días, a menos que haya manchas o rotos o, claro, si se trata de una ocasión especial, por ejemplo, una fiesta.

P ¿QUÉ TIENE QUE LLEVAR MI HIJO PARA DORMIR POR LA NOCHE?

R Un camisón o un pijama van bien para un niño de esta edad. Lo que le ponga por la noche tiene que mantenerlo caliente y permitirle ir solo al orinal o al váter durante la noche sin molestias.

P ¿CUÁNTOS RECAMBIOS DE ROPA DE NOCHE NECESITA?

R Vale la pena tener varios porque incluso si su hijo es bastante fiable durante el día, por la noche tiene usted que estar preparada para algún que otro accidente. Pensando en esto, también es aconsejable tener una sábana impermeable sobre el colchón durante algunos años más.

¿QUÉ TIPO DE ZAPATOS ES MEJOR PARA MI HIJO?

Aunque su hijo sea cada vez más consciente de la moda, recuerde que los zapatos tienen que ser algo sensato y que la comodidad y la conveniencia son lo más importante al escoger el calzado para su hijo.

¿Qué estilo de zapato es el mejor?
Escoja calzado que sea fácil de poner; el velcro o las hebillas son más fáciles que los cordones. Algunos pueden ponerse sin desabrochar, pero también se caen con mucha facilidad cuando su hijo está jugando. La elección depende también de los pies de su hijo; a veces, sólo van bien los zapatos con cordones.

¿Con cuánta frecuencia necesito medirle los pies?
Cada tres o cuatro meses está bien. Si le compró los zapatos un poco grandes, probablemente podrá usarlos durante unos cuatro meses. Evidentemente, esto puede variar ya que los pies de un niño pasan por rachas de crecimiento, a menudo durante el verano, así que vigílele los zapatos y los pies de vez en cuando. Si observa cómo el dependiente de la zapatería comprueba la talla, pronto aprenderá a hacerlo usted en casa.

¿Puedo dejarle que escoja sus propios zapatos?
En mi opinión, debe escuchar su opinión. La comodidad es algo muy subjetivo, así que tenga en cuenta lo que él diga. Si no lo hace, puede acabar comprando algo que no va a llevar. Cuando compre zapatos, puede encontrarse con dos pares que le vayan bien; entonces deje que sea él quien decida cuál de los dos quiere.

Mi hijo chilla cuando está en la zapatería. ¿Qué puedo hacer?
Él necesita zapatos y usted necesita su cooperación, de forma que haga un trato con él. Puede tener que recurrir a un soborno; él se prueba los zapatos y usted le deja tener o hacer algo que le gusta. Algunos padres amenazan a sus hijos con hacerlos ir descalzos si no se portan bien en la zapatería, pero esto no funciona porque la amenaza no se lleva a la práctica.

P ¿TENGO QUE DEJARLE ESCOGER SU ROPA?

R Si muestra interés en hacerlo, no lo desanime; decidir sobre todo tipo de cosas es una parte importante del crecimiento. Algunos niños en edad preescolar no mostrarán interés en este terreno mientras que otros querrán que se escuche su opinión incluso a los tres años. Por supuesto, hay que considerar el precio, la facilidad de lavado y la armonía de colores, cosas que no puede esperarse que decida un niño. Tenga su opinión en cuenta, pero usted ha de ser quien diga la última palabra.

P ¿CÓMO PUEDO ANIMAR A MI HIJO A SER ORDENADO CON SU ROPA?

R Eso es algo que requiere mucha paciencia y, al principio, tendrá que ordenar la ropa con él. Explíquele por qué es necesario que la ropa esté doblada y guardada y por qué algunas prendas deben ir al cesto de la colada. No obstante, conseguir que un niño pequeño lleve estas instrucciones a la práctica no siempre es fácil. Dejando aparte todo lo demás, los niños se distraen con facilidad. A veces su hijo cooperará, mientras que otras puede que deje toda su ropa esparcida por el suelo. No deje de repetirle el mensaje, sin enfadarse, y sobre todo, dele ejemplo.

P LOS HIJOS DE MIS AMIGOS SABEN VESTIRSE MEJOR QUE EL MÍO. ¿TENGO QUE PREOCUPARME?

R No se preocupe a menos que llegue a los tres o cuatro años sin mostrar interés alguno por vestirse solo, en cuyo caso coméntelo con su pediatra. Los niños aprenden a vestirse a edades diferentes, dependiendo de la complejidad de la ropa, de si sus padres les permiten aprender equivocándose y de su propia personalidad. Vale la pena darle mucho tiempo para que se vista cada mañana sin distracciones.

HAGA QUE VESTIRSE RESULTE FÁCIL

Para su hijo resultará más fácil vestirse solo si le concede mucho tiempo y estímulo. No lo critique si va lento o si, de vez en cuando, se pone las cosas al revés.

Cómprele ropa sencilla y sin complicaciones.

CIERRES
Cuando escoja ropa para su hijo, tenga en cuenta el tipo de cierres. Los cierres de velcro hacen que le resulte más fácil ponerse y quitarse los zapatos, mientras que las hebillas y los cierres automáticos son mucho más fáciles de manejar que los botones.

GUÍA DE SUPERVIVENCIA PARA PADRES

NO QUIERE LLEVAR LO QUE YO QUIERO QUE LLEVE

Trate de verlo desde el punto de vista de su hijo para entender si hay alguna razón por la que no quiera llevar una prenda en particular; por ejemplo, puede que le apriete demasiado o le dé mucho calor. También puede ser que lo haga por espíritu de contradicción. En lugar de enfrentarse frontalmente con él, alcance un compromiso. Por ejemplo, puede escoger los calcetines, mientras usted decide el resto de ropa. No está capitulando frente a él; por el contrario, le está enseñando una capacidad de negociación muy valiosa para usar después en la vida. Igualmente, si lo regaña, le está enseñando a regañar. Aunque hay cuestiones que no son negociables, como cuándo cruzar la calle, yo no creo que tenga sentido mantenerse firme en aspectos como una chaqueta o un gorro de lana. Si no quiere ponérselos, puede salir sin ellos. Usted puede cogerlos, por si luego tiene frío y cambia de opinión.

EL BAÑO Y LA HIGIENE

LOS BEBÉS

¿CÓMO LE LAVO EL PELO?

Use un champú o jabón para bebés suave. Si es pequeño puede envolverlo en una toalla para sostenerlo encima de la bañera (vea la pág. 31).

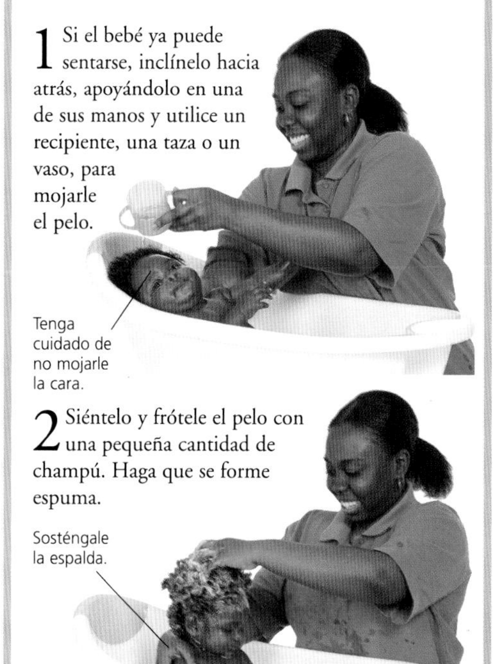

1 Si el bebé ya puede sentarse, inclínelo hacia atrás, apoyándolo en una de sus manos y utilice un recipiente, una taza o un vaso, para mojarle el pelo.

2 Siéntelo y frótele el pelo con una pequeña cantidad de champú. Haga que se forme espuma.

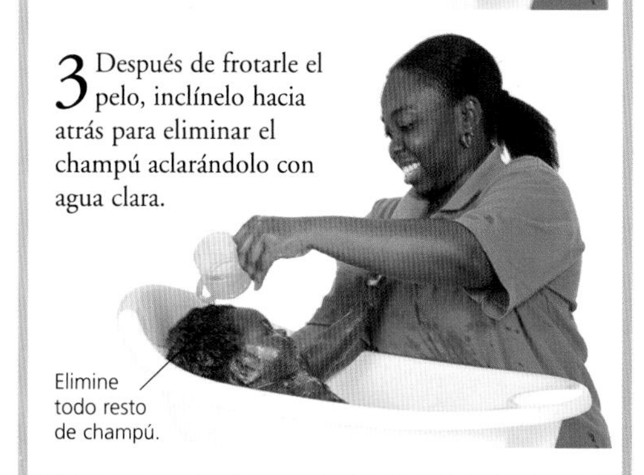

3 Después de frotarle el pelo, inclínelo hacia atrás para eliminar el champú aclarándolo con agua clara.

P ¿CON CUÁNTA FRECUENCIA TENGO QUE BAÑAR AL BEBÉ?

R Muchos padres bañan a su bebé cada día, lo cual está bien si tanto usted como él disfrutan al hacerlo. No obstante, hasta los cuatro meses más o menos no importa si sólo lo baña cada tres días, siempre que le lave la cara, las manos, los pies y las nalgas cada día (vea la pág. 29). Cuando empiece a comer sólidos, puede estar justificado un baño diario, aunque si tiene la piel seca, los baños quizá empeoren el problema; en ese caso, dos veces a la semana será suficiente.

P ¿SIGO TENIENDO QUE LAVARLO EN LA BAÑERA PARA BEBÉS?

R Probablemente necesitará usarla hasta que cumpla los seis meses, aunque algunos bebés pueden utilizar una bañera normal más temprano. Hacia los seis meses salpicará más y la bañera para bebés resultará demasiado pequeña.

P ¿CÓMO PUEDO ESTAR SEGURA DE QUE ESTÁ LIMPIO DE VERDAD?

R Utilice un jabón suave para lavarle la cara y luego el cuello por delante y por detrás. Límpiele detrás de la orejas pero no deje que le entre agua ni jabón en los oídos. Lávele las axilas y límpiele las manos. Lávele suavemente el ombligo, puede enrojecerse si lo frota con demasiada energía. Finalmente, lávele los pies, los talones y los tobillos y las rodillas si están sucias.

P ¿CUÁL ES LA MEJOR MANERA DE LAVAR A MI HIJO PEQUEÑO?

R Lávele en torno al escroto y entre las nalgas con una toalla o una esponja. Aclare bien. No es necesario lavar debajo del prepucio; le hará más daño que otra cosa si trata de desplazarlo hacia atrás para limpiarlo.

P ¿CÓMO TENGO QUE LIMPIARLE LA VULVA A MI HIJA PEQUEÑA?

R Con una toalla o esponja lávela suavemente desde delante hacia atrás, nunca al contrario. Así evitará que los gérmenes del recto penetren en la uretra o la vagina. No es necesario hacer nada más.

MI BEBÉ DETESTA EL BAÑO. ¿CÓMO PUEDO LIMPIARLO?

No es necesario que bañe a su hijo cada día si le gusta tan poco. Si tiene miedo de bañarse, limítese a limpiar las partes más sucias lo mejor que pueda con agua templada y una toalla o un trozo de algodón. Si quiere, puede hacerlo en el dormitorio encima de un cambiador (un móvil por encima de la cabeza del niño puede servirle de distracción mientras lo lava), o poniéndoselo en las rodillas, encima de una toalla. Asegúrese de que la habitación esté caliente, séquelo bien y mímelo al acabar. Esto será suficiente para mantenerlo limpio.

¿Cómo puedo lograr que disfrute del baño?
Aproveche cualquier oportunidad que surja para conseguir que su bebé se acostumbre a jugar con el agua, a fin de que empiece a asociar el agua con la diversión. Por ejemplo, ponga un barreño lleno de agua en el suelo del cuarto de baño y siéntese con él y jueguen juntos con el agua. También es divertido hacer burbujas; aunque aún es demasiado pequeño para hacerlas, puede divertirse viendo como usted las hace. Si sigue sin gustarle tomar un baño, no se preocupe; con el tiempo llegará a aceptarlo. Hacia los ocho o nueve meses de edad a la mayoría de los bebés les encanta bañarse.

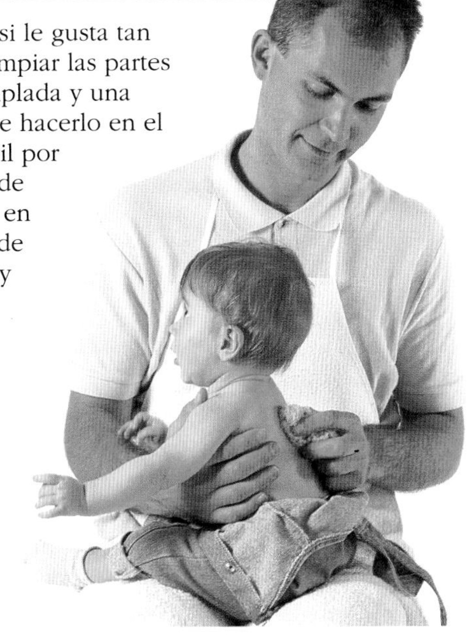

BAÑOS CON ESPONJA
Si a su bebé no le gusta el agua, lávelo cada día con una esponja sosteniéndolo sobre sus rodillas. Desnúdelo parcialmente, lávelo con una esponja húmeda y luego séquelo con una toalla suave.

P ¿TENGO QUE PONER ACEITES PARA EL BAÑO EN EL AGUA CUANDO BAÑE A MI BEBÉ?

R Si el bebé tiene la piel seca, puede ser útil. Utilice aceite para bebés o, si el bebé tiene eczema, el médico puede recetarle un aceite emoliente. Sobre todo, tenga cuidado cuando use aceite ya que la bañera estará más resbaladiza y su bebé, que ya es resbaladizo, puede escapársele de entre las manos.

P ¿HAY ALGÚN PELIGRO EN USAR UN BAÑO DE BURBUJAS?

R No creo que esos baños, incluso los que son para niños, sean muy recomendables ya que tienden a secar mucho la piel. No obstante, pueden animar a un bebé poco estusiasta a tomar un baño.

P MI BEBÉ CHUPA LA ESPONJA DEL BAÑO. ¿LE HARÁ DAÑO?

R Puede hacérselo. Pueden soltarse trocitos de esponja y el bebé tragárselos o atragantarse con ellos. Es preferible utilizar una esponja más resistente o cambiar a una toalla.

P LLORA CADA VEZ QUE LE LAVO EL PELO. ¿QUÉ PUEDO HACER?

R Pruebe a usar menos agua cuando le lave el pelo. Mojéselo con una toalla o esponja, con cuidado de que no le caiga agua por la cara, y utilice sólo una pequeña cantidad de champú para podérselo aclarar fácilmente. Si con esto no consigue tranquilizarlo, olvídelo y utilice una esponja durante un par de semanas para eliminar la suciedad del pelo y péinelo diariamente con un peine húmedo. No desespere; es sólo una fase y algún día aceptará que le lave el pelo.

P ¿CÓMO TENGO QUE SECAR A MI BEBÉ DESPUÉS DEL BAÑO?

R Utilice una toalla suave y limpia que sirva sólo para él. Séquele con cuidado el cuello, tanto por delante como por detrás, tras las orejas y entre los dedos de las manos y de los pies. También puede secarle el pelo con una toalla; la mayoría de bebés tienen el pelo muy fino y no necesitan secador. Si quiere, puede comprar una toalla especial para bebés, con capucha, pero no es esencial; cualquier toalla grande y suave es perfectamente adecuada.

Cómo pasar a la bañera grande

P ¿CÓMO PUEDO ACOSTUMBRARLO A UNA BAÑERA GRANDE?

R Algunos bebés pasan a la bañera grande muy contentos, pero otros se sienten intimidados. Si su bebé no está contento, ponga la bañera pequeña dentro de la grande durante una o dos semanas para que se acostumbre a la altura de los lados. También puede bañarse con él. Esto sólo servirá para bañarlo a él, ya que usted no podrá lavarse bien mientras lo sostiene.

P ¿CUÁNTA AGUA TENGO QUE PONER EN LA BAÑERA?

R Necesitará los mismos 8 cm de agua que tenía en la pequeña. Por ahora esto es más que suficiente para lavarlo y jugar.

P ¿PUEDO USAR AGUA MÁS CALIENTE AHORA QUE ES MAYOR?

R Es mejor que no. El agua no debe estar demasiado caliente para su tierna piel, así que pruébela con el codo igual que antes. En una bañera más grande, puede tener que usar más agua caliente para lograr la misma temperatura.

P ¿CÓMO PUEDO ESTAR SEGURA DE QUE NO CORRE PELIGRO EN LA BAÑERA?

R Prepare todo lo que necesite antes de empezar y téngalo a mano de forma que no tenga que dejar al bebé sólo ni un segundo. Hasta que pueda sentarse solo, sosténgalo todo el tiempo pasándole el brazo por detrás de la cabeza y el cuello y cogiéndole el brazo con la mano. Ponga una alfombrilla no resbaladiza dentro de la bañera y toda el agua necesaria antes de meter al bebé. Si está en la bañera grande, cubra el grifo de agua caliente con una toalla húmeda y fría para que no se pueda quemar si lo toca de repente.

P ¿CUÁNDO PODRÁ QUEDARSE SENTADO SOLO EN LA BAÑERA?

R Cuando domine estar sentado en una superficie seca y disfrute al bañarse, podrá dejar que sujetarlo. Hasta entonces tiene que continuar sosteniéndolo.

P ¿PUEDO DEJARLO SOLO EN EL BAÑO CUANDO PUEDA SENTARSE?

R No. Las bañeras son lugares muy resbaladizos y peligrosos; así que no debe salir *nunca* de la habitación mientras esté bañándolo. Ponga en marcha el contestador automático y no haga caso del timbre si llaman a la puerta. Por seguridad, debe vigilarlo mientras se baña hasta los cuatro años, incluso más si hay dos niños en la bañera, ya que juntos pueden ser más peligrosos.

P ¿HAY ALGÚN ACCESORIO PARA AYUDARLO A ESTAR SENTADO EN LA BAÑERA?

R Hay varios asientos y anillos para usar en la bañera, algunos con ventosas para sujetarlos al fondo. Pueden ser divertidos para algunos bebés porque es más fácil jugar en el baño estando sentado. No obstante, nunca puede confiar plenamente en un artilugio de ese tipo. Seguirá necesitando una mano para sostener al bebé todo el tiempo hasta que sea algo mayor, probablemente hasta el año o quizá el año y medio.

P ¿QUÉ PUEDO HACER PARA QUE EL MOMENTO DEL BAÑO SEA MÁS AGRADABLE PARA EL BEBÉ?

R Hay muchos juguetes y juegos para el agua que hacen que bañarse sea más divertido. Los patos, los juguetes de cuerda, los anillos de agua y los libros de plástico son entretenidos. Cuando sea un poco mayor puede disfrutar vertiendo agua de un vaso a otro; ahora probablemente se sentirá fascinado viendo cómo usted lo hace.

Diversión a la hora del baño
Haga que la hora del baño sea más interesante para el bebé usando juguetes llenos de color y juegos para el agua.

DIENTES Y UÑAS

P ¿CUÁNDO TENGO QUE EMPEZAR A LAVARLE LOS DIENTES?

R No es necesario lavarle los dientes hasta que aparezca el primero, lo cual suele suceder hacia los seis meses. No obstante, es útil acostumbrarlo a que antes se ponga un cepillo de dientes en la boca. Puede darle un cepillo seco para que juegue desde los cuatro meses, que es cuando empezará a meterse cosas en la boca.

P ¿QUÉ CLASE DE CEPILLO HA DE TENER?

R Lo ideal es un cepillo para bebés. Si le ha dado uno para que haga pruebas con él, utilice otro idéntico para que se limpie los dientes de verdad.

P ¿CON QUÉ FRECUENCIA TENGO QUE CEPILLARLE LOS DIENTES?

R Cepílleselos dos veces al día, por la mañana y por la noche. Para protegérselos mejor aún, limite los alimentos azucarados a las horas de comer, si es posible, cuando la producción de saliva es mayor.

P ¿CUÁL ES LA MEJOR TÉCNICA DE CEPILLADO?

R Mueva el cepillo de arriba abajo, no de un lado a otro y aplique un movimiento circular sobre las encías. Muéstrele al bebé cómo se hace, cepillándose usted los dientes delante de él. Los fabricantes de dentífrico aconsejan usar el tamaño de un guisante pequeño de pasta, pero yo creo que con menos es suficiente.

P ¿NECESITO REALMENTE UTILIZAR UN DENTÍFRICO ESPECIAL PARA BEBÉS?

R Sí, por dos razones. La primera es que sigue en pie el debate sobre cuánto flúor debe darse al bebé. Aunque el flúor refuerza los dientes y está demostrado que los protege de la caries, un exceso puede acumularse en los huesos y provocar manchas en los dientes. Como es difícil impedir que un bebé o un niño traguen parte de la pasta antes y después del cepillado, los dentífricos para bebés tienen una fórmula especial con un contenido menor en flúor que los de adultos. La otra razón por la que debe escoger dentífricos para niños es que los de adultos contienen mentol que puede irritar un estómago inmaduro. La mayoría de dentífricos para bebés no contienen ese elemento.

EL CUIDADO DE LAS UÑAS

Las uñas del bebé deben estar cortas y limpias. Para conservarlas limpias, lávele las manos con frecuencia con agua y jabón, especialmente cuando empiece a gatear. A esa edad, no hay necesidad de frotárselas con un cepillo. Si tiene las uñas cortas, esto ayudará a que estén limpias.

Las uñas del bebé crecen muy rápidamente. ¿Es normal?
El crecimiento de las uñas es variable; las de algunos bebés parecen crecer muy rápidamente, especialmente durante los meses de verano y es normal. No obstante, debe mantenérselas cortas. Esto ayudará a que las tenga limpias e impedirá que se arañe (a él y a usted también). Si no le gusta que se las corte, pruebe a hacerlo mientras duerme.

¿Cómo tengo que cortarle las uñas?
Utilice unos alicates o tijeras de uñas para bebés. Siéntese al bebé en la falda, mirando hacia delante. Córtele cada uña, sosteniendo los dedos de uno en uno al hacerlo y siguiendo la forma de las puntas de los dedos.

¿Puedo cortarle las uñas con los dientes?
Es algo que ya nadie aconseja. Además, morderse las uñas no es algo que quiera usted estimular en su hijo. Por otro lado, cuando empiece a gatear, es poco probable que le apetezca a usted meterse sus dedos en la boca.

CORTAR LAS UÑAS DEL BEBÉ
Sujétele la mano con suavidad pero con firmeza con la suya y, al cortarle la uña, siga la forma de la punta de los dedos.

EL NIÑO DESDE UN AÑO HASTA PREESCOLAR

P ¿CÓMO PUEDO ENSEÑARLE A MI HIJO BUENAS COSTUMBRES DE HIGIENE?

R Puede ayudarle a adquirir el hábito de lavarse las manos (mejor dicho, de dejar que se las laven) explicándole cuándo es importante que lo haga; por ejemplo, después de jugar en el jardín, ir al baño o antes de comer. A partir de los dos o tres años, explíquele por qué necesita lavárselas. Pero asegúrese de que le da un buen ejemplo practicando lo que predica.

P NO LE ENTUSIASMA LAVARSE LAS MANOS. ¿TIENE IMPORTANCIA?

R Sí, pero puede llevar tiempo cambiar sus hábitos. Su hijo no tendrá la misma actitud hacia la suciedad, el barro, las deposiciones y la orina que usted. Además, se distraerá con facilidad y siempre tendrá prisa, así que es comprensible que lavarse las manos no sea siempre algo primordial para él.

P ¿QUÉ PUEDO HACER PARA ANIMAR A MI BEBÉ A BAÑARSE CADA DÍA?

R Estimúlelo haciendo que la hora del baño sea algo divertido. Dele juguetes, deje que haga burbujas y utilice un baño de burbujas si es necesario. Aunque seque las pieles sensibles, la verdad es que elimina la suciedad con un mínimo esfuerzo por su parte y, además, suele dejar la bañera bastante limpia. Si sigue detestando bañarse, haga un trato con él; por ejemplo, dígale que le leerá su cuento favorito si se baña sin protestar.

P ¿A QUÉ PUEDE JUGAR EN EL BAÑO?

R Hay juguetes muy ingeniosos para esta edad que se adhieren a las paredes de la bañera. Las formas que pueden pegarse a los azulejos del cuarto de baño (y despegarse después, cuando haya acabado) son divertidas. A su hijo también le gustarán los juguetes de cuerda, los barcos y otros juguetes que flotan y los aros de agua.

P ¿ES BUENA IDEA QUE COMPARTA EL BAÑO CON OTRO NIÑO?

R Tiene sus pros y sus contras. Es posible que le guste más bañarse con un hermano o un amigo y puede ahorrarle tiempo y agua. No obstante, dos niños en una bañera al mismo tiempo resultan dos veces más peligrosos y más del doble de mojadura, así que necesitarán la constante vigilancia de un adulto.

MI HIJO SIGUE TENIENDO MIEDO DEL AGUA. ¿QUÉ PUEDO HACER?

A algunos niños sigue sin gustarles el agua y muchos más detestan que les laven el pelo. Si su hijo tiene miedo del agua, pruebe lo siguiente:

- Anímele a que se ponga él mismo el champú, vigilándolo siempre de cerca.
- Deje que coja la ducha él mismo.
- Si es el tamaño de la bañera lo que le preocupa, ponga menos agua.
- Algunos niños están más contentos con bañarse después de haber ido unas cuantas veces a la piscina, así que lléveselo a nadar.
- Haga lo que haga, no fuerce a su hijo a bañarse. Los niños de esta edad pueden mostrarse muy negativos y la presión suele conseguir lo contrario de lo que se quería.

P A MI HIJO LE ENCANTA BAÑARSE. ¿CÓMO PUEDO SACARLO DE LA BAÑERA?

R No es fácil, pero puede animarlo a salir; por ejemplo prometiéndole que le leerá su cuento favorito o le dejará hacer algo que le gusta.

P ¿TENGO QUE DEJAR QUE SE DUCHE EN LUGAR DE BAÑARSE?

R Puede ducharse a partir de los tres años, siempre que la alcachofa de la ducha esté a una altura apropiada (lo mejor es una ducha con altura regulable). No obstante, necesitará una alfombrilla no resbaladiza además de la estrecha supervisión por parte de un adulto; así que usted también se mojará, tanto si necesita una ducha como si no.

P MI HIJO DETESTA QUE LE CORTEN LAS UÑAS. ¿PUEDO DEJAR QUE LE CREZCAN?

R No es aconsejable; las uñas tienen que estar cortas por motivos de higiene y seguridad. Si arma un jaleo cuando le dice que hay que cortárselas, puede resultar más fácil hacerlo mientras está mirando la televisión, absorto en un libro o durmiendo. Una lima de esmeril puede ser útil si se mueve demasiado para dejar que utilice alicates o tijeras.

P ¿CON CUÁNTA FRECUENCIA NECESITA UN CORTE DE PELO?

R Siempre que usted piense que lo necesita. El primer corte de pelo suele ser una ocasión emocionante, por lo menos para los padres, pero su hijo puede protestar a gritos. Hágale un corte de pelo sin complicaciones y evite estilos que necesiten una atención constante. No es necesario ir al peluquero o el barbero si su hijo odia hacerlo; puede encontrar a alguien a quien no le importe ir a su casa y que incluso puede arreglarle a usted el pelo al mismo tiempo. Aunque los estilos de pelo corto son más fáciles de mantener limpios y presentables, no tiene sentido someter a su hijo a cortes de pelo frecuentes si para él son traumáticos.

P ¿Y SI LE CORTO EL PELO YO MISMA?

R Podría hacerlo. Es mucho más fácil de lo que piensa, especialmente si su hijo tiene el pelo un poco ondulado (el pelo muy liso es más difícil). A su hijo puede gustarle que le corten el pelo en un ambiente familiar. Y además, tendrá la flexiblidad para hacerlo en un momento que sea cómodo para los dos. No obstante, tiene que ir con mucho cuidado de no cortarse usted o cortarlo a él. Yo les he cortado el pelo a mis hijos durante muchos años con ayuda de una maquinilla eléctrica. Ahorra mucho tiempo y energía y ellos se divierten diciéndome cómo lo quieren y controlando el resultado con un espejo de mano.

¿CÓMO PUEDO ANIMAR A MI HIJO A LAVARSE LOS DIENTES?

Para empezar, probablemente tendrá que lavárselos usted, pero no hay razón alguna para que no lo pruebe él mismo. Los niños pequeños suelen ser unos imitadores magníficos, así pues, pueden lavarse los dientes al mismo tiempo. Él tal vez quiera un espejo más bajo para verse. Como incentivo, deje que escoja su propio cepillo.

CÓMO MEJORAR EL CEPILLADO

Cuando llegue el momento de que se cepille los dientes solo, anímelo a hacer «un montón de espuma» con la pasta. Algunos padres advierten a sus hijos de que tendrán caries dolorosas si no se cepillan bien, pero a mí me parece un poco exagerado. A partir de los cuatro años, las tabletas que ayudan a revelar la placa dental también pueden poner al descubierto las zonas que haya pasado por alto.

Muéstrele cómo tiene que coger el cepillo para llegar a todos los dientes.

CEPILLARSE LOS DIENTES JUNTOS
Anímelo a cepillarse los dientes dándole buen ejemplo. Si ve que a usted le gusta esta actividad, querrá participar de la diversión.

Los intestinos y la vejiga

Bebés

P ¿CUÁLES SON LAS PRINCIPALES CAUSAS DEL ERITEMA DEL PAÑAL?

R Un contacto prolongado con las deposiciones o la orina provoca este eritema. Algunos bebés son más propensos que otros porque tienen la piel más seca o más sensible, pero en todos los casos hay una regla básica: cuanto menos tiempo lleve pañal, mejor. Deje que el bebé juegue y patalee sin pañal.

P ¿QUÉ PUEDO HACER PARA EVITAR QUE EL BEBÉ TENGA ERITEMA DEL PAÑAL?

R Cámbiele el pañal con frecuencia. Puede necesitar diez mudas al día; o más si hace deposiciones frecuentes y sueltas. No utilice toallitas ni lociones para bebés; pueden causar la irritación. Limpie la zona suavemente y aplique una capa fina de pomada protectora (por ejemplo con zinc y aceite de castor) sobre la piel limpia y seca.

Problemas de los intestinos y la vejiga

SÍNTOMA	¿CUÁL ES EL PROBLEMA?	¿QUÉ PUEDO HACER?
Mi bebé, que toma el pecho, tiene estreñimiento	Después de los seis meses estos bebés suelen pasar fases de hacer defecaciones infrecuentes; por ejemplo una vez cada 5 o 10 días. El bebé parece hacer esfuerzos, pero las deposiciones son blandas y no causan dolor.	Si por lo demás el bebé está bien, continúe como de costumbre. Si parece no estar bien o hay sangre o mucosidad en las deposiciones, consulte al médico.
Mi bebé, que toma biberón, tiene estreñimiento	Puede que esté deshidratado o no coma lo suficiente.	Si hace calor, dele agua hervida y enfriada. Si tiene hambre dele de comer. Consulte al médico si no está bien o hay sangre o mucosidad en el pañal. Aparte del agua, no añada nada al biberón sin consultar primero con el médico. No le dé nunca un laxante ni un enema ni le ponga un supositorio ya que podrían ser perjudiciales
Las deposiciones huelen muy mal	Es bastante normal en los bebés que toman biberón y en todos cuando empiezan a tomar alimentos sólidos.	Si ya come sólido, quizá no pueda digerir un alimento en concreto. Si está bien, no es necesario hacer nada. Si no lo está, consulte al médico.
Las deposiciones son líquidas y frecuentes	Puede que tenga gastroenteritis (diarrea infecciosa). También puede ser algo normal, ya que las deposiciones varían con la dieta.	Consulte al médico si el bebé vomita, parece no estar bien o persiste el problema. Si el bebé ya toma sólidos, deje de darle el último alimento incorporado durante una o dos semanas y vuelva a probarlo después, o tritúrelo más fino la próxima vez que se lo dé.
La orina del bebé tiene un olor muy fuerte	Puede que se haya producido una infección del tracto urinario.	Si no está bien, consulte al médico. Si no es así, dele más líquidos y cámbiele el pañal más a menudo. Si sigue oliendo mal, vaya a ver al médico.
Los pañales de bebé están secos	Probablemente esté deshidratado o quizá esté usando ahora un nuevo tipo de pañal que no se nota húmedo aunque lo esté.	Dele más líquido. Si el bebé parece encontrarse mal o los pañales siguen más secos de lo esperado, consulte con el médico.
Las deposiciones del bebé son verdes.	Esto puede ser normal o debido a una infección o a que no come lo suficiente.	Si está bien, dé por supuesto que es normal. Si vomita o parece estar mal o triste, vaya al médico.

P ¿ES MENOS PROBABLE QUE SUFRA DE ERITEMA DEL PAÑAL SI USO PAÑALES DE ALGODÓN?

R No. Los no desechables no son mejores que los desechables. Lo que importa es la frecuencia con que cambie al bebé y la técnica que emplee al cambiarlo (vea más abajo).

P ¿MI BEBÉ NECESITARÁ QUE EL MÉDICO LE RECETE ALGÚN MEDICAMENTO SI TIENE ERITEMA DEL PAÑAL?

R No es probable. El eritema casi nunca necesita antibióticos, ya que pocas veces se debe a una bacteria. No obstante puede deberse al muguete (*Candida albicans)*, que es común en los bebés. Aunque a veces se le llama hongo, en realidad es una levadura que también causa muguete vaginal en las mujeres. La erupción responde bien a la aplicación de una pomada antilevaduras recetada por el médico.

P ¿CÓMO PUEDO SABER QUE EL BEBÉ TIENE MUGUETE EN LAS NALGAS?

R Puede observar puntos rojos fuera de la zona principal del eritema o tal vez ésta tenga un aspecto ulceroso o vidrioso. También puede saberlo si no mejora al cabo de pocos días.

P SI EXISTE EL MUGUETE, ¿TENDRÁ ESTA INFECCIÓN EN OTRAS PARTES?

R Algunos bebés con eritema de las nalgas provocado por el muguete pueden tenerlo también en la boca. Las encías tendrán un aspecto rojizo con manchas blancuzcas.

¿CÓMO TRATO EL ERITEMA DE LAS NALGAS?

La mejor manera de tratarlo es dejar al bebé sin pañal ni ropa tanto como sea posible. Lo ideal sería que tuviera varias sesiones de juego sin pañal cada día. Si ya gatea, extienda toallas por el suelo, cierre la puerta y deje que se mueva libremente sin pañal.

CÓMO CAMBIAR EL PAÑAL

Si el bebé tiene eritema de las nalgas, cuando lo cambie, déjelo sin pañal por lo menos dos veces al día durante una media hora, o incluso más tiempo. Al cabo de un par de días, la erupción habrá tomado un color más rosado y tendría que desaparecer. A veces una pomada antiséptica suave ayuda.

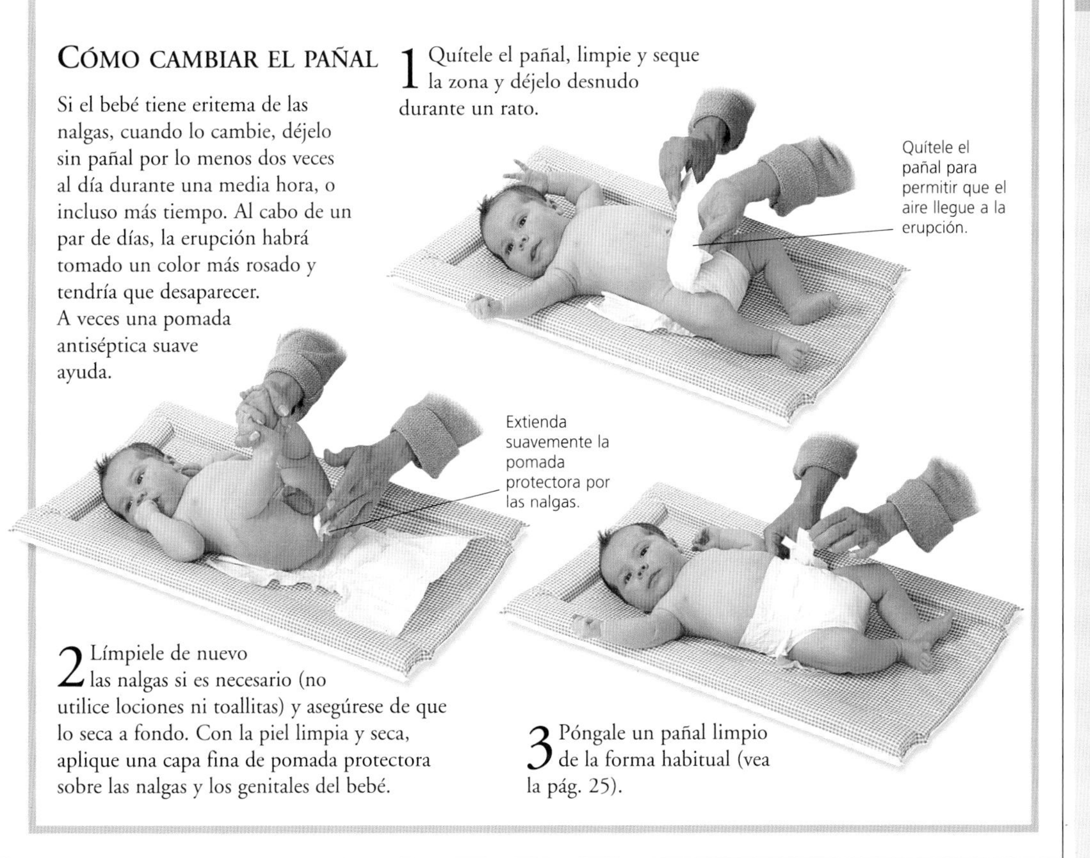

1 Quítele el pañal, limpie y seque la zona y déjelo desnudo durante un rato.

2 Límpiele de nuevo las nalgas si es necesario (no utilice lociones ni toallitas) y asegúrese de que lo seca a fondo. Con la piel limpia y seca, aplique una capa fina de pomada protectora sobre las nalgas y los genitales del bebé.

3 Póngale un pañal limpio de la forma habitual (vea la pág. 25).

ENTRENAMIENTO PARA USAR EL ORINAL

P ¿CUÁNDO PUEDO EMPEZAR A ENSEÑAR AL BEBÉ A USAR EL ORINAL?

R Incluso si las deposiciones del bebé tienen una frecuencia regular, no tiene sentido enseñarle a usar el orinal antes de los 18 meses. Hasta entonces, no controlará voluntariamente intestinos o vejiga.

P ¿CUÁNDO PUEDO ESPERAR QUE ESTÉ LIMPIO Y SECO DURANTE EL DÍA?

R Depende, pero como orientación, podemos decir que los bebés se mantienen limpios y secos entre los dos años y los dos años y medio. Los chicos suelen lograrlo más tarde, hasta los 3 años.

P ¿CUÁNDO PODRÉ DEJAR AL BEBÉ SIN PAÑALES POR LA NOCHE?

R Probablemente no antes de que cumpla los tres años. Incluso entonces, de vez en cuando se producirá un fallo, debido a que está disgustado o enfermo, pero son sólo reveses menores.

P MI BEBÉ SE NIEGA A USAR EL ORINAL. ¿QUÉ TENGO QUE HACER?

R Realmente, no puede hacer nada. Puede que no esté maduro física o emocionalmente para sentarse en el orinal, en cuyo caso no debe forzarlo. No debe existir ninguna presión ni ansiedad, ya que el período en que un bebé suele mostrarse menos cooperador coincide con el de enseñarle a usar el orinal. Si hace sus deposiciones en cualquier sitio menos en el orinal, procure no irritarse; algunos accidentes son inevitables.

P ¿PUEDO ENSEÑAR AL BEBÉ A USAR EL VÁTER EN LUGAR DEL ORINAL?

R Quizá sí, pero tiene sus desventajas: un asiento de inodoro es más intimidante para un niño pequeño que un orinal y necesitará un accesorio especial para que resulte lo bastante pequeño para sus nalgas. Además, incluso usando un taburete especial, el inodoro será más alto y difícil de alcanzar.

PROBLEMAS DE CONTROL DE LOS ESFÍNTERES

Los hábitos de cada bebé pueden ser muy diferentes y es fácil que los padres se preocupen. Este aspecto puede alcanzar una importancia enorme entre el año y los dos años y medio y toda la vida familiar puede girar en torno al orinal o el váter, pero por lo general no hay motivos para preocuparse.

Mi hijo se mantiene limpio y seco en casa, pero no cuando estamos fuera. ¿Qué puedo hacer?
Un niño de esta edad suele ser incapaz de vaciar la vejiga a menos que esté llena, así que la idea de ir al baño antes de salir es algo que le resulta extraño. Si le preocupa, llévese un orinal u observe si hay lavabos públicos; cuando necesite ir al baño, no es probable que pueda esperar. Hasta que se mantenga constantemente seco, puede ser preferible que lleve un pañal cuando esté fuera. Si no, coja un recambio de ropa y cubra el asiento del coche y de su cochecito con toallas viejas.

Ya no se mojaba, pero ahora ha vuelto atrás. ¿Por qué?
Entre las posibles causas está la llegada de otro bebé a la familia (mojarse es un síntoma corriente de los celos entre hermanos); unas vacaciones (el niño con frecuencia vuelve atrás cuando ha estado fuera de casa) y el frío (quizá no quiera dejar al descubierto las nalgas). Otras causas son la dentición y la enfermedad. Si cree que el niño puede estar enfermo o si no consigue recuperar el control de la vejiga al cabo de una semana o dos, consulte con su médico.

Mi hijo se mantiene seco, pero continúa ensuciándose encima. ¿Hay algún problema?
Es algo corriente en los niños que están aprendiendo a usar el orinal y no hay que preocuparse. Puede defecarse encima cuando no lo ve nadie. A su tiempo esto se resolverá por sí solo, así que no preste atención y resuelva el problema de los pantalones sucios con tacto.

Con frecuencia tiene deposiciones sueltas. ¿Le pasa algo malo?
La diarrea es algo corriente a esta edad. Si el niño está bien y su crecimiento es bueno, dele más líquido. Aparte de eso, consulte al médico ya que el niño puede tener una infección intestinal (vea la pág. 218). Otra posible causa es una dolencia en la cual se producen episodios de diarrea intermitente. Las deposiciones pueden ser explosivas y a veces contienen restos visibles de comida no digerida. La causa no se conoce con certeza pero puede estar relacionada con factores como beber a menudo o no masticar la comida adecuadamente. Es corriente en los niños de menos de dos años, especialmente los chicos.

¿CÓMO TENGO QUE ENSEÑAR A MI HIJO A UTILIZAR EL ORINAL?

Alrededor de los dos años, probablemente empezará a ser consciente de sus movimientos intestinales. Explíquele para qué sirve un orinal y ponga uno en un lugar cómodo al que el niño pueda llegar con rapidez. En verano puede quitarle el pañal y dejarlo desnudo de cintura para abajo. Sabrá cuándo está a punto de evacuar porque fruncirá la cara y se agachará. Cuando esto se produzca, recuérdele dónde está el orinal. También puede probar a sentarlo en el orinal durante un ratito después de las comidas.

¿Qué tipo de orinal tengo que utilizar?
Cualquier tipo sirve. Para los chicos necesitará uno con la parte frontal más alta para evitar accidentes. No espere que un orinal novedoso, por ejemplo con música, le divierta tanto como a usted.

¿Cuál es la mejor manera de estimularlo para que lo use?
Dígale que está contenta cuando se siente en el orinal, pero no exagere. El orinal no tiene que convertirse en el centro de toda la actividad doméstica. Si el niño piensa que utilizar el orinal está bien, dará por supuesto que se está portando mal cuando se ensucie encima. Ir de vientre no es ni bueno ni inteligente, sino simplemente una función corporal normal que está aprendiendo a controlar.

¿Son útiles las bragas de entrenamiento?
Pueden serlo. Las bragas pañal son cómodas, especialmente para salir, porque son desechables. Las de toalla son muy cómodas y relativamente baratas.

¿Cómo tengo que limpiar el orinal?
Vacíe el contenido en el inodoro, limpie el interior con papel higiénico, luego aclárelo con agua, usando detergente si es necesario. Deje que se seque o séquelo con papel higiénico o de cocina, no con un trapo. No es necesario esterilizarlo.

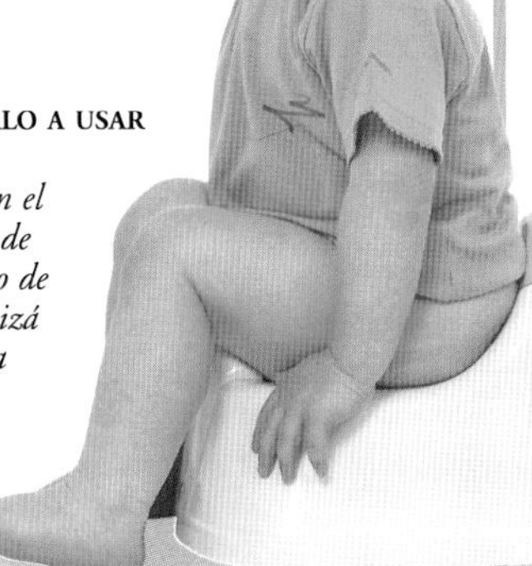

CÓMO ACOSTUMBRARLO A USAR EL ORINAL
Empiece por sentarlo en el orinal durante un par de minutos en el momento de cambiarle el pañal, quizá mientras usted se sienta en el inodoro. No obstante, no lo obligue a hacerlo si se resiste.

P ¿LA INTELIGENCIA DETERMINA SU CAPACIDAD PARA APRENDER A USAR EL ORINAL?

R El control vesical e intestinal no es una señal de inteligencia. Un niño despierto no dejará los pañales antes que otro menos inteligente. No obstante, si hay un retraso intelectual, esto puede demorar el entrenamiento para usar el orinal, pero no sería el único síntoma existente; también habría retraso en otros terrenos.

P MIS PADRES DICEN QUE YO ERA CAPAZ DE USAR EL ORINAL AL AÑO DE EDAD. ¿CÓMO ES POSIBLE?

R Eso no es entrenamiento para usar el orinal, sino poner al bebé en el orinal en el momento adecuado. Algunos padres sientan a niños bastante pequeños en el orinal y si se produce una deposición, dicen que el niño usa el orinal. No influye en lo rápidamente que un bebé controla sus esfínteres.

P ¿CUÁNDO APRENDERÁ MI HIJO A ORINAR DE PIE?

R Sólo cuando sea lo bastante alto para llegar al váter (con ayuda de un taburete, si es necesario). No tiene sentido ponerlo de pie delante del orinal, ya que la mayoría de veces no acertará, pero no se lo impida si quiere orinar estando de pie. A veces, también las chicas quieren orinar de pie, pero pronto descubren que no resulta eficaz.

P ¿TENGO QUE LIMPIAR EL CULITO DE MI HIJO?

R Sí, después de que haya ido de vientre. Si es una niña, límpiela de delante hacia atrás, para impedir que las bacterias del recto entren en la vagina y la uretra. Después de orinar, su hijo podrá limpiarse solo, aunque quizá le caigan gotas de pipí pierna abajo.

NIÑOS EN EDAD PREESCOLAR

P ¿CUÁNDO PUEDE IR MI HIJO SOLO AL BAÑO?

R Aunque su hijo puede ser físicamente capaz de arreglárselas para ir solo al baño entre los dos años y medio y los tres, probablemente seguirá dependiendo de usted para que lo limpie y le lave las manos hasta los cuatro años. A partir de esa edad, es probable que pueda lavarse las manos solo la mayoría de veces.

P CON FRECUENCIA, LOS LAVABOS PÚBLICOS ESTÁN SUCIOS. ¿TENGO QUE DEJAR QUE LOS USE?

R A veces no hay más remedio. No obstante, puede asegurarse de ir bien equipada cuando salgan. Llévese toallitas húmedas para limpiarle el culito y las manos (y también sus propias manos). Si no quiere que use los lavabos públicos, llévese un orinal (o un orinal de viaje que encaje en el inodoro). Vacíe el orinal en el inodoro antes de volver a meterlo en su bolsa de plástico.

P SIGUE TENIENDO «ACCIDENTES» DURANTE EL DÍA. ¿TENGO QUE PREOCUPARME?

R No. Los niños sólo pueden concentrarse en una cosa a la vez y a veces hay algo más interesante que ir al baño. Si ve que el niño empieza a retorcerse, saltar de un pie a otro, inclinarse o agarrarse los pantalones, puede que tenga la vejiga llena. Cuando esto suceda, recuérdele amablemente que quizá tenga que ir al baño.

P MI HIJO YA NO SE ORINA ENCIMA, PERO SÓLO QUIERE HACE SUS DEPOSICIONES EN EL PAÑAL. ¿QUÉ PUEDO HACER?

R Es algo bastante corriente. Puede modificar esa conducta gradualmente a lo largo de varias semanas. Cuando le pida que le ponga un pañal, póngaselo en el baño, de forma que haga sus deposiciones en esa habitación. El siguiente paso es animarlo a que se siente en el inodoro con el pañal puesto. Más tarde, puede sentarse con el pañal puesto, pero sin abrochar y, finalmente, siéntelo con con el pañal extendido encima del asiento.

P SIGUE SIN PERMANECER SECO DURANTE LA NOCHE. ¿ES NORMAL?

R Sí. Quizá esto se prolongue hasta los tres años o más. Los chicos tienden a tardar más que las niñas en adquirir en control de la vejiga. A veces, la edad en que un niño permanece seco por la noche es algo de familia, así que si usted o su pareja mojaron la cama hasta los cuatro años, su hijo también.

P ¿HAY ALGÚN MEDIO PARA QUE ESTIMULE A MI HIJO A NO MOJARSE POR LA NOCHE?

R Espere hasta que tenga un control razonable de la vejiga durante el día, digamos que controle unas cuatro horas y que algunas veces por la mañana el pañal no esté mojado. Luego sugiera que quizá le gustaría no llevar el pañal por la noche. Si está de acuerdo, cubra el colchón con un protector impermeable (si no lo tiene puesto todavía) y asegúrese de que toda la ropa de cama es fácil de lavar. Ambos tienen que estar relajados durante todo el proceso. La ansiedad le hará mojar la cama más fácilmente y también será más fácil que usted se disguste.

P ¿LAS RECOMPENSAS PUEDEN AYUDAR A QUE MI HIJO NO SE MOJE POR LA NOCHE?

R Si el niño tiene cerca de cinco años, puede probar con un gráfico de recompensas para animarlo a permanecer seco durante la noche (vea la pág. 176), pero fije un objetivo realista. Por ejemplo, no le ofrezca una estrella por cada noche en seco si el niño todavía moja la cama cada noche, porque entonces se desanimará y no aprenderá nada. Recompense lo que es capaz de conseguir. Para empezar, por ejemplo, puede darle una estrella por no haber mojado la cama a medianoche (o a la hora en que usted se vaya a la cama) o por acordarse de ir al baño justo antes de acostarse.

P ¿DEBO LIMITAR LA CANTIDAD DE LÍQUIDO QUE TOMA POR LA NOCHE?

R No. Si la única razón de que su hijo no moje la cama es que no hay apenas orina en su vejiga, entonces no ha aprendido nada y no tiene un auténtico control. No obstante, sí que tendría que reducir o eliminar las bebidas que estimulan la vejiga, como los zumos de frutas, las bebidas con burbujas, los refrescos con cafeína y el té y el café, que de cualquier modo los niños de menos de cinco años no deben tomar.

P ¿ES BUENA IDEA SENTARLO EN EL ORINAL ANTES DE IRME YO A LA CAMA?

R En mi opinión sí. No hay duda de que, algunas veces, ayudará a evitar que moje la cama. Para conseguir el máximo efecto, necesita estar lo bastante despierto para darse cuenta de que vacía la vejiga, así que es mejor que lo despierte en lugar de limitarse a sentarlo en el orinal mientras sigue dormido. De lo contrario, seguirá haciéndose pipí dormido, aunque no sea en la cama. Cuando lo devuelva a la cama, se quedará profundamente dormido de nuevo al cabo de un momento.

P ¿QUÉ DEBO HACER SI MOJA LA CAMA?

R Cambie la ropa con el mínimo de aspavientos tan pronto como se dé cuenta de que está mojada. Despertarse en una cama fría y mojada es ya lo bastante malo para cualquier niño, sin necesidad de enfrentarse a un padre enfadado. Sé por experiencia lo difícil que es encontrarse con una cama mojada, especialmente cuando estamos cansados o nos sentimos mal, pero hay que hacerlo. Cuanto más a menudo pierda los nervios, más tiempo le costará a su hijo conseguir controlar la vejiga.

P NO QUIERE LLEVAR UN PAÑAL AUNQUE SIGUE MOJANDO LA CAMA. ¿QUÉ HAGO?

R Tenga paciencia. No puede obligarlo a llevar pañal, aunque quizá pueda convencerlo para que lleve braguitas-pañal, que son algo intermedio. También puede despertarlo una vez por la noche o a primera hora de la mañana para que use el orinal. Para proteger la cama y tener que lavar menos, coloque un protector impermeable.

P MI HIJO SIGUE QUERIENDO LLEVAR UN PAÑAL POR LA NOCHE. ¿TENGO QUE PERMITÍRSELO?

R Sí. Sólo se pondrá nervioso o se mojará (o ambas cosas) si le deja dormir sin pañal antes de que esté dispuesto, algo que puede retrasar la adquisición de buenas costumbres para dormir y su entrenamiento para usar el orinal. La decisión de dejar de lado los pañales debe ser conjunta. No lo presione diciéndole que los pañales son caros y que sólo son para los bebés o que no hay de su talla (de hecho, los hay para la medida de un niño).

P ¿UNA ROPA DE CAMA DIFERENTE AYUDARÍA SI SIGUE MOJÁNDOSE EN LA CAMA?

R No, una ropa diferente no haría que el niño permaneciera seco toda la noche. El único posible beneficio sería que fuera más fácil de lavar.

P SÉ QUE SE PUEDEN COMPRAR ALARMAS PERO, ¿VALE LA PENA PROBAR?

R No son necesarias a esta edad. Se llaman alarmas de enuresis y las hay de dos tipos; algunas funcionan con un sensor en forma de almohadilla o alfombrilla que se coloca debajo del niño, mientras que otras las lleva el niño sobre el cuerpo. Ambas emiten un zumbido fuerte cuando el niño se hace pipí en la cama. El niño aprende a vencer el zumbido levantándose rápidamente. Las mojaduras se hacen más pequeñas y finalmente el niño sigue seco toda la noche. Aunque las alarmas funcionen bien, suelen utilizarse sólo para niños a partir de los siete años. No se puede condicionar a un niño más pequeño.

P CASI TIENE CINCO AÑOS Y SIGUE MOJANDO LA CAMA. ¿LE PASA ALGO?

R Casi con toda certeza, no. A la edad de cinco años, por lo menos un niño de cada diez moja la cama de forma regular y no hay nada de qué preocuparse. No obstante, debe consultar al médico si el niño se ensucia en la cama o si después de un período de no mojarse en la cama vuelve a hacerlo. En estos casos, puede haber algún problema. Por ejemplo, tensiones familiares, como un recién nacido, un traslado o la pérdida de un ser querido, o también una infección del conducto urinario u otra enfermedad.

P ¿HAY ALGÚN MEDICAMENTO PARA AYUDAR A RESOLVER EL PROBLEMA?

R Sí, hay medicamentos, pero creo que es mejor no usarlos con los niños pequeños. Es mucho más conveniente establecer unos hábitos mejores para la hora de dormir, por ejemplo, utilizar el orinal antes de acostarse.

REMEDIOS HOMEOPÁTICOS

Los tratamientos homeopáticos, donde los remedios se preparan con extractos naturales y se diluyen (vea la pág. 227), pueden tener bastante éxito para tratar los problemas de intestino y vejiga.

Equisetum
Ayuda al niño que moja la cama al principio de la noche, antes de tener la oportunidad de levantarlo.

Lycopodium
Puede ser adecuado para un niño con ansiedad o que moja la cama más entrada la noche.

¿Puedo comprarlos en una farmacia?
Los remedios homeopáticos pueden adquirirse sin receta. No obstante, sería mejor que consultara con un homeópata antes de usarlos.

¿Hay alguna otra terapia complementaria que vaya bien?
Hay padres que recurren a esas terapias, pero yo tengo muchas dudas de que tengan nada que aportar para solucionar el problema. Una terapia como la acupuntura es dolorosa para un niño pequeño y utilizarla como tratamiento para que deje de mojarse en la cama me parece exagerado.

El llanto y el consuelo

El llanto es el medio que tiene su hijo para conseguir su atención, pero lo que usted tiene que hacer como respuesta no siempre está claro. Es difícil saber si el bebé tiene hambre o está cansado o simplemente necesita mimos. Al orientarla con respecto a las razones por las que lloran los bebés y los niños, este capítulo explica las principales causas del llanto y le ofrece diversas estrategias útiles para sosegar y calmar a su hijo. Con estas estrategias en la mano, aumentará su confianza y también su capacidad para enfrentarse a una experiencia potencialmente angustiosa. Asimismo, este capítulo le ofrece unos consejos valiosos sobre dónde conseguir ayuda en las ocasiones en que se sienta incapaz de consolar a su hijo.

CONSOLAR A UN RECIÉN NACIDO

POR QUÉ LLORAN LOS BEBÉS

CAUSAS	QUÉ PUEDE HACER
Hambre	Es la necesidad más básica de todas. Pruebe a darle de comer si no lo ha hecho desde hace dos o tres horas (dependiendo de su edad y tamaño) o si vació por completo el último biberón.
Sed	Ofrézcale agua hervida y enfriada, especialmente si hace calor, si ha tenido fiebre recientemente o si su pañal parece estar más seco de lo normal.
Calor/Frío	¿Le nota la nuca caliente o húmeda? Puede tener fiebre o quizá la habitación esté demasiado caliente. Si es así, quítele una o dos capas de la ropa que lleve. Si le nota las manos o los pies fríos, quizá tenga frío. Póngale algo más de ropa si es necesario.
Pañal sucio	Cámbiele el pañal si está sucio o mojado. Esto es especialmente importante si es propenso a las irritaciones.
Aburrimiento	Pruebe a cogerlo en brazos o hablarle o llévelo a un sitio donde pueda ver lo que pasa y observarla a usted mientras trabaja.
Dolor	Si encoge las piernas, si su llanto es agudo o si no puede consolarlo durante mucho tiempo, quizás le duela algo. Podría ser debido a un cólico (vea la pág. 52), la dentición (algo común entre los 4 y los 6 meses) o una enfermedad.
Miedo u otras emociones	El llanto puede provocarlo un ruido fuerte, un adulto extraño o incluso un juguete que se ha caído y no puede alcanzar. Dele consuelo cogiéndolo en brazos y con algunas palabras tranquilizadoras.
Exceso de cansancio	Un bebé puede estar demasiado cansado para dormirse. Necesita que lo ayuden a calmarse, quizá cogiéndolo en brazos en algún sitio tranquilo.
Exceso de estímulos	Los sonidos y la actividad constantes pueden resultar demasiado estimulantes para un bebé y hacer que llore. Procure llevarlo a un lugar tranquilo para que pueda calmarse y dormirse.

P ¿CUÁL ES LA MEJOR MANERA DE CONSOLAR AL BEBÉ?

R Lo mejor que puede darle al bebé es usted misma. En algunas sociedades, las madres están prácticamente siempre en contacto con sus bebés, pero esto es raro en Occidente. Suponiendo que haya atendido a sus necesidades básicas (vea a la izquierda), pruebe a acunarlo o estrecharlo contra usted. Esto puede ser aún mejor si él puede oír el latido de su corazón. Si no pesa demasiado, póngalo en una mochila portabebés contra su pecho; de lo contrario, siéntese con él en una mecedora. Acúnelo suavemente, pero nunca lo sacuda. A los bebés les gustan los sonidos rítmicos, así que cántele o tararéele una canción. También puede probar a poner música clásica, que calma a muchos bebés.

P ¿CUÁLES SON LAS RAZONES MÁS CORRIENTES DEL LLANTO?

R Los bebés lloran para llamar la atención. Es la única manera que tienen de comunicar sus necesidades. Como mostramos en la columna (a la izquierda), el llanto del bebé tiene diversas causas, pero un bebé siempre llora por alguna razón. En tanto que padre o madre, usted está programado para responder al llanto de su bebé. Eso es bueno, aunque un bebé que llora puede provocar mucha tensión.

P ¿POR QUÉ LLORA TANTO MI BEBÉ?

R Hacia las seis semanas de edad, su bebé debería estar más tranquilo que al nacer. Los bebés varían tanto en personalidad como en actitud; algunos son plácidos y fáciles de manejar y otros son más nerviosos y, por lo tanto, más vociferantes. No se sienta mal si su bebé llora mucho; según una teoría los bebés vivos e inteligentes lloran más.

P ¿ES POSIBLE QUE LLORE PORQUE SE SIENTE SOLO O ABURRIDO?

R Sí. Los bebés pueden aburrirse y se aburren durante los primeros seis meses. Hasta que pueden sentarse o gatear sin ayuda, es poco lo que hacen. Tal vez esté más contento si lo pone en una sillita columpio o en la sillita del coche y deje que la observe mientras usted trabaja. También puede sentarlo, bien apoyado en cojines, con cuidado de que no corra peligro, y poner diferentes cosas a su alcance; una cajita vacía puede ser más interesante que un juguete ya conocido. Enséñele un libro o léaselo; puede disfrutar con los libros de imágenes.

P NUNCA DEJO QUE LLORE. ¿LO MALCRIARÉ SI SIEMPRE ACUDO CUANDO LLORA?

R No puede malcriarlo si lo coge cuando llora porque un bebé no llora a propósito. El bebé todavía es bastante inmaduro físicamente y necesita su ayuda la mayor parte del tiempo. No obstante, hacia el final del sexto mes no es necesario que corra a su lado cada vez que lloriquee un poco. Espere a ver si esos ruiditos pasan de un sonido tentativo a un llanto sentido. Algunos de los sonidos que emita a esta edad son en realidad formas de habla más que un verdadero llanto.

P ¿ALGUNA VEZ TENDRÍA QUE RENDIRME Y DEJARLO LLORAR?

R Si continúa llorando pese a todos sus esfuerzos para consolarlo, puede que esté demasiado estimulado y dejarlo solo en un lugar tranquilo tal vez sea la única solución. Asegúrese de que está cómodo y seguro en la cuna o el cochecito y salga de la habitación.

P ¿DURANTE CUÁNTO RATO TENGO QUE DEJAR QUE LLORE SI NO PARA?

R Cinco minutos suele ser un tiempo bastante largo para dejar llorar a un bebé tan pequeño. A usted se lo parecerá más, así que mire el reloj. Durante este tiempo, tiene que irse donde no lo oiga y darse un respiro. Dé una vuelta por el jardín o siéntese en otra habitación con una taza de té antes de volver con el bebé. Una música sosegada en la habitación del bebé puede tranquilizarlo. Si al cabo de cinco minutos sigue llorando, vuelva a su lado, tranquilícelo y salga de nuevo de la habitación durante otros cinco minutos.

ATENDER A LAS NECESIDADES DEL BEBÉ
Usted, como madre, es la principal fuente de consuelo para su bebé. Tenerlo en brazos ayudará a tranquilizarlo.

GUÍA DE SUPERVIVENCIA PARA PADRES

NO PUEDO SOPORTAR LOS LLANTOS

Todos los padres estamos programados para responder al llanto de nuestro bebé, pero un lloro constante puede provocar una tensión y un agotamiento excesivos en unos padres cansados. Habrá veces en que parezca que nada hará que el bebé deje de llorar. Los sentimientos de rabia y resentimiento contra un bebé exigente son normales, así que no se preocupe si se siente así. La situación sólo se vuelve peligrosa si estas emociones llevan a la acción.

Cálmese
Cuando se sienta bajo una fuerte presión, ponga al bebé a salvo en la cuna o el cochecito antes de que las cosas se descontrolen y luego salga de la habitación. Respire hondo y procure sosegarse. Vea si hay alguien que pueda ayudarla; si su pareja no está disponible, pídale a un amigo o amiga, a un pariente o a una vecina que pase algo de tiempo con usted. Mejor aún, si es posible, es pedirles que se lleven el bebé a paseo una media hora (o incluso más tiempo) sólo para que usted pueda tomarse un respiro. También puede sacar al bebé a paseo en el cochecito usted misma; su llanto no le parecerá tan fuerte cuando él esté en la calle.

Haga tiempo para usted misma
Es importante que se cuide usted misma además de a su bebé. Encuentre tiempo para las cosas que le gusta hacer. Posponga el trabajo de la casa y otras tareas a fin de disponer de más tiempo para usted. Si recarga las baterías se sentirá como nueva y más feliz. No es egoísmo; necesita estar lo mejor posible para cuidar del bebé adecuadamente.

Mímese
Si ha tenido un día malo de verdad, pídale a su pareja que cuide del bebé durante un rato cuando vuelva a casa, para que usted pueda mimarse: tomar un largo baño caliente, mirar la televisión sin nada que la moleste o leer el periódico. Haga cualquier cosa que la ayude a relajarse.

No pierda la perspectiva de las cosas
Es vital no dejar que las cosas se deterioren hasta tal punto que no pueda usted más. Hable con alguna amiga que tenga el mismo problema o que lo haya tenido en el pasado. El bebé no llorará toda la vida, a pesar de que ahora se lo parece.

¿EL MASAJE ES BUENO PARA EL BEBÉ?

Sí. Dar un masaje o acariciar es un método muy antiguo para sanar y sosegar. Puede que ya le dé una suerte de masaje al bebé cuando le acaricia la cabeza, el cuello, el pecho, los brazos o las piernas, pero también puede utilizar el masaje de una forma más estructurada, que beneficie tanto al bebé como a usted misma. Para saber más sobre el masaje a un bebé puede preguntarle al médico si se dan clases en su barrio o cerca de él.

¿CÓMO PUEDE EL MASAJE AYUDAR A MI BEBÉ?

El masaje puede sosegar a unos bebés irritables, suavizar el llanto e incluso aliviar el cólico (vea la pág. 52). Los bebés prematuros y los que tienen parálisis cerebral u otras necesidades especiales reaccionan particularmente bien. El masaje fomenta el vínculo entre usted y su bebé y puede ayudar a las madres con depresión posparto a enfrentarse a las demandas de un bebé exigente. Con toda certeza alivia parte de la ansiedad materna y puede disminuir la del bebé. Algunas personas afirman que potencia el sistema inmunológico, limpia la piel en profundidad, libra al bebé de toxinas, mejora la flexibilidad o aumenta el tono muscular; aunque nada de esto ha sido demostrado, el masaje puede ser muy agradable para ambos.

¿EL MASAJE NO ENTRAÑA PELIGRO?

Siempre que se haga adecuadamente, hay pocos peligros. Con frecuencia, los adultos de muchos países occidentales no están acostumbrados a tocar el cuerpo de los demás, así que el masaje a un bebé puede parecerles algo extraño. A veces, hemos de volver a descubrir nuestros instintos primitivos o emocionales, que suelen estar reprimidos en la sociedad educada, para poder recoger beneficios. No obstante, hay que tomar algunas precauciones. Debe evitar el masaje si:

- Al bebé lo han vacunado durante las 72 horas anteriores.
- Tiene una infección de la piel o de otro tipo.
- Tiene fiebre o no está bien.
- Sus manos o la habitación están frías.
- El bebé está dormido.
- Se altera. Ninguno de los dos disfrutará de la experiencia si da masaje al bebé en contra de su voluntad. A algunos bebés les disgusta que los desnuden para el masaje, pero les encanta que les masajeen los pies.

Utilice movimientos muy suaves para masajear al bebé.

EL VÍNCULO AFECTIVO CON EL BEBÉ *Sonría y hable con su bebé mientras le da un masaje. Esto hará que se refuerce el vínculo entre los dos.*

¿CÓMO LE DOY EL MASAJE AL BEBÉ?

Lávese y caliéntese las manos siempre antes de empezar. También tiene que comprobar el aceite que vaya a usar en una pequeña zona de la piel del bebé. Espere 30 minutos para ver si hay alguna reacción adversa al aceite antes de empezar el masaje. Asegúrese de que el bebé no tiene frío y está contento y cómodo. Sonría y háblele con calma durante todo el tiempo que dure al masaje para tranquilizarlo.

¿QUÉ ACEITES PUEDO USAR?

Puede usar aceite para bebés o uno de los diversos aceites orgánicos. Entre éstos, el aceite de semillas de uva y el de coco son los más seguros. Nota: evite usar aceite de almendras dulces porque existe el riesgo de la alergia a los frutos secos.

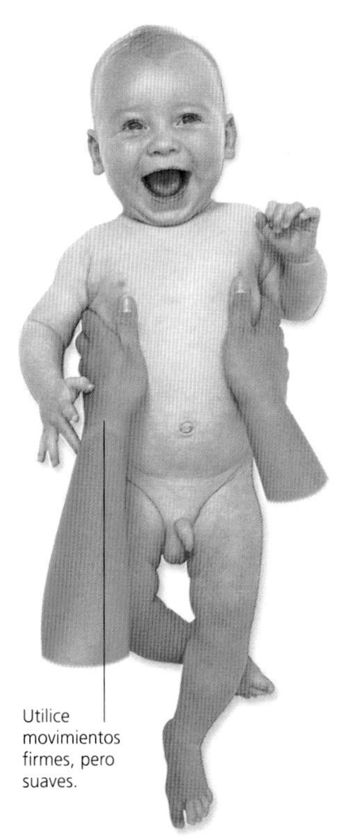

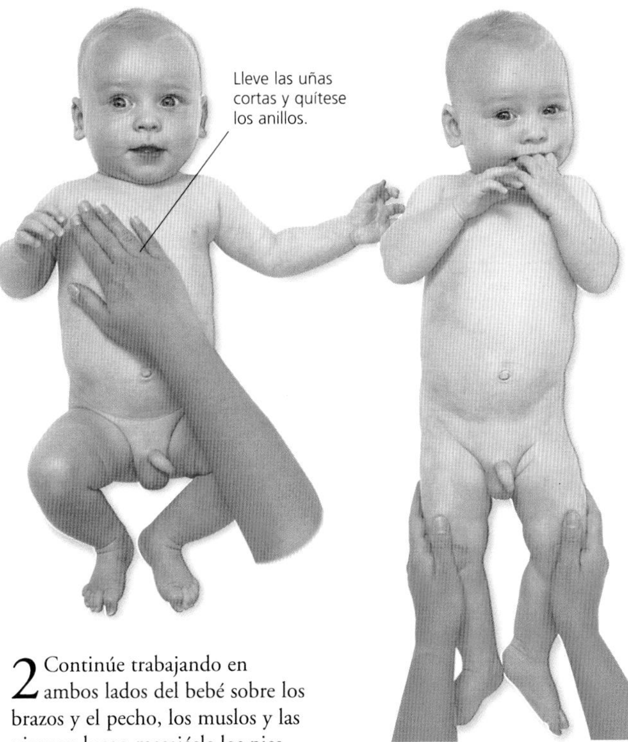

1 Ponga al bebé desnudo, de espaldas o de cara, encima de una toalla (no hay ningún riesgo de muerte súbita si está boca abajo durante el masaje, porque está usted con él todo el tiempo y, además, él está despierto. Empiece el masaje deslizando las manos por los dos lados del cuerpo del bebé, utilizando una presión suave y trabajando desde los hombros hacia abajo.

2 Continúe trabajando en ambos lados del bebé sobre los brazos y el pecho, los muslos y las piernas; luego masajéele los pies durante unos minutos. Tiene que estar usted relajada, no se apresure y no deje de hablar con el bebé todo el tiempo. Póngase más aceite en las manos si es necesario. Luego, siguiendo el sentido de las agujas del reloj masajee suavemente el pecho (o la espalda, si está tumbado boca abajo). Continúe ese movimiento durante un minuto más o menos.

3 Finalmente, masajee las piernas del bebé y de nuevo los pies. Si está boca abajo, masajee las caderas y la base de la espina dorsal. A estas alturas, si el bebé está feliz y sigue disfrutando del masaje, puede darle media vuelta y repetirlo todo en el otro lado del cuerpo.

PREOCUPACIONES USUALES

P ¿ES CULPA MÍA QUE EL BEBÉ LLORE TANTO?

R No. Aunque sus emociones y el modo en que trate al bebé puede afectarlo, es demasiado severo y además inexacto culpar a los padres por el llanto de un bebé. Muchas personas sugieren que unos padres tranquilos tienen como resultado un bebé tranquilo. Yo creía lo mismo hasta que tuve mellizos; desde el principio uno de ellos era plácido y el otro era nervioso, pese a haber recibido el mismo trato.

P ¿POR QUÉ LLORA MENOS MI BEBÉ CUANDO LO COGEN OTRAS PERSONAS?

R Los bebés tienen una preferencia natural por sus padres, pero a veces alguna otra persona resulta más eficaz para calmarlos. Puede que esa persona no esté sometida a las mismas tensiones que usted. Si está agotada por las exigencias que plantea ser madre, quizá con el añadido de un trabajo, estará menos relajada. Y el bebé se contagiará. Los bebés también perciben cuando sus padres están cansados, deprimidos o enfermos. Por otro lado, puede que el bebé llore menos cuando otra persona lo coge porque le gusta la novedad.

P ¿LOS CHICOS TIENDEN A LLORAR MÁS QUE LAS CHICAS?

R Los bebés varían mucho, así que es difícil dar una respuesta definitiva. En mi opinión, los niños lloran más que las niñas en los seis primeros meses. Por esa razón se han ganado la fama de ser más difíciles de criar. Por añadidura suelen dormir menos y absorben más tiempo a los padres. No se sabe exactamente por qué, pero se tienen informes parecidos de diferentes partes del mundo, así que la diferencia puede ser debida a algo más que las expectativas culturales. Hay ciertas diferencias en el desarrollo entre los sexos (vea la pág. 142), pero la discrepancia en cuanto al llanto puede ser debida a otros factores. Por ejemplo, las madres tienden a hablar más con las niñas que con los niños y a cogerlas más rápidamente cuando lloran.

P ¿DEBO USAR UN CHUPETE PARA CONSOLAR AL BEBÉ?

R Los chupetes son más útiles antes de las seis semanas. No empiece a dárselo a menos que el bebé se haya tenido que enfrentar a algo nuevo y bastante desagradable, por ejemplo una estancia en el hospital. Si tiene un chupete recuerde las medidas de higiene y seguridad habituales. No utilice nunca una cinta para sujetar el chupete ni lo moje en nada dulce.

P SI EL BEBÉ TIENE UN CHUPETE AHORA, ¿LO NECESITARÁ SIEMPRE?

R El bebé dejará el chupete cuando ya no lo necesite; no hay muchos niños que sigan usándolo cuando van a la escuela. Es más, es probable que lo deje mucho antes. Lo mejor es que el bebé dependa del chupete lo menos posible. No le impedirá llorar si tiene hambre o cualquier otra necesidad y utilizarlo podría afectar su desarrollo del habla. No recurra al chupete como un curalotodo cuando el bebé esté afligido y no caiga en la tentación de meterle el chupete en la boca cuando no llore.

P ¿QUÉ OTRAS COSAS PUEDEN SERVIR PARA CONSOLAR AL BEBÉ?

R Los bebés encuentran consuelo en una serie de cosas: su manta favorita, un juguete de peluche o un trozo de trapo, cualquier cosa siempre que sea blanda, suave y limpia. Es sorprendente las cosas a las que se apegan los niños. Algunos querrán algo que usted haya llevado. En estos casos, no cabe duda de que el olor es lo que les tranquiliza. Algunos padres tratan de sosegar al bebé con un biberón con leche, pero esto no resulta útil a menos que el bebé tenga verdaderamente hambre. No caiga en la tentación de dejarlo solo con un biberón; hay la posibilidad de que se ahogue. Además, el bebé no tomará la leche si no tiene hambre, lo cual puede causarle a usted una mayor frustración.

P ¿CÓMO PUEDO CONSOLAR A LOS MELLIZOS CUANDO LOS DOS LLORAN AL MISMO TIEMPO?

R Cuando unos mellizos lloran al mismo tiempo, crean un efecto estéreo, y también un dilema sobre a cuál de los dos consolar primero. Si está sola con ellos, tiene que decidir. Cuando son muy pequeños, quizá pueda cogerlos a los dos al mismo tiempo, pero al crecer esto resulta cada vez más difícil para usted y más peligroso para ellos. Uno de los dos tendrá que esperar. Acuda al que crea que lo necesita más o al que no cogió la vez anterior que ambos lloraron al mismo tiempo. Entre tanto, dele el chupete al otro o acaríciele la nuca. La alternativa, es decir, cuando los bebés lloran uno después de otro puede sonar más fácil pero no ofrece paz alguna a los padres. En este caso la solución es intentar que adopten una rutina sincronizada lo antes posible, y conseguir que la ayuden.

CÓMO CONSOLAR A UN BEBÉ DE MÁS DE 6 MESES

P ¿POR QUÉ SIGUE LLORANDO MI BEBÉ AHORA QUE ES MAYOR?

R Los bebés mayores lloran por muy diversas razones, que anotamos en la columna inferior. Entre ellas están las mismas necesidades básicas que tienen los más pequeños, como el hambre y la sed. Además, pueden aburrirse o sentirse más frustrados si no alcanzan a coger algo que quieren.

POR QUÉ LLORAN LOS BEBÉS

CAUSAS	QUÉ PUEDE HACER
Hambre	Dele de comer si no ha tomado nada desde hace tres horas o más. Si no tiene hambre, lo rechazará.
Sed	Ofrézcale agua. Puede tener sed, especialmente si está tomando muchos sólidos y pocos líquidos.
Pañal sucio	Cámbielo rápidamente, sobre todo si tiene eritema en las nalgas.
Aburrimiento	Al bebé le interesa hacer cosas, pero quizá no pueda encontrar lo que quiere. Hable con él y ponga a su alcance diversas cosas para jugar.
Frustración o impotencia	Quizá pueda gatear, pero no andar y muchas cosas están fuera de su alcance. Si ésta es la razón de su llanto, tal vez le señale con la mano lo que quiere.
Dolor	La dentición es una causa común de dolor a esta edad. También el dolor de oídos u otra enfermedad. Por lo general, éste será un llanto más persistente y el bebé se mostrará triste o inconsolable.
Separación o temor	A partir de los seis meses de edad, los bebés pueden disgustarse mucho si se les separa de sus padres. Un ruido brusco, una nueva experiencia o un extraño que se acerca demasiado pueden hacer que el bebé rompa a llorar. Ofrézcale mucha seguridad, especialmente cuando tenga que dejarlo.
Cansancio	Muchos bebés (y niños) lloran cuando están cansados y demasiado excitados para dormirse.

P ¿POR QUÉ HA EMPEZADO A LLORAR CUANDO ALGUIEN QUE NO SOY YO LO COGE?

R Es una fase normal del desarrollo. Poco después de los seis meses, los bebés se aferran más a los padres y desconfían más de los extraños. También pueden empezar a dormir mal, a querer su juguete favorito más a menudo, a chuparse el dedo y a lloriquear más. Cuando usted desaparece de su vista, puede comportarse como si nunca más volviera a verla. Esta conducta, que suele llamarse ansiedad por la separación, puede ser motivo de tensión también para los padres y causarles ansiedad. No obstante, es algo que pasará con el tiempo. Entretanto, recuerde que está asustado y trátelo con cariño. No lo «deje caer» nunca en los brazos de otra persona. Cójalo siempre amable y lentamente y dígale lo que está haciendo y con quién va a ir. Los seis meses son también la edad en que la mayoría de bebés dejan de sonreír a los extraños y sólo lo hacen a sus padres. Es algo que también dejan de hacer con el tiempo.

P ¿TENGO QUE EVITAR DEJARLO CON OTRAS PERSONAS SI LLORA SIEMPRE?

R No necesariamente. Con su llanto puede expresar su ansiedad por verse separado de usted; es una reacción normal a esta edad y, por desgracia, sus lloros harán que usted también sienta ansiedad, y el niño se contagiará, a su vez, de esa ansiedad. Puede acabar siendo un círculo vicioso y llegar al punto de que usted no se atreva a dejarlo, ni siquiera con su pareja o con un abuelo en quien confía. Para ayudar al bebé a superar esta etapa, no lo deje nunca con nadie sin explicárselo antes y asegúrele que volverá.

P LLORA CUANDO MI PAREJA LO COGE. ¿QUÉ PUEDO HACER?

R Puede que todavía no haya aprendido que su pareja puede ser cariñoso, amable y divertido. O tal vez sí que lo sepa pero que la quiera a usted en este momento. A veces un bebé se aferra a uno de sus padres, lo cual puede ponerlos a prueba a los dos. Su pareja no tiene que tomárselo como algo personal ni dejar de tratar de coger al bebé. Si usted está a la vista cuando el bebé llora por algo, es mejor que acuda a su lado. Haga que su pareja lo coja, le hable y se encargue de él con más frecuencia sin que usted esté presente. Pruébelo cuando el bebé esté de buen humor, pero no trate de hacerlo cuando esté quejoso o necesite algo.

P ¿LOS BEBÉS LLORAN PORQUE TIENEN EL PAÑAL MOJADO?

R Sí, es posible, especialmente después de los seis meses de edad. Es más probable que esto suceda si tiene eritema porque tendrá la piel en carne viva y muy sensible. La solución es cambiarle el pañal con más frecuencia.

P ¿CÓMO PUEDO CONSOLAR AL BEBÉ CUANDO LLORA?

R En primer lugar, atienda a cualquier necesidad que pueda tener. Estas necesidades serán más evidentes que cuando era más pequeño. Aunque todavía no hable, puede señalar lo que quiere o estirar todo el cuerpo en dirección al objeto deseado, emitiendo además sonidos que expresarán sus exigencias. A veces, podrá usted darle lo que quiere y otras querrá cogerlo él mismo. Hasta cierto punto podrá usted adivinar qué es lo que quiere; por ejemplo, puede disfrutar más de un viaje en autobús si lo levanta para que mire por la ventanilla. En otras ocasiones puede querer mimos o saber dónde está usted; quizá tenga que llevárselo de habitación en habitación para que no llore.

P ¿POR QUÉ NO PUEDO PREDECIR CUÁNDO VA A LLORAR EL BEBÉ?

R Su mundo tiene un centro diferente que el de usted y es difícil saber qué lo hará llorar de miedo o terror. Sus reacciones pueden parecerle irracionales porque no son siempre las mismas. Con frecuencia, es una cuestión del momento y de las expectativas. Un día puede no tener ningún miedo del perro del vecino y al siguiente mostrarse aterrorizado. A los bebés de esta edad les gustan las sorpresas, como el juego de esconderse y aparecer de repente, pero hasta cierto punto tienen que saber que esa sorpresa se producirá.

P ¿POR QUÉ NO PUEDO EVITAR QUE LLORE CUANDO SE ENFRENTA A NUEVAS EXPERIENCIAS?

R Con sensibilidad, quizá pueda evitar que llore. No lo obligue a enfrentarse a nada para lo que no esté preparado. Cuando le enseñe algo nuevo, tranquilícelo con la voz y con un contacto suave y permanezca a su lado. Téngalo sentado en su falda la primera vez que suba a un columpio o que acaricie a un perro.

P HAY OTROS BEBÉS QUE LLORAN MENOS QUE EL MÍO. ¿QUÉ ESTOY HACIENDO MAL?

R No hace nada mal. Puede que usted lo vea más grande y fuerte comparado con cuando era más pequeño, pero sigue siendo un bebé vulnerable. Evite usar a otros bebés como guía del suyo ya que todos son diferentes. No pierda la armonía con sus estados de ánimo para que lo que usted haga satisfaga sus expectativas y crezca seguro. Si llora durante una actividad, como llevarlo a nadar, déjela para más adelante. Puede que no se sienta seguro o que no disfrute con ella.

P ¿LOS MELLIZOS PUEDEN HACERSE LLORAR MUTUAMENTE?

R Pueden provocarse el llanto, pero es poco corriente y lo será menos aún conforme crezcan. No obstante, lo que sí es corriente es que lloren por turnos. Y esto resulta más agotador para los padres, ya que no les dan respiro. Quizá observe un efecto de péndulo; uno de los mellizos tendrá un día terrible haga usted lo que haga mientras que al otro no le pasará nada. Uno o dos días después, el que estaba tan feliz se mostrará irritable mientras que el que se quejaba estará en plena forma. Alguien que no los conozca bien puede confundirlos. No hay solución para ese movimiento de péndulo, pero sirve de ayuda ser consciente de que existe.

GUÍA DE SUPERVIVENCIA PARA PADRES

MI BEBÉ LLORA CUANDO ME VOY AL TRABAJO

Si el bebé llora cuando lo deja con la canguro, procure pasar un tiempo con los dos antes de dejarlos por la mañana. Algunos padres organizan las cosas para ver a la canguro durante el fin de semana, lo cual resulta útil si puede hacerse. Siempre que le dé el bebé a alguien, hágalo con suavidad y explíquele que volverá dentro de un rato. Cuando se vaya, utilice las mismas palabras, no se escabulla nunca sin decir adiós. También ayuda decirle hola del mismo modo cada vez que vuelva. Con el tiempo, el bebé aprenderá que usted siempre vuelve y no le importará que se vaya. A veces, los bebés mayores lloran cuando los padres vuelven. Puede ser algo angustioso, aunque quizá el bebé sólo llore de alivio. Finalmente, asegúrese todo lo posible de que está satisfecha con la canguro (vea las págs. 185-187). Si el bebé sigue llorando cada vez que lo deja después de varias semanas con la misma canguro,vigile qué pasa, ya que puede haber algún problema.

¿QUÉ PUEDO HACER SI A MI BEBÉ LE DUELEN LOS DIENTES?

«La dentición no produce más que dientes», según algunos médicos, pero como madre, yo sé que esto no es verdad del todo. La dentición no causa fiebre ni convulsiones ni tos ni otros problemas graves; si el bebé tiene alguna de estas cosas, no tiene nada que ver con la dentición. No obstante, la salida de los dientes sí que puede provocar dolor y encías inflamadas.

Qué síntomas hay que buscar

- Irritabilidad.
- Mejillas rojas.
- Abundante babeo.
- Posiblemente, irritación de las nalgas.
- Manchas blancas en las encías y, a veces, unas gotas de sangre cuando sale el diente.
- Mordisquearlo todo.

TIPOS DE ALIVIO PARA EL DOLOR

Hay toda una serie de métodos para aliviar el dolor de la dentición y para consolar al bebé. Primero, frótele las encías suavemente con el meñique. Pruebe otros métodos antes de recurrir demasiado a los geles o los medicamentos.

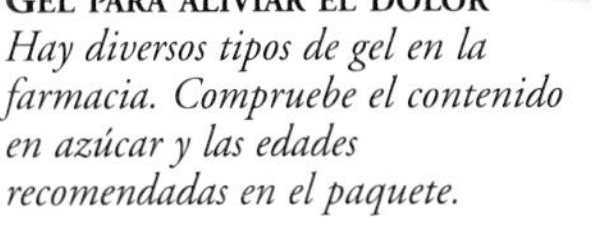

GEL PARA ALIVIAR EL DOLOR
Hay diversos tipos de gel en la farmacia. Compruebe el contenido en azúcar y las edades recomendadas en el paquete.

GRÁNULOS DE MANZANILLA
Se encuentra en las tiendas de productos naturales y en algunas farmacias. Son la alternativa homeopática al gel.

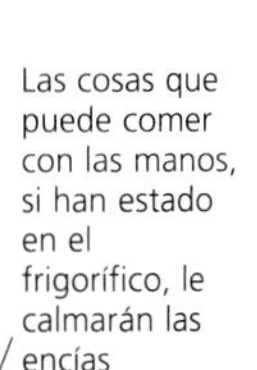

Las cosas que puede comer con las manos, si han estado en el frigorífico, le calmarán las encías doloridas.

MEDICAMENTOS
El jarabe de paracetamol es útil cuando fallan los demás métodos, así que tenga un frasco para una emergencia. Siga las instrucciones en cuanto a dosis y no las supere.

COSAS PARA COMER CON LAS MANOS
Cuando están sacando los dientes a los bebés les gustan las cosas que pueden comer con las manos (vea la pág. 76) y mascar les ayuda a fortalecer los músculos de la mandíbula. Las fibras que hay en algunas verduras también ayudan a limpiar los dientes que ya le han salido.

AROS DE DENTICIÓN

Los aros de dentición son una buena alternativa a los medicamentos para aliviar el dolor. Los aros con agua muy fría dentro calman las encías inflamadas. Los aros con relieve pueden estimular la salida de los dientes.

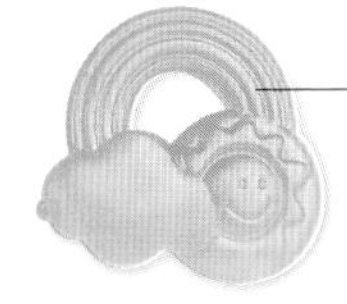

Meta los aros en el frigorífico, no en el congelador.

AROS LLENOS DE AGUA
Pueden además meterse en el frigorífico para que sean más calmantes. Tenga dos o tres a fin de que siempre haya uno frío disponible.

AROS SONAJERO
Los colores brillantes y el sonido son atractivos para los bebés.

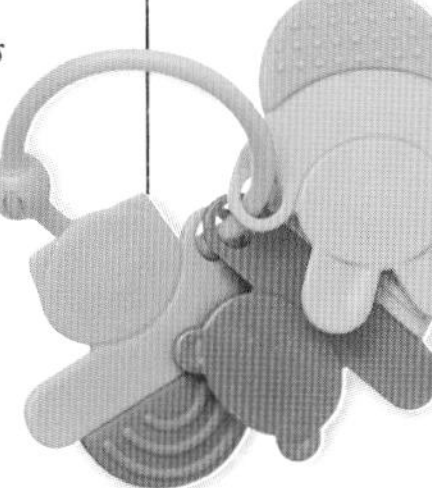

AROS CON RELIEVE
Tienen diversas formas y superficies duras y blandas para que el bebé las muerda, según sus necesidades.

CÓMO CONSOLAR A UN NIÑO DE MÁS DE UN AÑO

P **¿POR QUÉ LLORA MI HIJO?**

R Aunque a esta edad lloran menos que cuando son bebés, hay muchas cosas que todavía pueden hacerlos llorar (vea más abajo). Pueden llorar cuando les duele algo o están disgustados o cuando no pueden conseguir lo que quieren. Alrededor de los dos años es un período de creciente negatividad, cuando el niño muestra su independencia y expresa sus necesidades en mayor grado, pero no es capaz de esperar mucho para satisfacerlas. El llanto es también un medio de conseguir atención si hay un recién nacido en la casa. Los niños de esta edad también pueden llorar para culpar a otro mayor de lo que han hecho ellos.

CALMAR A SU HIJO
A su hijo puede resultarle difícil manejar sus nuevas emociones. Muéstrese comprensivo.

P **LLORA CUANDO ES LA HORA DEL BAÑO Y CUANDO ESTÁ SENTADO EN EL ORINAL. ¿QUÉ TENGO QUE HACER?**

R Esa falta de cooperación puede significar que el momento escogido no es el adecuado, además de ser expresión de su fuerza de voluntad. Un niño de esta edad se mostrará feliz de hacer lo que usted quiere que haga... si le apetece. Nunca debe forzarlo a sentarse en el orinal porque entonces se resistirá hasta tal punto que puede decidir no volver a sentarse allí durante mucho, mucho tiempo. No hay una respuesta fácil, pero a veces se puede aprovechar el hecho de que los niños de esta edad se distraen con facilidad. Puede ganarse su cooperación mediante algún subterfugio. En lugar de obligarlo a ir al cuarto de baño y quitarle la ropa sin contemplaciones, ponga un juguete flotante en el agua de la bañera y trate de que se interese en él. Si luego tiene dificultades para sacarlo del baño, utilice su cuento favorito.

P **MI HIJO LLORA CUANDO NO PUEDE CONSEGUIR ALGO. ¿QUÉ PUEDO HACER?**

R Esto se debe a la frustración y, por desgracia, es algo muy corriente. Sabe lo que quiere hacer, pero todavía es demasiado pequeño para conseguirlo. Procure ayudarlo a que lo logre solo. Puede ser irritante observar cómo su hijo tarda años en ponerse las botas en el pie adecuado, pero tiene que aprender, así que déjelo que pruebe.

POR QUÉ LLORAN LOS NIÑOS

CAUSAS	POR QUÉ HACE QUE LLORE
Hambre	El niño puede llorar por la comida si es demasiado pequeño para decir que tiene hambre.
Dolor	A cualquier edad, el niño puede llorar si se ha hecho daño o si alguien se lo ha hecho.
Frustración	Puede querer un juguete concreto (o un objeto que no sea para jugar). Al darse cuenta de que no puede alcanzar a cogerlo, o que no le dejan cogerlo, puede echarse a llorar.
Rabia	Casi con toda seguridad se pondrá a llorar si se produce un choque de voluntades.
Temor o ansiedad	El mundo es un lugar extraño para el niño que empieza a andar; es probable que se asuste y se eche a llorar si está oscuro o si lo dejan con extraños.
Soledad o aburrimiento	Algunos niños lloran porque están aburridos o quieren hacer algo diferente. Vale la pena salir a pasear cada día, incluso con mal tiempo, para evitar el aburrimiento.
Cansancio	Por muchas ganas que tenga de quedarse despierto hasta tarde, el cansancio puede hacer que se vuelva quejoso y lloriquee.

P ¿POR QUÉ LLORA CUANDO TRATO DE AYUDARLO?

R Los niños pueden enfadarse si hace usted algo que ellos preferirían hacer por sí mismos. Tenga paciencia y déjelo probar. Si tiene que ayudarlo, hágalo con tacto. Se verá recompensado más tarde, cuando él sea más independiente.

P CUANDO CHILLA Y PATALEA, ¿QUÉ DEBO HACER?

R Tiene una rabieta y cuanto menos reaccione usted, mejor. No se puede reaccionar con un niño que tiene una rabieta (vea la pág. 171). Vuélvale la espalda y póngase a hacer otra cosa. Cuando empiece a calmarse, pregúntele si quiere venir con usted. No mencione la rabieta; a esta edad no tiene sentido.

EL ESPASMO DEL LLANTO

A veces un niño deja de respirar, por lo general después de dos o tres llantos prolongados. Puede ponerse azul y perder el conocimiento durante unos segundos. Esto cura el ataque y el niño recupera el conocimiento.

¿Por qué se producen?
Estos ataques se producen cuando el niño ha tenido algún contratiempo. Pueden suceder entre una y dos veces al mes o incluso varias veces al día.

¿Le pasará algo malo a mi hijo?
No. Estos ataques no revisten peligro incluso cuando el niño tiene convulsiones, algo que sucede a veces. Lógicamente, asusta mucho a los padres.

¿Qué puedo hacer durante un ataque?
Si está segura de que es un espasmo del llanto, lo único que tiene que hacer es vigilarlo cuando pierda el conocimiento. Por lo demás, no haga caso. No ceda a sus exigencias. Es una especie de rabieta y no tiene que afectar su forma de tratarlo.

¿Cuándo desaparecerán estos ataques?
Son poco corrientes después de los tres años, pero algunos expertos dicen que pueden continuar hasta los cinco. Hay niños que tienen los llamados espasmos del llanto «pálidos», que son causados por el miedo o el dolor y parecidos a un desmayo.

EL USO DE LOS JUGUETES TRANQUILIZADORES

P MI HIJO SE LLEVA UN JUGUETE A TODAS PARTES. ¿QUÉ PUEDO HACER?

R No haga nada; no va a causarle ningún perjuicio a esta edad. Si usa un objeto de ese modo es porque siente que lo necesita. Si trata de impedírselo, o se burla de él, seguro que habrá problemas. Cuando ya no necesite la seguridad que el juguete le proporciona, dejará de llevárselo a todas partes. Entretanto, tiene que vigilar que ese juguete favorito no se pierda. Vale la pena tener uno de recambio como refuerzo si puede. En mi opinión, es importante que usted, como madre o padre, participe en cualquier ritual relacionado con el objeto; pero si empieza a abrazarlo y besarlo usted también, existe el peligro de que la situación llegue a ser ridícula.

P ¿CÓMO PUEDO HACER QUE MI HIJO DEJE EL CHUPETE?

R Si ya lo usa, trate de reservarlo para unas situaciones limitadas, como la hora de irse a dormir o momentos de mucha tensión. Si todavía no anda, puede dejar de darle el chupete cuando empiece a andar. Como mínimo, no lo lleve cuando salgan de casa. Un niño de esta edad no debería necesitar el chupete casi nunca y con el tiempo su necesidad disminuirá todavía más. Nunca le dé el chupete si no lo pide con insistencia. Los niños que ve andando con el chupete por la calle suelen ser niños a los que se les dio el chupete incluso cuando no estaban tristes. Es una costumbre que encuentro deplorable, además de sin sentido.

P LLORA CUANDO NO TIENE EL CHUPETE. ¿QUÉ PUEDO HACER?

R Si el niño le pide el chupete, procure darle algo que lo distraiga, de forma que hacia los 18 meses ya lo haya abandonado del todo. Si sigue llorando, quizá tenga que dárselo en ciertas situaciones. No obstante, procure que sean las menos posibles. No prohíba el chupete rotundamente y luego ceda cuando el niño tiene una rabieta; esto le dará al niño mensajes contradictorios que lo confundirán y pensará que cuando le dice «no», en realidad no es eso lo que quiere decir. Como alternativa al chupete, muchos padres sugieren chuparse el dedo, pero esto no es mejor para el niño y aún es más difícil dejarlo.

CÓMO CONSOLAR A UN NIÑO A LOS 3 AÑOS

P MI HIJO SIGUE LLORANDO A VECES. ¿ES NORMAL?

R Sí, llorar es algo natural y normal. Llorar por cosas básicas como el hambre y la sed es mucho menos corriente, pero la ansiedad y otras emociones complejas a veces son difíciles para un niño (vea más abajo). Algunas veces podrá predecir las situaciones que pueden disgustar el niño y otras percibirá cuándo va a producirse un choque de voluntades. Mientras el niño crece, habrá muchos casos en que él encuentre difícil de aceptar que no puede tener lo que quiere y cuando lo quiere.

POR QUÉ LLORAN LOS NIÑOS

CAUSAS	POR QUÉ HACE QUE LLORE
Hambre	Muchos niños lloriquean o lloran cuando tienen hambre, especialmente si, además, están cansados. Pueden no darse cuenta de que tienen hambre. Teniendo algo de comer a mano, se resuelve el problema.
Cansancio	El niño puede insistir en que no está cansado, pero sin embargo, ese cansancio puede ponerlo irritable y a punto de llorar. Si está cansado, dele un baño relajante y luego métalo en la cama.
Dolor	La enfermedad o las heridas importantes o no pueden hacer que un niño llore.
Temor o ansiedad	Entre los temores y fobias comunes se cuentan la oscuridad, los truenos, los relámpagos y el viento, una visita al médico, el miedo a un castigo o una zurra, a ir a la guardería o la escuela, la preocupación por verse abandonado y los cambios de cualquier tipo.
Las pesadillas o el terror nocturno	Puede hacer que el niño llore o incluso que chille por la noche (vea la pág. 95).
El genio o choque de voluntades	Los arrebatos de rabia pueden ir más allá de los primeros años, dependiendo de la madurez individual del niño, y de su personalidad y temperamento.
Los celos entre hermanos	A veces, un niño de esta edad puede llorar para atraer la atención que un hermano menor recibe de sus padres.

P ¿CUÁL ES LA MEJOR MANERA DE CONSOLAR A MI HIJO?

R Depende de por qué llora. Por fortuna, puede empezar a utilizar la lógica cuando hable con un niño en edad preescolar. También puede usar el contacto físico para darle seguridad. Es fácil pensar que un niño de esta edad es casi mayor, especialmente si hay otro hermano o hermana más pequeño, pero seguirá necesitando que le dé un buen abrazo de vez en cuando.

P SIEMPRE LLORA AL FINAL DEL DÍA SIN MOTIVO. ¿POR QUÉ?

R No hay motivo para su llanto, sólo está cansado. Al igual que le pasa a usted, cuando se siente cansado al final del día le cuesta más afrontar las cosas. Trate de evitar la confrontación o ambos se sentirán peor.

P ¿TENGO QUE DEJARLO LLORAR O DEBO ACUDIR A SU LADO?

R Depende de por qué llore. Llega el momento en que no puede coger a su hijo en brazos cada vez que se cae y se rasque las rodillas. Para empezar, ahora pesa más, pero lo más importante es que aprender a bastarse por sí mismo es una parte esencial del crecimiento. Así que cuando llore, espere unos momentos para evaluar qué ha pasado y cuál es el problema. Puede ir adonde esté y ofrecerle consuelo si es necesario. Sería cruel no prestar atención a una verdadera angustia o a un grito de verdad, pero cuanto mayor se haga, más podrá esperar en lugar de precipitarse en su rescate.

P NO LLORA, PERO A VECES ESTÁ DESCONTENTO O FURIOSO. ¿QUÉ LE PASA?

R Puede tener miedo o estar preocupado pero no encontrar las palabras para explicarlo. Trate de averiguar con tacto qué puede estar perturbándolo. Cuando está enfadado, también puede necesitar hablar con usted. No espere que le dé una compleja explicación. Si está disgustado le sería difícil calmarse lo suficiente para contárselo con claridad. Los niños pequeños suelen quejarse de que algo «no es justo». Será necesario contradecir esto diciendo por qué sí que es justo o, si no, abrazándolo y mostrándose de acuerdo.

P ¿CÓMO PUEDO DARLE SEGURIDAD CUANDO YO MISMA NO LA TENGO?

R El mundo es un lugar incierto y no siempre sabemos cómo van a ir las cosas. Lo que el niño necesita de usted depende de las circunstancias. Por ejemplo, si lo lleva al hospital para una visita, muéstrese lo más confiada posible. No obstante, no le mienta. No tiene sentido, por ejemplo, pretender que el abuelito no va a morir cuando la verdad es que está gravemente enfermo. Hay veces en que es mejor admitir la incertidumbre que mentirle a un niño.

P ¿QUÉ PUEDO HACER SI MI HIJO TIENE MIEDO DE ALGO?

R Tranquilícelo y no se burle de él. No lo obligue a enfrentarse al objeto temido ya que esto puede ahogarlo de miedo. Ese temor disminuirá si usted se muestra cariñosa. Cuando el niño se acerque a lo que le atemoriza, esté a su lado para tranquilizarlo. Deje que se tome el tiempo que necesite e interrumpa la experiencia si es demasiado fuerte para él. Si puede, deje que sea él quien controle la situación; el miedo a la oscuridad puede vencerse con una luz o lamparilla de noche al lado de la cama y dejando que juegue a encender y apagar la luz. No obstante, si ese miedo le impide llevar una vida normal, consulte con el médico.

P ¿PUEDO EVITAR QUE MI HIJO TENGA MIEDO DE LAS COSAS?

R No siempre. Con frecuencia, los temores de los niños pequeños son totalmente irracionales. Puede lograr impedir que surjan algunos miedos ocultando sus propias fobias si las tiene. Los miedos no se heredan, pero la sugerencia de que las arañas son horribles, por ejemplo, puede tener influencia en el niño.

P ¿LLORARÁ SI HAY TENSIONES ENTRE MI PAREJA Y YO?

R Sí. Los niños pequeños son increíbles para percibir las tensiones incluso cuando no hay disputas abiertas. Un niño puede coger una rabieta o llorar, representar el conflicto entre sus padres, dormir mal o volverse indiferente. Todos los niños necesitan seguridad y amor, pero el hijo de unos padres que se pelean necesita aún más que le garanticen que lo quieren. No es fácil dar una solución, pero tanto usted como su pareja tendrían que pensar que la seguridad de su hijo es la máxima prioridad. Si van a separarse, eviten trasladarle a él todas las dudas por las que pasan ustedes. Cuéntenle lo que pasa en lugar de esconderle la situación (vea la pág. 192).

P LLORA CADA VEZ QUE VA A LA GUARDERÍA. ¿QUÉ TENGO QUE HACER?

R Si llora simplemente por separarse usted, mejorará cuando se acostumbre. Siempre que lo deje, hágalo con suavidad y no desaparezca de repente o sin despedirse ni decirle que volverá más tarde. No llegue nunca tarde a recogerlo y no le cuente todas esas cosas maravillosas que ha hecho durante el día. Aunque sea el único que llora al dejarlo, no se burle de él. Por supuesto, tiene que asegurarse de que no es la misma guardería la causa de su llanto. El niño puede no ser capaz de explicarle un problema, así que preséntese antes de la hora y sin anunciarlo de vez en cuando para ver cómo van las cosas. Hable con otros padres; los que han participado en las actividades de la guardería pueden decirle si su hijo estaba contento o triste y también si a su propio hijo le gusta estar allí. Hable con el personal y averigüe qué tal se llevan con su hijo.

OFRÉZCALE SEGURIDAD
Recuerde que su hijo es aún muy pequeño y necesita cariño y seguridad, aunque a usted sus temores le parezcan irracionales.

Crecimiento y desarrollo

El crecimiento físico de su hijo y su desarrollo emocional e intelectual van inextricablemente unidos. Este capítulo se centra en todos los aspectos del crecimiento y el desarrollo, incluyendo la visión, la audición y el habla. Analizamos los hitos del desarrollo en cada edad, junto a sugerencias para juguetes y actividades que pueden ayudar a su hijo a aprender por medio del juego. También hay una sección encaminada a sacar lo mejor de su hijo: uno de los aspectos más gratificantes de ser padres. Este capítulo les guiará a lo largo de los muy importantes primeros años de su hijo, proporcionándoles seguridad y consejos sobre sus progresos desde el nacimiento hasta el primer día en la escuela.

EL DESARROLLO DEL NIÑO

P ¿POR QUÉ ALGUNOS BEBÉS SE DESARROLLAN ANTES QUE OTROS?

R No siempre está claro por qué algunos niños progresan con mayor rapidez. Puede que sea cosa de familia; un niño que empieza tarde a andar puede tener un padre o una madre que también lo hicieron. El momento de empezar es poco importante.

P ¿TIENE IMPORTANCIA SI MI HIJO VA CUBRIENDO LAS ETAPAS DEL DESARROLLO MÁS TARDE?

R Probablemente no. Las edades que damos más abajo son sólo las medias, así que muchos bebés alcanzarán ciertas etapas antes y otros después de esas edades. Además, evaluar el progreso del bebé depende de lo que haga y de cómo lo haga.

P ¿QUÉ SUCEDE PSICOLÓGICAMENTE CONFORME MI BEBÉ SE DESARROLLA?

R El desarrollo depende de la madurez del sistema nervioso; del cerebro y de los nervios. Una envoltura de mielina alrededor de cada nervio hace que éste conduzca los impulsos con mayor rapidez, pero cuando nacen muchos bebés no tienen mielina, así que el sistema nervioso de un recién nacido todavía no está plenamente formado. Los nervios fuera del cerebro pueden necesitar hasta dos años para desarrollar una envoltura de mielina completa, y ésa es una de las razones por las que un niño que empieza a andar carece de coordinación y de que usted no pueda enseñarle a usar el orinal hasta alrededor de los dos años de edad, cuando el desarrollo neural le permite controlar el movimiento de los intestinos y la vejiga.

PRINCIPALES ETAPAS DEL DESARROLLO

Aunque hay más etapas importantes que conquistar en el primer período de la niñez que en cualquier otro momento, el desarrollo continúa mucho más allá; todos seguimos aprendiendo y madurando a lo largo de nuestra vida.

Hacia las seis semanas
- El bebé sonríe.
- Puede enfocar la mirada.
- Puede mantener un poco la cabeza en línea recta con el cuerpo si le sostiene la frente.

Hacia los tres meses
- El bebé sujetará un objeto si se lo pone en la mano.
- Reconocerá a las personas y las cosas.
- Se reirá cuando esté contento.

Hacia los seis meses
- El bebé puede darse la vuelta para ponerse de espaldas.
- Puede permanecer sentado apoyado en algo.
- Puede sostener una taza o un biberón, por lo general con las dos manos.

Hacia los nueve meses
- El bebé puede sentarse sin ayuda.
- Utiliza el asimiento de pinza.
- Reacciona al oír su nombre.
- Quizás gatee.
- Quizás diga adiós con la mano.

CONTROL DE LA CABEZA Y EL CUELLO
Hacia los tres meses, el bebé puede levantar y sostener la cabeza y los hombros.

MEJOR EQUILIBRIO
Entre los seis y los nueve meses, el bebé aprenderá a sentarse sin ayuda.

DESPLAZAMIENTO
Hacia los nueve meses, muchos bebés pueden gatear y arrastrarse de un lado para otro.

P ¿POR QUÉ A MI BEBÉ LE CUESTA MÁS CONTROLAR LAS PIERNAS QUE LOS BRAZOS?

R Este modelo de desarrollo se debe a que los nervios del bebé se desarrollan y maduran en una dirección descendente; desde la cabeza hacia los pies. Gracias a la fuerza de los músculos del cuello, el bebé controla la cabeza antes de desarrollar la coordinación del brazo y la mano. Si observa cómo juega un bebé de nueve meses, verá que puede sentarse y manejar la cabeza y las manos a voluntad, mientras que las piernas hacen poco más que proporcionarle una base en la que apoyarse. Además, todos los niños aprenden siguiendo la misma secuencia: todos se ponen de pie antes de saber andar. No obstante, a veces se da el caso de que un niño se salte una etapa; por ejemplo, no todos los bebés gatean. Aun así, las habilidades que su bebé domina se aprenden en un orden predeterminado; sólo se trata de cuándo alcanzará cada etapa.

P ¿LA PERSONALIDAD DE MI HIJO AFECTA A SU DESARROLLO?

R Sí. La personalidad es una de las variables que dificulta la predicción de los progresos de un niño, y tiene un peso importante en ellos. Un niño más decidido e independiente puede adquirir y practicar nuevas destrezas más rápidamente que otro más tranquilo. El futuro de su hijo quizá dependa más de su personalidad que de su inteligencia.

P MI BEBÉ FUE PREMATURO. ¿AFECTARÁ ESTO A SU DESARROLLO?

R El hecho de ser prematuro no frenará su ritmo de desarrollo, pero habrá que tener en consideración el hecho de que el bebé empezó su vida en un punto diferente. Si, por ejemplo, nació seis semanas antes de plazo, esto significa que a los tres meses su desarrollo quizá se parezca más al de un bebé de seis semanas. Sin embargo, a los dos años no debería haber ninguna diferencia entre los niños nacidos prematuramente y los que no lo fueron.

Hacia un año
- El bebé anda si lo coge de una mano.
- Es posible que diga sus primeras palabras.
- Puede sostener un lápiz en el puño.

Hacia los dos años
- El niño corre, trepa y hace los primeros intentos en las escaleras.
- Utiliza frases de dos palabras.
- Obedece órdenes complejas.

Hacia los tres años
- El niño utiliza frases.
- Se viste con ayuda.
- Utiliza el lavabo solo.

Hacia los cuatro años
- El niño puede explicar qué hay en un dibujo o una foto.
- Empieza a contar.
- Puede atrapar una pelota.

Hacia los cinco años
- Habla con claridad y, por lo general, con lógica.
- Puede leer algunas palabras sencillas.
- Puede dibujar y copiar.

ANDAR *Entre los 12 y los 18 meses la mayoría de bebés aprenden a andar*

EN MARCHA *Hacia los tres años, el niño tiene la coordinación necesaria para montar en triciclo.*

CRECIMIENTO Y DESARROLLO

Cómo poner de manifiesto lo mejor de su hijo

P ¿CÓMO PUEDO PONER DE MANIFIESTO LO MEJOR DE MI HIJO CONFORME CRECE?

R La clave es atender a las necesidades emocionales de su hijo además de a las materiales. Todos los niños florecen al máximo en un entorno seguro que les ofrezca mucho amor. Habrá momentos difíciles, pero procure no perder la paciencia, criticar indebidamente o ser sarcástica. Es mucho mejor elogiarlo para que crezca en un ambiente donde se sienta cómodo consigo mismo. Siempre que pueda, recompense a su hijo con su atención, no con dulces ni regalos. Es mejor que castigarlo cuando hace algo mal. Con frecuencia hará alguna cosa mal, pero tiene que saber que está bien aprender de los errores.

P ¿CÓMO PUEDO ESTIMULAR EL DESARROLLO DE MI HIJO?

R Pase tiempo haciendo cosas con él, en lugar de no prestarle atención para concentrarse en las cosas que usted quiere hacer. Hable con él todo el tiempo sobre cualquier cosa y tómese en serio sus preguntas. Cuando tenga unos tres años, probablemente le hará miles de preguntas y la mayoría de ellas empezarán con «¿Por qué?». Responda siempre lo mejor que pueda. La curiosidad es señal de una mente activa y quizá pronto se encuentre con que le pregunta cosas cuya respuesta tiene que buscar. Busquen la explicación juntos en un libro o en Internet, incluso cuando el niño todavía no pueda leer. El amor por aprender es vital y usted es su primer maestro y el más natural. Contágiele el interés por los libros y léale desde muy pronto. Si usted y su pareja leen por placer, el niño verá la satisfacción que eso aporta y se sentirá feliz imitándolos.

P ¿ALGUNOS PERÍODOS SON MÁS IMPORTANTES QUE OTROS PARA EL DESARROLLO?

R Sí. Quizá no haya períodos bien definidos con límites claros, pero hay algunos momentos oportunos cuando la disposición del bebé o el niño para adquirir una nueva destreza es óptima. Por ejemplo, hay un período alrededor de los ocho meses cuando el bebé está preparado para masticar. Por ello, si continúa alimentándolo sólo con leche y mezclas blandas, tardará mucho más en aprender a comer trozos de comida. No obstante, es erróneo pensar que existen unos períodos decisivos porque la totalidad de la niñez es decisiva para el desarrollo de su hijo. Sólo recorrerán ese camino con su hijo una vez, así que asegúrese de sacarle el máximo partido.

P ¿PUEDO HACER ALGO PARA ACELERAR EL DESARROLLO DE MI HIJO?

R No y no debe intentarlo. No puede enseñarle a andar antes de lo previsto por la naturaleza ni a hacer ninguna otra cosa antes de que haya llegado el momento. Con el uso de tarjetas y otros métodos de aprendizaje rápido, quizás aprenda una o dos destrezas que, debido a la repetición, hará automáticamente. Puede que incluso consiga enseñarle a escribir de esta forma. No obstante, hasta que tenga la edad suficiente para comprender de verdad, esto son poco más que trucos. No hay una forma útil de acelerar su progreso y si lo presiona, puede causarle más daño que beneficio e incluso haga que, a la larga, pierda el interés por aprender.

P ¿LA RAPIDEZ DE SU APRENDIZAJE DEPENDERÁ DE SU INTELIGENCIA?

R En parte, pero no por completo. El vínculo entre inteligencia y desarrollo no es sencillo y se ha complicado más aún al ser una cuestión delicada entre los educadores. Los bebés y los niños que tienen una desventaja intelectual son, con frecuencia, más lentos en algunas esferas del desarrollo ya que algunas destrezas exigen un cierto nivel de inteligencia para adquirirlas. Pero la tendencia no va en las dos direcciones; no se puede detectar un intelecto superior simplemente a partir de la edad en la que un bebé alcanza una determinada etapa. Hay un vínculo claro entre el desarrollo del habla y la inteligencia en el sentido de que un bajo CI (coeficiente de inteligencia) puede retrasar su adquisición, pero un niño que empieza a hablar tarde no es necesariamente un niño con retraso intelectual.

P ¿QUÉ FACTORES PUEDEN AFECTAR A LA INTELIGENCIA DE MI HIJO?

R Es difícil predecir la inteligencia y también complicado definirla. Todos podemos pensar en personas, tanto adultos como niños, que son académicamente capaces, pero carecen de madurez emocional. Si se mide la inteligencia sólo con una prueba de CI, el primer hijo es, estadísticamente, algo más inteligente que sus hermanos menores. En las familias numerosas, especialmente en aquellas donde la diferencia de edad entre hermanos es pequeña, la inteligencia media tiende a disminuir con cada niño. Los niños tienden a heredar el intelecto de uno de sus padres, o de ambos, pero es un error esperar que su hijo sea exactamente como usted.

P ¿CÓMO PUEDO MAXIMIZAR LAS OPORTUNIDADES DE APRENDIZAJE DE MI HIJO?

R Deje que juegue; es vital. Todos los juguetes son educativamente útiles, pero algunos –como las alfombras y los gimnasios de juego que incorporan toda una serie de texturas, los juegos y juguetes para emparejar y seleccionar, los puzles y los libros– son más valiosos que otros. Los bebés y los niños pequeños se aburren con facilidad, así que procure variar la selección de cosas para jugar que le ofrezca. En cuanto muestre interés enséñele los colores y la similitud y la diferencia entre las cosas comunes.

P ¿LA PRÁCTICA AYUDARÁ A QUE MI HIJO DESARROLLE SUS DESTREZAS?

R Sí. Los niños pequeños disfrutan practicando lo que acaban de aprender y les resulta útil hacerlo ya que la repetición afianza la nueva destreza con mayor firmeza. Deje que el niño garabatee y pinte todo lo que quiera, que se vista y la ayude a preparar la comida, pero nunca lo obligue a hacerlo.

P YO TRABAJO TODO EL DÍA, DE MODÓ QUE, ¿CÓMO PUEDO AYUDAR MEJOR AL DESARROLLO DE MI HIJO?

R Establezca unas costumbres diarias con la persona que cuida a su hijo. El ambiente que ella le ofrezca tiene que ser aceptable para usted, pero no idéntico al que usted misma le proporcionaría. La variedad de experiencias enriquece el desarrollo emocional y social de su hijo. Cuando no trabaje, pase tiempo con su hijo. Al trabajar, la aportación que haga al desarrollo de su hijo será algo diferente de la de otro padre que esté en casa todo el tiempo, pero consiga un buen equilibrio.

P ¿LOS CONFLICTOS EN CASA PUEDEN FRENAR EL DESARROLLO DE MI HIJO?

R Sí. Cualquier cosa que amenace la sensación de seguridad de su hijo le afectará. La estabilidad emocional es vital para el desarrollo en todos los terrenos, así que si su pareja y usted disputan, es muy importante que hagan el esfuerzo de proteger a su hijo de ese conflicto.

P ¿UNAS CONDICIONES DE VIDA MALAS AFECTARÁN EL DESARROLLO DE MI HIJO?

R Es posible. Los niños de casas menos acomodadas o más abarrotadas tienden a ir peor en términos de desarrollo. No es el dinero lo que cuenta sino la comida, la vivienda, la calefacción, los juguetes y el tiempo que el dinero puede comprar. Si tiene que esforzarse mucho para proveer a su familia, puede tener poco tiempo y energía para dárselas a sus hijos. Muchos padres lo superan con ingenio.

RECONOCIMIENTOS CLAVE EN EL DESARROLLO

Estos reconocimientos evalúan la forma en que su hijo crece y se desarrolla y examinan la posible existencia de una serie de dolencias, entre las que se incluyen las del corazón, la dislocación congénita de cadera y el estrabismo, a fin de que puedan ser tratadas en sus inicios antes de que afecten al progreso de su hijo. Utilice estos exámenes médicos para consultar cualquier cosa que le preocupe.

¿Qué controles le harán a mi hijo?
En muchos países hay revisiones entre las 6 y las 8 semanas, los 6 y los 9 meses, los 18 y los 24 meses y entre 3 y 4 años y medio. Le pueden pedir al niño que efectúe alguna tarea concreta o que hable de algo mientras lo examinan.

¿Importa que no acuda a alguno de los reconocimientos si creo que mi hijo se desarrolla bien?
Sí. Hay dolencias, como los problemas de corazón, la dislocación de cadera y los testículos no descendidos, que son casi imposibles de detectar para los padres en el momento en que el tratamiento sería más eficaz.

¿Qué sucede si el día de la revisión mi hijo está enfermo o no quiere cooperar?
No tiene importancia que su hijo tenga una enfermedad leve, como un resfriado. No obstante, pida hora para otro día si tiene fiebre o una infección, como la rubeola que pudieran contagiarse a otros niños en la consulta. Algunas veces, los bebés y los niños pequeños no cooperan porque tienen hambre o están cansados. Dé de comer a su hijo antes de llevarlo a la consulta, pero no se preocupe si está un poco quejoso. El médico puede hacer algunas de las pruebas y dejar el resto para otro día.

¿Hasta qué punto son precisas estas revisiones?
No se puede confiar al cien por cien en ninguna prueba, pero hacerlas aumenta al máximo las probabilidades de que cualquier dolencia médica sea detectada lo más precozmente posible. No obstante, un médico puede pasar por alto un problema como la dislocación congénita de cadera incluso si el bebé ha hecho todas sus revisiones en el momento oportuno.

Dentición, audición y visión

A la mayoría de bebés les sale el primer diente alrededor de los seis meses, pero algunas veces un bebé nace ya con un diente. Otros tienen doce meses o más antes de que aparezca. Deberían tener todos sus dientes de leche a los dos años y medio.

Cómo salen los dientes

En el transcurso de la dentición, el bebé probablemente mordisqueará todo lo que encuentre a su alcance y babeará continua y copiosamente. También puede tener dolores, que harán que esté irritable y una de las mejillas puede estar enrojecida. No obstante, no debería tener fiebre ni tos.

Los dientes de leche suelen aparecer:

- Incisivos medios inferiores (6 meses)
- Incisivos medios superiores (6,5 meses)
- Incisivos laterales inferiores (7 meses)
- Incisivos laterales superiores (8 meses)
- Primeros molares inferiores (10 meses)
- Primeros molares superiores (14 meses)
- Caninos inferiores (16 meses)
- Caninos superiores (18 meses)
- Segundos molares inferiores (2 años)
- Segundos molares superiores (2,5 años)
- Dientes superiores
- Mandíbula superior
- Mandíbula inferior
- Dientes inferiores

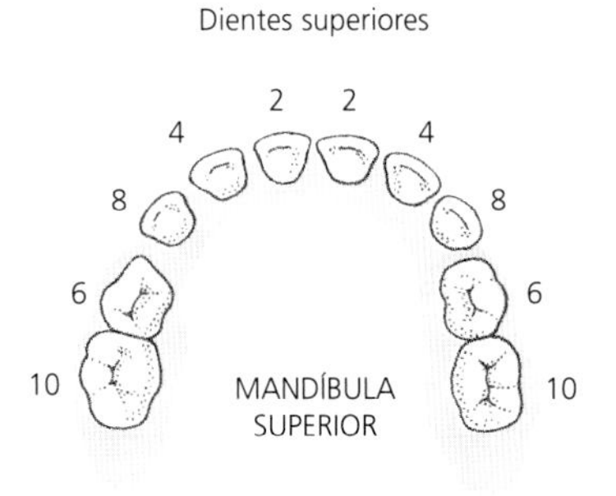

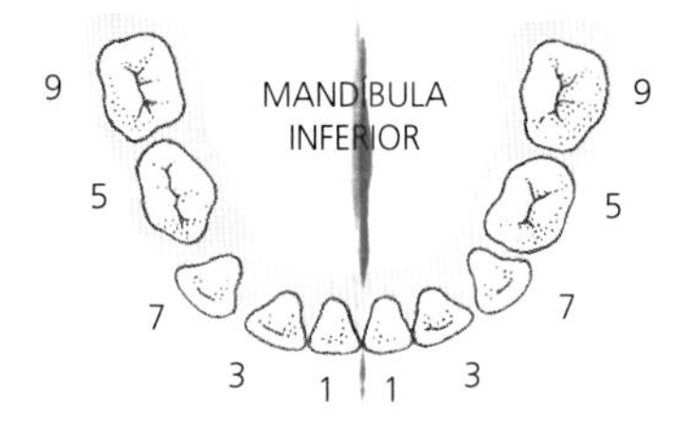

Dientes de leche *Su hijo tendrá 20 dientes de leche; los números indican el orden en que deberían aparecer. Empezará a perderlos cuando tenga unos seis años de edad.*

El cuidado de los dientes del niño

¿Qué puedo hacer para ayudar a que los dientes de mi hijo estén sanos?
Empiece a limpiarle los dientes por la mañana y la noche en cuanto aparezcan. Al principio puede sostenerlo sobre las rodillas y cepillárselos desde detrás. Cuando tenga la edad suficiente para sentarse o estar de pie sin ayuda, cepílleselos desde delante. Incluso cuando ya pueda cepillárselos solo, tiene que supervisar cómo lo hace. Dele los zumos de fruta a las horas de comer y ninguna bebida a la hora de dormir a menos que después se cepille los dientes. Si su hijo come algo dulce, haga que se lo coma enseguida. Anímele a tomar bocados sanos y asegúrese de que su dieta es rica en calcio, minerales y vitaminas. Empiece las revisiones dentales a una edad temprana (vea la pág. 212).

¿Las bebidas de dieta con burbujas son mejores para los dientes?
No. Esas bebidas no contienen azúcar y se podría creer que no perjudican los dientes, pero su acidez hace que sean perjudiciales; cuando se disuelve, el dióxido de carbono produce ácido carbónico.

¿Mi hijo necesita flúor?
Depende de dónde viva. A veces el flúor ya se encuentra en el agua, sea de forma natural o porque el suministrador lo ha añadido. Si en su zona no es así, puede que su hijo necesite flúor en gotas. No obstante, demasiado flúor puede decolorar los dientes de forma permanente; por ello, no se lo dé sin consultar primero con el médico.

¿Los medicamentos pueden afectar los dientes de mi hijo?
Todos los medicamentos que contengan azúcar pueden tener efectos adversos en los dientes del niño. Ahora, muchos se incluyen en fórmulas sin azúcar pero que siguen teniendo buen sabor. Pídale a su médico o farmacéutico esos medicamentos sin azúcar siempre que sea posible. Algunos antibióticos también pueden ir en detrimento del esmalte dental, especialmente la tetraciclina. Por eso no deben darse a los niños de menos de 12 años (o a las mujeres embarazadas o lactantes).

CÓMO SE DESARROLLA EL OÍDO

Los bebés ya pueden oír en el seno materno, pero su audición se perfecciona después del nacimiento. Este desarrollo sigue una pauta establecida.

- Un recién nacido tiene una aguda percepción de los sonidos. Un ruido puede sobresaltarlo o hacer que abra mucho los ojos.
- Hacia los tres meses, el bebé escucha su voz con placer y quizá dirija la mirada hacia donde está usted. Dice «ah» y «oh» en respuesta al sonido de su voz.
- Hacia los siete meses, puede empezar a localizar el sonido y conocer el significado de algunos sonidos, por ejemplo de las risas o del timbre de la puerta.
- Hacia los nueve meses percibe los sonidos procedentes de otras habitaciones, aunque no sean fuertes.
- Hacia los doce meses, comprende una serie de palabras y frases. Es capaz de aislarse del ruido cuando quiere concentrarse en un libro o un juguete.

¿A mi hijo le harán pruebas de audición?
Sí, a intervalos regulares. Algunos hospitales hacen una revisión al bebé poco después de nacer utilizando equipamiento especializado. También examinarán su audición en algunas de las revisiones posteriores, especialmente entre los seis y los nueve meses. Consulte siempre con su médico si cree que su hijo no oye bien, ya que una dificultad auditiva repercute en el desarrollo del lenguaje. Consulte enseguida con el médico, pero no se asuste; en la mayoría de casos, la pérdida de la audición es temporal y la puede causar el bloqueo de los conductos auditivos debido a un resfriado o alguna infección de la nariz y el oído. El estancamiento de líquido en el oído medio (vea la pág. 219) es otra afección relativamente común del oído, que tiene como consecuencia una pérdida de audición y se produce en los bebés y en los niños pequeños.

CÓMO SE DESARROLLA LA VISIÓN

La visión de un recién nacido se desarrolla según madura el cerebro y los seis músculos que rodean el ojo se fortalecen. Pero el desarrollo visual no es sólo una cuestión de ver cosas; el bebé tiene que comprender también el significado de lo que ve.

- Al nacer el bebé se vuelve hacia la luz y parpadea.
- A las seis semanas, empieza a enfocar la vista sobre los objetos.
- A las doce semanas sigue con la mirada un juguete que se mueva, pero no consigue detectar los objetos pequeños.
- A los seis meses se mueve para ver las cosas que le intrigan.
- A los doce meses los lagrimales están completamente formados y tiene los ojos pegajosos con menos frecuencia (vea la pág. 217).
- A los dos años puede ver objetos muy pequeños.
- A los tres años su visión de los colores ha madurado y el desarrollo de los nervios ópticos es completo.

¿Cuándo hay que hacer la primera revisión de la vista?
El médico le preguntará por la visión de su hijo en las revisiones habituales. Empiece a llevar al niño a un oftalmólogo a los cuatro años, incluso si no parece haber ningún problema. Puede empezar antes; el niño no tiene que saber leer ni conocer el alfabeto y puede hacer una prueba de visión a cualquier edad. No hay ningún inconveniente en empezar los reconocimientos a los doce meses, especialmente si existe un historial familiar de miopía, hipermetropía o astigmatismo.

¿Qué es el estrabismo?
Se tiene estrabismo cuando los ojos de la persona miran en direcciones distintas. Puede ser grave si no se trata, pero la mayoría de bebés bizquean de vez en cuando durante los dos primeros meses de edad porque sus ojos no pueden funcionar a la vez con eficacia. Si el bebé bizquea a menudo después de los tres o cuatro meses, debe acudir al médico (si hay un historial de estrabismo en la familia, menciónelo). Puede que el bebé necesite ir a un cirujano oftalmólogo. No obstante, no todos los casos de estrabismo exigen una intervención quirúrgica; algunos pueden tratarse tapando el ojo con un parche, otros con gafas o incluso con gotas en los ojos.

¿Qué sucede si mi hijo necesita gafas?
La mayoría de niños no las necesitan, aunque algunos sí que las llevan durante un tiempo, para corregir un problema temporal. Por supuesto, hay casos en que el niño necesitará gafas toda la vida y hay muchas desventajas sociales y educativas en no llevarlas si las necesita. Si el niño tiene que llevar gafas correctivas, es mejor no darle mucha importancia. A muchos niños no les importa, pero la actitud negativa de los padres puede afectarlos. En la actualidad el diseño de las monturas es muy atractivo y las lentillas de plástico son ligeras y prácticamente irrompibles. Por ello, piense que las gafas son algo muy beneficioso para su hijo, no un obstáculo y dígale que está guapísimo con ellas.

DESARROLLO DEL HABLA Y EL LENGUAJE

P ¿CÓMO APRENDEN A HABLAR LOS NIÑOS?

R Como los niños aprenden a hablar antes que a leer o escribir, la adquisición del lenguaje significa que pueden comunicarse y comprender a los demás. Los tres factores principales que deciden la rapidez con que un niño aprende a hablar son su capacidad innata para utilizar el lenguaje, su nivel básico de inteligencia y comprensión del mundo, más su capacidad para imitar a los demás, especialmente a sus padres y otros adultos influyentes de su entorno.

P ¿QUÉ PUEDO HACER PARA ESTIMULAR A HABLAR A MI HIJO?

R Dedíquele mucho tiempo, atención y contacto visual cuando le hable. Cuéntele lo que está haciendo y exprésese con claridad y sencillez. Durante esas conversaciones, asegúrese de que haya pocas distracciones alrededor y deje espacios de tiempo para que el niño le conteste. Explíquele historias y léale libros; enséñele canciones y rimas. Todos estos elementos tienen un papel importante en la adquisición del lenguaje. Como el niño copiará todo lo que oiga, evite hablarle como a un bebé. Puede que el niño diga «mimir», pero necesita oír «dormir». Cuando utilice una palabra, repítala y construya una frase con ella, por ejemplo: «Sí, mamá va a llevarte a dormir».

P ¿CUÁNDO PODRÁ PRONUNCIAR BIEN LAS PALABRAS?

R La pronunciación del niño madura conforme él se desarrolla. Las consonantes son mucho más difíciles de pronunciar que las vocales; alrededor de los cinco años, puede que todavía le cueste pronunciar algunos sonidos como la «r» y las combinaciones consonánticas «tl» «bl», etc. Ayúdele a pronunciar bien hablándole siempre con claridad. No caiga en la tentación de corregir la pronunciación del niño; si dice mal una palabra, dígale «Muy bien» y luego repita la palabra correctamente. La imitación es fundamental para la adquisición del lenguaje y es la razón de que los mellizos pronuncien mal durante más tiempo que los que no lo son.

P ¿EL LENGUAJE DE MI HIJO PUEDE SUFRIR RETRASOS PORQUE SOMOS UNA FAMILIA BILINGÜE?

R No. Los niños pequeños que viven inmersos en más de un lenguaje tienen tanta soltura como los demás. Lo que sí hacen es pasar de una lengua a la otra cuando hablan, a veces dentro de la misma frase, un talento que suele ser involuntario y no exigirles esfuerzo alguno. Los padres de un niño bilingüe a veces se preocupan de que llegue a estar tan confundido que no pueda hablar, pero en la práctica no sucede así; estos niños no hablan menos ni más tarde. Si su hijo bilingüe tarda en hablar, tiene que haber otra causa (vea la página siguiente).

¿CÓMO APRENDE MI HIJO A USAR EL LENGUAJE?

Pautas de adquisición del lenguaje.

- En las primeras ocho semanas el bebé produce una serie limitada de sonidos guturales.
- Entre los dos y los seis meses aparecen los gorjeos y balbuceos, especialmente cuando se le presta atención.
- Entre los seis y los doce meses el bebé pasa por un período de juego vocal, cuando parlotea y experimenta con una serie de sonidos, en su mayoría vocales.
- Entre los doce y los dieciocho meses produce una serie de palabras monosílabas. Utiliza cada palabra sola, pero puede aplicar el mismo sonido o palabra para nombrar diferentes objetos. Los bebés con más de una lengua materna emiten sonidos diferentes.
- Entre los dieciocho y los veinticuatro meses el bebé repite las cosas y es capaz de pedir comida y bebida. Empieza a unir palabras para formas frases cortas.
- Entre los dos años y los dos años y medio el bebé habla mucho, principalmente usando frases. Utiliza los pronombres «yo» y «tú». «Él» y «ella» no tardarán en aparecer.
- Entre los dos años y medio y los tres habla con frases de por lo menos tres palabras y puede comprender peticiones complejas. Conoce entre 500 y 1.000 palabras, incluyendo preposiciones.
- Entre los tres y los cuatro años está perfeccionando su dominio de la lengua materna, incluyendo la gramática básica, pero la pronunciación quizá siga siendo inmadura.
- Entre los cuatro y los cinco años su vocabulario continúa aumentando. Tanto su comprensión como su expresión se perfeccionan. Conoce las letras del alfabeto y puede escribir algunas de ellas. Su voz sigue sonando infantil, pero ya habrá abandonado el parloteo sin sentido.

P ¿CÓMO PUEDO EVITAR QUE MI HIJO DIGA PALABROTAS?

R Reñirlo no sirve de nada; un niño pequeño no comprenderá por qué se enfada usted. Lo mejor es no hacerle caso. No obstante, como habrá aprendido esas palabras en algún sitio, asegúrese de que los adultos y los otros niños con quienes está en contacto no usen palabrotas delante de él.

P MI HIJO TARTAMUDEA. ¿QUÉ PUEDO HACER PARA AYUDARLO?

R Todos los niños vacilan a veces al hablar, pero el verdadero tartamudeo es persistente. Cuanto más tiempo lleve un niño tartamudeando, más difícil será que pierda ese hábito. Incluso antes de los tres años de edad, puede ser necesario que acuda a un terapeuta para consultarlo. En primera instancia lleve al niño al médico y si éste no se muestra partidario de recomendarle un especialista, manténgase firme. Entretanto, no hable usted más deprisa para compensar las vacilaciones de su hijo y trate de no adelantarse a lo que el niño vaya a decir; dele la oportunidad y las palabras acabarán saliendo.

P ¿LA TELEVISIÓN AYUDA O DIFICULTA LA ADQUISICIÓN DEL LENGUAJE?

R Los programas bien hechos pueden beneficiar el desarrollo del lenguaje en un niño y su comprensión del mundo que le rodea. Ver la televisión de forma juiciosa es educativo, especialmente si la ven juntos para compartir la experiencia y hablar de lo que sucede en la pantalla. Pero puede haber desventajas; el ritmo del programa tal vez no sea adecuado a su nivel de desarrollo y el contenido, tampoco. Ver cualquier cosa al azar no es aconsejable; así pues, controle lo que ve su hijo (vea la pág. 158).

GUÍA DE SUPERVIVENCIA PARA PADRES

MI HIJO TODAVÍA NO HABLA

A veces un retraso en hablar pasa desapercibido debido a las expectativas de los padres, que prefieren un niño silencioso, mientras que en otras familias los padres se sienten horrorizados si el niño no es capaz de hablar del significado de la vida a los dos años. Ciertamente, existe una gran variedad en el ritmo normal de aprendizaje del lenguaje y si un niño muestra buena comprensión y tiene una capacidad auditiva normal, con el tiempo hablará. De cualquier modo, un niño de dieciocho meses que no diga ninguna palabra reconocible necesita una revisión médica.

¿Qué puede pasar?
Lo primero que hay que comprobar es la capacidad auditiva, ya que necesita oír para aprender a hablar. El médico puede decidir que el niño se someta a un control auditivo (vea la pág. 139).
Entre otras causas de retraso en el lenguaje pueden estar las siguientes:

- Falta de estimulación verbal adulta. Es algo que puede suceder en las familias numerosas y con los mellizos.
- Carencia emocional. Un niño necesita afecto y seguridad para que su desarrollo progrese.
- Retraso mental. Suele ir asociado al retraso en otros aspectos del desarrollo.
- Retraso aislado del lenguaje, también conocido como retraso específico del lenguaje. La causa es desconocida, pero se resuelve.
- Autismo. Va asociado a la falta de competencias sociales y a otros problemas emocionales.

P ¿CUÁNDO EMPEZARÁ A LEER MI HIJO?

R Con frecuencia, los niños reconocen las letras hacia los cuatro años, pero no leen (ni escriben) hasta que tienen cinco o seis. Si el niño empieza a leer, no se lo impida; déjele que disfrute de los libros, tanto con usted como solo. No lo presione para que aprenda a leer ni lo someta a la fuerza a un sistema de lectura. Puede confundirlo si el método utilizado en la escuela es diferente. Incluso si en la escuela utilizan el mismo sistema, no hay ningún beneficio a largo plazo en empujar a su hijo a leer antes de estar listo para hacerlo.

El compartir sus juguetes le enseña a comunicarse.

COMUNICACIÓN *El niño «hablará» con sus amigos, pero las charlas con usted son vitales para que desarrolle su lenguaje.*

LAS DIFERENCIAS ENTRE NIÑOS Y NIÑAS

P ¿EN QUÉ ASPECTOS FUNDAMENTALES LOS CHICOS SON DIFERENTES DE LAS CHICAS?

R Hay las evidentes diferencias anatómicas, así como algunas discrepancias en estatura, peso y fuerza que suelen aparecer al inicio de la pubertad. También hay diferencias más sutiles en la sociabilidad y el comportamiento, que pueden observarse desde una edad sorprendentemente temprana. Los padres encuentran diferencias notables entre sus hijos y sus hijas en términos de desarrollo emocional y físico. Los que tienen sólo hijas encuentran que los hijos de sus amigos son unas criaturas muy diferentes.

P ¿QUÉ CAUSA LAS DIFERENCIAS DE DESARROLLO ENTRE NIÑOS Y NIÑAS?

R Es difícil saber con seguridad cuánto es debido a unas características innatas y cuánto a las influencias culturales o sociales del entorno del niño. No son sólo los padres quienes moldean la conducta de un niño; también están los abuelos, otros familiares, los amigos y las niñeras o canguros, así como la influencia de la televisión, los libros, las vallas publicitarias, etcétera. El niño está inmerso en un amplio espectro de experiencias, tanto si usted las aprueba como si no. Incluso así, observando a los bebés, pueden detectarse algunas diferencias tempranas, cuando las influencias externas son todavía mínimas. Se ha dicho que los niños difieren de las niñas en la mayor seguridad emocional que necesitan; en el ruido que hacen; en el hecho de que andan, hablan y aprenden a usar el baño más tarde y en la naturaleza de los juegos, más bulliciosos, que escogen.

P ¿SON LOS CHICOS GENERALMENTE MÁS AVENTUREROS QUE LAS CHICAS?

R Cuando son pequeños, los chicos tienden a ir más arriba y abajo para explorar. Durante ese proceso pueden hacer un montón de ruido. Con frecuencia sabrá dónde está su hijo por el alboroto que arma, y lo sabrá también todo el mundo. Pero, por supuesto, hay muchas niñas atrevidas y muchos niños tímidos.

P ¿LOS NIÑOS Y LAS NIÑAS APRENDEN A GATEAR Y ANDAR A LA MISMA EDAD?

R La edad en que los niños empiezan a gatear o a dar sus primeros pasos varía mucho, así que muchos niños y niñas empiezan a la misma edad. No obstante, una niña suele dar sus primeros pasos antes que un niño.

GUÍA DE SUPERVIVENCIA PARA PADRES

QUIERO AYUDAR A MI HIJO A EVITAR LOS ESTEREOTIPOS SEXUALES

Criar a un niño totalmente libre de las limitaciones del género es prácticamente imposible, ya que no se pueden eliminar las influencias y actitudes de la sociedad en la que todos vivimos. No obstante, hay ciertas prácticas positivas que puede adoptar.

Cómo enfrentarse a los estereotipos

- Escoja lo que el niño ve desde el principio. Por ejemplo, seleccione libros que muestren a chicas y mujeres que triunfan en la vida.
- Haga frente amablemente a los que exponen visiones más tradicionales sobre el género. No hay razón alguna por la que su hijo no pueda llorar cuando se hace daño, su hija no pueda ser científica ni por la que el rodillo de amasar no sea cosa de papá.
- Nutra el lado emocional, más tierno, de su hijo y los impulsos más atrevidos de su hija.
- Ayude a los niños de ambos sexos a adquirir una actitud positiva de «puedo hacerlo» que les dé más confianza y seguridad, abriéndoles así mayores oportunidades toda su vida.

P ¿ES CIERTO QUE LOS NIÑOS LLORAN MÁS QUE LAS NIÑAS CUANDO SON BEBÉS?

R Antes de los tres años, parece que los niños lloran más, pero después de esta edad tienden a llorar menos. Quizá sea porque al crecer se les dice que los chicos no lloran, aunque se hayan hecho daño o estén disgustados.

P ¿EL LENGUAJE DE LAS NIÑAS ES DIFERENTE DEL DE LOS NIÑOS?

R Por término medio, las niñas aprenden a hablar antes que los niños y tienen un vocabulario más amplio. Incluso como bebés, tienden a balbucear más que los niños. No obstante, según las investigaciones, las madres hablan más a las niñas. Es interesante que, de bebés, los chicos suelan llorar más que las chicas y que esa tendencia al ruido persista hasta la niñez e incluso hasta bien entrada la adolescencia.

P ¿ES CIERTO QUE LOS NIÑOS APRENDEN A USAR EL VÁTER DESPUÉS QUE LAS NIÑAS?

R Por término medio, la experiencia señala que así es. Se ignora cuáles pueden ser las razones, pero entre ellas puede estar la mayor lentitud de madurez del sistema nervioso del niño comparado con el de la niña, la tendencia del niño a cooperar menos y a ser más impaciente y aventurero; sentarse en un orinal frena su actividad, así que no tiene ganas de dedicar tiempo a aprender. Cualesquiera que sean las razones, y basándose en la experiencia, los padres dan por supuesto que los niños continuarán llevando pañales mucho después de que las niñas ya pidan y usen el orinal.

P ¿POR QUÉ MI HIJO JUEGA MEJOR A LA PELOTA QUE LAS NIÑAS DE SU EDAD?

R La razón pudiera ser que la conciencia espacial suele estar más desarrollada en los niños; la diferencia pudiera ser innata o adquirida. Cuando sean mayores, los niños tendrán, por lo general, una mayor fuerza muscular que las niñas, y esto puede influir en su inclinación por los juegos de pelota en equipo y otras actividades deportivas muy activas. No obstante, lo que a las niñas les falta en fuerza, suelen compensarlo con agilidad y gracia.

P ¿CÓMO PUEDO EVITAR QUE MI HIJO JUEGUE A LA GUERRA Y A OTROS JUEGOS VIOLENTOS?

R Quizá sea imposible, pero haga lo que pueda. No le dé armas de ningún tipo e impida que tenga libros, vea programas de televisión, vídeos o tenga juegos de ordenador que glorifiquen o muestren la violencia. No obstante, muchos padres descubren que sus hijos empiezan a jugar a la guerra usando armas hechas con palos y piedras, pese a que los protegieron de las influencias externas. Podría ser debido al efecto de la testosterona masculina, que según las investigaciones, tiene una fuerte influencia en la conducta masculina.

P ¿VESTIRSE CON ROPA DE NIÑA AFECTARÁ LAS PREFERENCIAS SEXUALES DE MI HIJO?

R No es probable. Los niños de ambos sexos se disfrazan por diversión utilizando todo lo que encuentran. Según se piensa actualmente, la homosexualidad puede ser genética, por lo menos hasta cierto punto. Al decidir ponerse ropa de niña, puede que su hijo esté afirmando subconscientemente sus futuras preferencias sexuales. No creo que tenga que moldear la conducta fantasiosa de su hijo; si lo desea, dígale qué ropa se espera, generalmente, que lleven los chicos.

¿DEBO ENSEÑARLE A MI HIJO LAS CUESTIONES SEXUALES?

Tanto los niños como las niñas suelen ser conscientes de las diferencias en sus genitales cuando tienen unos dos años de edad, algo que no puede sorprendernos ya que es entonces cuando empiezan a aprender a usar el orinal. Un niño de tres años sabe a qué sexo pertenece y puede pasar por una fase en la que informe a todo el que encuentre que él es un niño.

¿Cuándo tengo que hablarle de sexo a mi hijo?
Cuando pregunte. Algunos niños tienen la habilidad de preguntar cómo nacen los bebés en el momento más embarazoso, por ejemplo, mientras están en un autobús atestado. Puede que algunos de los pasajeros se sientan escandalizados, pero el resto quizá haya sufrido la misma experiencia. En esta situación, lo mejor es responder tranquilamente que el niño sale de la barriga de mamá. No obstante, cada familia es diferente y tiene que sentirse cómoda con lo que responda. Prepare una respuesta para «¿Qué es un condón?», ya que se está volviendo una pregunta muy corriente.

¿Qué tengo que decirle a mi hijo sobre el sexo?
Responda siempre a las preguntas de su hijo. Si le pregunta de dónde ha venido, averigüe exactamente el alcance de esa pregunta. Quizá lo que busque sea «de Santander» más que «de la barriga de mamá». Igualmente, tiene que calibrar qué quiere decir cuando le pregunta qué significa el sexo; quizá la respuesta que necesita sea: «Es lo que pones en un formulario donde dice si eres H o M». Cuando sugiera que quiere saber algo sobre la mecánica de la reproducción, puede empezar por decirle que papá pone una semilla en la barriga de mamá, sin especificar la forma exacta en que se hace. Ya le preguntará cuando quiera saber más. Lo ideal es no engañarlo, sino ser sincero y directo sin sobrecargarlo con demasiada información de golpe. Es importante evitar darle la impresión de que el sexo es algo sucio o vergonzoso. Tiene que considerarlo como otra función corporal más. No le diga que un día él también tendrá relaciones sexuales porque le faltan todavía muchos años para esto.

APRENDER JUGANDO

P ¿EL JUEGO HACE QUE MI HIJO APRENDA?

R Jugar no es sólo divertirse. Estimula los sentidos del niño, especialmente la visión, el tacto y el oído. Acrecienta su poder de observación y lo ayuda a desarrollar y practicar la coordinación y otras destrezas. Algunos juguetes estimulan a un niño a usar su imaginación más que otros, pero todos le ofrecen la posibilidad de experimentar. También hay juguetes pensados para proporcionar una salida a su abundante energía, incluso a su agresividad. Si un niño se ve privado de la oportunidad de jugar, puede tener dificultades de aprendizaje más tarde.

P ¿EN NECESARIO QUE TENGA UN MONTÓN DE JUGUETES CAROS PARA JUGAR?

R No. Necesita tener juguetes variados y apropiados para su edad, pero no hay razón alguna por la que tengan que ser caros. Puede conseguir algunos buenos juguetes de segunda mano, pero vigile que sean seguros. Sumérjalos en una solución esterilizadora o lávelos a fondo. También debe usted ayudar a su hijo a jugar, especialmente cuando sea muy pequeño. No tiene que jugar con él todo el tiempo, pero sí prestarle atención cuando la necesite y ayudarlo a hacer las cosas más complicadas cuando se lo pida.

GUÍA DE SUPERVIVENCIA PARA PADRES

NO PUEDO SOPORTAR LOS JUEGOS QUE ENSUCIAN

Algunas formas de juego ensucian mucho. Puede proteger su alfombra y su tranquilidad si adopta unas medidas sensatas.

¿Cómo controlaré los juegos que ensucian?

- Proteja la ropa y otras pertenencias antes de empezar. Para pintar, extienda un plástico o viejos periódicos.
- Programe esos juegos justo para antes de la hora del baño o antes de fregar el suelo de la cocina. Así la limpieza posterior no será una tarea añadida.
- Supervise a su hijo por su propia seguridad y para que no ensucie en demasía.
- No podrá impedir por completo algunos accidentes y líquidos vertidos. Acéptelo.

P ¿A PARTIR DE QUÉ EDAD SON ÚTILES LOS LIBROS?

R Desde el principio. Puede leerle a su hijo incluso antes de los seis meses de edad. Le encantará estar muy cerca de usted, sentado en sus rodillas, escuchando el ritmo de su voz y mirando las imágenes.

P ¿QUÉ CLASE DE LIBROS SON ÚTILES PARA MI HIJO A CADA EDAD?

R Los libros de cartón son los mejores para que su hijo los mire por su cuenta a cualquier edad, especialmente si las imágenes son claras y el libro puede soportar algunas babas y un trato un tanto entusiasta. Es buena idea tener algunos libros especiales para leer juntos y guardarlos después de la sesión de lectura.

P ¿CUÁL ES LA MEJOR MANERA DE HACER QUE MI HIJO PRUEBE COSAS NUEVAS?

R Ofrézcale oportunidades; deje que tenga diversos juguetes y objetos de diferentes tamaños, formas y texturas. Se divertirá construyendo torres con bloques y metiendo cosas en cajas. Puede jugar con cazos, carretes de hilo vacíos y cajas de cartón; y puede regar las plantas con una regadera. Probablemente, querrá probar todo lo que encuentre, así que vigílelo de cerca.

P ¿TENGO QUE PROPORCIONARLE UN JUEGO ESTRUCTURADO A MI HIJO?

R Si le ofrece las suficientes oportunidades, un niño jugará solo, pero una cierta estructura impedirá que se aburra, especialmente cuando ya empieza a caminar. Además de dejarle disfrutar de su tiempo para concentrarse en sus juguetes, también tendría que procurar salir cada día, para quemar energía y ver cosas nuevas. También es una buena idea pasar algún tiempo juntos, con un puzzle o un libro.

P ¿ES IMPORTANTE QUE MI HIJO JUEGUE CON OTROS NIÑOS?

R Sí. Así aprende a relacionarse socialmente, a cooperar, a aceptar la existencia de normas, a esperar su turno y a compartir. No obstante, un niño de menos de tres años no suele estar preparado para hacer amistades y la idea de compartir no es algo natural. Así pues, hasta esa edad jugar al lado de otro niño (lo que a veces llamamos «juego paralelo») es lo más realista. Invite a jugar a otros niños, visite a amigos con bebés o vaya a los parques infantiles.

P ¿QUÉ CLASE DE JUEGO DE ROL ES MÁS EDUCATIVO?

R Cualquiera ayudará al desarrollo de su hijo, pero hurgar en un baúl o en una maleta llenos de ropa vieja lo tendrá ocupado muchas horas. Si quiere disfrazarse no es necesario que sea con algo lujoso o complicado; lo que tiene que usar es su propia imaginación, no necesita la de usted. Unos cuantos accesorios, como un parche de pirata, un gorro o un estetoscopio de juguete le darán un aire de autenticidad a su mundo imaginario. A veces querrá que usted participe, mientras que otras tendrá usted que mantenerse discretamente al margen. Evite asumir el protagonismo, por divertido que parezca.

P ¿LOS JUEGOS DE ORDENADOR SON BUENOS O MALOS PARA MI HIJO?

R Los juegos de ordenador pueden mejorar la discriminación visual de un niño, su coordinación y sus reacciones y pueden abrir camino para aprender las destrezas de la informática. No obstante, permanecer sentado delante de un ordenador no le enseñará nada sobre las relaciones interpersonales. Algunos juegos son violentos y nada adecuados para los niños de menos de cinco años. También es posible que se enganche al ordenador; se conoce el caso de niños muy pequeños que han abandonado todas las demás actividades, incluyendo comer, para no tener que apartarse de la pantalla. Asimismo, absorben mucho tiempo; de forma que piense en el efecto que podrían tener, si no ejerce usted algún control, en las demás experiencias de juego de su hijo, en su buena forma física y en su postura. Para un niño pequeño, es más importante aprender a relacionarse con los demás que a usar un ordenador.

P ¿CÓMO PUEDO ESTIMULAR A MI HIJO PARA QUE SEA CREATIVO?

R Proporciónele papel, lápices, pinturas, figuras para pintar, arcilla o pastilina para modelar en cuanto esté preparado para ello, probablemente hacia los 18 meses, y él aportará la imaginación y el entusiasmo, pero no espere que se concentre mucho tiempo. No dedique demasiado tiempo a preparar la actividad o quedará decepcionada cuando él la abandone al cabo de poco tiempo. Cuando su hijo haya garabateado un dibujo o hecho algo con cartón y algodón, muéstrele su admiración y deje en suspenso su capacidad crítica. Quizá el suyo no sea una obra de arte figurativa, pero seguro que hay algo que merezca elogios: «Qué forma tan bonita» o «Qué colores tan estupendos» son comentarios positivos que debe tener listos, en la punta de la lengua.

P VIVIMOS EN UN PISO PEQUEÑO. ¿CÓMO PUEDO FOMENTAR AL MÁXIMO LOS JUEGOS ACTIVOS DE MI HIJO?

R Haga el esfuerzo de sacar a pasear a su hijo. En cuanto pueda sentarse sin ayuda –incluso antes si lo sienta en sus rodillas– disfrutará con los columpios. Más tarde, puede probar con otros juegos del parque o correr por la hierba o jugar con la arena o con una pelota. Con ropa adecuada es posible salir incluso si hace mal tiempo. Saltar dentro y fuera de los charcos es una actividad estupenda, como también lo es dar patadas a las hojas secas en otoño. Vigile a su hijo; los parques no están libres del riesgo de las heces de perro, los cubos de basura y las calles de alrededor. Entérese de si hay clases de gimnasia o de ejercicio para niños pequeños y no olvide la piscina, donde pueden ir a chapotear juntos en cuanto el bebé esté preparado. Muchos centros deportivos tienen piscinas infantiles con una temperatura más alta que las de adultos y a veces imparten clases de natación para niños pequeños.

P ¿DÓNDE ES MEJOR QUE GUARDE LOS JUGUETES DE MI HIJO?

R Los juguetes tienen que estar en una caja o armario cuando el niño no esté jugando con ellos. Sacar todos los juguetes a la vez no es útil para su forma de jugar y puede ser peligroso para los dos, ya que es posible tropezar con ellos y caerse. Muchos padres piensan también que el desorden crea tensión, mientras que aprender a guardar los juguetes ayuda a fomentar el sentido de la propiedad y la responsabilidad en el niño. Es algo que no sucede de la noche a la mañana, de forma que al principio debe ayudarlo a recoger. Procure tener diferentes cajas o lugares para guardar diversas clases de juguetes.

LOS JUEGOS CREATIVOS
Los juegos creativos no son sólo diversión, sino que también incrementan la confianza y la sensación de autoestima.

EL DESARROLLO

DE 6 SEMANAS A 3 MESES

P ¿CÓMO SE DESARROLLA MI BEBÉ EN ESTE PERÍODO?

R El bebé se desarrolla rápidamente durante este espacio de tiempo y observará que ha madurado de forma considerable en pocas semanas. No obstante, no siempre es fácil evaluar cómo va. Habrá días en que el bebé esté tranquilo y feliz y otros en que esté menos relajado y resulte más difícil jugar con él y contentarlo. Además, los bebés tienen caracteres y ritmos de desarrollo diferentes. Puede hacerse una idea de su progreso general observándolo cuando esté de buen humor, recién comido y satisfecho. La lista que le ofrecemos abajo puede servirle de referencia. Si no hace todas esas cosas, no se preocupe; puede que tenga un día malo. No obstante, coméntelo siempre con el médico si le preocupa algún aspecto del progreso de su hijo.

- **¿Sigue las cosas con los ojos?** Puede que se entusiasme cuando la vea con su juguete favorito, pero aún tardará un tiempo en empezar a fijarse en los objetos pequeños.
- **¿Sigue los sonidos?** Cuando esté cerca de los tres meses, debería volver la cabeza como respuesta a los sonidos, pero su capacidad para localizarlos exactamente todavía tardará bastante.
- **Cuando está despierto en la cuna, ¿se sorprende al ver aparecer su cara por encima de la cuna?** Tendría que poder oír cómo se acerca y no sobresaltarse, sino sentirse encantado de que esté allí.
- **¿Produce algunos sonidos?** A los tres meses probablemente hará algunos sonidos gorjeantes; si no es así, dígaselo al médico.
- **¿Tiene las manos abiertas la mayor parte del tiempo?** Hacia los tres meses, los bebés ya no tienen los puños cerrados todo el tiempo. Abrir las manos es un preludio esencial para que aprenda a utilizarlas.
- **¿Qué postura tiene?** Si después de las seis semanas el cuello de su hijo sigue flácido y la cabeza se le balancea cuando está despierto, llévelo al médico.
- **¿Su bebé está alerta y de buen humor la mayor parte del tiempo?** Es normal que un bebé de tres meses tenga períodos de lloriqueos, pero una constante irritabilidad puede significar que algo no va bien.

Un móvil de tela estimulará y entretendrá al bebé.

JUGUETES SEGUROS
Cuelgue un móvil de colores brillantes por encima de la cuna o del cambiador del bebé para crear una diversión fascinante, pero asegúrese de que queda fuera de su alcance si tiene que dejarlo solo.

P ¿QUÉ JUGUETES SON ADECUADOS PARA MI BEBÉ A ESTA EDAD?

R Proporciónele diferentes juguetes para que los vea y los toque, y juegue con él cada día. Los juguetes pueden ser sencillos y poco a poco puede adquirir una colección que mantenga el interés de su hijo y desarrolle su destreza conforme crece. Los juguetes no son sólo para tocar; a los bebés les encanta mirar los móviles y escuchar los muñecos musicales. No ponga los juguetes con sonido demasiado cerca del bebé, ya que un ruido prolongado podría dañarle el oído. A los bebés también les gustan los juguetes blandos, como los ositos y otros peluches; les interesan sus caras y también su textura. Los juguetes de colores brillantes, por ejemplo los sonajeros y los animales que chillan, son ideales en los primeros meses. Otras cosas que puedan sostener, coger y llevarse a la boca son también útiles, pero cuide de que todas sean seguras y adecuadas. Las piezas pequeñas y las cintas que llevan los peluches pueden atragantar a un bebé.

P ¿QUÉ ACTIVIDADES LE GUSTARÁN A MI BEBÉ A ESTA EDAD?

R Le gustará que le hable y le sonría porque esto le garantiza que usted lo quiere y le enseña una lección valiosa para relacionarse con usted. Acérquese para que pueda explorar su cara con las manos (si lleva gafas, será mejor que se las quite antes). Abrace al bebé; le encantará su contacto y olor, y a usted también, especialmente después del baño, cuando tiene un olor tan agradable. Nunca es demasiado temprano para empezar a cantarle canciones y le entusiasmará que lo balancee suavemente en su falda.

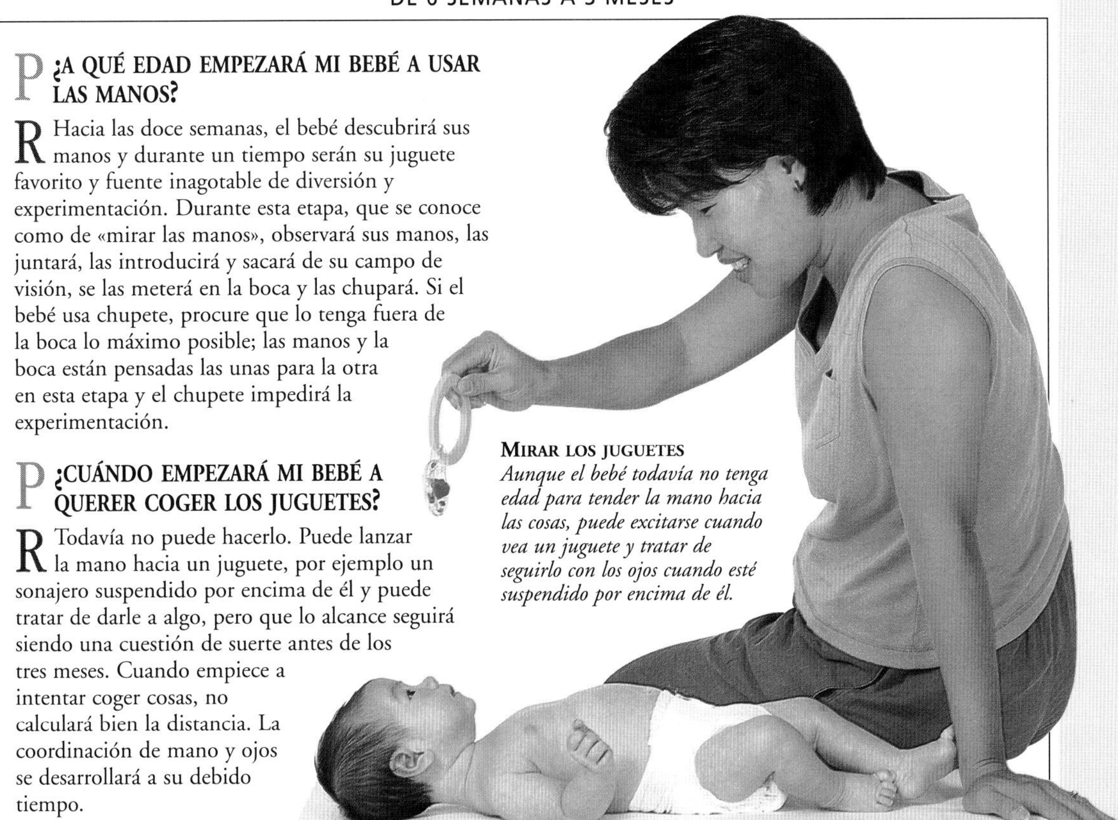

P ¿A QUÉ EDAD EMPEZARÁ MI BEBÉ A USAR LAS MANOS?

R Hacia las doce semanas, el bebé descubrirá sus manos y durante un tiempo serán su juguete favorito y fuente inagotable de diversión y experimentación. Durante esta etapa, que se conoce como de «mirar las manos», observará sus manos, las juntará, las introducirá y sacará de su campo de visión, se las meterá en la boca y las chupará. Si el bebé usa chupete, procure que lo tenga fuera de la boca lo máximo posible; las manos y la boca están pensadas las unas para la otra en esta etapa y el chupete impedirá la experimentación.

P ¿CUÁNDO EMPEZARÁ MI BEBÉ A QUERER COGER LOS JUGUETES?

R Todavía no puede hacerlo. Puede lanzar la mano hacia un juguete, por ejemplo un sonajero suspendido por encima de él y puede tratar de darle a algo, pero que lo alcance seguirá siendo una cuestión de suerte antes de los tres meses. Cuando empiece a intentar coger cosas, no calculará bien la distancia. La coordinación de mano y ojos se desarrollará a su debido tiempo.

MIRAR LOS JUGUETES
Aunque el bebé todavía no tenga edad para tender la mano hacia las cosas, puede excitarse cuando vea un juguete y tratar de seguirlo con los ojos cuando esté suspendido por encima de él.

¿QUÉ PUEDE HACER EL BEBÉ A LOS TRES MESES?

DESTREZA	¿QUÉ PUEDE HACER?
Vista	▪ Sonreír cuando le sonríen. ▪ Enfocar y seguir un juguete que se balancea, especialmente si tiene colores brillantes.
Oído	▪ Sonreír si le hablan. ▪ Seguir los sonidos.
Lenguaje	▪ Gorjear de placer. ▪ Emitir sonidos vocálicos, con frecuencia como respuesta a la voz de sus padres.
Coordinación	▪ Sostener un objeto que le pongan en la mano, pero todavía no puede tender la mano y coger algo y no puede mover la mano sosteniendo algo en ella.
Control postural	▪ Mover los brazos y las piernas mucho cuando está despierto. ▪ Levantar y mantener altos la cabeza y el cuello si está boca abajo. ▪ Si tira de él para levantarlo y ponerlo sentado, en posición erguida, la cabeza sólo se le irá hacia atrás ligeramente.
Comprensión general	▪ Reconocer personas y objetos que conoce.
Conducta social y emocional	▪ Responder a padres y otros adultos, incluyendo los extraños, si son amables con él. ▪ Mostrar placer sonriendo y emitiendo sonidos.

Verá que todas estas destrezas se interrelacionarán cada vez más, conforme el bebé se desarrolle.

ENTRE 3 Y 6 MESES

P ¿CÓMO SE DESARROLLA MI BEBÉ DURANTE ESTE PERÍODO?

R A partir de los tres meses, el bebé se vuelve más sociable y su coordinación mejora sin cesar. Como ya tiene más elementos de juicio, es más fácil evaluar el desarrollo del bebé. Recuerde, sin embargo, que su humor variará de un día a otro y que esto afectará lo que hace y cómo se comporta. Relájese y disfrute viendo lo que puede hacer; su médico podrá aconsejarla y tranquilizarla si le preocupa algo sobre el ritmo de progreso de su hijo o su salud en general.

- **¿Estudia las cosas atentamente?** Después de los tres meses, el bebé ya debería enfocar bien la visión, especialmente de cerca.
- **¿Puede coger cosas?** A los seis meses su capacidad de agarre sigue siendo primitiva, pero ya es eficaz. Debería utilizar ambas manos para manejar los objetos de más tamaño, por ejemplo, el biberón.
- **¿Puede sostener cosas y chuparlas?** Debería meterse cosas en la boca para explorar su forma, textura y sabor. La boca seguirá siendo su principal medio de explorar el mundo que le rodea todavía durante algún tiempo.
- **¿Puede darse la vuelta para ponerse de espaldas mientras juega o le cambio el pañal?** Conforme se desarrollan su vigor muscular y su coordinación, debería tener un control cada vez mayor de su movimiento y quizá sepa que usted lo va a levantar.
- **¿Presta atención cuando usted le habla?** Debería volverse hacia usted cuando le hable y reconocerla y responder con placer.

P ¿QUÉ ACTIVIDADES LE GUSTARÁN A MI HIJO A ESTA EDAD?

R No es demasiado pequeño para mirar libros sencillos, así que dedique un tiempo cada día a sentarse con él y mirar las imágenes juntos. También le gustarán las canciones y no le importará si no se acuerda de las letras y tiene que inventar un poco. Juegue con él en el suelo todo lo que pueda para mejorar su vigor muscular y su coordinación general. Puede que reaccione si usted aparece y desaparece, pero jugar al escondite con los juguetes es todavía demasiado difícil; tal vez la busque detrás del sofá o de las cortinas, pero no sabrá dónde buscar un juguete desaparecido.

P ¿QUÉ JUGUETES SON ADECUADOS PARA MI HIJO A ESTA EDAD?

R Seguirán gustándole los sonajeros, los juguetes que hacen ruido al apretarlos y los peluches. Pero como ya utiliza más las manos, también le gustarán otros objetos de diferentes pesos, formas y texturas, así que puede comprarle juguetes más complicados. Todos deben seguir estando limpios y sin peligro para que se los meta en la boca y deberá jugar poco con los que sean muy ruidosos, ya que el efecto adverso del ruido en la capacidad auditiva es acumulativo. Ahora que está en la etapa de agarrar y manipular, los centros de actividades y los gimnasios infantiles le interesan cada vez más. También puede darle juguetes más grandes, como un oso o una pelota. Como los bebés se cansan pronto de todo, es buena idea establecer una rotación de sus juguetes para que juegue con cosas diferentes cada día; de esta forma le resultará más fácil tenerlo entretenido.

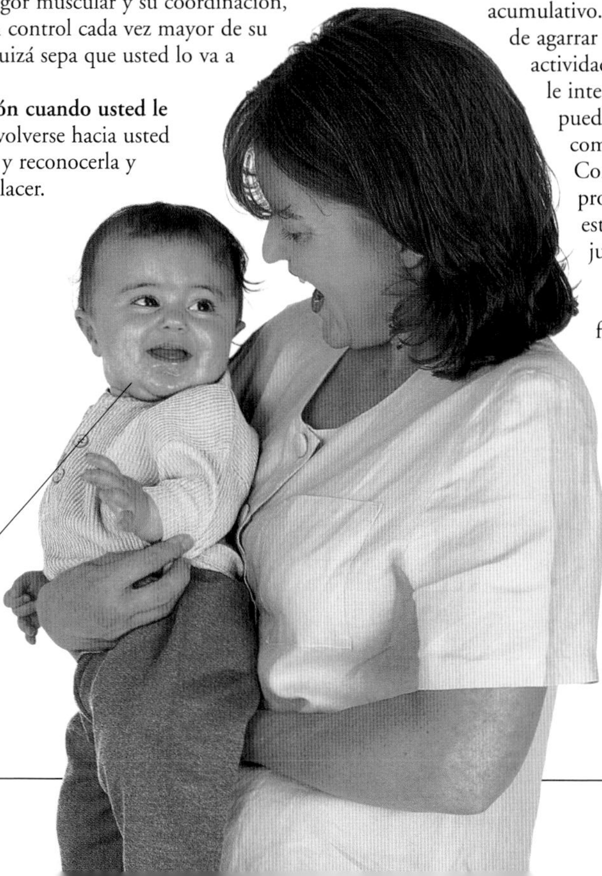

Ver su cara radiante cuando se vuelva a mirarle hará que el bebé sonría.

OÍR Y ESCUCHAR
Durante este período de su desarrollo, su bebé aprenderá a localizar sonidos; por ejemplo, se volverá para escucharla cuando le hable.

P ¿ES NORMAL QUE MI BEBÉ EXAMINE UNA Y OTRA VEZ LAS COSAS?

R El bebé está cada vez más atento y sus poderes de observación crecen. Coge las cosas y las mira, a menudo inspeccionándolas hasta el más mínimo detalle. Las imágenes de los libros serán sometidas a un intenso escrutinio y las texturas se volverán muy importantes, no sólo para el tacto sino para la vista. El bebé puede pasar el tiempo simplemente contemplando un agarrador de cocina que alguien haya dejado a su alcance. Su detallado estudio de los objetos tiene algo de curso de física y le enseña los fundamentos de causa y efecto mientras trata de introducir una cosa en otra y separar las piezas de otra. También levantará las mantas para mirar qué hay debajo y si le da una pelota puede empujarla y mirar cómo va y viene rodando. Una pelota con sonido es muy atractiva a esta edad, al igual que los tentetiesos.

Explorar a través del juego
Hacia los seis meses, el bebé puede darse la vuelta para ponerse de espaldas, lo cual le ofrecerá otra perspectiva del mundo además de una mayor movilidad en sus juegos. Todo le interesará y aprenderá rápidamente.

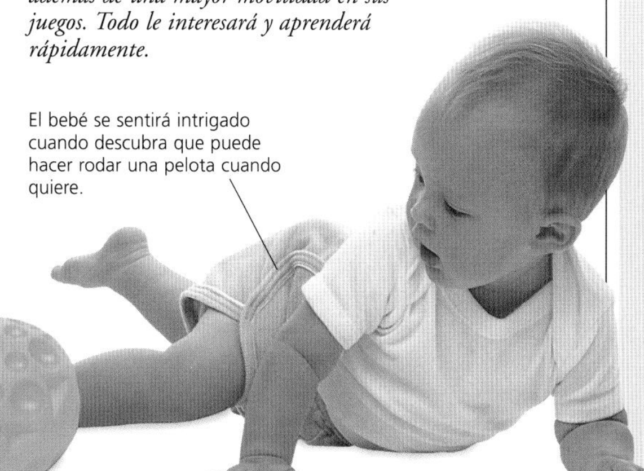

El bebé se sentirá intrigado cuando descubra que puede hacer rodar una pelota cuando quiere.

¿Qué puede hacer el bebé a los seis meses?

DESTREZA	QUÉ PUEDE HACER
Vista	▪ Mirar las cosas muy atentamente. ▪ Verse en un espejo, pero sin saber que se está mirando. ▪ Imitarla y sacarle la lengua si usted lo hace. ▪ Jugar a esconder con usted si le pone una toalla o una sábana delante.
Oído	▪ Su localización de los sonidos mejora y se vuelve hacia la persona que habla.
Lenguaje	▪ Reír, gorjear, balbucear y «hablar» con usted y con su imagen en el espejo. ▪ Responder con un sonido cuando usted le habla, especialmente si usa su nombre. ▪ Decir «Pa» o «Ma».
Coordinación	▪ Llevarse todo a la boca. ▪ Cogerse los pies y llevárselos a la boca. ▪ Alcanzar y tocar los objetos. Agarrar las cosas con la palma de la mano y tres dedos, pero todavía sin usar el índice y el pulgar. ▪ Golpear cosas contra el suelo o la mesa. ▪ Dejar caer sus juguetes, especialmente si usted le ofrece otro, pero todavía no es capaz de sostener algo en cada mano al mismo tiempo.
Control postural	▪ Cuando está tumbado de espaldas, levantar primero la cabeza cuando usted está a punto de alzarlo para sentarlo. También tenderle las manos. ▪ Darse la vuelta para ponerse de espaldas. ▪ Soportar su peso durante un momento si lo pone de pie.
Comprensión general	▪ Empezar a comprender el efecto que tiene en el mundo que lo rodea agarrando, manipulando o golpeando las cosas.
Conducta social y emocional	▪ Disfrutar de la compañía y mostrarlo por medio de sonidos, risas y gorjeos.

Observe que las destrezas de su bebé se interrelacionan más que antes; por ejemplo sus balbuceos y risitas mejorarán conforme se desarrolle su poder de imitación y su comprensión general.

ENTRE 6 Y 9 MESES

P ¿CÓMO SE DESARROLLA MI BEBÉ DURANTE ESTE PERÍODO?

R Es un período muy interesante, en el que observará que su bebé es cada vez más una auténtica persona, con una verdadera personalidad. Por esta razón, quizá no actúe o reaccione exactamente igual que otros bebés que usted conoce. Su desarrollo tampoco será igual, pero consulte con su médico si le preocupa algo concreto. Su bebé es único, pero puede comprobar cómo va progresando mediante la simple observación.

- **¿Puede enfocar bien la mirada?** Si le ofrece un objeto para que lo coja, debería poder enfocar la mirada sin bizquear. Consulte al médico si sospecha que el bebé puede ser estrábico.
- **¿Se vuelve cuando le habla?** Hacia los seis meses, el bebé se dará cuenta de la mayoría de lo que dice y hace y debería reaccionar.
- **¿Puede hacer sonidos que se asemejen vagamente a verdaderas palabras?** No se preocupe si los sonidos que hace no son reconocibles todavía, está experimentando todo el tiempo, preparándose para decir su primera palabra.
- **¿Puede señalar los objetos que le interesan?** Hacia los nueve meses, debería señalar con el dedo índice y también ser capaz de coger objetos pequeños entre el pulgar y el índice.
- **¿Puede soltar los objetos a voluntad?** Entre los seis y los nueve meses su instinto de agarre se habrá depurado para poder soltar algo cuando quiera.
- **¿Puede mordisquear cosas?** Debería poder coger pequeños trozos de comida y sostener una taza o un biberón para tomarlos solo.
- **¿Puede sentarse sin ayuda durante varios minutos seguidos?** Hacia los nueve meses, no sólo debería ser capaz de estar sentado sin apoyo, sino también sentarse sin ayuda.

P ¿A QUÉ EDAD PODRÁ SENTARSE SIN AYUDA?

R A los seis meses, el bebé tiene todavía que perfeccionar su sentido del equilibrio. Sólo puede estar sentado si usted lo sienta. Tiene bastante control hacia delante, pero debe estar apoyado en cojines para que no se caiga hacia atrás o hacia los lados. Con frecuencia, utiliza las manos para estabilizarse, lo cual significa que no puede estar sentado y jugar al mismo tiempo, de forma que sólo permanecerá en esa posición durante un rato corto. Hacia los ocho meses puede permanecer sentado sin apoyos un momento y hacia los nueve meses podrá hacerlo varios minutos.

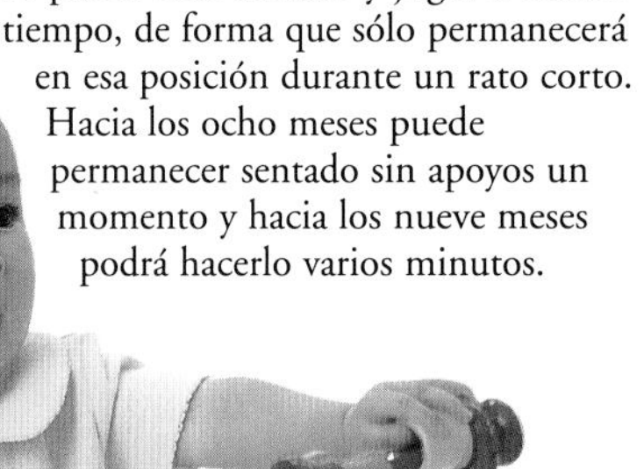

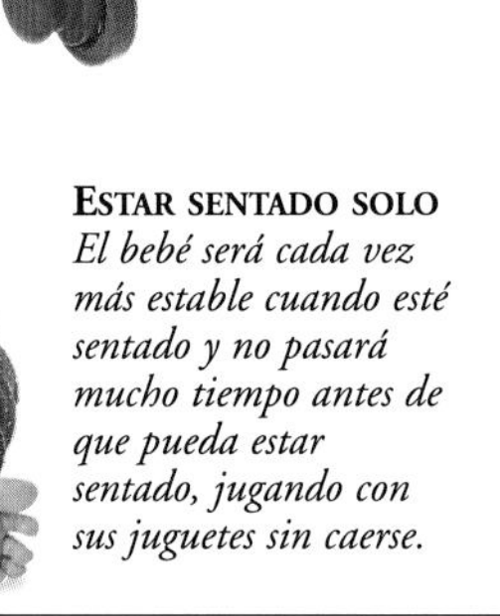

ESTAR SENTADO SOLO
El bebé será cada vez más estable cuando esté sentado y no pasará mucho tiempo antes de que pueda estar sentado, jugando con sus juguetes sin caerse.

P ¿QUÉ PUEDO HACER PARA QUE MI BEBÉ APRENDA A SENTARSE?

R Aunque no puede hacer que se siente antes de estar preparado para hacerlo, puede ayudarlo. En lugar de sostenerlo, pruebe a colocar cojines a su alrededor para protegerlo si se cae. Vigílelo también, pero es poco probable que sea lo bastante rápida para evitar que dé de cabeza contra el suelo. Dentro de pocas semanas podrá quedarse sentado la mayor parte del tiempo sin caerse de lado. Si lo empuja suavemente y le quita la mano con la que se apoyaba, automáticamente tenderá la otra mano para mantener el equilibrio.

P ¿QUÉ JUGUETES SON LOS ADECUADOS PARA MI BEBÉ A ESTA EDAD?

R Continuará disfrutando con muchos de los mismos juguetes que antes, pero también puede jugar con piezas grandes agujereadas para enhebrar, así como con libros de cartón y de tela para mirar. Los juguetes con ruedas, como los coches y camiones, van bien para los bebés de esta edad ya que les gusta empujarlos por el suelo. Asegúrese de que no encierran peligro; las reproducciones de coches en pequeño tal vez no sean adecuadas debido al riesgo de que se ahogue. El bebé también empezará a apreciar los juguetes para el baño, incluyendo los libros de plástico. «Fabríquele» juguetes improvisados con envases de yogur vacíos y cajas de comida de cartón.

P ¿QUÉ ACTIVIDADES LE GUSTARÁN A MI BEBÉ A ESTA EDAD?

R Juegue en el suelo con el bebé para estimular el desarrollo del gateo y de la coordinación general. Conforme su postura y su equilibrio se hagan más estables disfrutará de las actividades que exijan estar sentado, por ejemplo, tocar el tambor, rasgar papel, jugar con bloques de construcción o hacer rodar una pelota entre usted y él. Dele cosas seguras para que entre y salga de ellas gateando; por ejemplo un túnel o una caja de cartón abierta por los dos lados. A esta edad también debería empezar a jugar al escondite con los juguetes; póngalo a prueba y verá.

Con su agarre de pinza el bebé puede disfrutar jugando con un palillo de tambor.

DESARROLLAR LA POSTURA POR MEDIO DEL JUEGO *Un tambor es un buen juguete porque ofrece un incentivo para que su hijo se siente y se concentre, refuerza los músculos de la espalda y perfecciona su equilibrio.*

¿QUÉ PUEDE HACER EL BEBÉ A LOS NUEVE MESES?

DESTREZA	¿QUÉ PUEDE HACER?
Vista	■ Puede mirar en torno con interés. ■ Puede reconocer a las personas y observar sus idas y venidas; a partir de seis meses puede protestar con fuerza cuando usted se vaya. ■ Puede ver y tocar pequeños objetos, como los adornos de un pastel con el dedo índice.
Oído	■ Puede darse cuenta de los sonidos que se produzcan fuera de la habitación, por ejemplo un perro que ladre en la calle, un coche que pase o el timbre de la puerta. ■ Puede volverse hacia las voces y localizar los sonidos hasta la mayoría de lugares, aunque no directamente detrás de él o por encima de su cabeza.
Lenguaje	■ Puede decir una o dos palabras, como «Ma-ma» o «Pa-pa», pero no necesariamente en el momento adecuado ni con significado. ■ Puede canturrear.
Coordinación	■ Debería poder utilizar el agarre de pinza, con el pulgar y el índice. ■ Puede tocar, empujar y señalar los objetos con el índice. ■ Puede soltar los objetos a voluntad. ■ Puede pasarse cosas de una mano a la otra.
Control postural	■ Debería poder permanecer sentado durante un minuto o más, y ser capaz de sentarse solo. ■ Puede tener el suficiente equilibrio para moverse y tratar de alcanzar algo mientras está sentado. ■ Puede levantarse agarrándose a algo, pero quizá tenga problemas para volver a sentarse, de forma que se deja caer con un golpe sonoro. ■ Puede gatear o moverse por el suelo, al estilo comando, sobre la barriga y los codos.
Comprensión general	■ Puede reaccionar al oír su nombre. ■ Puede seguir una pelota si desaparece rodando.
Conducta social y emocional	■ Quizá muestre apego a la madre o al padre o a ambos y puede volverse muy «pegajoso» y mostrarse ansioso cuando su madre o su padre o la persona que lo cuida no está con él. ■ Puede decir adiós con la mano. ■ Puede mantener la atención durante más tiempo.

Observe que las destrezas del bebé están más interrelacionadas; su agarre de pinza, por ejemplo, depende de un enfoque más preciso tanto como de la coordinación motriz fina de la mano, el índice y el pulgar.

ENTRE 9 MESES Y 1 AÑO

P ¿CÓMO SE DESARROLLA MI BEBÉ DURANTE ESTE PERÍODO?

R A partir de los nueve meses, el bebé se pone en marcha, sea gateando, arrastrándose o, raramente, andando. Muchos padres se vuelven muy competitivos sobre el momento en que su bebé alcanza las diversas etapas de desarrollo, pero no hay necesidad de preocuparse si el bebé gatea o anda mucho después (o antes) que los demás. Estará progresando en otros terrenos, pero como siempre, si le preocupa cualquier aspecto del avance de su bebé hable con el médico.

- **¿Parlotea y produce sonidos con fluidez?** Además de parlotear puede que diga una palabra con sentido; quizá «ma-ma» o «pa-pa».
- **¿Ya no se mete cosas en la boca?** Hacia los nueve meses el bebé tiene otras formas de explorar el mundo y la boca ya no es el medio principal para investigar formas y texturas.
- **¿Puede comprender peticiones simples?** A los doce meses, puede darle un juguete, un beso o palmotear cuando usted se lo pida.
- **¿Comprende «¿Dónde está...?»?** Si le esconde un juguete debajo de una manta mientras él mira, puede mostrar interés por buscarlo allí.
- **¿Puede recordar lo sucedido?** Si abre la nevera, puede saber que va a ofrecerle su yogur favorito o si saca la aspiradora, que va a limpiar la alfombra.
- **¿Gatea, se arrastra o anda a cuatro patas?** También puede ponerse de pie y desplazarse alrededor de los muebles, pero algunos bebés empiezan a hacerlo más tarde.
- **¿Quiere comer solo?** A los doce meses tendría que interesarse por coger la cuchara y dirigirla hacia su plato... ¡no haga caso de la suciedad!
- **¿Cojea?** Si ya anda, esté alerta ante cualquier posible problema físico. Consulte al médico si sospecha que el bebé cojea.

¿CUÁNDO SE PONDRÁ EN PIE Y EMPEZARÁ A ANDAR?

Hacia los once meses, su bebé probablemente sea capaz de ponerse de pie con ayuda y desplazarse de lado mientras se agarra a los muebles. Estos «paseos» son un preludio natural para aprender a andar sin ayuda.

Los «paseos»

Cuando el bebé empieza a «pasear», la estabilidad de los muebles en que se apoya es vital. Cuando no haya nada de la altura adecuada, se sentará y gateará, pero si encuentra otra cosa que usar como baranda, puede ponerse de pie y reiniciar su paseo. Entre los doce y los catorce meses, de vez en cuando abandonará los muebles y se quedará sólo de pie durante varios segundos seguidos. Hacia los quince meses, podrá ver cómo da sus primeros pasos solo. Trece meses es la edad promedio en que un bebé empieza a andar, aunque algunos no lo hacen hasta los dieciocho.

PONERSE DE PIE
El bebé se levantará sujetándose a las cosas. Para evitar que se le vuelquen encima, retire cualquier elemento inestable de su camino.

Inicialmente el bebé se impulsará hacia arriba usando ambas manos.

Conforme aumente su confianza, extenderá el brazo para coger sus juguetes.

P ¿QUÉ ACTIVIDADES SON ADECUADAS PARA MI BEBÉ A ESTA EDAD?

R El bebé pasará mucho tiempo empujando juguetes del tipo andador conforme vaya experimentando la seguridad de sus pies. Además, en esta etapa puede improvisar actividades con más facilidad. Llenar y vaciar cajas de galletas, golpear utensilios de cocina uno contra otro para hacer «música», entrar y salir de cajas de cartón y estrujar hojas de papel de envolver son actividades sencillas pero divertidas que mantendrán a su hijo ocupado de una forma segura e imaginativa. Para pasar un rato más tranquilo, siéntense juntos y miren libros, disfrutando de las ilustraciones juntos; los libros son cada vez más interesantes para su bebé. Pasear por el parque y dar de comer a los pájaros les proporcionará aire fresco y será divertido para los dos. En casa, incluso las tareas cotidianas, como limpiar el polvo, pueden ser agradables para su bebé si le da un trapo limpio para que la ayude.

P ¿QUÉ JUGUETES HAY PARA MI BEBÉ A ESTA EDAD?

R Aproveche el conjunto de juguetes con que el bebé ha disfrutado en los pasados meses, introduciendo cosas que son más complicadas y necesitan más destreza para dominarlas: cajas para meter cosas, recipientes con agujeros para meter elementos de diferentes formas, cubiletes que encajan uno dentro de otro, coches de juguete para empujar por el suelo, cosas que hacen ruido cuando se golpean una contra otra, juguetes musicales y otros ensartados en cordeles (las cordeles son también útiles para atar cosas al cochecito o la sillita de paseo, pero tenga cuidado de que sean lo bastante cortos para que el bebé no se enrede con ellos). Vigile que no haya ningún juguete lo bastante pequeño como para que el bebé se atragante con él o que pueda desmontarse en piezas tan pequeñas que pueda tragárselas. Es más difícil asegurarse de que los juguetes no encierran peligro si se cae sobre ellos, e incluso los juguetes apropiados para su grupo de edad pueden hacerle daño si le caen encima con fuerza. Con total certeza, los juguetes que ruedan, por ejemplo una pelota musical, lo intrigarán y fascinarán.

¿QUÉ PUEDE HACER MI BEBÉ AL AÑO DE EDAD?

DESTREZA	¿QUÉ PUEDE HACER?
Vista	■ Ahora puede seguir objetos que estén más lejos. Probablemente, los veía cuando era más pequeño, pero los objetos más distantes aumentan de importancia cuando su mundo se amplía.
Oído	■ Puede comprender muchas palabras, frases y preguntas sencillas. ■ Puede obedecer peticiones sencillas.
Lenguaje	■ Puede producir sonidos diferentes y disfrutar parloteando solo. La mayoría de esos sonidos siguen siendo vocales, pero también puede decir algunas consonantes, en especial «b», «d» y «m». Más tarde llegará a la «p» la «t» y la «k», aunque el orden de asimilación depende de las características de su lengua materna.
Coordinación	■ Puede ofrecerle un juguete (a menudo acompañado de un sonido gutural) si se lo pide. También puede haber aprendido a tirarlos. ■ Con frecuencia dirá adiós con la mano, cuando se lo pida. ■ Puede sostener un lápiz o una tiza en el puño y hacer marcas rudimentarias con ellos. Quizá haga movimientos como de cuchillo sobre el papel. También querrá usar la cuchara en las comidas.
Control postural	■ Debería sentarse sin problemas y quizá tratar de ponerse de pie. Incluso puede andar de lado mientras se sujeta en los muebles (o en usted). También puede desplazarse gateando o arrastrándose, pero no espere que empiece a andar todavía. ■ Puede maniobrar para pasar de estar de pie a estar sentado sin ningún problema.
Comprensión general	■ Puede comprender la finalidad de muchos objetos, así como su permanencia. Cuando le esconda algo que sabe que existe lo buscará.
Conducta social y emocional	■ Puede prever el placer y mostrar su alegría. Puede ser feliz al ver a las personas que le gustan, pero permanecer indiferente con la mayoría de los que no conoce.

Observe que las destrezas de su hijo están más interrelacionadas que antes; por ejemplo, decir adiós depende de la comprensión general y de la habilidad motriz, además de la visión y el oído.

ENTRE 1 Y 1½ AÑOS

P ¿CÓMO SE DESARROLLA MI HIJO DURANTE ESTE PERÍODO?

R Entre los doce y los dieciocho meses, puede parecer que algunos aspectos del desarrollo del niño se vuelven más lentos, lo cual preocupa a los padres. Esté tranquila, porque estará haciendo progresos vitales en muchos frentes; sigue habiendo muchas diferencias entre un niño y otro, de forma que puede ser que el suyo no esté haciendo exactamente lo mismo y al mismo tiempo que el hijo de un amigo. Consulte al médico si hay algo que le preocupa y controle el progreso de su hijo observando qué hace y cómo lo hace.

- **¿Está interesado en todo lo que hace, pero al mismo tiempo reacciona a lo que usted dice?** Esto significa que su capacidad auditiva y sus destrezas relacionales se están desarrollando bien. No se preocupe si no le contesta siempre; algunas veces estará demasiado ocupado explorando o jugando.
- **¿Comprende las palabras y frases familiares sencillas y nombra algunos objetos comunes?** Hacia los 18 meses, sabrá el nombre de varias cosas cotidianas, como tenedor y cuchara, y también comprenderá para qué sirven.
- **¿Puede imitar algunas de sus actividades?** El niño debería tener la habilidad y el entusiasmo para imitarla; probablemente le encantará ayudarla a barrer y quitar el polvo.
- **¿Sabe andar?** Casi todos los niños andan hacia los dieciocho meses, pero algunos prefieren arrastrarse sentados en el suelo, utilizando las manos para impulsarse. Consulte al médico si el niño no quiere andar cuando tiene dieciocho meses.
- **¿Anda de puntillas?** No suele ser perjudicial y el pie se aplana al cabo de un mes o dos para permitirle andar sobre toda la planta. También puede ser patizambo o meter las puntas de los pies hacia dentro. Vea al médico si continúa andando de puntillas.
- **¿Puede subir y bajar de una silla baja?** Tal vez sus movimientos sean torpes, pero debería poder coordinar su cuerpo para hacer esto con bastante facilidad.
- **¿Puede enfocar la vista adecuadamente?** Hable con el médico si sospecha que tiene algún problema en la vista.

P ¿QUÉ ACTIVIDADES SON ADECUADAS PARA MI HIJO A ESTA EDAD?

R Como ahora su hijo es un buen imitador de la conducta de los adultos, apreciará todo tipo de cosas que puedan utilizarse en los juegos de fantasía y disfrutará copiando lo que usted hace. Háblele de las actividades cotidianas y sugiérale juegos de ficción; por ejemplo tener una conversación por un teléfono de juguete o rebuscar en una vieja maleta llena de disfraces. Enséñele canciones y rimas sencillas; le encantará balbucearlas o repetir algunas palabras después de usted. Y déjele que juegue con el agua; se divertirá mucho vertiendo agua dentro de unos recipientes y sacándola de ellos y haciéndola pasar a través de coladores; pero no deje de vigilarlo en todo momento. Los juegos de pelota son divertidos y útiles para su coordinación, fuerza y buena forma, pero vigile que la pelota sea lo bastante resistente para soportar un trato bastante violento.

P ¿QUÉ JUGUETES NUEVOS TENGO QUE DARLE A MI HIJO EN ESTE PERÍODO?

R Conforme su hijo camine mejor, sacará el máximo partido de los juguetes con ruedas, como un camión cargado de bloques o un animal que puede arrastrar detrás de él. Ahora ya estará preparado para disfrutar de muchos más tipos de libros con imágenes, aunque puede que no trate las páginas muy bien. En este estadio, cómprele puzzles fáciles; un puzzle grande para montar en el suelo es una buena compra y divertido para hacerlo juntos. Le encantará el reto de tratar de averiguar cómo se ensamblan las piezas, pero necesitará su ayuda.

ARRASTRES
Anime a su hijo a andar dándole uno o dos arrastres. Se sentirá muy independiente llevando a su pato o perrito favorito a dar una vuelta.

P ¿ES MI HIJO LO BASTANTE MAYOR PARA QUE LE GUSTE JUGAR EN EL PARQUE?

R Cuando su hijo pueda caminar disfrutará yendo al parque, jugando con la pelota y con cosas diferentes. Probablemente le gustarán los columpios y el tobogán, siempre que no sea demasiado alto y que usted lo sujete. Si llueve, vístalo con impermeable y botas de agua; le encantará meterse en los charcos. Deje que haga lo que quiera a su propio ritmo, pero no lo pierda de vista.

P ¿MI HIJO ESTÁ PREPARADO PARA USAR LÁPICES Y PINTURAS?

R Sí. Dele papel, lápices y ceras y compre pinturas especiales para niños. Sus intentos para pintar y dibujar pueden ser muy atrevidos y carecer de realismo, pero necesita aprender. Al principio le puede gustar pintar con agua más que con pinturas; es igual de divertido y mucho menos sucio para usted.

P ¿A ESTA EDAD, HABRÁ SEÑALES DE QUE CRECE EN INDEPENDENCIA?

R Hacia los 18 meses, el niño puede seguir protestando si usted se va de la habitación, aunque en otras ocasiones se quedará tan contento de estar solo. Y en el parque, si usted se le adelanta, puede romper a llorar. Con frecuencia los padres se sorprenden de que la situación cambia si es el niño quien se aleja de ellos y ellos quienes se quedan en el mismo sitio. Probablemente es que sabe dónde están, y es él quien ha tomado la decisión de apartarse de su lado e irse de exploración. Es una señal de su creciente curiosidad e independencia. Por otro lado, también puede no mostrar ninguna señal de que le interese dónde está usted, pero no le quepa ninguna duda de que sigue importándole. Usted es su base; vigílelo discretamente y trate de no limitarlo demasiado ya que puede ponerse rebelde y escaparse corriendo para afirmarse.

¿QUÉ PUEDE HACER MI HIJO A LOS DIECIOCHO MESES?

DESTREZA	¿QUÉ PUEDE HACER?
Vista y oído	■ Su visión puede estar plenamente desarrollada y utilizar de forma compleja lo que ve y oye. ■ Puede localizar los sonidos con precisión.
Lenguaje	■ Puede utilizar por lo menos cuatro palabras (quizá muchas más) claramente y con sentido. Puede llamar a todos los hombres «pa-pa», algo que para usted puede resultar divertido o embarazoso. Principalmente, su hijo se entregará a largas conversaciones balbuceantes que no significan mucho para nadie, incluida usted. Los expertos lo llaman «jerga». De vez en cuando enlazará bien dos palabras reconocibles, pero no es muy corriente, así que no se preocupe si todavía no lo hace.
Coordinación	■ Puede imitarla haciendo cosas como leer, escribir, hablar por teléfono o hacer la limpieza, por lo cual, es una edad estupenda para los juegos de «hacer ver». ■ Puede pasar las páginas de un libro, aunque las romperá al hacerlo. ■ Puede señalar las ilustraciones. Puede «dibujar» un poco y garabatear muchísimo. ■ Puede construir una torre con tres o más cubos. ■ Puede usar la cuchara con seguridad.
Control postural	■ Puede andar bien y éste puede ser su sistema favorito para moverse, aunque vuelva a gatear cuando le convenga. Es capaz de inclinarse hacia delante y volverse a levantar. ■ Puede tirar una pelota sin perder el equilibrio. ■ Puede subir escaleras usando las rodillas y las manos y subir y bajar de una silla baja. ■ Puede andar hacia atrás imitándola, lo cual no es una destreza muy útil, pero es posible que el doctor pruebe si sabe hacerlo.
Comprensión general	■ Puede conocer varias partes de su cuerpo. Puede subir un brazo o una pierna para que lo vista y ser capaz de quitarse los zapatos y los calcetines (aunque no siempre en el momento oportuno).
Conducta social y emocional	■ Sigue apegado a usted, pero quizá empiece a hacerse más independiente. ■ Puede comprender para qué sirven las cosas. ■ Puede mantener más tiempo la atención. ■ Ahora puede seguir jugando y escuchar al mismo tiempo lo que usted le dice.

Observe que las destrezas de su hijo están más interrelacionadas que antes; subir y bajar de una silla, por ejemplo, requiere no sólo coordinación física, sino también equilibrio y fuerza.

ENTRE $1\frac{1}{2}$ Y 2 AÑOS

P ¿CÓMO SE DESARROLLA MI HIJO DURANTE ESTE PERÍODO?

R Su hijo está haciendo grandes progresos, y su lenguaje, su comprensión y su nivel de coordinación son cada vez más perfectos. Como estamos en un período de refinamiento y experimentación, quizá le parezca que este progreso no es tan notable como antes, pero no se preocupe. De cualquier modo, puede observar sus actividades y destrezas diarias para evaluar su habilidad global y consultar cualquier duda que tenga con su médico.

- **¿Puede oír bien?** Alguna vez un niño de esta edad puede tener una pérdida inadvertida de capacidad auditiva. Seguirá jugando bien tanto solo como con usted, pero debe sospechar que hay algún problema si tiene problemas para entenderla o si tarda en hablar.
- **¿Habla?** Debería estar adquiriendo muchas más palabras durante este período de su desarrollo y su nivel de comprensión tendría que hacer posible que se comunicara con usted, incluso si todavía no se expresa con frases correctas.
- **¿Puede identificar una serie de objetos y juguetes?** A partir de los dieciocho meses debería conocer los nombres de una serie de cosas cotidianas, incluso si no puede decirlos todavía. Es probable que también sepa nombrar algunas partes del cuerpo.
- **¿Sabe para qué sirven algunos objetos?** Durante esta etapa llegará a comprender para qué sirven los objetos y qué se supone que hay que hacer con ellos; por ejemplo, que su comida se sirve en su cuenco o que usted utiliza lápiz y papel. No se preocupe si no siempre los usa con sentido o si los usa para otras cosas que la suya propia.
- **¿Es travieso o pícaro?** Hacia los dieciocho meses, puede esperar que su hijo se muestre más rebelde, ya que su confianza en sí mismo y su sentido de la independencia aumentan.
- **¿Juega bien tanto solo como cuando hay otros niños?** Sería poco habitual que un niño de esta edad cooperara en el juego con otros niños, pero sí que tendría que poder jugar al lado de ellos, sin ponerse agresivo ni disgustarse.
- **¿Tiene unos movimientos torpes?** Cierta torpeza es normal a esta edad, como también un leve temblor de las manos cuando juega o transporta cosas; ponga cualquier cosas frágil o que no quiera que coja lejos de su alcance. Si ese temblor empeora, consulte con el médico.

DIVERTIRSE PINTANDO
Un caballete es excelente; a esta edad les encanta ponerse perdidos de pintura.

Los botes de plástico a prueba de volcaduras son obligados.

P ¿QUÉ ACTIVIDADES LE GUSTARÁN A MI HIJO?

R Continúen mirando libros juntos. Ahora puede tener libros menos resistentes, pero seguirá necesitando que lo supervise para impedir que maltrate las páginas o que garabatee en ellas. Estimule a su hijo a tratar bien los libros. A esta edad los niños son muy imaginativos; por ello, proporciónele muchas cosas interesantes para que juegue a representar. Pintar es una manera excelente para que el niño se exprese, así que dele unos cuantos pinceles gruesos, una selección de pinturas para niños y un delantal de plástico y deje que se divierta, pero primero cubra bien el suelo con papel de periódico.

P ¿QUÉ NUEVOS JUGUETES NECESITO PARA MI HIJO A ESTA EDAD?

R Entre los juguetes populares de esta edad están los que exigen actividad física, como coches a los que pueda subirse e impulsarse con los pies. También podrá darle juguetes más grandes, como un hoyo con arena en el jardín, una pequeña piscina o una caseta. También puede improvisar con cajas de cartón grandes y cajones de plástico; a su hijo le encantará usarlas cuando juegue a representar. En menor tamaño, los carretes de hilo y los cordeles son buenos para enhebrar, algo que estimulará la coordinación entre la mano y el ojo.

¿Tiene importancia que mi hijo sea zurdo?

El hecho de ser zurdo no debe nunca ser planteado como un problema para su hijo. No hay que hacer caso de ninguna idea anticuada que defienda que ser diestro es preferible; lo que hay que estimular es su destreza y coordinación.

¿Cuándo podré saber si mi hijo es zurdo o diestro?
Tendría que estar claro cuando tenga dos años. Hasta entonces, lo más probable es que alterne el uso de las dos manos. Con frecuencia, la preferencia no queda fijada hasta los cuatro años, e incluso entonces hay unos cuantos zurdos que prefieren hacer algunas cosas con la mano derecha.

¿Cómo podré saberlo?
Observe qué mano tiende el niño cuando le da un lápiz. Mire también cuál prefiere para guardar cosas en una caja. Vea qué pie usa para golpear la pelota y a qué oreja se lleva un reloj cuando le pregunta si hace tic-tac. Dele un rollo de papel de cocina vacío y pídale que mire por su interior; según el ojo que escoja para mirar, tendrá idea de sus preferencias, pero quizá no muestre la misma lateralidad (así se llama) para todas las actividades.

¿Tengo que intentar que deje de ser zurdo?
No. Tiene que dejarle usar la mano que él escoja para lo que esté haciendo. Cuando pueda utilizar el tenedor, la cuchara y el cuchillo, puede enseñarle qué mano es habitual usar para cada cubierto. Tratar de hacer que un zurdo se convierta en diestro sólo acarrea problemas. Algunas investigaciones sugieren que puede llevar a problemas con la lectura y la escritura; por lo tanto, es mejor que le deje usar la mano que quiera.

¿Mi hijo será zurdo porque yo lo soy?
No necesariamente. Es más probable que tengan hijos zurdos los padres zurdos que los diestros, pero incluso así la mayoría de zurdos tienen ambos padres diestros. Los mellizos tienen más probabilidades de ser zurdos que los demás niños, aunque no se sabe exactamente por qué.

¿Qué puede hacer mi hijo a los dos años?

DESTREZA	¿QUÉ PUEDE HACER?
Lenguaje	■ Puede hablar mucho, utilizando unas treinta palabras con una entonación y expresión claras, pero su pronunciación no será perfecta. Puede que esté empezando a usar pronombres, aunque no necesariamente los correctos. Puede usar verbos y formar el plural de una palabra en singular. ■ Puede unir dos palabras para formar frases sencillas.
Coordinación	■ Puede construir una torre de seis cubos o más. ■ Puede, posiblemente, abrir la puerta girando la manija. ■ Puede sacarse o tirar del pañal y empezar a señalar sus necesidades de ir al baño. ■ Puede dibujar cosas sencillas solo y copiar una línea recta. ■ Puede lavarse las manos (cuando quiera).
Control postural	■ Puede correr y trepar. ■ Puede empezar a enfrentarse a las escaleras solo, pero usando los dos pies para cada escalón.
Comprensión	■ Puede nombrar una serie de objetos cuando se le pregunta «¿Qué es esto?». ■ Puede estar empezando a comprender frases más largas. ■ Su comprensión puede capacitarle para captar sutilezas como «ahora», «más» o «aquí». ■ Puede obedecer órdenes, incluyendo peticiones más complejas que enlacen dos o más ideas, como por ejemplo «Tráeme los calcetines a mí y los zapatos a papá».
Conducta social y emocional	■ Puede comprender la relación de causa y efecto, asociando el agua caliente con el dolor, por ejemplo. ■ Puede comprender que las cosas tienen una finalidad y utilizar esta comprensión para generalizar. Por lo tanto, sabrá formar grupos de cosas –por ejemplo, animales, vehículos y comida– en su mente.

Observe que muchas destrezas están evidentemente interrelacionadas; por ejemplo, el niño sólo puede obedecer peticiones si las oye, y sólo puede copiar una línea recta si sabe para qué sirve un lápiz.

ENTRE 2 Y 3 AÑOS

P ¿CÓMO SE DESARROLLA MI HIJO DURANTE ESTE PERÍODO?

R Los niños de esta edad varían mucho tanto en su desarrollo como en su personalidad e intereses. Observe cómo juega, háblele de los acontecimientos cotidianos y de las cosas que hacen juntos y dele tareas sencillas para que las haga (cuando tenga ganas de cooperar, claro). Se sorprenderá de lo mucho que puede hacer a esta edad. Pero si algún aspecto de su desarrollo parece más lento que los demás, hable con su médico para estar tranquila.

- **¿Puede utilizar frases de tres palabras o más?** Entre los dos años y los dos años y medio, aunque su pronunciación de algunos sonidos siga siendo inmadura, su hijo tendría que hablar lo bastante claro para que usted lo comprendiera.
- **¿Sabe para qué son las cosas?** Tendría que poder explicar o demostrar para qué sirven las cosas.
- **¿Puede usar un lápiz o una tiza?** Ahora puede sujetar un lápiz en la mano, no en el puño. Si usted dibuja un círculo, quizá pueda copiarlo. A esta edad también garabateará de forma espontánea.
- **¿Puede emparejar objetos relacionados?** Tendría que poder emparejar un calcetín con un zapato, una taza con su plato, un cepillo con un peine o un cepillo de dientes con la pasta de dientes. Además, incluso si no puede decir cómo se llaman muchos colores o letras, tendría que reconocerlos y emparejar los que son iguales.
- **¿Juega bien?** A esta edad los juegos imaginativos y de representación ocupan mucho de su tiempo. Tendría que poder concentrarse en algunas actividades en lugar de saltar de una a otra.
- **¿Puede vestirse y desnudarse sin ayuda?** No se preocupe si a los tres años no puede hacerlo todavía; es suficiente saber que quiere intentarlo.
- **¿Se mantiene limpio y seco durante el día?** Muchos niños todavía no controlan el movimiento de los intestinos y la vejiga por la noche.

VER LA TELEVISIÓN

La clave para ver la televisión de forma sana es restringir esa actividad, haciendo que sea sólo una pequeña parte de una serie de actividades que gusten al niño.

¿Cuánta televisión debería ver mi hijo? A esta edad, alrededor de media hora de televisión o vídeos al día es suficiente y el niño no debería ver más de una hora seguida. Incluso los programas de calidad y adecuados para su edad pueden ser perjudiciales. Ver mucho la televisión puede ponerlo nervioso, afectar su buena forma física, empeorar su postura, hacer que engorde en exceso y perjudicar su capacidad de relacionarse socialmente al reducir las oportunidades de hacer otras cosas, como hablar y jugar.

¿Cómo puedo limitar su tiempo de televisión? El consejo usual es seleccionar con el niño, por adelantado, uno o dos programas que quiera ver ese día, y que usted esté dispuesta a dejarle ver. No siempre es fácil cumplir esa decisión si ve que van a emitir otro de sus programas favoritos cuando acabe el que han acordado. No obstante, si ve la televisión con su hijo, puede distraerlo con alguna otra actividad al apagar el televisor.

P ¿QUÉ ACTIVIDADES LE GUSTARÁN A MI HIJO A ESTA EDAD?

R Es un período en que se dedicará a «representar» cada vez más tiempo, así que proporciónele accesorios sencillos, como un juego de té de plástico, para que pueda merendar con sus peluches. También puede empezar a prepararle pasteles y galletas; le encantará ayudarla a mezclar la masa, darle forma y cortarla, así como a adornarla. Incluso puede «ayudarla» con las comidas de la familia, colaborando para poner la mesa, por ejemplo. Tenga paciencia y elogie sus esfuerzos, pero no deje de tener cuidado con las cuestiones de seguridad. En el jardín, puede disfrutar con él oliendo las flores, plantando semillas o recogiendo hojas y pétalos.

P ¿QUÉ JUGUETES SON ADECUADOS PARA MI HIJO A ESTA EDAD?

R El niño encontrará los puzzles y los libros absorbentes y le ayudarán a aprender, mientras que los juguetes para montar y los bloques de construcción harán que mejore su destreza manual y lo tendrán entretenido durante mucho rato. Los lápices, las pinturas y la masa para modelar continuarán proporcionándole salidas a su creatividad y a estas alturas, probablemente, verá que empieza a producir dibujos y pinturas más complicados. Ahora será el momento de los juguetes más grandes, como una tienda de campaña, un triciclo o un columpio para el jardín.

P ¿CÓMO SABRÉ SI MI HIJO ESTÁ PREPARADO PARA IR A LA GUARDERÍA?

R En teoría, debe estar dispuesto a separarse de usted durante un rato, ser capaz de comunicarse con otros niños e independiente para ir al lavabo. Esto sucede, generalmente, entre los dos años y medio y los tres años. Algunos niños tienen más confianza en sí mismos que otros y, como resultado, serán independientes mucho antes. También parece que las niñas están más dispuestas a separarse de sus padres que los niños, ya que a esta edad pueden ser más maduras emocionalmente. Sólo usted puede juzgar si su hijo está preparado o no para ir a la guardería; si siente que sigue muy apegado a usted, no lo obligue. Siempre puede probar a llevarlo durante un par de mañanas para ver cómo le va antes de decidir enviarlo todos los días.

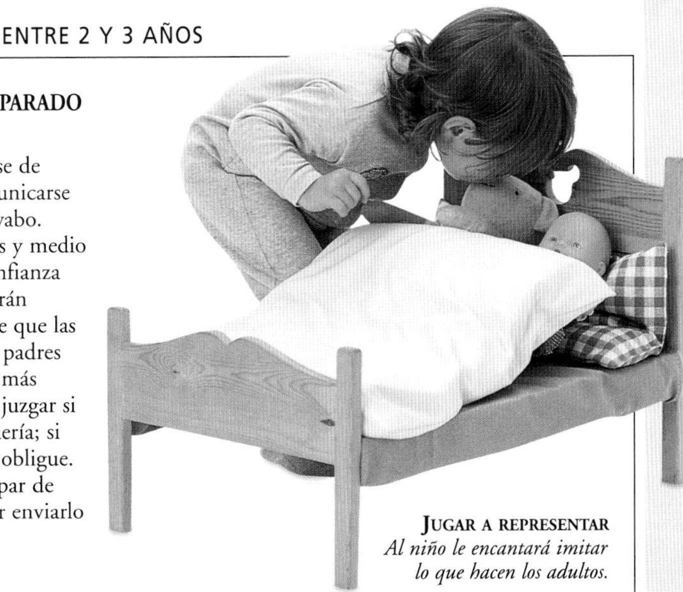

JUGAR A REPRESENTAR *Al niño le encantará imitar lo que hacen los adultos.*

¿QUÉ PUEDE HACER MI HIJO A LOS TRES AÑOS?

DESTREZA	¿QUÉ PUEDE HACER?
Lenguaje	■ Puede hablar con frases cortas. ■ Puede recordar y recitar rimas fáciles. ■ Puede contarle lo que va a hacer; puede informar detalladamente a los adultos de sus actividades, incluso cuando nadie le ha pedido que lo haga.
Coordinación	■ Puede construir una torre con nueve bloques uno encima de otro y también un puente si le enseña cómo se hace. ■ Puede sostener un lápiz entre los dedos en lugar de con el puño. ■ Probablemente podrá copiar un círculo y dibujar formas y figuras básicas. ■ Puede comer solo con bastante habilidad. ■ Puede quitarse la ropa, pero no ponérsela.
Control postural	■ Puede correr, saltar y trepar. ■ Puede sostenerse a la pata coja durante unos segundos. ■ Probablemente, subirá las escaleras poniendo un pie en cada escalón, pero bajará poniendo los dos pies en cada uno. ■ Tendría que saber montar en triciclo.
Comprensión general	■ Tendría que conocer algunos colores. ■ Puede contar hasta cinco. ■ Probablemente estará empezando a hacer asociaciones más complejas; de forma que podrá decirle que ponga su osito en la mesa de la cocina, por ejemplo, y la entenderá. ■ Comprenderá los pares y los grupos de cosas, como animales, ropa o vehículos. ■ Podrá razonar con él, algunas veces.
Conducta social y emocional	■ Hará preguntas sin cesar. ■ Tal vez siga muy centrado en sí mismo, pero habrá empezado a hacer amistad con otros niños ajenos a la familia y a hablar, contento, con otros adultos. ■ Probablemente empezará a adquirir la confianza y la independencia necesarias para actuar fuera de casa y lejos de usted; por ejemplo, cuando vaya a la guardería. ■ Puede que sepa su nombre y sexo y, quizá, su edad. ■ Puede mostrarse interesado por sus genitales. ■ Puede haber aprendido a usar el orinal o el baño durante el día; algunos niños también se mantienen secos por la noche.

Observe que muchas destrezas están cada vez más interrelacionadas; por ejemplo, para que su hijo pueda contarle qué actividades piensa hacer ese día tiene que contar con un lenguaje más competente y una buena comprensión.

ENTRE 3 Y 4 AÑOS

P ¿CÓMO SE DESARROLLA MI HIJO EN ESTE PERÍODO?

R Procure no caer en la tentación de analizar lo que el niño puede y no puede hacer en esta etapa. Confíe en que está progresando de forma adecuada y disfrute de este período de su crecimiento; ahora verá mejor qué personalidad tiene. Si hay algo que la preocupe, no vacile en buscar consejo profesional. Observe cómo juega su hijo y tendrá una buena idea de dónde se encuentra en su propio y exclusivo camino al desarrollo.

- **¿Se acerca las cosas a los ojos?** Si su hijo tiene que sentarse demasiado cerca de la televisión para verla, quizá tenga un problema de visión. Es perfectamente normal mirar de cerca para ver los pequeños detalles, pero no tendría que mirarlo todo muy de cerca. Alrededor de esta edad tendría que llevar a su hijo a la primera revisión de la vista, incluso aunque no sospeche que haya ningún problema.
- **¿La oye cuando lo llama sin levantar la voz?** Si tiene que gritarle o ponérsele delante cuando le habla o si dice «¿Qué?» muy a menudo, puede que tenga problemas de oído. Recuerde que también puede mostrarse obstinado; si no está segura, consulte con su médico para hacerle una revisión de su capacidad auditiva.
- **¿Juega bien solo?** Ahora tendría que ser más imaginativo y concentrarse en cosas que le interesan. No se preocupe si mantiene la atención menos tiempo que un adulto (a los mellizos les resulta especialmente difícil concentrarse porque suelen interrumpirse el uno al otro con mucha frecuencia).
- **¿Puede correr, coger una pelota y montar en bicicleta?** Tal vez todavía sea algo torpe, pero si puede hacer todas estas cosas la mayoría de veces, entonces no tiene ningún problema de coordinación.
- **¿Intenta comunicar sus ideas de forma comprensible?** No se preocupe si su hijo no siempre consigue encontrar las palabras adecuadas para expresarse; pero por lo menos debería tratar de comunicar lo que piensa y siente a quienes le rodean.
- **¿Ha empezado a usar preposiciones cuando habla?** Cuando lo necesita, tendría que usar palabras como «encima», «detrás» o «debajo». Casi sin ninguna duda, utilizará mucho «pero» e «y».
- **¿Sabe su nombre, edad y sexo?** A menos que sean muy tímidos, la mayoría de niños de esta edad se sienten orgullosos dando estos datos personales.
- **¿Comprende el concepto del tiempo?** Es poco probable que el niño pueda decir la hora que es utilizando un reloj, pero debería tener una idea de los conceptos «mañana», «luego» y «ayer». Según muchos padres, el término «ahora no» también es una buena forma de significar «luego».
- **¿Su hijo sigue teniendo ramalazos de genio?** Es posible que, de vez en cuando, estalle debido a la frustración, pero las rabietas del año y medio o dos años tendrían que empezar a desaparecer.
- **¿Su hijo se mantiene limpio y seco?** Tendría que consultar con el médico si el niño sigue ensuciándose en la cama –después de los cuatro años, suele considerarse anormal–, pero no se preocupe en exceso si sigue costándole mantenerse seco durante toda la noche.

P ¿LA PERSONALIDAD Y EL TEMPERAMENTO DE MI HIJO YA ESTÁN MADURANDO?

R Entre los tres y cuatro años de edad, podrá usted tener una buena idea de la personalidad del niño. Algunos niños son atrevidos y seguros de sí mismos, mientras que otros son más reservados. Su hijo puede ser inquieto y aventurero o plácido y relajado. Hay ventajas y desventajas en todas estas características. Puede que se parezca a usted en temperamento o puede que no; su personalidad es en parte heredada y en parte moldeada por el entorno. Si usted es tranquila y serena, quizá él también lo sea, pero no siempre sucede así. En cualquier caso, trate de aceptarlo sin encasillarlo; todavía tiene mucho tiempo para cambiar y madurar. Parte de lo que le gusta y no le gusta, por fuerte que ahora sea el sentimiento, puede variar más tarde; todos seguimos cambiando mucho después de los cuatro años (o incluso de los cuarenta). No se puede cambiar deliberadamente el carácter del niño, aunque quisiéramos, pero podemos influir en la forma en que reacciona a sus emociones; lo cual es, en realidad, una cuestión de conducta. También podemos ayudarlo a integrarse en el mundo ofreciéndole seguridad siempre que la necesite e introduciéndolo paulatinamente en nuevas situaciones y experiencias. Si su hijo sigue mostrando timidez o un apego excesivo, acéptelo como es; no se gana nada apartándolo cuando se aferra a usted, ya que acabará teniendo más problemas si lo disgusta y no hace nada para afianzar su sensación de seguridad.

P ¿QUÉ ACTIVIDADES SON ADECUADAS PARA MI HIJO A ESTA EDAD?

R Una mayor precisión y coordinación hacen que los libros para dibujar le resulten divertidos. Para recortar y pegar, deje que use fieltro y otras telas, además de papel y cartulina. Si tiene coches de juguete, puede querer fabricarles un garaje, quizá con una caja de cartón. Le gustará jugar a representar papeles al aire libre. Una sábana vieja colgada entre sillas resulta ser una magnífica tienda de campaña; proporciónele algo de comer y beber e invite a uno o dos amigos para que su hijo juegue. A esta edad podrían haber peticiones diarias para ir al parque a jugar.

P ¿QUÉ JUGUETES SON ADECUADOS PARA MI HIJO A ESTA EDAD?

R Los juegos de construcción son los preferidos; los tipos más complicados continuarán siéndolo durante unos cuantos años más. Los juguetes que hacen ruido todavía serán un placer para su hijo, pero ahora estará preparado para un instrumento musical de verdad (vea la página 164). Mirar libros continúa siendo una actividad fascinante para él y ahora tiene la edad de tener libros con páginas de papel y no de cartón.

DESARROLLO DE LA DESTREZA MANUAL
Entre los tres y los cuatro años de edad, la habilidad motriz fina del niño está lo suficientemente perfeccionada para que le guste pintar, dibujar, modelar y encolar. Se sorprenderá de lo detallados que pueden ser sus dibujos.

¿QUÉ PUEDE HACER MI HIJO A LOS CUATRO AÑOS?

DESTREZA	¿QUÉ PUEDE HACER?
Lenguaje	■ Puede formar frases e iniciar conversaciones. Puede que tenga un vocabulario amplio, pero que la timidez le impida utilizarlo todo de forma constante. Quizás haya empezado ya a utilizar preposiciones. ■ Quizá puede cantar.
Coordinación	■ Puede copiar la letra X si le muestra cómo es. ■ Puede hacer un puzzle, pero tal vez ponga algunas piezas al revés. ■ Probablemente puede atrapar una pelota. ■ Quizá puede trepar.
Control postural	■ Puede correr y saltar bien ■ Quizá puede jugar a la pelota si las reglas son simples. ■ Probablemente, sabe ir en triciclo.
Comprensión general	■ Puede dibujar caras y monigotes. ■ Puede explicar un dibujo. ■ Probablemente haga preguntas y, en general, comprenda las respuestas. ■ Puede seguir el hilo de muchos programas de televisión.
Conducta social y emocional	■ Puede jugar con otros niños. ■ Puede que tenga menos rabietas que antes. ■ Puede que esté menos centrado en sí mismo que antes, pero que presuma más. ■ Probablemente sea muy imaginativo. ■ Puede ser más independiente en sus necesidades cotidianas, por ejemplo, para ir al lavabo, vestirse y servirse un vaso de agua.

Observe que muchas destrezas están claramente interrelacionadas; por ejemplo, no podría jugar a la pelota si no la viera y no tendría un vocabulario amplio sin la comprensión necesaria para saber qué significa cada cosa.

ENTRE 4 Y 5 AÑOS

P ¿CÓMO SE DESARROLLA MI HIJO DURANTE ESTE PERÍODO?

R Cada niño y cada familia es diferente, al igual que las culturas. La conducta y el desarrollo normales varían mucho dentro de cada edad. Lo principal en este momento no es lo que su hijo haga comparado con el niño de al lado, sino cuánto ha progresado en un año. Si cree que su avance ha sido lento, busque el consejo de su médico.

- **¿Los adultos que no pertenecen a la familia comprenden lo que dice?** El lenguaje de su hijo tendría que ser claro a esta edad, y aunque usted no lo animará a que hable con extraños, los adultos que no lo conocen tendrían que entenderlo.
- **¿Tiene una coordinación bastante buena al trepar a una estructura u otros juegos en el parque?** Puede que sus movimientos no sean elegantes, pero tendrían que ser eficaces para llevarlo adonde quiere ir.
- **¿Sus dibujos o escritura mejoran?** Es demasiado pequeño para esperar la perfección, pero su control del lápiz será más preciso, así que sus dibujos y letras serán mejores.
- **¿Hay que tener cuidado de lo que se dice en su presencia?** La mayoría de niños de esta edad tienen un oído muy agudo y repiten cosas que sus padres preferirían que no repitieran.
- **¿Empieza a interesarse en la hora?** Quizá quiera saber cómo son cinco minutos, especialmente si le hemos dicho que tiene que esperar cinco minutos para hacer algo que quiere.
- **¿Aprende las reglas de algunos juegos?** Por supuesto, hablamos de reglas sencillas, pero es un paso importante que reconozca la existencia de reglas, aunque más tarde las tuerza en su beneficio.
- **¿Sabe esperar su turno cuando juega con otros?** Quizá sea muy competitivo, pero tendría que aprender el arte de esperar cuando tiene que hacerlo.
- **¿Parece confiar en sí mismo?** Por supuesto, no sentirá confianza en todo momento y a veces se mostrará inseguro, pero tendría que estar cómodo con las nuevas experiencias que se supone que son agradables.
- **¿Es consciente del tráfico?** Es esencial que tenga miedo de los coches y otros vehículos, aunque no sea consciente todavía de qué significa la calzada.
- **¿Se mantiene seco durante la noche?** Alrededor del 10 % de niños siguen mojando la cama a los cinco años. Si ése es el caso de su hijo, no se impaciente, irá dejando de hacerlo.

P ¿QUÉ ACTIVIDADES DENTRO DE CASA SON ADECUADAS PARA MI HIJO A ESTA EDAD?

R A partir de los cuatro años, sus juegos de construcción pueden ser más complicados y, como observará, puede realizar modelos más intrincados; además, le encantarán los elementos de fantasía y experimentación que proporcionan. Dibujar, pintar y modelar continúan siendo populares, como también lo es ayudar en la cocina: al niño le encantará mezclar masa, preparar verduras y pasteles con usted y hacer algún intento de fregar los platos. Súbalo a una silla y póngale un delantal de plástico. Dele libros para niños mayores, pero no lo presione para que lea. Los puzzles pueden ser más complicados, pero tampoco aquí sea demasiado ambiciosa, en beneficio de su hijo; se desanimará si no consigue hacer un puzzle. Puede jugar a algunos juegos de mesa con él, y tendría que ser lo bastante maduro como para jugar a algunos con otros niños, siempre que haya un adulto a mano para actuar como árbitro. Con un niño competitivo, pueden surgir disputas en juegos como el de la oca, así que esté listo para intervenir.

JUEGOS DE CONSTRUCCIÓN
Anime a su hijo a usar su fértil imaginación y su creciente destreza para construir una serie de objetos con bloques de construcción.

P ¿QUÉ ACTIVIDADES AL AIRE LIBRE SON ADECUADAS PARA ESTA EDAD?

R En el exterior al niño le encantará jugar a la pelota o chapotear en una pequeña piscina cuando haga calor. En el parque, ahora podrá escalar todas las estructuras y quizá quiera aprender a columpiarse solo; no deje de vigilarlo. Es vital que aprenda a nadar y ésta es una buena edad para empezar a llevarlo a clases de natación. Si le interesan los deportes, como el fútbol, averigüe si hay algún equipo infantil aficionado cerca de su casa al que pueda incorporarse. Al igual que con todo lo demás, ofrézcale la oportunidad de probar, pero no lo presione.

P ¿QUÉ JUGUETES SON ADECUADOS PARA MI HIJO A ESTA EDAD?

R Los accesorios para los juegos de representación, como una cocina de juguete, una casa de muñecas, títeres y juegos de construcción darán rienda suelta a la imaginación de su hijo. Es importante también que tenga abundantes materiales para dibujar, recortar (siempre con tijeras infantiles con las puntas redondeadas) y encolar. Los puzzles y los juegos de mesa le tendrán ocupado y si aprende a jugar con amigos, tanto mejor.

P ¿QUÉ CLASE DE SALIDAS LE GUSTARÁN A ESTA EDAD?

R Muchos padres sienten la obligación de llevar incluso al niño más pequeño al último parque temático o a la atracción más novedosa cuando quizá no sean muy adecuados. Los parques temáticos son caros y algunas atracciones no siempre son las idóneas para los niños pequeños; además suele haber muchas colas. La respuesta es no sentirse culpable; todos pueden divertirse mucho juntos en la playa o en la piscina. Los zoos y las granjas-escuela también son lugares fascinantes para los niños pequeños. Incluso los museos pueden valer la pena para el niño en edad preescolar, ya que algunos tienen una zona interactiva pensada para él. Puede que no haya ni pensado en llevarlo a una galería de arte, pero es vital para su desarrollo que tenga experiencias diferentes. No todos los lugares que visite tienen que estar orientados a los niños; su entusiasmo es importante para su hijo y forma parte de su aprendizaje, así que ¿por qué no dejarlo participar y disfrutar de su experiencia? Es evidente que no prestará atención tanto tiempo como usted; así, haga que la visita sea breve a fin de mantener su interés. Márchense antes de que se canse y vayan a la cafetería o algún sitio donde pueda correr.

¿QUÉ PUEDE HACER MI HIJO DE CINCO AÑOS?

DESTREZA	¿QUÉ PUEDE HACER?
Lenguaje	■ Quizá todavía tenga una entonación infantil, pero ya no tendría que utilizar una jerga infantil y sólo debería pronunciar mal algunas palabras, excepto, claro, las difíciles. ■ Puede cantar canciones y repetir rimas.
Coordinación	■ Puede sostener un lápiz correctamente y utilizar las tijeras. ■ Probablemente tenga la habilidad y el entusiasmo para aprender muchas cosas nuevas, entre ellas nadar, fútbol, tenis o tocar un instrumento musical.
Control postural	■ Puede brincar, saltar, correr, jugar con una pelota, escalar una estructura de juego y trepar a un árbol. No obstante, algunos niños son más ágiles que otros.
Comprensión general	■ Puede contar hasta 10 (o quizá más). Conoce muchas letras del alfabeto, quizá todas. ■ Puede escribir su nombre, pero hay muchas diferencias de un niño a otro y algunos nombres son más difíciles de escribir que otros. ■ Puede leer palabras sencillas.
Conducta social y emocional	■ Suele ser feliz jugando solo sin sus padres cerca. ■ Puede empezar a hacer amigos fuera de la familia y también a jugar bien con otros niños, aunque de vez en cuando surja la pelea. ■ Puede que todavía esté centrado en sí mismo, pero menos que antes y también presuma menos.

Observe que muchas destrezas están interrelacionadas; por ejemplo, el niño necesita tanto la coordinación como la comprensión para escribir su nombre. A esta edad, los niños difieren mucho en términos de progreso.

EL ANCHO MUNDO

P ¿CÓMO PUEDO ESTAR SEGURA DE ESCOGER UN BUEN PARVULARIO?

R Empiece la búsqueda con tiempo y visite varios. Observe todas las instalaciones, verifique el espacio de que disponen los niños y si el equipamiento es seguro e interesante. Aparte de la disponibilidad de plazas, las horas ofrecidas y el coste, es necesario que se informe de lo siguiente:

- ¿Qué nivel de supervisión se proporciona?
- ¿Se espera que los padres ayuden?
- ¿Los niños se dividen en grupos para las actividades?
- ¿Los niños pueden escoger su actividad?
- ¿Hay salidas organizadas?
- ¿Los niños y las niñas reciben un tratamiento igual?
- ¿Cómo se trata el mal comportamiento?
- Igualmente importante es que decida si el ambiente es agradable. ¿Le gusta la persona encargada? ¿Los niños están contentos? Las primeras impresiones son muy importantes y es necesario prestarles atención.

APRENDER A TOCAR UN INSTRUMENTO

Los entusiastas sostienen que ningún niño es demasiado pequeño para aprender a tocar un instrumento, pero al igual que con todo lo demás, es usted quien debe juzgarlo.

¿Cuáles son los beneficios?
Aprender a tocar un instrumento tiene muchos beneficios y puede que incluso estimule mejor unas partes del cerebro que otras formas de comunicación. Además, ese aprendizaje puede dar a su hijo la oportunidad de brillar en algo. Considere los aspectos siguientes:

- El tamaño del niño comparado con el del instrumento que está interesado en aprender. Los niños muy pequeños pueden tener dificultades para alcanzar algunas notas, por ejemplo.
- La frecuencia de las lecciones y la distancia que habrá que recorrer para recibirlas.
- El tiempo y el esfuerzo necesarios para practicar.
- El entusiasmo del niño; no se pierde nada esperando hasta que el niño tenga siete años antes de hablar de la posibilidad de aprender a tocar.

P ¿CÓMO PUEDO PREPARAR A MI HIJO PARA IR AL PARVULARIO?

R Háblele de ello, pero no pronuncie un discurso. No es necesario que lo abrume con detalles ni que lo haga sentirse intimidado ante la perspectiva de la nueva experiencia. Para estimular su confianza, tómese el tiempo para estar segura de que puede ponerse y quitarse los zapatos, los pantalones y las bragas o calzoncillos solo, ya que puede tener que hacerlo.

P ¿ES NECESARIO QUE MI HIJO YA NO LLEVE PAÑALES CUANDO VAYA AL PARVULARIO?

R En general, sí, pero no tiene que ser totalmente independiente, porque se espera que el personal ofrezca su ayuda. Hable con el encargado o el maestro. Incluso si ya nunca se ensucia ni se moja, un niño puede dar un paso atrás al entrar en la escuela; no tiene que preocuparse. Prepare una bolsa con un recambio de ropa por si se produce un accidente y désela de forma natural a la maestra.

P ¿CÓMO PUEDO EVITAR QUE MI HIJO ME ECHE EN FALTA CUANDO ESTÉ EN EL PARVULARIO?

R El niño puede empezar a ir media jornada, dos veces a la semana para empezar. Las primeras veces que vaya, probablemente podrá quedarse con él. Manténgase a una distancia discreta y luego vaya alejándose. No obstante, no se vaya sin decírselo ya que puede ser muy alarmante para un niño ver que su madre ha desaparecido. Dígale adiós y cuándo va a volver. Puede que se ponga a llorar, así que márchese rápidamente.

P ¿HAY ALGUNAS REGLAS PRÁCTICAS QUE TENGO QUE OBEDECER?

R Sea realista con respecto a lo que puede conseguir durante el tiempo en que su hijo permanece en el parvulario; no trate de ir al supermercado y hacer revisar el coche, ya que no hay nada peor que llegar corriendo y con retraso a recoger a un niño que cree que lo han olvidado. También es importante no contarle al niño lo bien que lo ha pasado mientras no estaba con él. Sus actividades sin él tendrían que sonar tan aburridas como fuera posible; de lo contrario, puede molestarle haberse perdido la diversión. Esté siempre disponible por si se produce una emergencia; si donde está no hay teléfono, deje el número de alguien a quien sea fácil encontrar.

¿CÓMO HEMOS DE ESCOGER UNA ESCUELA?

La escuela que escojan tiene que ser adecuada para su hijo; lo que va bien al niño de los vecinos puede no ser lo adecuado para el suyo; así que procure no dejarse influir indebidamente por las opiniones de otros padres. A todos nos impresionan los buenos resultados, pero el estilo de la enseñanza y el ambiente de una escuela son tan importantes como la excelencia académica.

Cuando haga su selección, piense en lo siguiente:
- ¿Quiere una escuela mixta o sólo para niños o niñas?
- El número de niños que hay en cada clase.
- Dónde van a ir los amigos de su hijo.
- La distancia de su casa a la escuela y cómo llevará a su hijo hasta allí.
- A qué escuelas secundarias van los niños de cada parvulario.

P ¿CÓMO PUEDO SABER SI MI HIJO ESTÁ CONTENTO EN EL PARVULARIO?

R Nunca se puede estar seguro de lo que el niño hace cuando no estamos con él, pero lo que dibuje, pinte y haga en el parvulario puede darnos cierta idea de si se lo ha pasado bien. Si no está segura de cómo le va, siempre puede llegar a recogerlo antes de la hora para observarlo a distancia, sin que él sepa que usted está allí. Quizá vea que está felizmente absorto en sus actividades. Un niño puede tener un día feliz incluso si se quedó llorando cuando lo dejó; unas pocas lágrimas en el momento de la separación no son preocupantes siempre que, en general, se adapte bien.

P MI HIJO QUIERE ESCRIBIR, PERO NO VA AL PARVULARIO. ¿QUÉ TENGO QUE HACER?

R Enséñele cómo coger un lápiz y cómo formar las letras correctamente. Si no está segura de cuál es el mejor modo de hacerlo, hable con la encargada del parvulario; los métodos de enseñanza varían y quizá sea una desventaja para su hijo si aprende de la forma equivocada. Tiene que aprender a escribir las letras en minúscula, no en mayúsculas de imprenta, ya que es así como le enseñarán en la escuela.

P ¿CÓMO PUEDO PREPARAR A MI HIJO PARA EMPEZAR LA ESCUELA?

R Visite la escuela con él; muchas escuelas ofrecen una jornada de puertas abiertas para los niños que empezarán al año siguiente y sus padres; averigüe si ése es el caso. Muéstrese positiva con respecto a la escuela; si usted odiaba ir a la escuela, no se lo diga. En cuestiones prácticas, ayude a su hijo a ser más independiente en el uso del lavabo y en vestirse y desnudarse. Póngale zapatos sin cordones y ropa con cintura elástica para facilitarle las cosas. Enséñele a cortar la comida. Asegúrese de que reconoce su nombre; poner etiquetas en la ropa es más lógico si él sabe cómo es su nombre.

P ¿MI HIJO SE CANSARÁ MUCHO CUANDO VAYA A LA ESCUELA?

R Cuando empiece a ir al parvulario, es probable que lo encuentre bastante exigente, tanto física como emocionalmente. En muchas escuelas los recién llegados sólo van por las mañanas para empezar, a fin de introducirlos en la nueva experiencia gradualmente. Es posible que el niño tenga ganas de hacer una siesta cuando lo recoja, además de después del almuerzo. Cuando empiece a ir a la escuela todo el día, puede tener hambre o estar irritable cuando llegue a casa; dele algo de comer y de beber para que se calme y estimular su energía.

GUÍA DE SUPERVIVENCIA PARA PADRES

VOY A ECHAR EN FALTA A MI HIJO CUANDO EMPIECE A IR A LA ESCUELA

Ir a la escuela es algo apasionante para su hijo y un momento de grandes cambios para usted. Puede que sea la primera vez que está sin la compañía de su hijo de forma regular.

¿Cómo puedo dejar de echarlo en falta? Si se organiza usted misma, igual que organiza a su hijo, tendrá menos tiempo para echarlo en falta. Antes de que su hijo empiece la escuela, piense cómo quiere utilizar su libertad, tanto si es en un trabajo asalariado como en un nuevo pasatiempo y entérese de las nuevas oportunidades que se le ofrecen. Muchos padres añoran a sus hijos y se sorprendería de saber que no siempre los que no trabajan son los que los añoran más. A veces, quienes han trabajado durante los primeros años de su hijo son los que sienten especialmente la privación, quizá porque el comienzo de la escuela significa el final de la primera infancia.

Disciplina y conducta

Por adorable y fácil de llevar que sea su hijo, es inevitable que haya veces que su conducta no sea la esperada. Aunque no es razonable esperar que un niño se porte siempre bien, es igualmente perjudicial no imponerle ninguna disciplina. Decidir cómo castigar al niño puede ser problemático para usted y confuso para el niño, especialmente si usted y su pareja tienen opiniones divergentes. Si comprende por qué su hijo se porta de una determinada manera, puede ayudarlo a distinguir lo que está bien y lo que está mal y, mediante el ejemplo, ayudarle a adquirir buenos modales y una conducta adecuada.

LA CONDUCTA DEL BEBÉ

P ¿QUÉ ES DISCIPLINA Y CUÁNDO DEBE EMPEZAR?

R Disciplina es una palabra poco atractiva que puede evocar imágenes de obediencia militar. Lo que significa es aprender a comportarse según un código de conducta aceptado. Es algo que todos los niños tienen que hacer. Si el bebé no empieza a aprender disciplina, encontrará mucho más difícil someterse a las reglas más adelante, con graves consecuencias sociales y de conducta. La disciplina tiene que empezar en la primera infancia porque es cuando empezamos a guiar al niño, aunque sea de una forma amable. No lo riña ni lo castigue, pero muéstrele la diferencia entre lo que está bien y lo que está mal. Sea coherente. Si algunas veces se ríe cuando el niño deja caer algo al suelo, no se sorprenda si continúa tirando cosas incluso cuando usted no quiere que lo haga.

P ¿TENGO QUE CASTIGAR AL BEBÉ ALGUNA VEZ?

R No. Nunca tiene que pegarle, darle un cachete o sacudirlo. Ningún castigo resulta efectivo en niños de menos de un año porque son demasiado pequeños para comprender qué significa. Si el bebé hace algo peligroso, dígale «no» con firmeza y apártelo del peligro. No dé señales de encontrarlo divertido. Si sonríe, el bebé recibirá un mensaje equivocado.

P ¿QUÉ ES UN «BUEN» BEBÉ?

R La gente suele hablar de bebés «buenos» queriendo decir que no lloran mucho o que duermen toda la noche. Es algo ilógico porque el bebé no decide actuar de ese modo. Igualmente, no tiene sentido culpar al bebé por ser «malo» cuando llora o no se duerme.

P ¿PUEDE UN PARTO DIFÍCIL SER CAUSA DE PROBLEMAS DE CONDUCTA?

R Sí. Puede hacer que un bebé sea más inestable y difícil de tranquilizar, pero la situación por lo general mejora al cabo de una o dos semanas. De vez en cuando, la falta de oxígeno o algún otro problema de nacimiento produce un efecto más duradero en la conducta y puede afectar a otros aspectos del desarrollo. Un nacimiento traumático también puede hacer que la madre (y a menudo el padre) sientan resentimiento contra el bebé y, por lo tanto, sean menos capaces de responder a las exigencias de la paternidad.

P ¿QUÉ FACTORES INFLUYEN EN LA CONDUCTA DE UN BEBÉ?

R La conducta del bebé es el resultado de la naturaleza y la crianza. Nace con unas características que pueden observarse desde los primeros días. No obstante, la forma en que lo trate y su relación con él es crucial para el modo en que se portará cuando vaya creciendo.

P ¿CUÁNDO SE ASENTARÁ MI BEBÉ?

R Cada bebé es diferente, así que esto varía, pero suelen empezar a asentarse alrededor de los tres meses, cuando se fija una rutina diaria. Entonces la toma de alimentos se habrá regularizado, incluso si el sueño sigue siendo errático. Por supuesto, seguirá habiendo veces en que un bebé se muestre más exigente o no comprenda qué pasa, especialmente si hay cambios en su vida. No confunda la intranquilidad con la mala conducta. Un bebé que come y duerme de forma desordenada o que llora mucho puede resultar exasperante para sus padres, pero los bebés no deciden ser exigentes, así que procure tener paciencia.

P ¿CÓMO PUEDO AYUDAR A MI BEBÉ A SER UN NIÑO BIEN EDUCADO?

R Lo más importante en este estadio es darle al bebé amor y atención, y una rutina diaria que le proporcione la seguridad que todos los niños pequeños necesitan. Sea tan consecuente como pueda, para no confundirlo. Trátelo con cariño; un bebé querido llega a ser finalmente un niño fácil de manejar. Es esencial que le dé buen ejemplo. Incluso un bebé muy pequeño notará si lo trata con brusquedad o si habla con aspereza a su pareja.

P ¿SE PORTARÁ MEJOR SI DEJO DE COGERLO EN BRAZOS CUANDO LLORA?

R No. Si llora es porque tiene alguna necesidad insatisfecha; puede ser algo tan simple como comida o quizá cariño. No llorará menos si algunas veces no acude a su lado, pero puede tener la impresión de que a usted no le importa. Casi con total certeza continuará llorando, lo cual puede ponerla a usted de mal humor.

P ¿QUÉ PUEDO HACER SI EL BEBÉ HACE ALGO PELIGROSO O TRAVIESO?

R Dígale «no» y apártelo de lo que sea, tanto si está tratando de coger algo peligroso como estirándole la cola al gato. Es todavía demasiado pequeño para comprender por qué lo que ha hecho está mal o para recordarlo durante mucho tiempo, así que explicárselo no tiene sentido. Tendrá que seguir impidiéndole que se meta en problemas. Por fortuna, es fácil distraer a los bebés, así que puede ofrecerle entretenimientos alternativos cuando quiera hacer alguna travesura. Eso impedirá que se ponga a llorar al verse contrariado.

P MI BEBÉ ME TIRA DEL PELO. ¿QUÉ PUEDO HACER?

R Dígale «no», apártese y dele otra cosa para coger. Si lo tiene en brazos, déjelo en el suelo cada vez que lo haga. Es una buena idea recogerse el pelo hasta que haya pasado la etapa de agarrarlo todo, lo cual suele suceder alrededor del año. No se enfade; sólo lo disgustará y confundirá. El bebé no siempre puede evitar aferrar las cosas, ya que es su principal forma de entretenimiento y experimentación en este estadio. No está tratando de irritarla. Evite reírse algunas veces e impacientarse otras porque la ambigüedad de esos mensajes lo confundirá.

Estimular la buena conducta
Al ir creciendo, los bebés necesitan una orientación clara pero amable. Todos los que traten con su bebé tendrían que responder a su conducta de la misma manera.

P HA EMPEZADO A GOLPEAR LA CABEZA CONTRA LA CUNA. ¿QUÉ LE PASA?

R Dar golpes con la cabeza es una costumbre que algunos bebés un poco mayores y algunos niños pequeños adquieren. Suele ser una forma de exigir atención y su bebé puede hacerlo porque se siente inseguro por alguna razón. A veces los bebés golpean con la cabeza contra la pared o el suelo. El mejor remedio contra esto es no hacer caso, por espectacular e inquietante que parezca y, al mismo tiempo, asegurarse de que su bebé tiene todo el amor y la seguridad que necesita. De vez en cuando, el golpearse la cabeza está relacionado con el dolor de oídos, pero si es así, será un problema pasajero y el bebé tendría que mostrar otros signos de enfermedad, por ejemplo fiebre y rechazo a la comida.

P ME PASO EL DÍA DICIÉNDOLE «NO». ¿HAY ALGUNA ALTERNATIVA?

R No puede evitarse tener que decir «no» algunas veces, especialmente cuando el niño empieza a desplazarse por su cuenta y a meterse en todas partes. No obstante, trate de no decírselo constantemente. Ofrézcale al bebé algo diferente para hacer y utilice expresiones más positivas. En lugar de decirle «No. No toques eso», pruebe con «¿Miramos este libro?». Por fortuna, es fácil distraer a un bebé. Retire las tentaciones evidentes de la vista; instale seguros para los cajones y las puertas de los armarios y traslade los objetos frágiles o preciosos hasta que sea mayor (vea las páginas 198-199). Muestre aprobación cuando haga algo bueno... lo que pasará de vez en cuando.

GUÍA DE SUPERVIVENCIA PARA PADRES

Siempre estoy enfadada

Es normal sentirse exasperada a veces, así que no tema confiar en alguien, especialmente si le parece que está perdiendo el control. Cuanto más agresiva se sienta, más urgente es que consiga la ayuda de alguien.

Si se está poniendo furiosa:
- Deje el bebé en la cuna o parque y aléjese.
- Hable con su médico, su pareja o una amiga y pídales consejo.

La conducta de un bebé puede ser exasperante, pero no es deliberada, así que no se lo haga pagar. Le prometo que al cabo de uno o dos años todo eso le parecerá trivial; las cosas van mal sólo en este momento.

LA CONDUCTA DEL NIÑO DE MÁS DE UN AÑO

P ¿CÓMO PUEDO ESTIMULAR LA BUENA CONDUCTA EN MI HIJO?

R Los niños aprenden con el ejemplo. Para estimular a su hijo a portarse bien, necesita ser considerada, amable, sincera y paciente y darle estabilidad y amor. Evite los gritos, la agresión y la violencia. Cuando discipline a su hijo, sea firme, pero cariñosa. Ríñale sólo cuando sea absolutamente necesario y sea coherente. Es más fácil aprender los límites de una conducta aceptable cuando permanece siempre en el mismo sitio; si normalmente no le deja jugar a pelota en la sala, no lo haga cuando haya amigos de visita. Premie su buena conducta con abrazos y atención; léale su cuento favorito o llévelo de paseo, pero no le compre dulces como recompensa. Cuando el niño sea mayor y capaz de comprender mejor lo que ha conseguido, puede utilizar recompensas más formalizadas (vea la página 176). Por el momento, lo único que necesita es pasar tiempo con usted.

P ¿MALCRIARÉ A MI HIJO SI LE DOY MUCHAS RECOMPENSAS?

R Depende de las recompensas que elija, pero en general no lo malcriará dándole premios merecidos. Un niño que recibe aprobación crece seguro, no malcriado.

P MI HIJO ES MÁS TRAVIESO QUE OTROS. ¿ES CULPA MÍA?

R Lo dudo. Su personalidad no está por completo bajo su control, aunque pueda reaccionar a su manera de tratarlo haciendo travesuras. Sea tan coherente como pueda y manténgase tranquila. Eso no significa que tenga que dejar que se salga con la suya; sólo que la disciplina que le imponga sea cariñosa además de firme.

P ¿POR QUÉ MI HIJO NO JUEGA CON OTROS NIÑOS?

R Antes de los tres años, es raro que un niño juegue con otros, aunque sí que puede jugar al lado de otros. Por desgracia, compartir no es algo natural para los niños, especialmente si se trata de sus posesiones más preciadas. Aunque esto sea un problema, no deje de invitar a otros niños. No obstante, antes de la próxima visita, acuerde con su hijo con qué juguetes está dispuesto a dejar jugar a los otros niños. Y guarde las cosas que no quiera compartir.

P MI HIJO NO QUIERE SENTARSE. ¿ES NORMAL?

R Los niños son muy curiosos y aventureros. Meterse en todas partes es su forma de explorar el mundo. Quieren saber qué sucede cuando se cuelgan de las cortinas o abren la puerta de la lavadora. Es normal que los niños de esta edad se muestren activos todo el día, especialmente cuando dejan de hacer la siesta. Todo es parte de su desarrollo normal. No obstante, algunos niños son muy activos y no pueden concentrarse durante mucho tiempo porque son hiperactivos (puede que sufran Trastorno por Déficit de Atención [TDA], vea la página 225). No obstante, la mayoría no lo son; sólo son niños normales que disfrutan plenamente de la vida. Hable con el médico si se siente preocupada.

P NO QUIERE HACER NADA DE LO QUE LE DIGO. ¿QUÉ PUEDO HACER?

R Quizá espere demasiado de su hijo. Piense si sus peticiones son realistas y si se las presenta de una forma atractiva. La verdad es que no se puede lograr que un niño haga algo; sólo se puede conseguir que quiera hacerlo. Es mejor evitar los enfrentamientos y utilizar la astucia. Hacia los dos años, un niño puede que recoja los juguetes si usted lo hace con él o si transforma esta tarea en un juego diciendo: «¿A que no puedes meter esos bloques en la caja?».

P ¿POR QUÉ MI HIJO DICE SIEMPRE «NO» Y QUÉ TENGO QUE HACER?

R El ego y la independencia emergente de su hijo llevarán inevitablemente a algún conflicto ocasional (o no tan ocasional), especialmente cuando tenga unos dos años. Todos los niños dicen «no», pero algunos lo dicen más que otros. Es irritante en extremo, pero pasará. Evite la frecuente lucha de voluntades y hágale peticiones razonables. No le haga preguntas que pueda responder con un «no». En lugar de decirle «¿Quieres irte a la cama?» ofrézcale una opción, por ejemplo, «¿Quieres el pijama azul o el amarillo esta noche?». Comprenda que sus «no» son también una manera de decirle que quiere hacer las cosas por sí mismo. Si, por ejemplo, le dice «no» cuando abre el grifo de la bañera, puede que quiera abrirlo él, no que se niegue a lavarse las manos.

P SIEMPRE SE PORTA MAL EN PÚBLICO. ¿QUÉ PUEDO HACER?

R Muchos niños reservan su peor comportamiento para el público más numeroso. Haga usted lo que haga, nunca contará con la aprobación general. Aunque seguro que hay algunos padres comprensivos por allí, que comprenden lo que usted padece, otros espectadores pueden culparla por ser demasiado blanda, mientras que otros pensarán que es usted demasiado estricta. Así que haga lo que habría hecho si la rabieta hubiera sido en privado; trátelo con firmeza, con calma y con amor.

P MI HIJO ME PREGUNTA «POR QUÉ» SIN CESAR. ¿CÓMO PUEDO EVITARLO?

R No lo haga. A partir de los tres años, y a veces antes, la mayoría de niños no paran de preguntar «por qué». Con el tiempo, el niño comprenderá que «por qué» agregado a cualquier palabra o frase no siempre tiene sentido. Responda a preguntas como «¿Por qué hace calor?», pero no a «¿Por qué puerta?», a menos que pueda adivinar qué quiere decir.

P ¿QUÉ TENGO QUE HACER SI MI HIJO SE MASTURBA?

R Los niños de ambos sexos se masturban y no debe hacer caso. Si está en casa, no haga nada. Si está en un lugar público, deténgalo distrayendo al niño con algo más interesante. Suele funcionar porque los niños parecen masturbarse más cuando están aburridos. No hace falta decirle que es algo sucio o asqueroso ni castigarlo.

P SI VUELVO AHORA AL TRABAJO, ¿AFECTARÁ ESO A LA CONDUCTA DE MI HIJO?

R Podría ser que su conducta sufriera una regresión temporal. No se sorprenda si se vuelve más peculiar con la comida o se hace pipí encima si hace poco que ha aprendido a usar el lavabo. No obstante, se le pasará. Si le ha dado amor y seguridad, será lo bastante fuerte para que su trabajo no tenga repercusiones a largo plazo. Asegúrese de que los arreglos que haga para la atención de su hijo sean lo mejor posibles (vea la página 186) y procure que la transición sea lo más sencilla posible para ambos.

¿QUÉ SON LAS RABIETAS?

Una rabieta es una explosión incontrolada; una expresión de ira y genio que suele durar algunos minutos. Algunos niños chillan, pegan patadas, golpean con los pies o incluso se tiran al suelo. Las rabietas son bastante comunes en esta edad.

¿Coincide esto con los terribles dos años?
Sí. La edad punta para las rabietas es entre los quince y los treinta y seis meses. La mayoría de niños de dos años tienen por lo menos una rabieta por semana, pero al crecer dejan de tenerlas.

¿Por qué sólo algunos niños tienen rabietas?
Los niños plácidos tienen menos rabietas o empiezan a tenerlas más tarde o abandonan esa costumbre antes que otro niño más nervioso. No obstante, hasta cierto punto, las rabietas forman parte del viaje del niño hacia una mayor independencia.

¿Puedo impedir las rabietas?
Las rabietas suelen producirse cuando el niño se ha visto contrariado de alguna manera. Cuando un niño de esta edad quiere algo, lo quiere ahora y no puede comprender por qué tiene que esperar. Manténgase firme en las cuestiones importantes, pero no se enfrente a su hijo en cosas triviales. Un poco de paciencia por su parte puede hacer maravillas para reducir el número de rabietas que surjan.

¿Cómo puedo ayudar a mi hijo?
Cuando tenga una rabieta, vigile que no pueda hacerse daño. No es necesaria (ni eficaz) ninguna otra limitación. Algunos padres dan una zurra al bebé en estos momentos, pero eso no suele resultar útil. Dado el estado de ánimo del niño, no aprenderá de esa zurra ni se avendrá a razones. Está fuera de sí y no sabe qué está haciendo. Cuando se calme abrácelo y tranquilícelo.

¿Qué puedo hacer para conservar la calma?
Procure no ponerse nerviosa, esté donde esté. Usted es más inteligente y más madura que su hijo, quien necesita que usted se mantenga tranquila. Limítese a vigilar que no corra peligro. Si está en casa, trate de volverse de espaldas o incluso salir de la habitación un momento. La rabieta pasará pronto porque no tiene sentido hacer toda una representación cuando no hay público. Sobre todo, no ceda. En última instancia, esa rabieta no tiene que cambiar en nada la forma en que trate al niño. Tiene que aprender que ponerse rabioso no lo lleva a ninguna parte.

La disciplina de los niños pequeños

P ¿CÓMO PUEDO ENSEÑAR DISCIPLINA A MI HIJO SIN DAÑAR SU CONFIANZA?

R Alábelo por lo que ha conseguido en lugar de reñirlo cuando hace algo un poco mal. En lugar de decirle «No» o «Eso no se hace» constantemente, sea positiva siempre que pueda y dele razones sencillas que expliquen sus sugerencias. Es mucho mejor decir «Es más seguro andar por la acera» que «No bajes de la acera».

P ¿NO SERÍA MEJOR DEJARLO QUE HAGA LO QUE QUIERA?

R No. Quizá fuera más fácil a muy corto plazo, pero la sociedad tienen reglas aun si usted no las tiene, y más tarde habría problemas. A largo plazo, una actitud demasiado tolerante es tan perjudicial como una disciplina demasiado estricta. Un niño necesita límites que no cambien. Dejar que haga lo que quiera es la receta para conseguir la anarquía y un niño malcriado.

P ¿CÓMO PUEDO ENSEÑARLE A MI HIJO QUE ALGUNAS COSAS ESTÁN MAL?

R A partir de los dos años, puede tratar de explicarle por qué le dice que no haga algo. Si continúa haciéndolo, dígale «No» y apártelo del sitio inmediatamente. Tiene que comprender que usted no habla en broma.

P ¿CÓMO TENGO QUE CASTIGARLO CUANDO SE HA PORTADO MUY MAL?

R Depende de lo que haya hecho, pero reñirlo de forma severa y tranquila suele ser más eficaz que los castigos a esta edad. Castíguelo tan poco como sea posible; los castigos frecuentes pueden dañar la relación con su hijo. El castigo debe ser proporcionado e inmediato a lo que haya hecho. Antes de los dos años, los niños no son traviesos a propósito. Su aparente mala conducta puede ser debida a que es demasiado pequeño para pensar en lo que hace. Necesita tiempo para aprender qué está bien y qué está mal.

P ¿UNA ZURRA OCASIONAL SERÁ PERJUDICIAL PARA MI HIJO?

R Pegarle hará pensar al niño que es aceptable usar la violencia para resolver un problema, y será más probable que pegue a otros niños o a usted. Además, es fácil perder el control. Por lo tanto, si acaso lo usa, un cachete tendría que ser sólo para actos peligrosos de verdad, por ejemplo, saltar corriendo a la calzada. Nunca tiene que pegarle fuerte ni en la cabeza, y sólo debe usar la palma de la mano. De todas formas, no se atormente; a los niños con padres afectuosos no les pasará nada por recibir una zurra.

P ¿FUNCIONAN LAS AMENAZAS?

R Sólo funcionan si piensa cumplirlas. Si le dice a su hijo que lo abandonará si no deja de llorar, él no tardará en descubrir que no lo dice en serio. Por otro lado, no leerle su cuento favorito es una amenaza realista. Como con cualquier disciplina, las amenazas tienen que referirse a algo inmediato. A esta edad, su hijo quiere su atención desesperadamente, así que cualquier cosa que le prive de esa atención durante un rato puede ser una amenaza eficaz.

Hable a su hijo con firmeza, pero también con calma.

Sea firme
Los niños necesitan saber cuándo han hecho algo malo. Muéstrese firme en las cuestiones importantes, pero no se preocupe de cosas triviales.

P ¿ES BUENA IDEA ENVIARLO A SU HABITACIÓN COMO CASTIGO?

R No. Confinarlo en su habitación puede hacer que la asocie con el castigo. Cuando el niño haya hecho algo malo, envíelo al vestíbulo, donde pueda vigilarlo. Este «tiempo muerto» lo aparta de la «escena del crimen» y le priva de su atención. No es necesario que sea mucho tiempo; un par de minutos es suficiente para un niño de dos años.

P ¿CÓMO PODEMOS DEJAR DE GRITAR Y DE REÑIRLO SIN CESAR?

R Los gritos pueden ser eficaces, pero a la larga su potencia desaparece y sólo aumenta la temperatura emocional. Así que resérvelos para las emergencias y trate de decir lo mismo en voz más baja. Sea positiva siempre que pueda. En lugar de decir «No dejes la puerta abierta», anime al niño diciendo «Cierra la puerta» o distráigalo con un «Ven a mirar este puzzle conmigo» en lugar de «No te cuelgues de las cortinas». Concéntrese en alabarlo cuando recoge los zapatos o cuando la ayuda a hacer algo. Decida qué es importante para ustedes como familia y deje de lado cualquier otro problema menor. Limite al máximo las tentaciones. Hasta que sea mayor, tenga los jarrones o los regalos más preciados en un lugar seguro, lejos del alcance de su hijo.

P MI PAREJA Y YO NO ESTAMOS DE ACUERDO EN CUESTIÓN DE DISCIPLINA. ¿CUÁL ES LA SOLUCIÓN?

R Es corriente que haya diferencias en la forma de disciplina entre usted y las otras personas que cuidan al niño. Usted, su pareja, sus padres o quienes cuidan al niño pueden tratar la misma situación de formas diferentes. Hable con los demás adultos, sin que el niño esté presente, a fin de conseguir cierta coherencia, y para estar segura de que su autoridad no sufrirá menoscabo. No obstante, algunos desacuerdos y discrepancias son normales; por lo tanto, no deje de imponer disciplina en los conflictos menores entre adultos.

P ¿CÓMO PUEDO SABER SI MI HIJO TIENE UN AUTÉNTICO PROBLEMA DE CONDUCTA?

R La mayoría de niños se portan mal, algunos con más frecuencia que otros, y la mayoría de padres se preguntan en algún momento si tendrán un niño problemático. Por lo general, no pasa nada, excepto quizá la necesidad de tener más atención o seguridad. No obstante, su hijo puede tener un problema de conducta si no se relaciona bien con usted, si no quiere que lo abracen y mimen, si no quiere mirarla a los ojos, si muestra una falta de interés por la gente o si repite ciertas actividades de forma ritual, por ejemplo, balancearse o tocar todas las manijas de las puertas con un orden determinado. Todos éstos podrían ser síntomas de autismo (vea la página 225).

GUÍA DE SUPERVIVENCIA PARA PADRES

MI HIJO ES AGRESIVO

Un niño puede pegar a otro como experimento. Seguirá haciéndolo si todo el mundo acude corriendo para ver qué pasa. Una atención negativa es mejor que no recibir ninguna. Por desgracia, si el otro niño chilla o llora, la diversión es aún mayor.

¿Qué tengo que hacer cuando mi hijo pega a otro niño?
Aparte la atención de su hijo y dedíquela al otro niño durante unos minutos. Si su hijo exige su atención durante ese tiempo, dígale que no puede escucharlo ahora porque el otro niño tiene daño y está disgustado. Más tarde puede explicarle que lo que hizo estuvo mal. No obstante, en esta etapa del desarrollo los pequeños no comprenden cómo se siente el otro niño, así que no dé muchas explicaciones; para él todo eso es atención.

Mi hijo a veces me pega y me da patadas; ¿qué puedo hacer?
Muéstrese indiferente hacia él y salga de la habitación o póngase a hacer alguna cosa. Esto le privará de su valiosa atención y de su público. Bajo ningún concepto debe permitirse enfadarse o mostrarse agresiva con su hijo.

Mi hijo ha mordido a otro niño; ¿es buena idea que yo lo muerda a él?
No. No tiene que hacerlo porque un niño de esta edad no asociará las dos cosas. Lo único que logrará es darle la idea de que morder es algo aceptable. Los mordiscos son dolorosos (y pueden ser causa de infecciones), así que casi con toda seguridad garantizan la atención paterna. Aparte de ser algo especialmente corriente entre mellizos, es igual que cualquier otra agresión.

LA CONDUCTA DE UN NIÑO EN EDAD PREESCOLAR

P ¿CÓMO PUEDO HACER QUE MI HIJO SE PORTE MEJOR?

R Recuerde que todos los niños son traviesos a veces y que no podrá eliminar la mala conducta. No obstante, hay cosas que puede hacer para ayúdar a un niño de esta edad. Alábelo siempre cuando haga algo bien; eso aumentará su confianza y lo animará a portarse bien en el futuro. Piense es usar gráficos de recompensa (vea la página 176). Son especialmente adecuados para niños de cuatro o cinco años o más. Cuando su hijo se haya portado mal, déjele claro que lo malo es su conducta, no él. En algún momento, la mayoría de padres están a punto de decirle a su hijo que lo odian por algo que ha hecho. Además de ser algo sin sentido, esto puede menoscabar su autoestima.

P ¿CÓMO PUEDO AYUDAR A MI HIJO A AUMENTAR SU CONFIANZA?

R Lo más importante es ser positivo. Alabe a su hijo cuando haga algo bien, especialmente si es un nuevo logro. El mundo puede ser un lugar sobrecogedor cuando se es pequeño. Algo nimio, como ir al parque o pintar unos macarrones, quizá a usted no le parezca un reto, pero para un niño puede serlo, así que muéstrele su apoyo.

P ¿CÓMO PUEDO ANIMAR A MI HIJO A SER MÁS CONSIDERADO?

R Los niños pequeños son naturalmente egocéntricos, así pues, eso puede resultar difícil. A un niño le lleva tiempo aprender a tratar a los demás como le gustaría que los demás lo trataran. Es tanto una cuestión moral como de conducta. No obstante, persevere dándole ánimos y finalmente su hijo aprenderá.

P ¿PUEDO ENSEÑAR A MI HIJO A AYUDAR MÁS EN CASA?

R Procuren hacer cosas juntos, por ejemplo, poner la mesa o colocar la compra en su sitio. Dele sólo las tareas que él pueda realizar. Se desanimará si no puede pelar las patatas solo. Estimúlelo alabando sus esfuerzos. Sobre todo, tenga paciencia; será más lento y torpe que usted durante muchos años. Si lo regaña ahora, puede que deje de esforzarse por completo.

P ¿CÓMO PUEDO ENSEÑARLE A COMPARTIR COSAS CON OTROS NIÑOS?

R Haga hincapié en que compartir es algo temporal; aunque alguien esté jugando con un juguete suyo, ese juguete sigue siendo suyo y se lo devolverán. Decida por adelantado qué está dispuesto a dejar a otros niños. Asegúrese de que esos juguetes son resistentes, ya que puede echarse a llorar si otro niño rompe algo suyo. Antes de que llegue su amigo, guarde las cosas que no quiere compartir, pero no se sorprenda si, cuando el otro niño esté allí, menciona un juguete favorito que está en el armario. Dele buen ejemplo compartiendo algunas cosas suyas con él. Descubrirá que pronto le gusta compartir sus posesiones (aunque seguirá prefiriendo compartirlas con sus padres que con un amigo de su propia edad).

P MI HIJO ES IRRITABLE Y TIENE MAL GENIO. ¿QUÉ PUEDO HACER?

R Algunas personas son así por naturaleza y puede que tenga que soportar los malos humores y la agresividad de su hijo. Hágale saber que está bien que muestre sus sentimientos, tanto si son positivos como negativos, pero que no es aceptable llevar a la práctica las emociones negativas ni pegar a nadie ni dañar sus pertenencias. Quizá sea mejor que tenga algo contra lo que descargar su agresividad en lugar de dejar que la dirija contra usted o sus hermanos.

P MI HIJO SE MUESTRA DESCARADO CON LA GENTE. ¿CÓMO PUEDO EVITARLO?

R La mayoría de niños pueden ser muy francos y desinhibidos. Puede parecerles normal decirle a alguien «Estás gordo» o «Eres estúpido». Debe decirle amablemente a su hijo que no está bien decir esas cosas, aunque puedan ser verdad, pero procure no extenderse en la cuestión. Algunos niños se portan así sólo para atraer la atención o para presumir. A veces otras personas, por ejemplo los abuelos, animan sin querer esa conducta con sus sonrisas. Si el niño continúa comportándose así, deje de prestarle atención. Por suerte, la mayoría de adultos dan por supuesto que los niños carecerán de tacto algunas veces y suelen mostrarse comprensivos. Por desgracia, algunos niños usan palabrotas como medio de atraer la atención.

¿CÓMO PUEDO RECONOCER UNA CONDUCTA PROBLEMÁTICA?

Muchos padres creen, por lo menos en algún momento, que tienen un hijo con problemas. Pero la realidad es que la mayoría no lo tienen. No obstante, si su hijo tiene un verdadero problema, debe buscar ayuda profesional. No tema pedir consejo.

Hable con su médico si hay señales de lo siguiente:

- malas relaciones con los padres u otras personas,
- violencia repetida o conducta perjudicial,
- un señalado nerviosismo o inquietud,
- provocación de incendios u otros actos destructivos,
- ensuciarse en la cama o en los pantalones después de los cuatro años,
- una extrema torpeza.

P MI HIJO NO PARECE TENER MUCHOS AMIGOS. ¿QUÉ PUEDO HACER?

R No creo que importe demasiado, siempre que tenga oportunidades de ver a otros niños. Pregúntele si le gustaría invitar a algún amigo a jugar a casa o quizá puede usted invitar a alguna amiga con niños de una edad similar. Aparte de eso, no hay mucho más que pueda hacer. Pero no se preocupe, muchos niños tímidos se vuelven más abiertos cuando crecen. No obligue a su hijo a ser sociable; esto puede empeorar su timidez.

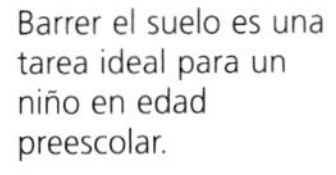

Barrer el suelo es una tarea ideal para un niño en edad preescolar.

AYUDAR EN CASA
A la mayoría de niños en edad preescolar les gusta ayudar en casa y que les den tareas sencillas para hacer. Asegúrese de que pueda hacer la tarea que le encargue.

P PARECE QUE MI HIJO TIENE UN TIC EN LA BOCA. ¿SE DEBE A LA TENSIÓN?

R Los tics en la boca, los parpadeos excesivos, el funcimiento de la frente, el sorber por la nariz y otros actos repetitivos pueden ser costumbres nerviosas. Todos estos tics suelen iniciarse en períodos de tensión o conflicto en la vida de un niño, por ejemplo al empezar la escuela, al cambiar la persona que lo cuida o debido a la separación de los padres. Aunque el niño no controla estos movimientos, sin embargo, desaparecen cuando duerme. Si su hijo tiene un tic, trate de solucionar cualquier falta de seguridad o estabilidad subyacente que pueda experimentar. Aparte de eso, como padres tendrían que procurar no hacer ningún caso del tic. Reñirlo, gritarle o castigarlo sólo empeorará las cosas. Acudir al médico tampoco parece ser útil, a menos que su hijo tenga otros síntomas que le preocupen.

P ¿POR QUÉ MI HIJO SE PORTA MAL TAN A MENUDO?

R Hay muchas razones para portarse mal y no siempre hay la misma razón para todos los casos. Por ejemplo, un niño puede portarse mal porque está aburrido, cansado, porque tiene hambre o sed, porque se siente inseguro o tiene necesidad de alardear, o está celoso (lo cual es una forma especial de inseguridad) o hay tensiones en la familia, por ejemplo una separación o un divorcio o la muerte de un ser querido. Hay padres que echan la culpa del mal comportamiento de su hijo a los medicamentos o a los aditivos de los alimentos. Quizá en algunas ocasiones esto pueda suceder, pero en mi experiencia es muy poco corriente.

P ¿LA POSICIÓN DEL NIÑO EN LA FAMILIA AFECTA A SU CONDUCTA?

R La posición en la jerarquía familiar parece tener cierta influencia en la conducta (vea la página 190). Algunos de los niños más pequeños, especialmente el menor de tres hermanos, tienen tendencia a portarse de una forma muy inmadura.

LA DISCIPLINA DE LOS NIÑOS EN PREESCOLAR

P ¿ES ADECUADO CASTIGAR A MI HIJO POR SU MALA CONDUCTA?

R Sí, un castigo puede ser pertinente si es adecuado a lo que ha hecho, a su edad y a su nivel de comprensión. El castigo debe ser inmediato al mal comportamiento. No tiene sentido prohibirle ver un programa de televisión dentro de dos días por algo que el niño ha hecho mal hoy. No tiene sentido castigarlo por algo que no está en su mano evitar, como mojarse en la cama o vomitar. No responda nunca con la fuerza o la agresividad ni pierda el control; aparte de cualquier otra cosa, es un mal ejemplo para su hijo. No amenace a su hijo con lo que pasará cuando vuelva su pareja. El niño pensará que el padre o la madre que está en casa no sabe qué hacer y puede empezar a temer al que está ausente. Además, el retraso puede hacer que cualquier castigo carezca de sentido. La disciplina, cuando debe imponerse, tiene que ser inmediata.

P ¿TENGO QUE ENVIARLO A SU HABITACIÓN?

R Un tiempo sin prestarle atención les dará a los dos tiempo para calmarse. No es necesario que sea mucho tiempo. La idea no es permitirle encontrar alguna otra cosa para entretenerse, sino privarlo de usted y de lo que estaba haciendo. Tres minutos es suficiente para un niño de tres años, cuatro para uno de cuatro y así sucesivamente. Si manda a su hijo a su habitación muy a menudo puede llegar a detestar esa habitación, con consecuencias graves para la hora de dormir. Dejar al niño en la misma habitación en que usted esté, pero darle la espalda puede funcionar igual de bien y tiene el beneficio añadido de que es más difícil que dañe alguna cosa que si está solo.

P ¿TENGO QUE PEGAR A MI HIJO?

R Si le da una zurra o un cachete a su hijo, cuando esté enfadada o irritada con él, le hará pensar que ésa es una forma adecuada de expresarse y lo llevará a emprenderla a golpes cuando esté enfadado o irritado. No obstante, un golpe controlado en la mano o una zurra es, en mi opinión, un medio aceptable para tratar a un niño que está haciendo algo peligroso, como tocar la puerta del coche o el horno. Tenga mucho cuidado de no hacerle daño. La sorpresa es lo que cuenta, no el grado de dolor. No use nunca nada más que la palma de la mano y nunca golpee al niño en la cara o en la cabeza.

GRÁFICOS DE RECOMPENSAS

Todos los niños necesitan recibir elogios. Las recompensas establecidas son adecuadas para los niños de cuatro o cinco años y más.

¿Qué es un gráfico de recompensas?
Un gráfico implica mantener unas anotaciones durante un tiempo limitado, en general entre una semana y un mes. Dependiendo de lo que quiera conseguir, el gráfico puede tener columnas diarias (por ejemplo, para quedarse en su propia cama) o estar dividido en períodos más cortos –mañana, tarde y noche– si lo que quiere es conseguir una buena conducta en general.

¿Cómo funciona?
Por cada período de tiempo en que su hijo se porte bien, se dibuja una cruz o se pone una pegatina. Pueden comprar las pegatinas juntos; el niño tiene que interesarse en todo el proceso. Tenga el gráfico en algún lugar visible para que toda la familia pueda ver lo bien que lo está haciendo.

¿Qué recompensas tengo que ofrecerle?
Una hilera con unas seis estrellas puede hacer que gane un privilegio o algo especial, quizá jugar a algo con usted o pasar un tiempo con usted o su pareja solo, sin sus hermanos, o incluso algo de dinero extra. Tiene que decidir cuál es la mejor recompensa para su hijo. No dé un valor excesivo a cada estrella o marca; puede que le resulte difícil mantener su parte del trato.

¿Mi hijo reaccionará con rapidez?
El progreso del niño dependerá de la meta que haya fijado. No pegar a su hermano pequeño puede costarle dos semanas si hasta ahora lo ha hecho de forma habitual; quedarse en su cama toda la noche puede costar menos. Los gráficos de recompensas no funcionarán a menos que trate de resolver la causa subyacente al mal comportamiento; en el caso de los celos entre hermanos, también puede necesitar prestarle más atención y darle más seguridad al niño mayor. Debe escoger algo que su hijo pueda conseguir en el tiempo asignado. Por ejemplo, no puede enseñarlo a leer utilizando esos gráficos.

P ME ENFADO TANTO QUE ACABO GRITANDO. ¿CÓMO PUEDO DEJAR DE HACERLO?

R Es muy difícil pero tiene que procurarlo porque, a la larga, los gritos pierden su eficacia. Trate de hablar en un tono tranquilo la próxima vez que esté enfadada. Su hijo puede quedarse tan sorprendido que la escuchará atentamente. Otro método es no decir nada en absoluto si está disgustada. Siga sencillamente con lo que esté haciendo como si no hubiera pasado nada.

P ¿MI PAREJA Y YO HEMOS DE TENER LA MISMA ACTITUD HACIA LA DISCIPLINA?

R Si no la tienen, su hijo recibirá mensajes contradictorios sobre lo que es una conducta aceptable. Además, puede aprender muy rápidamente a utilizar a uno de los padres contra el otro. Por supuesto, su forma de entender la paternidad no será la misma que la de su pareja, pero tendría que ser lo bastante similar para no socavarse mutuamente la autoridad. Hablen de sus actitudes cuando el niño no esté presente y lleguen a un compromiso si es necesario. Esto evitará las discusiones acaloradas y destructivas frente al niño. Asegúrese de que las otras personas que cuidan al niño comprendan también esas actitudes.

CÓMO TRATAR LA MALA CONDUCTA
Comparta la responsabilidad de la disciplina con su pareja, de forma que el niño reciba un mensaje coherente sobre lo que es aceptable.

Bájese para estar al nivel del niño cuando le hable.

GUÍA DE SUPERVIVENCIA PARA PADRES

NO PUEDO CONSERVAR LA CALMA

Hay veces en que resulta muy difícil tratar la mala conducta de un niño, pero es esencial no perder el control. Es menos probable que pierda los nervios si tiene unas expectativas realistas, adecuadas a la edad del niño.

Explíquele lo que está bien y lo que está mal
Puede que el niño no comprenda la importancia de lo que hace. Dígale explícitamente qué está bien y qué está mal y explíquele las razones siempre que pueda; de lo contrario volverá a hacer lo mismo sin saberlo.

Dele un buen ejemplo
Es vital darle un buen ejemplo. El niño necesita que le muestren cómo tiene que portarse. Aprenderá una lección valiosa de la forma en que usted actúa cuando no consigue lo que quiere. Ver que usted controla sus emociones es la única manera de que el niño aprenda a hacer lo mismo.

No pierda los nervios
Mantener la cabeza fría es esencial, pero no resulta fácil no perder el control cuando uno está alterado. En lugar de enfadarse con su hijo, muestre tristeza para comunicarle que desaprueba su conducta. Recuerde que salirse de sus casillas equivale a prestarle atención, aunque sea de índole negativa. A veces, a los padres les resulta difícil creer que los niños buscan deliberadamente una atención negativa, pero según las investigaciones es algo que sucede.
Si ve que la situación se está caldeando, procure dar un paso atrás. Salga de la habitación y prepárese una taza de té, o dele la espalda al niño y durante un rato haga ver que está leyendo un periódico o una revista.

Pida consejo
Hable con su médico o con una amiga. Eso es especialmente útil si cree que esa mala conducta es continua o si le resulta imposible manejar a su hijo. Muchos padres llegan a exasperarse con sus hijos en un momento u otro, así que puede ser tranquilizador hablar con alguien que ha pasado por experiencias similares y puede comprender cómo se siente. Todos los niños son traviesos alguna vez, así que no se lo tome como algo personal.

La vida familiar

Los niños nos enriquecen la vida y traen con ellos enormes satisfacciones; la vida familiar es algo que hay que apreciar y disfrutar. No obstante, formar una familia causará cambios importantes en nuestro modo de vida e irá inevitablemente acompañado de preocupaciones por el bienestar de nuestro hijo. En este capítulo estudiaremos el bienestar emocional y físico de su familia y analizaremos cuestiones como la manera de tratar los consejos bienintencionados, pero conflictivos, de la familia y los amigos y las repercusiones que tendrán en su hijo los cambios en su vida, como una separación o la llegada de otro niño a la familia. También le ayudaremos a resolver cuestiones cotidianas y prácticas.

CONVERTIRSE EN UNA FAMILIA

P ¿CÓMO CAMBIARÁ NUESTRA VIDA CUANDO SEAMOS PADRES?

R Su vida cambiará en el plano físico, en el social y en el emocional. Durante los próximos años, tendrá que estar físicamente con su hijo y cuidarlo, así que no podrá mantener el mismo estilo de vida despreocupado que antes. En lo social tendrá más relación con otros padres con niños pequeños que con personas sin hijos. Pero quizá el cambio mayor sea emocional. Como padre o madre novato, puede sentirse desbordado por el amor que siente por su hijo. Puede que también sienta más empatía con los sufrimientos y llore más fácilmente cuando vea desastres en las noticias de televisión. No se preocupe, es normal. Sus sentimientos hacia su pareja y sus propios padres pueden sufrir un cambio, ya que ahora cuidará de alguien en lugar de recibir cuidados. Su hijo se convertirá en el centro de su vida emocional. Esto parece suceder tanto si tiene una profesión u otros intereses como si no y puede ser la forma que tiene la naturaleza para garantizar la supervivencia de la especie. Acepte que su vida ha cambiado y sea flexible para dar respuesta a las nuevas demandas que recibe.

P ¿CUÁLES SON LOS ASPECTOS MÁS IMPORTANTES DE LA PATERNIDAD?

R Ser afectuosos y coherentes. Su relación con su hijo crea un modelo para todas las relaciones futuras de éste. Por ello, un niño necesita amor, seguridad, aprobación y aceptación desde el principio. Una carencia de estas cosas puede afectar su autoestima, sus logros y su capacidad para ser feliz. Esto no significa que tenga que dejarle hacer todo lo que se le antoje; tiene que aprender disciplina así como otras cosas, pero debe enseñarle con amor. Su hijo necesita unos límites estables. Los niños aprenden por imitación, así que es esencial que reciban buenos ejemplos. Finalmente, tiene usted que aprender a confiar en su instinto. Pronto conocerá a su hijo mejor que ninguna otra persona.

P TODO EL MUNDO ME DA CONSEJOS, PERO ¿POR QUÉ SON TAN CONTRADICTORIOS?

R No cabe duda de que muchas personas (no sólo sus propios padres) desean transmitir los beneficios de su sabiduría. Descubrirá que muchas personas son muy generosas con sus consejos, pero no ofrecen mucha ayuda práctica. Puede que esos consejos sean útiles y bienvenidos, pero a veces no es así, aunque sólo sea porque están anticuados. No los siga al pie de la letra –incluso las recomendaciones de su médico tendrían que ir acompañadas de algunas explicaciones– y procure mantener una actitud abierta. Quizá no los ponga en práctica inmediatamente, pero es de buena educación decir algo que no comprometa como, por ejemplo, «Lo tendré presente».

P ¿CUÁN IMPORTANTE ES ESTABLECER UNA RUTINA FAMILIAR?

R Depende de su modo de vida y de su personalidad. Algunos padres tienen una actitud relajada y se contentan con ir haciendo sobre la marcha, mientras que otros, especialmente los padres que trabajan, quizá no puedan permitirse ese lujo. El orden y la rutina ayudan a mantener la disciplina y refuerzan los límites establecidos. Esa rutina no tiene precio para aquellas cosas que deben hacerse cada día, como alimentar y vestir al bebé y preparar sus propias comidas. Puede darse más margen de maniobra en otras cosas. Por ejemplo, la mayoría de las tareas de la casa pueden esperar, aunque es necesario mantener la higiene. Es sensato no ser demasiado rígido en el programa diario; con bebés y niños alrededor puede surgir cualquier cosa inesperada y es necesario ser flexible para tomárselo con calma.

UN NUEVO HERMANO
Ser una familia que crece puede aportarle muchas satisfacciones y alegrías. Los otros hermanos aceptarán pronto al recién nacido.

GUÍA DE SUPERVIVENCIA PARA PADRES

ENCUENTRO LA PATERNIDAD MUY DIFÍCIL

Ser padres no es tan fácil o natural como muchas personas creen y tampoco es lo mismo para todo el mundo. Habrá veces en que se sienta con un ánimo negativo.

¿Por qué tengo unos sentimientos tan negativos?
Es inevitable que haya veces en que su relación con su hijo o con su pareja no sea tan buena. No puede esperar tener los mismos sentimientos hacia alguien todo el tiempo. De vez en cuando, tendrá un día difícil e incluso dudará seriamente de su capacidad para ser madre o padre. Todos nos sentimos así algunas veces. Sus expectativas de la paternidad pueden no estar de acuerdo con la realidad y ser útil hablar con otros padres novatos y con los profesionales médicos. Ser padres puede ser arduo, pero las satisfacciones superan en mucho los momentos difíciles.

Mi vida personal es inestable e incierta. ¿Podré criar a un niño feliz?
Sí. Es más difícil proporcionar un hogar seguro y estable si su vida está en un estado de cambio constante, pero todavía puede proporcionarle lo que el niño necesita: amor y aprobación de usted y de su pareja, si la tiene. Desde un punto de vista positivo, ver como se enfrenta con éxito a los problemas puede ser útil para su hijo, aunque tiene que protegerlo de muchas de las incertidumbres a las que hace frente.

¿Hay que haber tenido una infancia feliz para ser buenos padres?
No. Los niños felices llegan a ser adultos estables que, a su vez, suelen convertirse en padres afectuosos, así que ciertamente eso ayuda, pero no es esencial. Si para ser buenos padres es necesario haber tenido un pasado idílico, entonces la mayoría de nosotros nunca criaríamos bien a nuestros hijos. Es cierto que la historia puede repetirse si ha tenido una infancia desdichada, pero sólo si no ha aprendido de su experiencia. Puede que a usted le sea más fácil ver qué necesita un niño que a otra persona que nunca haya tenido que resolver un trauma. Creo que el requisito más importante para ser padres es tener una actitud positiva.

Mi pareja y yo no estamos de acuerdo en muchas cosas. ¿Cómo podemos criar un niño equilibrado?
Los niños se desarrollan mejor en un entorno coherente, así que sería sensato que usted y su pareja analizaran los principales problemas, por ejemplo la disciplina y el dinero, y llegaran a un acuerdo.
No obstante, pocos padres están de acuerdo en todo y habrá ocasiones de desacuerdo. No discutan delante del niño y procure no dar por supuesto que siempre tiene razón. Cada uno aporta sus propias cualidades y valores a la familia. Cuando el niño sea mayor, puede resultarle beneficioso ver cómo resuelven sus diferencias. Si tratan las divergencias con tacto y sin agresividad, sus discusiones pueden aportarle una lección útil para negociar y llegar a compromisos.
Lo que, en mi opinión, deben evitar es cualquier situación en la cual su hijo pueda utilizar sus diferentes posiciones para conseguir que ambos se peleen.

¿Qué puedo hacer con mis sentimientos negativos?
No sea tan dura consigo misma. Probablemente lo está haciendo mucho mejor de lo que imagina. Procure ser menos dura también con los demás. Cuando el comportamiento de su pareja o de su hijo sean difíciles, recuerde que ese comportamiento es lo que no le gusta, no la persona. Si se siente agresiva hacia su hijo o hacia cualquier otra persona, hable con el médico, con un amigo o con alguien de su lugar de culto.

P ¿ES LA PATERNIDAD MÁS DIFÍCIL AHORA QUE EN OTROS TIEMPOS?

R En ciertos aspectos, sí. Aunque ahora las tareas del hogar son más fáciles debido a la tecnología y muchas familias están mejor económicamente, las expectativas de la paternidad han aumentado. No obstante, hay pocas personas a nuestro alrededor para orientarnos. En muchas partes del mundo, las grandes familias son ahora la excepción, no la regla, y criar a los hijos puede ser una tarea muy solitaria, especialmente si se hace sin pareja.

P ¿PUEDO PREPARARME PARA SER UN PADRE O UNA MADRE MEJOR?

R En muchos lugares hay grupos posnatales para los padres novatos y grupos para ayudar a los que tienen niños mayores a resolver problemas concretos. No obstante, probablemente descubrirá que hace muchas cosas de forma natural o nacidas del sentido común. La capacidad para ser padres es fundamentalmente algo que se adquiere sobre la marcha, así que quizá tenga que esperar mucho tiempo para saber con certeza que lo hizo bien.

P ¿DÓNDE PUEDO CONOCER A OTROS PADRES CON NIÑOS PEQUEÑOS?

R Un buen lugar es la consulta del pediatra. También tendría que tratar de mantenerse en contacto con los futuros padres que conoció en el consultorio o en las clases antes del parto. Su médico tendrá una lista de los grupos de padres y bebés de su zona así como de grupos posnatales y de niños pequeños. No obstante, seguramente descubrirá que conoce a otros padres sin tener que esforzarse mucho. Ahora que va empujando un cochecito, otros padres iniciarán la conversación con usted en todas partes, tanto si está haciendo cola en una tienda como si está dando un paseo.

P ¿CÓMO PUEDO SEGUIR EN CONTACTO CON LA GENTE AHORA QUE TENGO TANTO QUE HACER?

R Es cierto que, a veces, resulta difícil mantener todas sus relaciones ahora que tiene un niño. No obstante, es posible. Invite a los amigos a tomar algo después de que haya acostado al bebé. Para ahorrarse tiempo y trabajo, quizá todos podrían traer algo para comer o puede encargar algo por teléfono. Reúnanse en lugares más acogedores para las familias; pronto descubrirá cuáles son. Cuando esté demasiado ocupada para reunirse con ellos, telefonéelos para charlar de vez en cuando. Puede que la cuenta del teléfono suba, pero conservará unos contactos valiosos. Saque el máximo partido de la tecnología, por ejemplo del correo electrónico y el fax, y no olvide la humilde postal; hágase con una buena provisión siempre que tenga ocasión.

P ¿CÓMO PUEDO HACER QUE SALIR NO SEA UN ESFUERZO TAN GRANDE?

R Organícese. Salir cuando se tiene un bebé exige una planificación por adelantado y bastante práctica si quiere estar fuera de casa a la hora prevista. Hasta cierto punto tiene que pensar en lo inesperado –pañales sucios, un bebé hambriento, el mal tiempo–, así que tenga una bolsa preparada con pañales y recambios de ropa (vea la página 205). Si va en coche, tenga el depósito de gasolina lleno; provoca mucha tensión ir a un garaje con un bebé llorando a remolque. Si salir parece un esfuerzo tan enorme, limítese a ir a casa de unos amigos o a dar una vuelta, pero no tire la toalla quedándose en casa. Es fácil aislarse, especialmente si es el primer niño, así que procure salir cada día; pronto se acostumbrará.

P ¿CUÁNDO PUEDO EMPEZAR A DEJAR A MI HIJO CON UNA CANGURO?

R Depende de la canguro, del bebé y del tiempo que piense estar fuera. También depende de cuándo usted, como madre, se sienta tranquila al irse sin su hijo, aunque siempre tiene que haber una primera vez. Dejar un bebé de menos de tres meses siempre resulta difícil, aunque una niñera o canguro experimentada, o una amiga que también tiene niños, pueda arreglárselas. Por eso los círculos de cuidado a los bebés, donde los padres hacen turnos cuidando a los hijos de otros padres, pueden funcionar. Deje siempre un número de teléfono donde puedan ponerse en contacto con usted. Yo también llamaría a casa por lo menos una vez para preguntarle a la canguro cómo van las cosas.

¿CÓMO ME LAS ARREGLARÉ CON LOS MELLIZOS?

Tener mellizos suele inspirar unas emociones mezcladas: deleite y pánico. Sin duda tendrá que trabajar mucho, así que esté preparada para aceptar toda la ayuda que le ofrezcan.

¿Cómo puedo adaptarme a ser padre de mellizos?
Acepte que va a ser más difícil. No hay respuestas mágicas, pero aquí van algunas sugerencias:

- Póngase a usted y a sus bebés en primer lugar. Pase tiempo con ellos en lugar de haciendo las cosas de la casa.
- Cuídese. Podrá cuidar mejor de ellos si usted está en buena forma y se siente bien.
- Trabaje en equipo con su pareja. Se necesitarán mutuamente, incluso más ahora, con dos bebés que cuidar.
- Viva en el día a día. Es imposible ser un padre perfecto de un único bebé, y no digamos de dos, así que no se sienta culpable de nada.
- Reúnase con otros padres de mellizos. Pueden darle buenas ideas, así como un respaldo amistoso.
- Si se siente desanimada o necesita ayuda profesional, acuda a su médico o a un grupo de apoyo.

¿Dónde puedo encontrarme con otros padres de mellizos?
Pruebe en el club de mellizos de su localidad. Allí conocerá a muchas personas que, quizá, al principio se sintieron abrumadas por tener mellizos, pero que ahora pueden ayudarla a responder al reto y disfrutar de sus hijos al máximo.

La importancia de los abuelos

Los abuelos son muy importantes para un niño. En algunas partes del mundo, es normal que una familia amplia tenga una participación activa en la crianza de los niños. Incluso cuando los abuelos no están tan involucrados, pueden ser una fuente de amor y seguridad importante para un niño y proporcionarle un vínculo con su pasado. Su propia relación con los abuelos de su hijo puede también servir de modelo para la forma en que él se relacione con usted y su pareja en los años venideros.

¿Cómo pueden ayudar los abuelos?

Lo más precioso que los abuelos pueden darle a un niño es tiempo. Incluso si todavía trabajan, los abuelos no están sometidos a las mismas presiones que usted y pueden ofrecerle otra perspectiva. Como resultado, el vínculo de un niño con un abuelo suele ser fuerte, especial y duradero. Por añadidura, los abuelos pueden ayudar de una forma práctica; por ejemplo, contando cuentos, jugando al ping-pong o haciendo trucos de magia. O simplemente proporcionando amor, sosiego y una aceptación incondicional.

¿Cómo puedo fomentar una buena relación de mi hijo con sus abuelos?

Desde muy temprano, y con certeza a partir de los dieciocho meses, puede animar a su hijo a realizar pequeñas tareas; por ejemplo, llevarle una cuchara al abuelo o enseñarle a la abuela un osito muy querido o un nuevo libro. Más tarde, puede contarles sus nuevas experiencias, por ejemplo, el primer día en la guardería. Háblele a menudo de sus abuelos y de cómo eran las cosas hace mucho tiempo. Si en alguna ocasión sus padres o los padres de su pareja la irritan, trate de no expresar sus pensamientos negativos delante de su hijo.

No podemos ver a los abuelos con mucha frecuencia. ¿Cómo puedo hacer que participen más?

A veces, los abuelos no pueden participar tanto como les gustaría porque no tienen buena salud o viven demasiado lejos. Los niños crecen muy rápido, así que téngalos al día de las noticias llamándolos a menudo por teléfono o escribiéndoles y enviándoles fotos. Pronto el niño podrá usar el teléfono él mismo y escribirles. Grabe la voz del niño en una cinta o un vídeo y envíeselo. Si un abuelo ha enviado un regalo, no se olvide de agradecérselo adecuadamente. Al principio, puede que su hijo sólo pueda garabatear algo en una tarjeta pero los abuelos suelen apreciar extraordinariamente esos simples gestos.

¿Cuál es una buena manera de manejar a unos abuelos entrometidos?

Eso puede resultar difícil. A veces, cuando usted se convierte en madre, es como una repetición de sus primeros tiempos como padres y sus consejos bienintencionados pueden ser una forma de revivir su pasado. Tiene que decir basta si tratan de meterse en cosas que no les conciernen. Creo que la mejor manera es decirles lo mucho que los aprecia a ellos y a sus consejos, pero que realmente quiere hacer las cosas a su manera. Deje claro que no los rechaza y, al mismo tiempo, procure que participen en otros aspectos más neutrales.

Hay muchos celos entre los diferentes abuelos. ¿Qué puedo hacer?

Tanto usted como su pareja deben tratar de mantenerse neutrales, por difícil que resulte a veces. No entren en discusiones sobre el mucho, o el poco, tiempo y dinero que otro abuelo cariñoso dedica al niño. A veces hay que recordar incluso a los adultos que cada persona hace las cosas de una manera diferente y que no hay nada malo en ello.

Una relación especial
Los abuelos tienen mucho que ofrecer a sus nietos, especialmente amor, experiencia y mucho tiempo.

VOLVER AL TRABAJO

P ¿CUÁNDO ES UN BUEN MOMENTO PARA VOLVER AL TRABAJO?

R Inevitablemente, hay que llegar a un compromiso. Si vuelve demasiado pronto, se perderá los primeros meses del bebé. Si espera demasiado, habrá perdido contacto con su trabajo. Muchas madres tienen que volver a los seis meses para no perder los derechos del permiso por maternidad, pero yo no creo que ése sea el momento ideal porque a esa edad el bebé empieza a mostrar ansiedad por la separación. No obstante, desgraciadamente, tal vez no pueda escoger. Sea cual sea el momento en que decida volver al trabajo, asegúrese de que le satisfacen todo lo posible los arreglos que haya hecho para el cuidado del bebé.

P ¿CÓMO PUEDO VOLVER AL TRABAJO Y TENER ÉXITO COMO MADRE?

R Trabajar puede hacer que se sienta más realizada y con unos intereses más amplios, de forma que vuelva a casa a cuidar a su hijo con un entusiasmo renovado. Pero puede resultar duro. Trate de dedicarle un «tiempo de calidad» a su hijo cuando esté en casa, pero quizás ambos estén cansados y les exigirá mucho esfuerzo hacer cosas juntos. Además de dedicar atención a su hijo, tendrá que encontrar tiempo para las cosas de cada día, como comprar comida y ropa (para usted y para el bebé) y llevarlo al médico para las vacunas.

P ¿SERÍA MEJOR PARA MÍ Y PARA MI HIJO SI TRABAJARA A JORNADA PARCIAL?

R Sí, probablemente. El trabajo a tiempo parcial puede ser un modo eficaz de combinar la maternidad con una profesión y para su hijo será beneficioso verla más tiempo. Cada vez es más fácil tanto para el padre como para la madre trabajar de esa manera. Pero tiene desventajas. La remuneración tiende a ser desproporcionadamente baja en comparación con el salario por jornada completa y la empresa puede presionarla mucho para que complete las tareas de un día completo en cuatro horas o menos. Así que antes de decidirse, estudie atentamente las posibles consecuencias. Por ejemplo, el tiempo de ir y venir del trabajo suele ser igual de caro y largo como para quienes trabajan toda la jornada y los beneficios, por ejemplo, los planes de pensiones, las vacaciones y los permisos por maternidad, pueden ser menores si trabaja a jornada parcial.

P ¿ES MÁS CONVENIENTE TRABAJAR EN CASA?

R Si el suyo es una clase de trabajo que puede hacerse en casa, quizá sea mucho más cómodo. Ahorrará en tiempo de viajes y ganará flexibilidad cuando su hijo esté enfermo o cuando quiera estar con él. Pero trabajar en casa no es una opción totalmente libre de costes. Seguirá necesitando a alguien que cuide del niño, tanto si es alguien de familia o una persona contratada. Si el niño está en casa, puede distraerla y es probable que tenga que hacer frente a muchas interrupciones por parte de amigos y familia. También existe el riesgo del aislamiento profesional y la dificultad de desconectar mentalmente cuando se acaba la jornada.

P ¿CÓMO ME LAS ARREGLARÉ CON EL TRABAJO CUANDO MI HIJO ESTÉ ENFERMO?

R Es un problema. Los padres suelen pensar que podrán delegar el cuidado de su hijo enfermo en otra persona. Y en realidad, no hay razón alguna por la que una niñera o canguro competentes no puedan llevar a la práctica unas instrucciones claras con respecto a los medicamentos y la comprobación de temperaturas. No obstante, no es tan sencillo, ya que si su hijo está enfermo, es probable que quiera que su padre o su madre estén con él. Yo creo que un niño enfermo tiene derecho a esto así que, a menos que se trate de una enfermedad sin importancia, usted o su pareja tendrán que pedir permiso en el trabajo para estar con él incluso si eso provoca una gran confusión en sus tareas laborales. Quizá pueda llevarse el trabajo a casa y, con alguien de confianza que se quede a cargo del niño, volver al mismo cuando el niño empiece a recuperarse.

P ¿CÓMO PUEDO ENCONTRAR MÁS TIEMPO PARA MI HIJO?

R Elimine las tareas innecesarias y priorice lo esencial, a fin de dedicar más tiempo a su hijo. Le sugiero que prepare comidas más sencillas, cocine en grandes cantidades y congele más, compre con menos frecuencia y de forma más eficaz, utilice las compras por correo cuando sea posible y deje de planchar la ropa si puede. Cuando vuelva del trabajo, dese un baño relajante con su hijo (esto resuelve el tiempo del baño para ambos y además pueden hablar y jugar) y, si no cree que el niño se cansará demasiado, deje que se vaya a dormir un poco más tarde los días que usted trabaja. Reserve los fines de semana sólo para su hijo.

P ¿QUÉ TIPO DE CUIDADOS SON MEJORES PARA MI HIJO?

R Depende de su edad, de las horas en que usted trabaje y de la duración de su jornada. Pueden cuidarlo fuera de casa, en una guardería o parvulario o en casa de alguien, o puede cuidarlo una niñera, asistenta o *au-pair* en su propia casa (vea la página siguiente). No olvide que lo que ahora es conveniente para usted y para el bebé probablemente cambiará cuando el niño crezca.

P UN FAMILIAR SE HA OFRECIDO PARA CUIDAR AL BEBÉ. ¿ES BUENA IDEA?

R Está claro que será más barato que muchas formas de atención y puede funcionar, pero depender de un familiar tiene sus desventajas. Puede resultar difícil mantener el acuerdo en términos profesionales. Muchos padres encuentran difícil decirle a un familiar qué tiene que hacer con su hijo y, cuando lo hacen, esa persona puede tomárselo como algo personal. Es necesario saber dónde están los límites y con un primer hijo no siempre es fácil tener la confianza en uno mismo para hacerlo, especialmente si ese familiar ha criado a sus propios hijos.

P ¿CÓMO PUEDO HACER QUE MI HIJO SE ACOSTUMBRE A QUE LO CUIDE OTRA PERSONA?

R Cualquiera que sea la edad de su hijo, trate de acostumbrarlo a su cuidadora paulatinamente. Reúnase con ella, llevando a su hijo, varias veces. Si puede permitírselo, déjelo al cuidado de esa persona algunas horas antes de volver al trabajo. Cuando ya haya vuelto a trabajar, asegúrese de que lo recoge a la hora. Dedíquele tiempo a su hijo al final de la jornada. Aunque ambos estén cansados, necesitará ese tiempo con usted.

P ¿CÓMO AFECTARÁ UN CAMBIO DE CUIDADORA A MI HIJO?

R A los niños no les gustan los cambios y su hijo tendrá que olvidar el apego que pudiera tener a su primera cuidadora y pasar a una nueva relación con otra persona. Puede que no pase nada, pero también es posible que se porte mal, que llore, que le cueste dormirse, que no quiera comer o incluso que se haga pipí encima. Si ha cambiado de cuidadora por una buena razón, no deje que esto la desanime. Esté con su hijo y pida permiso en el trabajo si es necesario. Usted es su estabilidad y necesita poder apoyarse en usted cuando otras cosas cambian.

P ¿QUÉ PASA SI EL CAMBIO DE CUIDADORA NO FUNCIONA COMO PENSABA?

R Entonces tendrá que pensar si vuelve a cambiar. No siga usando unos servicios insatisfactorios porque tema el cambio. Dicho esto, la nueva cuidadora puede necesitar un tiempo para adaptarse a su hijo y viceversa y las cosas se tranquilizarán después de un período de transición.

P ¿ES POSIBLE CONSEGUIR MÁS TIEMPO PARA MÍ MISMA AHORA QUE HE VUELTO AL TRABAJO?

R Eso es lo más difícil de todo, pero es posible. Programe algo de tiempo para usted misma cada día. Al principio, pueden ser sólo diez minutos diarios para escuchar música o leer una revista, pero es el principio lo que cuenta (y la suma total será de 70 minutos a la semana). Quizá esté tan ocupada que no sepa qué hacer con esos momentos de libertad, pero piense en ello (por ejemplo, mientras vuelve a casa). No es egoísmo. Es vital disponer de ese tiempo para que usted, su familia y su trabajo funcionen.

GUÍA DE SUPERVIVENCIA PARA PADRES

SIENTO QUE TODO LO HAGO MAL

En un momento u otro, todas las madres que trabajan piensan que están fracasando, en el trabajo y como madres.
El cansancio y el esfuerzo de conjugar la casa y el trabajo pueden pasarle factura. No obstante, las siguientes sugerencias pueden ayudarle a superarlo:

- Acepte la situación; su entrega al trabajo, aun si no es completa, es valiosa.
- Elimine cualquier culpabilidad; casi sin ninguna duda lo está haciendo mejor de lo que piensa.
- Cambie lo que necesite cambiarse; si el trabajo a tiempo parcial le conviene, vea si puede conseguirlo.
- No deje que nadie socave su confianza. Por perfecta que sea como madre y en el trabajo, alguien tratará de convencerla de que lo hace mal; probablemente no comprenden su situación.
- Sea adulta; comparta sus preocupaciones con su pareja, con una amiga de confianza, con su médico o con un consejero, pero no haga pagar sus frustraciones a su hijo.
- Cuídese; necesita estar bien y en forma para poder hacerlo lo mejor posible en casa y en el trabajo.

¿QUÉ TIPOS DE CUIDADO HAY PARA NIÑOS?

TIPO DE CUIDADO	¿CUÁLES SON LAS VENTAJAS?	¿CUÁLES SON LAS DESVENTAJAS?
GUARDERÍA Contar con una guardería en la empresa puede ser una ventaja de trabajar para una gran organización y ahorra el trabajo de buscar en otro sitio. Las guarderías pueden ser pequeñas e íntimas o mucho mayores y sus estándares y su disponibilidad varían.	▪ El personal puede estar muy preparado y trabajar con un nivel muy alto. ▪ Los niños aprenden a relacionarse con otros niños desde una edad muy temprana. ▪ Su hijo puede experimentar cosas que no podría en casa. ▪ Si la guardería está en su lugar de trabajo, es más fácil amamantar al niño. ▪ No tiene que hacer un viaje especial de camino al trabajo para dejar al niño en el lugar donde lo cuidan.	▪ Hay menos interacción individual. ▪ No puede hacerse cargo de un niño enfermo y usted o su pareja tendrán que pedir permiso en su empresa. ▪ Los horarios son fijos y no se adaptan si usted hace horas extra. ▪ El niño puede estar expuesto a infecciones a una edad muy temprana. ▪ Una guardería puede resultar cara y con frecuencia tiene largas listas de espera.
CUIDADORAS Una persona cuida a los niños en su propia casa, con frecuencia junto a sus propios hijos. Por lo general, son personas sin una preparación especial, pero motivadas y con experiencia.	▪ Las cuidadoras de niños son cómodas ya que suelen estar cerca de casa. ▪ Como la cuidadora probablemente cuidará también otros niños y quizá estén en casa los suyos propios, el ambiente es más como un grupo familiar. ▪ Las cuidadoras suelen ser madres con experiencia. ▪ Figuran en el registro de Servicios Sociales, algunos de los cuales ofrecen cursos para ellas en juegos y primeros auxilios. ▪ Puede que sea la opción menos cara.	▪ Desde muy pequeño, el niño puede estar expuesto a infecciones transmitidas por los demás niños. ▪ Las cuidadoras no pueden hacerse cargo de un niño enfermo. ▪ El niño no estará en un entorno familiar ni dispondrá de muchos de sus juguetes. ▪ No existe una formación específica para las cuidadoras. ▪ Encontrar una buena es un poco cuestión de suerte y las mejores suelen ser contratadas muy rápidamente.
NIÑERAS Pueden vivir con usted o ir a su casa durante el día. A veces es posible compartir una niñera con otra familia, especialmente si usted trabaja a media jornada. Con frecuencia, se puede utilizar una agencia para encontrar niñera.	▪ Si sólo tiene un niño, es una relación individual. ▪ Con frecuencia, las niñeras pueden cuidar de niños muy pequeños. ▪ El cuidado dentro de su propia casa significa que es más fácil cuando su hijo está enfermo. ▪ Los horarios suelen ser flexibles; no tiene que despertar a su hijo muy temprano para prepararlo ni acostarlo tarde sólo para que encaje en su pauta de trabajo.	▪ Las niñeras son caras, y las que sólo trabajan durante el día resultan la opción más cara de todas. Además, hay gastos adicionales, en comida y salidas. ▪ Su intimidad puede verse afectada, especialmente si la niñera vive en su casa. ▪ Muchas niñeras tituladas no harán otras tareas que cuidarse del dormitorio del niño y de su ropa, a menos que consiga negociar otros servicios al contratarla. ▪ Puede haber una rotación muy alta de niñeras.
ASISTENTAS Son personas sin titulación, pero tienden a ser más versátiles que las niñeras. Por lo general, no cuidan de los niños ellas solas, pero pueden hacerlo si tienen experiencia.	▪ Las ventajas son bastante parecidas a las de la niñera, pero quizá no se hagan cargo del niño solas. ▪ Por añadidura, una asistenta puede hacer una parte importante de las tareas domésticas. ▪ Una asistenta especializada puede equivaler a tener una buena cuidadora de niños, pero dentro de su propia casa.	▪ Las asistentas varían mucho en experiencia y formación. ▪ Suelen ser más caras que una cuidadora y casi cuestan tanto como una niñera titulada.
AU PAIRS Suelen ser jóvenes de ambos sexos, entre 18 y 27 años, llegadas de otros países para estudiar inglés durante un máximo de dos años. No se espera que los *au pair* trabajen más de cinco horas al día, ni que cuiden de los niños todo el tiempo ellos solos.	▪ Con frecuencia están muy bien dispuestos a ayudar con las tareas del hogar, así como con los niños. ▪ Además de sus horas normales, se supone que un *au pair* estará disponible como canguro unas dos noches a la semana (aunque esto puede costarle algo más). ▪ Es una solución especialmente buena si usted trabaja a media jornada y tiene niños en edad escolar.	▪ No podrá trabajar a jornada completa sin contar con otra ayuda. ▪ Los *au pair* pueden carecer de experiencia en el cuidado de niños muy pequeños. ▪ Todos los acuerdos suelen hacerse por teléfono y carta, de modo que no conocerá a esta persona hasta que llegue a su casa. ▪ Los *au pair* a veces sienten mucha nostalgia de su casa. ▪ Raramente se quedan más de un año. ▪ Su intimidad puede verse afectada.

¿QUÉ TENGO QUE HACER?	¿QUÉ TENGO QUE PREGUNTAR EN UNA ENTREVISTA?
■ Haga una visita en horas de actividad y esté preparada para quedarse una hora o más a fin de evaluar el lugar y al personal. Utilice su instinto para hacerse una opinión. ■ Busque señales de que los pequeños (y el personal) están contentos. Tiene que estar bien equipada y tener juguetes y cuadros y dibujos y todo el equipamiento tiene que estar en buenas condiciones. ■ Asegúrese de que haya zonas para dormir y que la cocina y los baños estén limpios. ■ Compruebe si hay una zona de juego al aire libre. ■ Hable con otros padres para ver si están satisfechos.	■ Pregunte cuántos niños están a cargo de una persona, los límites de edad de los niños cuidados y la experiencia y formación del personal. Entérese de la rotación de personal. ■ Pida cualquier información impresa realizada por la guardería. ■ Pregunte cuál es la rutina diaria y qué comidas se da a los niños. ■ Pregunte si su hijo tendrá siempre la misma cuidadora y qué pasa si esa persona está enferma. ■ Pregunte cuánto tiempo llevan allí los demás niños; yo me preocuparía si lo máximo que un niño lleva allí es sólo unos meses.
■ Haga una visita a su casa y vea dónde cuida de los niños y dónde hacen la siesta o comen. Averigüe cómo entretiene a los niños o si se limita a sentarlos delante de la televisión. Busque y pregunte si hay medidas de seguridad, como alarmas de humo, puertas en las escaleras y cubiertas para los estanques del jardín. ■ Hable con otros padres que la hayan utilizado; tiene que pedirles referencias. Eso significa que tiene que ponerse en contacto con ellos personalmente. No se fíe nunca de las cartas de recomendación. ■ Decida si le gusta o no. Si no le parece capaz y fiable, busque en otro sitio. ■ Entérese de las horas y las tarifas y de los arreglos en vacaciones: puede esperar que le paguen cuando ustedes (o ella) estén fuera. ■ Es buena idea hacer un contrato formalizado.	■ Pregunte desde cuándo cuida niños; a cuántos niños cuida y entérese de qué actitud tiene hacia la disciplina. ■ Pregunte cuál es la rutina diaria y si tiene que recoger a algún niño en la escuela. ■ Pregunte si hay problemas de salud en la familia, si fuma y si hay mascotas en la casa. ■ Pregunte si deja a los niños con otras personas. A algunas cuidadoras no les importa dejar a su pareja o a una hija mayor al cuidado de los niños mientras ellas hacen la compra. ■ Pregunte si alguna vez ha tenido que resolver una emergencia y si tiene un certificado de primeros auxilios. ■ Pregunte qué pasa si usted se retrasa para recoger a su hijo o si éste se pone enfermo durante el día.
■ Averigüe qué experiencia, formación y titulación tiene la candidata, incluyendo si tiene hijos. ■ Asegúrese de que sus necesidades y las de ella encajan en cuanto a vivir en casa o no. Pónganse de acuerdo en la paga y las condiciones, por ejemplo, la baja por enfermedad y las vacaciones. ■ Asegúrese de que queda claro las horas que tiene que trabajar y sus deberes, incluyendo las tareas domésticas. ■ Pida siempre referencias; lo ideal es que hable usted misma con sus anteriores patronos. No se fíe de las cartas de recomendación. ■ Es buena idea hacer un contrato formalizado.	■ Averigüe cuál fue su último empleo y por qué lo dejó. ■ Hablen de cómo ocupará el día del niño, si dentro o fuera de casa, qué hará en caso de mal tiempo y si puede arreglárselas con un niño enfermo. ■ Deje que conozca a su hijo y observe cómo se relaciona con él. ■ Pregúntele que pasaría si usted llegara tarde del trabajo. ■ Averigüe su actitud hacia los horarios establecidos. ■ Averigüe si fuma o si tiene problemas de salud. ■ Pregúntele si tiene un certificado de primeros auxilios y permiso de conducir.
■ Averigüe qué experiencia y formación tiene la candidata y si tiene hijos. ■ Pida siempre referencias; lo ideal es que hable usted misma con sus anteriores patronos. No se fíe de las cartas de recomendación. ■ Establezca la paga, las horas y los deberes. ■ Es buena idea hacer un contrato formalizado.	■ Averigüe cuál fue su último empleo y por qué lo dejó. ■ Hablen de cómo ocupará el día del niño, si dentro o fuera de casa, qué hará en caso de mal tiempo, y si puede arreglárselas con un niño enfermo. ■ Pregúntele si tiene un certificado de primeros auxilios y permiso de conducir. ■ Pregúntele qué pasaría si usted llegara tarde del trabajo. ■ Averigüe su actitud hacia los horarios establecidos. ■ Asegúrese de si fuma o tiene problemas de salud.
■ Averigüe la información básica: edad, educación hasta el momento, cuánto tiempo hace que aprende su idioma, de qué niños ha cuidado, qué otros trabajos ha tenido y cuánto tiempo piensa quedarse. ■ Pida siempre referencias; lo ideal es que hable usted misma con sus anteriores patronos. No se fíe de las cartas de recomendación. ■ Establezca la paga y los arreglos de vacaciones. ■ Confirme lo que hayan acordado en una carta.	■ Por lo general, sólo podrá entrevistarlo por teléfono. ■ Averigüe qué sabe hacer; por ejemplo si sabe cocinar o si tiene permiso de conducir. ■ Pregunte si tiene problemas de salud, por ejemplo alergias, y si fuma. ■ Pregúntele qué experiencia tiene en el cuidado de niños. ■ Pregúntele por qué quiere venir a su país y cuánto tiempo quiere pasar estudiando mientras esté en su casa.

EL PADRE EN CASA

P ¿VA SIENDO MÁS ACEPTABLE QUE EL PADRE SE QUEDE EN CASA?

R Sí. Los padres desempeñan ahora un papel más activo en la crianza de los hijos y las actitudes han evolucionado mucho desde hace sólo un par de décadas. Ahora se acepta (y se da por supuesto) que los padres tendrán una participación activa en dar de comer, cambiar y bañar a sus hijos, y en cuidar de la familia en general. De hecho, el papel del hombre en la crianza ha evolucionado y aumentado, del mismo modo que el trabajo físico de muchos trabajos ha disminuido. Por lo tanto, no es sorprendente que algunos padres decidan ser quienes se queden en casa mientras la madre se va a trabajar, aunque sólo sea porque se dan cuenta de lo que se pierden si no lo hacen. No obstante, también puede ser debido al aspecto práctico de quién tenga el empleo mejor remunerado. En la mayoría de sociedades sigue siendo más difícil que el padre permanezca en casa. Aunque las presiones son menores que antes, siguen existiendo.

SER UN PADRE A TIEMPO COMPLETO
Quedarse en casa con su hijo puede ser una experiencia muy gratificante. Estará en la posición privilegiada de ver cómo crece y se desarrolla su hijo desde su más temprana edad.

P ¿SER UN PADRE A JORNADA COMPLETA AFECTARÁ A MIS EXPECTATIVAS LABORALES?

R Esto depende hasta cierto punto de cuál sea su profesión, pero probablemente sí que las afectará, igual que le sucedería a una mujer. La cruda realidad es que por mucho que la sociedad afirme que valora la crianza de los hijos o que promueve la flexibilidad en el trabajo, tomarse unos años libres para dedicarse al cuidado de los hijos retrasa el progreso de una persona en el trabajo. En tanto que hombre que ha elegido quedarse en casa, puede ser visto con desconfianza por las empresas o con un respeto a regañadientes. Creer que los padres tendrían que participar más en la crianza de los hijos es diferente que facilitarles las cosas para que lo hagan.

P ¿CÓMO AFECTARÁ A MI HIJO SI SOY YO QUIEN SE CUIDA DE ÉL PRINCIPALMENTE?

R En principio puede ser en beneficio de su hijo. Crecerá con una opinión menos estereotipada de los sexos y una visión más amplia de lo que puede hacer un hombre. En el lado negativo, hay algunas desventajas menores. Algunos niños reciben burlas y comentarios como «Tienes una mamá muy extraña, ¿no?». Su pareja, si la tiene, puede tener que esforzarse más para demostrar que es madre además de quien gana el dinero en casa.

P ¿A QUÉ OBSTÁCULOS TENDRÉ QUE ENFRENTARME COMO PADRE QUE SE QUEDA EN CASA?

R Cualquier hombre se enfrentará a problemas por ser el principal cuidador del niño, especialmente porque la mayoría de aspectos prácticos en ese terreno están pensados para las mujeres. Una dificultad evidente es que los servicios para cambiar y dar de comer al bebé suelen encontrarse en los lavabos de señoras y los de caballeros tienden a ser lugares muy poco acogedores para atendera los bebés y a los niños pequeños. También puede enfrentarse a presiones más sutiles. Por ejemplo, encontrar dificultades para relacionarse con otros progenitores que se quedan en casa y que suelen ser mujeres. Puede que desconfíen de usted o no sepan qué actitud adoptar, así que quizá no lo incluyan socialmente incluso si es un padre sin pareja. Probablemente le costará más hacerse con una red de padres que le sirva de apoyo y, al principio, puede sentirse aislado. Si hace poco que ha dejado el trabajo para quedarse en casa, quizá se sienta algo perdido y su autoestima sufra un tanto.

P ¿QUÉ OTROS ASPECTOS TENGO QUE CONSIDERAR?

R Llevar una casa y ocuparse de una familia significa mucho más que cuidar del bebé. También tendrá que organizarlo todo y encontrar tiempo para hacer las tareas (limpiar, hacer la compra, lavar, planchar) o de lo contrario contratar a alguien que las haga. Su pareja no tiene que cargar con todo esto cuando vuelva a casa cansada del trabajo. Además, no podrá desaparecer para irse a un partido de fútbol, por ejemplo, en cuanto ella llegue; ambos tendrán que planificar sus actividades de ocio cuidadosamente. De vez en cuando se producirá lo inesperado, así que prepárese para las emergencias.

P ¿DÓNDE PUEDO CONOCER A OTROS PADRES QUE SON TAMBIÉN LOS CUIDADORES PRINCIPALES?

R Pregunte en la consulta del pediatra, ponga un anuncio en la tiendas del barrio o en el periódico, hable con otros padres en el parque; pronto correrá la voz. Si puede, aproveche la moderna tecnología y busque contactos útiles en Internet. Si no tiene pareja, únase a un grupo de padres sin pareja. Probablemente pronto descubrirá que no lo excluyen automáticamente de los grupos de madres y bebés, aunque la presencia de un hombre sea algo desusado. Es más, puede que lo reciban con los brazos abiertos.

GUÍA DE SUPERVIVENCIA PARA PADRES

MIS AMIGOS ME HACEN BROMAS POR SER YO QUIEN CUIDA DEL BEBÉ

Es inevitable que se produzcan bromas por parte de sus amigos, pero sea usted mismo y muéstrese seguro. Descubrirá que los buenos amigos respetan y respaldan lo que está haciendo. Quizá ellos harían lo mismo si su pareja ganara más dinero o si tuvieran el mismo valor que usted.

¿Cómo puedo cambiar la actitud de mis amigos?
Por desgracia, no hay una solución mágica. Lo único que puede hacer es dejar que la gente vea que ser un padre a tiempo completo no le ha cambiado radicalmente. Sus hechos hablarán por sí mismos y un niño feliz será el testimonio más poderoso que podría pedir. A la larga, sus amigos se acostumbrarán a la idea y se cansarán de los chistes.

P ¿ES POSIBLE RELACIONARSE MEJOR SOCIALMENTE?

R Puede probar, pero recuerde que le llevará algún tiempo. Cuando se reúna con otros padres, por ejemplo en el parque, no tema arremangarse y echar una mano. También puede invitar a padres y madres y a sus hijos a casa, aunque si en su mayoría son madres, puede resultarle más cómodo si su pareja o un familiar femenino está en casa. Ya tiene cosas en común con otros padres y, con el tiempo, se le aceptará más socialmente porque la gente querrá conocerlo. También resulta menos conflictivo porque cada vez hay más hombres que deciden quedarse en cada para cuidar a su bebé.

P ¿CÓMO PODEMOS SEGUIR FUNCIONANDO COMO PAREJA?

R Esto es más difícil. Los padres saben poner a sus hijos primero, pero tienen poco tiempo y energía para dedicarse mutuamente. Hagan tiempo para el otro. Asegúrele a su pareja que sigue queriéndola. Una caricia o un gesto amable pueden dar para mucho. Si no queda tiempo para las relaciones sexuales, no se olviden de abrazarse o mimarse cada día; las caricias no sexuales también tienen sus ventajas. Hagan cosas juntos que exijan poca energía, como compartir una cena con velas en casa (incluso puede ser con comida comprada hecha) o ver un vídeo. Programen tiempo juntos, queden para salir si es necesario. Reúnanse cuando el niño esté en la guardería; algunas parejas lo hacen y finjen que son amantes que tienen una cita a escondidas. De vez en cuando, traten de pasar un fin de semana juntos fuera de casa sin su hijo. Descubrirá que sus propios padres o amigos comprenden esta necesidad y les ofrecen cuidar de su hijo mientras ustedes están fuera una noche.

P ¿CÓMO PUEDO ENCONTRAR TIEMPO PARA RELAJARME?

R Es difícil. En lugar de volverse loco con todas las cosas que tiene que hacer, procure reservar tiempo para usted mismo. El ejercicio es importante para su salud tanto emocional como física. Si su hijo va a la guardería, quizá pueda encontrar una hora o algo así para hacer ejercicio en el gimnasio; algunos centros de ocio tienen guarderías. Los padres que permanecen en casa después de varios años de trabajo a jornada completa suelen decir que les produce mucha tensión. Una de las razones es que, cuando se tiene un niño pequeño, hay que responder a sus necesidades y no siempre controlamos la situación de la misma forma que en la oficina.

LOS HERMANOS

P ¿HAY UNA DIFERENCIA DE EDAD IDEAL ENTRE HERMANOS?

R El momento de tener otro bebé depende de muchos factores, como el temperamento y salud de su primer hijo, la relación entre usted y su pareja y otras consideraciones prácticas como la edad y el dinero. En general, creo que entre dos y tres años es una buena diferencia; lo bastante grande para que los padres hayan superado el cuidado de un bebé, pero también lo bastante corta para que los niños jueguen juntos cuando crezcan. No obstante, cada vez se está decidiendo empezar una familia a una edad más avanzada y quizá se decida, por motivos prácticos y biológicos, tener a los niños más seguidos.

Aunque esto puede significar cuidar a dos o más niños muy pequeños al mismo tiempo, los padres de más edad piensan que no pueden permitirse esperar. Para muchos padres, la diferencia de edad entre sus hijos no puede planificarse y dependerá de la facilidad que tengan para concebir.

Aunque es posible que conciban rápidamente si sucedió así la última vez, no hay ninguna garantía de que la historia se repita. A tenor orientativo, los que están por debajo de los treinta años se dan por lo menos tres meses para que se produzca el embarazo; los mayores pueden necesitar más tiempo.

P ¿CUÁL ES EL NÚMERO IDEAL DE NIÑOS?

R No hay una única respuesta que sirva para todas las familias. Usted puede aspirar al supuesto ideal de dos niños, mientras que otros padres quieren tres o más, especialmente si crecieron en una familia numerosa. Muchos niños con poca diferencia de edad pueden formar unos vínculos fortísimos, pero también pelearse mucho y provocar un montón de trabajo. Un hijo único tiende a ser solitario, pero esto no siempre es así y cada vez hay más padres que optan por tener sólo un hijo.

P ¿LA POSICIÓN EN LA FAMILIA TIENE ALGÚN EFECTO EN LOS NIÑOS?

R Los primogénitos tienden a desarrollar al máximo su potencial, pero también son más nerviosos que los siguientes hermanos, reflejando así la ansiedad y las expectativas de sus padres. Los niños nacidos en segundo lugar no tienen obligadamente unas características particulares, pero quizá sean menos conformistas. Los terceros son posiblemente más relajados pero pueden ser más traviesos y correr más riesgos. No obstante, éstas son unas líneas muy generales. Es poco realista esperar que su hijo tenga exactamente estas características.

INFORMAR A SU HIJO ACERCA DEL EMBARAZO

Usted puede estar deseando contarle la buena nueva, pero un niño que, desde su punto de vista, está a punto de ser «sustituido» por un bebé, puede sentirse muy poco entusiasta.

- DÍGANLE que mamá está embarazada y sobre todo díganselo antes de que se entere por otra persona.
- DÍGANLE los dos que lo quieren.
- HAGAN que se sienta especial.
- AYÚDENLO a ser más independiente al comer, asearse, utilizar el lavabo y otras cosas diarias.
- ORGANICE las cosas para el parto y el nacimiento. Es necesario que una persona de confianza que él conozca lo cuide y tiene que estar enterado de lo organizado mucho antes de que llegue el momento.
- NO LE DIGAN NADA demasiado pronto; nueve meses son una eternidad para un niño pequeño. Cuanto más pequeño, menos probable es que se dé cuenta de su barriga y más podrá esperar a decírselo.
- NO LE DIGA que va a tener un bebé para que él esté contento, para que juegue con él o porque ha sido muy bueno. No es verdad y se sentirá culpable si las cosas salen mal.
- NO LE DIGA que necesita hacerse grande y ayudarla con el recién nacido. Hacerse grande puede ser lo último que quiera; cuando nazca el bebé, probablemente querrá volver a ser pequeño.
- NO SE LE OCURRA enseñarle a usar el orinal, empezar a llevarlo a una guardería, cambiarlo de habitación o pasarlo de la cuna a una cama justo antes de que nazca el bebé. Ya tendrá que habérselas con demasiados cambios sin nada de todo esto.
- NO LO ABRUME con los efectos secundarios del embarazo o con lo cansada que está. Se disgustará por usted, quizá se sienta culpable y es más probable que sienta resentimiento contra el bebé.

GUÍA DE SUPERVIVENCIA PARA PADRES

NO ESTOY SEGURA DE PODER HACER FRENTE A LOS CELOS ENTRE HERMANOS

Algunos niños no tienen problemas para aceptar a otro hermano en la familia. No obstante, un niño pequeño puede tirar cosas, meterle el dedo en la cara al bebé, quitarle el sonajero o incluso volcar el cochecito. También puede negarse a comer, tener problemas para dormir, mojarse en la cama y tener rabietas o hacer otras cosas para atraer la atención. Si todo va bien en las primeros días o semanas, no dé por supuesto que se ha librado de los celos; los síntomas pueden aparecer en cualquier momento. Pruebe a hacer lo siguiente:

- Preste mucha atención al niño mayor
- Haga que se sienta «mayor», por ejemplo, dejando que se vaya a dormir más tarde.
- No le diga sin cesar que ahora tiene mucho que hacer.
- Deje que la visite a usted y al bebé en el hospital.
- Señale lo indefenso que está comparado con él; deje que la ayude si quiere o que mire cuando usted cambia el pañal al bebé o lo alimenta.
- Procure no tener al bebé siempre en brazos; el otro niño también la necesita y dejar al bebé en la cuna para descansar le dará a usted más tiempo.
- Anime al niño a conocer al bebé; se sentirá especial cuando su hermano o hermana le regale una sonrisa.
- Dele un regalo de parte del bebé.
- No lo deje solo con el bebé.
- No dé por supuesto que querrá al recién nacido; lo hará al cabo de un tiempo.

P ¿CÓMO PUEDO HACER QUE MI HIJO ME AYUDE CON EL BEBÉ?

R Puede animar a un niño y más si es una niña de cuatro o cinco años a ayudarla en las tareas relacionadas con el bebé, pero tiene que permitirle que la ayude, no dar por supuesto que lo hará ni obligarle a hacerlo. No es realista esperar que su hijo crecerá de golpe porque ha llegado el bebé. La mayoría de niños no tienen la madurez necesaria. También es peligroso dejar a un niño que vigile a un recién nacido.

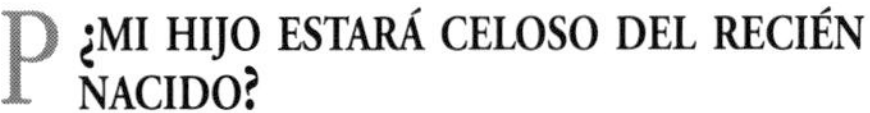

P ¿MI HIJO ESTARÁ CELOSO DEL RECIÉN NACIDO?

R Es probable. Incluso aunque lo haga lo mejor que sepa, estará más ocupada y cansada con otro bebé que cuidar y tendrá menos tiempo para su primer hijo. Habrá veces en que el pequeño pueda necesitarla y no la tenga. Los chicos tienden a ser más celosos que las niñas. Los cambios en sus costumbres pueden ir acompañados de un cierto malestar. Es algo natural, así que espere algunos trastornos de vez en cuando pero no deje que paralicen su vida familiar.

P ¿PUEDE MI HIJASTRO TENER UN VÍNCULO ESTRECHO CON EL RECIÉN NACIDO?

R Sí, es menos una cuestión de lazos de sangre que de experiencias compartidas. Si su hijastro vive con usted como parte de la familia, es del todo posible que se sienta muy cerca del recién nacido. No obstante, para estar segura de que se siente incluido, haga que participe en los aspectos divertidos del cuidado del bebé. Si su hijastro no vive con usted, será más difícil y quizá no existan vínculos entre los dos niños. No insista en la relación de hermanos. El bebé sólo es medio hermano de su hijastro y éste quizá no piense en él como su hermano o hermana.

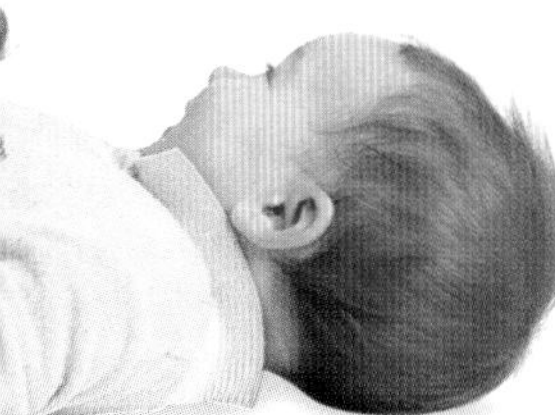

UN NUEVO MIEMBRO EN LA FAMILIA
Anime a su hijo a tocar al recién nacido y hablarle. Pronto le encantará ser el hermano o la hermana mayor.

LA SEPARACIÓN Y EL DIVORCIO

P ¿ES MEJOR SEGUIR JUNTOS EN BENEFICIO DE NUESTROS HIJOS?

R No. Es obvio que sería estúpido, además de cruel separarse por un capricho, pero si hay verdaderas razones para que una pareja se separe, entonces yo no creo que se puedan remendar las cosas para evitar hacer daño a los niños. Es mejor tener dos padres felices que viven separados que estar en una casa donde hay amargas disputas o violencia. Tendrá que sopesar los costes, tanto emocionales como económicos para todos los miembros de la familia contra los posibles beneficios de la separación. Es algo difícil de hacer, ya que tendrá que llevarlo a cabo en un momento en que se siente vulnerable e insegura. Si no encuentran posibles beneficios en la separación, entonces sigan juntos.

P ¿CÓMO AFECTARÁ LA SEPARACIÓN A MI HIJO?

R La separación es una forma de pérdida que afecta a los niños profundamente. Su hijo recibirá un choque emocional cuando sepa que sus padres van a separarse, incluso si es evidente que usted y su pareja no se llevan bien desde hace tiempo. La misma separación puede acarrear mucha inseguridad. Después de todo, si papá y mamá han dejado de quererse, ¿qué impide que dejen de querer a su hijo? Un niño puede, también, culparse por la ruptura. Además, se preocupará por cosas prácticas como dónde vivirá y quién se quedará con el perro. Después de la separación usted puede tener preocupaciones relacionadas con el dinero y otras posesiones materiales. Su hijo puede absorber estas preocupaciones adicionales sin que pueda comprender que, de repente, hay que sacrificar algunos de los placeres de la vida, como las vacaciones.

P ¿CÓMO PUEDO PROTEGER A MI HIJO DE LOS CONFLICTOS?

R Cuando discutan, háganlo fuera de la presencia del niño –incluso siendo pequeño captará lo esencial de lo que están diciendo– y en tono moderado y sin violencia. No critique a su pareja delante de su hijo y no le prohíba que lo vea. No ataque nunca a su hijo, ni siquiera verbalmente. Ponga siempre el bienestar de su hijo en primer lugar y en cada etapa del divorcio o la separación pregúntese si está haciendo las cosas de la mejor manera para él.

P ¿PUEDO HACER QUE LA SEPARACIÓN SEA MÁS FÁCIL PARA MI HIJO?

R Sí. Asegúrese de que su hijo sabe que sigue queriéndolo y que son usted y su padre quienes se separan, pero no se separan de él. Lo ideal es que ambos padres continúen siendo un equipo en lo que hace a la crianza. No deben tratar a su hijo como mensajero o intermediario. Empujar a su hijo a tomar partido es una de las peores cosas que puede hacer. Por desgracia, eso es justamente lo que hacen muchos padres separados. Dígale a su hijo con tiempo que van a separarse y tranquilícelo en el terreno práctico. Necesita saber que seguirá viendo a papá y a mamá con frecuencia. También puede ser necesario decirle que no todo va a cambiar y que seguirá teniendo amigos para jugar e ir a la guardería. Continuar con sus costumbres habituales les servirá de consuelo a los dos. Díganselo a los abuelos. Suelen estar en buena posición para apoyar a su nieto con su cariño continuado. Dé por supuesto que su hijo estará enfadado, confuso o disgustado. No trate de convencerlo de que todo será mejor. Para él probablemente no será así, pero tiene que serle posible sobrevivir. Quizá descubra que está más relajado después de la separación.

P ¿DEBEMOS OCULTARLE AL NIÑO NUESTRAS PREOCUPACIONES

R No es malo que el niño vea que están tristes, pero en mi opinión no deben dejar que los vea llorar. Le resultará demasiado perturbador. Los padres son ustedes, no él, y no podrá consolarles, por mucho que lo necesiten.

P ¿QUÉ PUEDO HACER PARA CONVENCER A MI HIJO DE QUE LE QUIERO?

R Tranquilícelo con frecuencia mediante palabras y actos. Un niño cuyos padres se separan se siente inseguro, y tiene buenas razones para ello. Puede necesitar que le diga específicamente que lo quiere incluso cuando se porta mal. No trate de superar a su ex pareja con regalos para el niño; las cosas materiales no son lo que más importa ahora. También creo que no es sensato darle al niño la impresión de que sus padres nunca se quisieron (aunque sea verdad). Si no se quisieron en el pasado, no entenderá la razón de su existencia ni de las relaciones en general.

CÓMO HABLARLE AL NIÑO DE LA SEPARACIÓN O EL DIVORCIO

Será probablemente una de las cosas más difíciles que nunca tenga que decirle a su hijo y saber cómo abordarlo puede representar un mundo de diferencia.

¿Cuándo tengo que decírselo a mi hijo?
Dígaselo con tiempo, mucho antes de la separación, pero después de haber hecho algunos arreglos. No le será beneficioso que haya muchas cosas inciertas. Escoja un momento en que no tenga que salir corriendo ni esté muy ocupada en casa; necesitará prestarle toda su atención. No lo deje para última hora de la tarde. Su hijo no tendrá ganas de dormir justo después de que le haya dado la noticia porque es probable que se sienta confuso y disgustado.

¿He de hablar con mi hijo junto a mi pareja?
Sí. Es preferible que se lo digan juntos y le den la misma información. Si los dos están allí, es más probable que comprenda que ambos lo quieren y que no va a perder a uno de sus padres. No obstante, si eso no es posible, asegúrese de que su pareja encuentra tiempo para hablar con su hijo pronto. Si hay niños de diferentes edades, procure verlos por separado, pero con su pareja.

¿Qué tengo que decirle a mi hijo?
Sus palabras exactas dependerán de la edad de su hijo. Decida qué va a decirle antes de empezar. Por lo general, sólo es necesario decirle que no se llevaban bien y que han decidido separarse. Más tarde puede decirle algo más, cuando su hijo haya superado la primera conmoción.

COSAS QUE DEBE HACER
- Dígale a su hijo que siempre lo querrá.
- Dele un abrazo bien fuerte.
- Dígale que los dos seguirán siendo sus padres.
- Tranquilícelo respecto a dónde vivirá.
- Explíquele qué va a pasar con las mascotas de la familia.

COSAS QUE NO DEBE HACER
- No se insulten ni discutan delante del niño.
- No entren en un exceso de detalles.
- No diga que escoger a su pareja fue un error.
- No diga nada que predisponga al niño contra su pareja.
- No diga que usted lo quiere más que su padre (o al contrario).
- No le pida que tome partido.

P LA SEPARACIÓN ME ESTÁ AFECTANDO MUCHO. ¿QUÉ PUEDO HACER?

R Cuídese, para poder hacer frente a las tensiones a que usted y su hijo se verán sometidos. Es probable que tenga más cosas que hacer que antes y quizá también tendrá que arreglárselas con menos dinero. Coma bien, haga ejercicio y, no lo olvide, diviértase. Manténgase en contacto con los amigos; necesita su apoyo más que nunca. Si empieza a sentir que le resulta difícil soportarlo sola, puede ser buena idea hablar con su médico.

P MI EX PAREJA Y YO LE DECIMOS COSAS DIFERENTES A NUESTRO HIJO. ¿QUÉ PUEDO HACER?

R No es malo que difieran en algunas cosas, pero tienen que llegar a un acuerdo en las cuestiones importantes. Los niños pequeños necesitan coherencia y seguridad. Por supuesto, pueden entender por qué sucede. Es probable que usted y su pareja tengan puntos de vista muy diferentes y, a veces, también sucede que quieran ganarse al niño. Es buena idea reunirse con su pareja de forma regular, sin que el niño esté presente, para encontrar una forma común de abordar cuestiones como la disciplina, la educación y el dinero.

P ¿TENGO QUE MANTENER EL CONTACTO CON MI FAMILIA POLÍTICA?

R Sí, si es posible, aunque sólo sea por sus hijos. Los abuelos son importantes para un niño, así que trate de conservar la relación. Lamentablemente, los abuelos a veces toman partido y si se trata de sus padres políticos, probablemente lo tomarán por su ex pareja. Su decepción por la separación es comprensible porque también ellos han perdido algo, pero esto no será bueno para el niño. Tal vez sea necesario que esté con el niño cuando se encuentre con sus abuelos para asegurarse de que no le dicen cosas que puedan llevar a malentendidos.

P ¿HAY ALGUIEN MÁS QUE ME PUEDA AYUDAR?

R Puede resultarle muy útil hablar con su médico o con alguien de su iglesia o lugar de culto. Participar en un grupo de padres sin pareja también le ofrecerá apoyo e información. Si le preocupa que su hijo no lleve bien la situación, quizá necesite la participación de su maestra o cuidadora o de un consejero que tenga experiencia en ayudar a los niños.

El padre o la madre solos

P ¿ACASO UN NIÑO NO NECESITA TENER PADRE Y MADRE?

R La crianza de los hijos es una tarea difícil y también lo es crecer. Por eso, lo ideal es contar con los dos padres que pueden compartir las responsabilidades, pero un niño puede desarrollarse y progresar sólo con uno. Es mejor tener sólo un padre o una madre afectuosos que dos menos entregados; por lo tanto, un padre o madre sin pareja no tiene que sentirse culpable. En realidad, la mayoría de padres solos dan lo mejor de sí mismos.

P MI HIJO ME PREGUNTA POR QUÉ NO TIENE PADRE Y MADRE. ¿QUÉ TENGO QUE DECIRLE?

R Depende de su situación y del nivel de comprensión del niño. A un niño mayor se le pueden dar más detalles que a otro más pequeño. Un día su hijo querrá saber, pero, para empezar, puede ser suficiente explicarle que en todas las familias no siempre hay padre y madre. Para evitar malentendidos, puede ser útil informar a la familia y los amigos de qué se puede hablar y de qué no delante del niño.

P ¿CÓMO PUEDO AYUDAR A MI HIJO A SENTIRSE SEGURO?

R Ofrézcale un hogar todo lo seguro y estable que pueda. Protéjalo de cualquier perturbación mostrándose segura de sí misma. Haga que le resulte fácil hablar de su padre o madre ausentes (y verlo) y trate de no ser muy crítica incluso si la relación terminó mal. Es probable que esa relación entre usted y su ex pareja sea muy importante para su hijo, especialmente si se han separado recientemente. Tenga confianza en que, incluso si a usted no se lo parece, puede tener éxito como padre o madre sin pareja. Por supuesto, es difícil, pero su satisfacción por haber logrado criar a su hijo sola será mucho mayor.

P ¿DÓNDE ENCONTRARÁ MI HIJO ALGUIEN DEL SEXO OPUESTO QUE LE SIRVA DE MODELO?

R Esperemos que su ex pareja siga cumpliendo con ese cometido. Además, seguro que habrá otras personas en su vida, sean familia o amigos, que puedan hacerlo. En la edad escolar y la adolescencia es cuando un chico necesita más la figura de un padre, y una chica la de una madre. Cuando llegue ese momento, es de esperar que haya contado con una serie de personas que puedan ayudarla.

P ¿QUIÉN CUIDARÁ DE MI HIJO SI ME PASA ALGO MALO?

R Tiene que haber tomado disposiciones a ese respecto. Hable con sus mejores amigos y familiares o, si lo prefiere, con alguien de los servicios sociales. Otra cosa que debe hacer si no tiene pareja es testamento.

P ¿QUÉ ES LO MÁS DIFÍCIL DE SER PADRE O MADRE SIN PAREJA?

R El dinero y el tiempo escasearán. También tendrá que proporcionarle a su hijo amor y disciplina y hacer frente a los problemas sin la ayuda de otro adulto que la respalde. No obstante, creo que lo más difícil es dejar que su hijo crezca. Todos los padres tienen que asumir esto, pero la intimidad y la exclusividad de esa relación cuando se está solo hace que sea especialmente difícil, por ejemplo, darle al adolescente la libertad para quedarse en casa de un amigo o aprender a cruzar la calle.

P SIEMPRE ME SIENTO CULPABLE. ¿CÓMO PUEDO HACER FRENTE A ESTO?

R Antes, los hogares con uno solo de los padres eran la excepción, pero ahora son corrientes en la mayoría de sociedades. Es mucho menos probable que su hijo se destaque ahora que, digamos, hace veinte años; así pues, no hay ninguna necesidad de sentirse culpable, especialmente si hace todo lo que puede por su hijo. De hecho, para algunos padres solos la dificultad es que hacen demasiado por su hijo, a expensas de ellos mismos. Le sugiero que piense primero en su hijo para que sea tan feliz y esté tan seguro como sea posible, pero sin olvidar que usted viene a continuación y muy cerca.

P ¿CÓMO PUEDO ARREGLÁRMELAS ECONÓMICAMENTE YO SOLA?

R La pobreza es algo a lo que se enfrentan muchos padres solos. Por desgracia, las preocupaciones económicas inmediatas pueden hacer que sea difícil pensar en su futuro, por ejemplo, volviendo a estudiar. Puede controlar sus gastos eliminando todo lo innecesario y reclamando todas las ayudas económicas y beneficios fiscales a que tenga derecho. Para no caer en deudas, es necesario que se organice bien. No llegue a ningún acuerdo para hacer pagos periódicos regulares de cualquier tipo a menos que esté totalmente segura de poder cumplir con ellos.

P ¿CÓMO REACCIONARÁ MI HIJO CUANDO YO EMPIECE A SALIR DE NUEVO?

R A su hijo quizá no le importe, especialmente si está acostumbrado a que salga. Sin embargo, esté preparada para que se disguste, se sienta desconcertado o celoso. Tranquilícelo siempre y mantenga sus promesas sobre la hora en que volverá a casa. Conseguir tener una vida social será difícil, pero no hay razón para no intentarlo.

P ¿ES BUENA IDEA ENCONTRAR OTRA PAREJA PARA DARLE ESTABILIDAD A MI HIJO?

R No. Precipitarse a otra relación demasiado pronto puede resultar desastroso. Hágalo solamente cuando *usted* esté totalmente preparada. Es difícil para cualquiera convertirse en sustitutos del padre o la madre y no es justo alimentar esas expectativas. Si inicia una segunda relación por razones equivocadas, puede acabar teniendo problemas.

P ¿CÓMO PUEDO CONSEGUIR MI PROPIO TIEMPO LIBRE SIN TENER PAREJA?

R Una opción es formar equipo con otra madre sola y hacerse de canguro una a la otra. También pueden salir juntas con los niños, lo cual puede resultar más fácil desde el punto de vista práctico. Si no conoce a ninguna familia con un solo padre o madre, únase a un grupo de padres solos. Cuando los abuelos viven cerca, también pueden ser una buena ayuda.

P ¿QUÉ TIPO DE VACACIONES ES MEJOR PARA MÍ Y PARA MI HIJO?

R Los apartamentos y los campings son mucho más baratos y pueden servir, especialmente si van con amigos. Las vacaciones con actividades organizadas pueden ser excelentes para las familias de padres solos, ya que hay cosas que los niños pueden hacer, con frecuencia bajo la supervisión de mayores.

GUÍA DE SUPERVIVENCIA PARA PADRES

ME PREOCUPA MANTENER EL CONTACTO CON MI EX PAREJA

El contacto con un padre o madre ausentes es muy importante para su hijo según crece, aunque ahora no lo parezca.

¿Cuánto contacto debe tener mi hijo con mi ex pareja?
No hay una única respuesta para todas la familias. No obstante, el niño debería tener unos contactos regulares y frecuentes desde el principio y los suficientes para garantizar que ambos padres influyen en su crianza. Esto puede ser difícil de organizar porque usted o su ex pareja pueden no estar de acuerdo en las fechas escogidas y, además, tal vez les cueste intercambiar puntos de vista. Haga lo que haga no debe implicar al niño en la toma de decisiones ni involucrarlo en ningún tira y afloja que pueda producirse.

Mi ex pareja no quiere tomarse la molestia de ver a nuestro hijo. ¿Qué puedo hacer?
A veces, a esa persona puede resultarle demasiado doloroso. También hay padres que piensan que interrumpir el contacto ayudará al niño a «olvidar» y a superar la separación más fácilmente. No es así. Lo único que usted puede hacer es recalcarle a su ex pareja lo importante que es que ambos padres muestren que les importa su hijo, aunque ya no se importen mutuamente. Deje abiertas vías de contacto, a menos que haya fuertes razones para no hacerlo (por ejemplo, violencia contra el niño).

Mi hijo no quiere ver a su otro progenitor. ¿Qué puedo hacer?
A veces a los niños les causa mucha tensión ver al padre o madre ausentes y pueden ponerse nerviosos por adelantado. Creo que tendría usted que tratar de acordar reuniones, pero que fueran cortas y en un lugar neutral. Podrían encontrarse en algún sitio que no fuera ninguna de las dos casas, especialmente algún lugar que le guste al niño, como el parque, y quedarse usted allí durante la visita. Aunque inicialmente su hijo pueda disgustarse al ver a su padre o a su madre, sigo pensando que, a la larga, vale la pena y que puede que finalmente cambie de opinión.

Mi hijo dice que prefiere irse a vivir con mi ex pareja. ¿Qué tengo que hacer?
Normalmente, no tiene que hacer nada en primera instancia. Un niño pequeño que se siente herido o furioso –ni siquiera necesariamente con usted– puede decir esto para conseguir su atención o para hacer que se sienta tan herida como él. Actúe sólo si el niño es lo bastante mayor para saber qué quiere y si ha estudiado usted otras posibilidades, como cambiar el régimen de visitas. Muchos niños que deciden irse a vivir con el padre o la madre ausentes están condenados a sufrir una cruel decepción, especialmente si, como a veces sucede, ese padre o madre no está de acuerdo con el cambio.

La muerte y el pesar

P ¿QUÉ EDAD HA DE TENER UN NIÑO PARA COMPRENDER LA MUERTE?

R No hay una edad precisa, porque depende de las experiencias que haya tenido una familia, pero la mayoría de personas subestiman lo que comprenden los niños. Aun cuando los niños pequeños quizá no comprendan que la muerte es permanente, hacia los tres años pueden empezar a entender la idea. Lo importante es que usted insista en que la muerte es para siempre y, por lo tanto, diferente de «marcharse». Sea realista cuando le hable a su hijo de la muerte y evite eufemismos como «se ha ido al cielo» o «se ha quedado dormido». Por supuesto, usted estará triste y no tiene que pensar que no es conveniente que su hijo la vea llorar. No obstante, no podrá comprender lo que trata de explicarle si está demasiado angustiada. Quizá también asocie la muerte con el dolor o el sufrimiento.

P ¿LOS NIÑOS PEQUEÑOS TIENEN QUE ASISTIR A LOS FUNERALES?

R Los funerales son una oportunidad de decir adiós. Creo que incluso un niño pequeño tiene que asistir si ha tenido una relación estrecha con la persona que ha muerto. Una orientación útil es que cuanto más estrecho fuera el vínculo del niño con la persona muerta, más estrecha tiene que ser su participación también después de la muerte; pero usted debe dejarse guiar por sus sentimientos y por lo que sea normal en su cultura. Además, si su hijo asiste al funeral, es menos probable que se pregunte qué sucede después de la muerte; con frecuencia es más fácil aceptar la realidad que lo imaginado. No obstante, un dolor profundo, en carne viva, no es útil para los niños; deben ser protegidos de visiones como un ataúd abierto y de familiares que no pueden controlar sus expresiones de dolor.

P ¿ES MALO QUE MUESTRE MIS EMOCIONES?

R No. La muerte es algo tremendo y si se trata de un familiar cercano, entonces su hijo debe ver que es muy grave e importante para usted. No obstante, hay una diferencia entre estar triste o disgustado y totalmente postrado de dolor. Verla llorar constantemente no puede ayudar en nada a su hijo. En medio de las lágrimas, tiene que procurar encontrar oportunidades para hablar con placer de los buenos recuerdos que los dos tienen del ser amado.

Si una mascota muere

Aunque la pérdida de un animal querido puede ser muy dolorosa para un niño, también puede ayudarle a comprender la muerte

¿Cómo puedo ayudar a mi hijo a superar la pérdida de nuestra mascota?
Explíquele que los animales no viven tanto como las personas y que su muerte es normal. Necesita recordar la vida del animal y su muerte; hablen de los recuerdos agradables para poder seguir teniendo algo que les haga felices. Puede ser apropiado enterrar a su mascota y señalar el lugar con una piedra o un poste. Su hijo puede participar en esto. Conozco varios niños que cogen flores para ponerlas en la tumba de un perro o un gato. Lejos de ser morboso, este simple acto parece traerles consuelo. Si el animal fue sacrificado por el veterinario, es mejor no hablar de ello.

¿Es mejor conseguir enseguida otra mascota?
No. Si el niño es muy pequeño y no va a notar la diferencia, lo más probable es que tampoco le importe mucho que el animal no esté allí. Si es lo bastante mayor para que le importe, espere un tiempo. Si compra otra mascota demasiado pronto, puede no estar a la altura de sus expectativas. Es difícil juzgar cuánto tiempo es el adecuado, pero cuanto más pequeño sea el niño, más corto podrá ser ese espacio de tiempo.

P ¿CÓMO PUEDE MI HIJO ENTENDER UN ABORTO O UN NIÑO NACIDO MUERTO?

R Un niño pequeño no necesita saber nada de un aborto, especialmente si se ha producido al principio del embarazo. Si es mayor, puede explicarle que algo fue mal antes de que fuera un bebé. Un niño nacido muerto suele ser más difícil de explicar porque su hijo sabría que iba a tener un hermano o hermana. Por añadidura, usted estará tratando de aceptar su propio dolor. Creo que lo mejor es decirle lo que ha sucedido y aceptar que la muerte de un recién nacido es algo muy triste. No trate de minimizar lo sucedido, pero evite hablar de qué hubiera pasado si el bebé hubiese vivido.

P MI PADRE ESTÁ MUY ENFERMO Y PUEDE MORIR. ¿QUÉ TENGO QUE DECIRLE A MI HIJO?

R Depende de la edad de su hijo, pero la mayoría de niños comprenden mucho más de lo que creen los adultos. No le diga que el abuelo está de viaje cuando está en el hospital. No es necesario que le hable del diagnóstico, pero creo que es sensato preparar a su hijo diciéndole que su abuelo está muy enfermo y que quizá no mejore. Esto puede llevar a su hijo a decir algo como «No pareces estar muerto todavía, abuelito», pero por fortuna esos comentarios tan embarazosos son raros. Lo que sí es necesario es que dedique tiempo a su hijo, por difícil que esto le resulte. Aunque esté muy cansada y triste además de ocupada en los aspectos prácticos como las visitas al hospital, el cuidado de su padre o el apoyo a su madre, su hijo tiene sus necesidades. Aceptará peor la situación si usted está ensimismada o no tiene paciencia con sus preguntas.

CÓMO PREPARAR A SU HIJO PARA LA MUERTE
Escoja un momento tranquilo para hablarle a su hijo de la enfermedad de un familiar y préstele toda su atención. Puede que no lo entienda del todo, pero estará mejor preparado para enfrentarse a la muerte.

GUÍA DE SUPERVIVENCIA PARA PADRES

NO SÉ CÓMO AYUDAR A MI HIJO A ACEPTAR LA MUERTE DE SU PADRE

Los niños pueden sobrevivir a la muerte de su padre o su madre y lo hacen, pero es la pérdida más difícil para un niño y a usted puede resultarle difícil ayudarlo debido a su propio dolor. Su hijo puede sentirse culpable por haberse portado mal, incluso puede llegar a pensar que ha sido el causante de la muerte. También puede estar preocupado por usted, el único que le queda. Necesita que le tranquilice respecto a su estado de salud y que le diga que sigue queriéndolo aunque esté triste. Déjele que también muestre su dolor y que hable del padre o la madre muertos.

¿Cómo puedo ayudar a mi hijo?
Pase mucho tiempo con él y rodéele de toda la estabilidad posible. Ahora no es el momento de trasladarse de casa, de cambiar de guardería o de escuela, de emplear una canguro nueva, ni siquiera de pasarlo de la cuna a una cama. Haga que su hijo continúe con sus actividades habituales, como ir a la guardería o invitar a sus amigos a casa. Consiga la ayuda de amigos y parientes. Puede que también ellos estén de duelo, pero se alegren de la oportunidad de ayudar a su hijo. Procure disimular cualquier malestar que usted tenga; por supuesto, vaya al médico, pero no preocupe a su hijo innecesariamente, ya que puede temer perderla también.

Mi hijo no parece haber reaccionado todavía a la muerte. ¿Qué tiempo suele pasar?
No hay un tiempo fijo. A veces pasan semanas antes de que un niño muestre señales de dolor. Esto no significa que no le afecte. Puede que al principio esté conmocionado o que le sea difícil expresar sus sentimientos. Las etapas usuales de dolor tanto para los adultos como para los niños son primero un estado de aturdimiento y conmoción, seguido de la negación, luego anhelo, tristeza o depresión, rabia o culpa y finalmente aceptación. El tiempo necesario para pasar por cada etapa varía mucho.

¿Qué puedo hacer si mi hijo empieza a portarse mal?
Es algo normal. De hecho, sería sorprendente que su hijo perdiera a su padre y su conducta no cambiara en lo más mínimo. El dolor de un niño puede mostrarse de muchas maneras diferentes, especialmente porque los sentimientos de pérdida no le son familiares y no es capaz de aceptarlos. Puede que su hijo sufra una regresión y vuelva a mojarse en la cama, que duerma mal o que su conducta se vuelva poco razonable. Lo más importante es que trate de comprender por lo que él está pasando, aunque su propio dolor sea intolerable. Consiga ayuda experta de un psicólogo; su médico puede ponerla en contacto con un especialista.

La seguridad en casa

P ¿CUÁL ES EL MEDIO MEJOR PARA QUE MI HIJO NO CORRA PELIGRO?

R Sea consciente de lo que su hijo puede hacer en cada etapa de su desarrollo y vaya un paso por delante. Por ejemplo, la primera vez que su hijo se da la vuelta, puede caerse de su cama.

P ¿CUÁN ESTRECHAMENTE DEBO VIGILAR A MI HIJO?

R Un bebé de menos de un año necesita una vigilancia constante mientras está despierto. Esto significa llevárselo de una habitación a otra con usted, incluso al cuarto de baño. Cuando cumpla un año hay que seguir vigilándolo muy de cerca. Si tiene que dejarlo solo un momento, asegúrese de que la habitación es tan segura como puede serlo, pero recuerde que ninguna habitación es totalmente a prueba de niños. Su hijo tiene una curiosidad casi insaciable y un atrevimiento que le lleva a ser un peligro para sí mismo; muy pocos niños de esa edad son tranquilos y sensatos.

P MI PAREJA ES MENOS CONSCIENTE DE LOS PELIGROS QUE YO. ¿QUÉ PUEDO HACER?

R Tienen que hablarlo juntos. Puede callarse para no disgustar a su pareja, pero entonces el bienestar de su hijo corre peligro. También debe explicarle a cualquiera que cuide al niño, tanto si es un familiar como una niñera, sus medidas de seguridad.

P ¿QUÉ PRECAUCIONES DEBO TOMAR EN CASA?

R La tabla de la página siguiente detalla qué precauciones específicas para proteger a los niños puede tomar en cada habitación de la casa. También hay unos principios generales que tendría que seguir en todas ellas. Por ejemplo, procure que los muebles no tengan cantos afilados; tape todos los enchufes cuando no los use y elimine todos los cables colgantes; en cuanto su hijo sea lo bastante mayor, explíquele qué cosas son peligrosas, por ejemplo, las chimeneas y las planchas calientes.

¿Cómo puedo asegurarme de que mi hijo no corre peligro con una mascota?

Para muchas personas, la familia no está completa si no hay una mascota. Cuidar a un animal puede ofrecer muchas alegrías, además de enseñarle muchas cosas a su hijo. Si tiene una mascota o está pensando en tener una, siga los consejos siguientes para limitar los peligros.

¿Mi hijo debe tener una cierta edad antes de tener una mascota?
Yo no le aconsejaría adquirir una demasiado pronto después del nacimiento de un bebé porque no podrá prestarle al animal la atención necesaria. Por supuesto, esto depende del tipo de mascota; por ejemplo, un pez plantea menos exigencias que un perro.

¿Una mascota peluda puede causar alergias?
Sí. No está claro por qué se producen las alergias, pero muchos expertos creen que si hay casos de alergia en su familia, no deberían tener un animal peludo, como un perro o un conejo, hasta que su hijo tenga tres años. Estar expuesto al pelo del animal a una edad muy temprana puede ser peligroso.

¿Es probable que un perro haga daño a un recién nacido o a un niño pequeño?
Puede suceder. La conducta de los perros con los niños pequeños varía. Algunas mascotas de la familia (sean perros o gatos) pueden mostrar un comportamiento similar a los celos entre hermanos cuando llega otro niño a la casa. Sea sensible y presente al bebé y a la mascota con delicadeza. No deje a su hijo solo en una habitación con el perro (aun cuando el niño sea ya mayor); el perro más tranquilo puede morder a un niño que le tira de la cola.

¿No hay peligro en que un gato esté en la misma habitación que el bebé?
Si su gato tiene un carácter amable, probablemente no hay peligro, siempre que no pueda meterse en la cuna del bebé mientras duerme. A menos que esté segura de que esto no va a suceder, vigile la situación de cerca. Ponga una red para gatos por encima de la cuna o el cochecito. Es dudoso que los gatos absorban la respiración del bebé, como se rumorea que hacen, pero pueden tumbarse en la cuna o el cochecito y provocar acaloramiento o alergias.

CONSEJOS PRÁCTICOS

LUGAR	QUÉ PUEDO HACER
EN TODA LA CASA	▒ Ponga seguros en los cajones y armarios antes de que el niño se mueva libremente por la casa. ▒ Cubra todos los enchufes que no se usen. ▒ Instale una alarma de humos en todos los suelos de la casa. ▒ Evite los cables colgantes, especialmente de lámparas y de la plancha. ▒ Ponga los fósforos y las bolsas de plástico lejos del alcance de su hijo. ▒ Los productos químicos siempre deben quedar lejos del alcance de su hijo, guardados bajo llave y dentro de sus envases originales, con tapas de seguridad. ▒ Asegure las ventanas con cerrojos y piense en la posibilidad de poner rejas. ▒ Coloque cualquier cosa frágil lejos del alcance de su hijo. ▒ No tenga muebles con cantos agudos.
COCINA	▒ Quédese siempre con su hijo mientras esté comiendo por si se atraganta. ▒ Tenga los cubiertos y los objetos afilados en un cajón con cierre especial de seguridad o en un lugar lejos de su alcance. ▒ No use manteles porque al tirar de ellos el niño podría tirarse por encima comida caliente o cosas cortantes. ▒ Tenga las tazas o cazos con cosas calientes lejos del alcance de su hijo y asegúrese de que las asas de las sartenes y cazos no sobresalen del borde de los fogones. Utilice los fogones de atrás si es posible. ▒ Ponga una protección, si la hay, cubriendo los mandos de la cocina. ▒ Tenga limpio el suelo de la cocina y friegue todo lo que se caiga inmediatamente. ▒ Apague los aparatos eléctricos, incluyendo el lavavajillas y la lavadora. ▒ Guarde la plancha y la tabla de planchar lejos del alcance del niño. ▒ Tenga los platos de comida de las mascotas donde el niño no pueda alcanzarlos. ▒ Adquiera una manta antifuego y un extintor para la cocina.
RECIBIDOR Y ESCALERAS	▒ No deje nunca nada en las escaleras. ▒ Antes de que el niño se mueva libremente, ponga vallas de seguridad al pie y en la parte final de las escaleras. ▒ Si hay alfombras en las escaleras, asegúrese de que están bien sujetas y que no hay hebras sueltas con las que usted o su hijo pudieran tropezar. ▒ Asegúrese de que las barandas son seguras. ▒ Los huecos entre los barrotes de la escalera no deben tener más de 10 cm para evitar que el niño se caiga entre ellos o que meta la cabeza o las piernas y quede atrapado. ▒ Asegúrese de que el niño no pueda abrir la puerta de la calle y salir corriendo.
CUARTO DE BAÑO	▒ No deje nunca al niño solo en el baño. ▒ Cuando llene la bañera, ponga primero el agua fría y luego añada la caliente. ▒ Ponga una alfombrilla antideslizante en la bañera. ▒ Tenga los medicamentos lejos del alcance de su hijo y guardados bajo llave. ▒ Tenga la tapa del inodoro cerrada. ▒ Si es posible, desconecte los secatoallas o tápelos.
DORMITORIO	▒ No deje nunca al bebé solo encima del cambiador. ▒ La cuna tiene que cumplir las normas de la UE. ▒ No sujete en la cuna los juguetes con cintas o cordeles que tengan más de 30 cm de largo. ▒ Asegúrese de que las barandillas están subidas cuando el bebé está en la cuna. ▒ Cuando el bebé pueda estar sentado, ponga el colchón en el nivel más bajo posible.
SALA DE ESTAR	▒ Si tiene chimenea, ponga un guardafuegos delante, empotrado en la pared. No deje tazas o ceniceros encima del guardafuegos. ▒ No ponga nada pesado ni caliente en una mesa o estante bajos. ▒ Asegúrese de que los estantes no se mueven. ▒ Guarde cualquier bebida alcohólica, cigarrillos, mecheros o fósforos lejos del alcance de su hijo. ▒ Las puertas cristaleras deben ser de cristal endurecido. ▒ Vea si tiene plantas venenosas y quítelas.
ZONAS DE JUEGO	▒ Separe los juguetes para los niños mayores de los que pertenecen a los pequeños. ▒ No deje juguetes por el suelo y tire los que están rotos. ▒ No deje los juguetes favoritos de su hijo lejos de su alcance, en un lugar al que pueda querer subirse para cogerlos. ▒ Si compra un parque, asegúrese de que cumple las normas de seguridad de la UE.

La seguridad del bebé

P ¿CÓMO PUEDO ESTAR SEGURA DE QUE EL BEBÉ ESTÁ A SALVO MIENTRAS DUERME?

R Durante los primeros meses, el bebé debe dormir acostado de espaldas y en la misma habitación que usted y hasta los seis meses debe seguir las directrices para reducir el riesgo de muerte en la cuna (vea pág. 46). Asegúrese de que la cuna es segura. Para impedir el exceso de calor, no apriete demasiado la ropa de cama. No utilice protectores laterales ni ponga la cuna cerca de un radiador ni fuego de ningún tipo ni deje al bebé dormido al sol. Si pinta la cuna, utilice pintura y barnices no tóxicos.

P ¿ES UNA BUENA IDEA COMPRAR UN PARQUE?

R Un parque puede ser un buen lugar para que el niño se divierta sin peligro a partir de los tres meses y hasta que pueda saltar por encima del borde. Asegúrese de que cumple las normas de seguridad de la UE. Aunque dentro del parque estará relativamente a salvo, no lo deje sin vigilancia durante mucho rato.

P ¿CÓMO PUEDO ESTAR SEGURA DE QUE NO CORRE PELIGRO CUANDO EMPIECE A GATEAR?

R Sea previsora; el bebé empezará a moverse libremente antes del año de edad, así que ahora es el momento de ver las cosas desde su perspectiva. Tape los enchufes eléctricos y asegúrese de que las cristaleras bajas estén hechas con cristal inastillable o cubiertas de una película de seguridad. Guarde los objetos peligrosos o frágiles y guarde los productos químicos y los medicamentos bajo llave. Mire si tiene plantas tóxicas y sáquelas. Reduzca el riesgo de que su hijo se queme o escalde; vigile dónde deja el té o el café calientes que está tomando y no planche cerca de donde está su hijo; si tiene que planchar hágalo cuando él esté dormido o dentro del parque.

P ¿CÓMO PUEDO ELIMINAR EL PELIGRO DE LAS ESCALERAS?

R Hasta que pueda subir y bajar solo con seguridad, ponga barreras de protección al principio y al final de cada tramo. Cuando ya gatee, enséñele a bajar hacia atrás. Compruebe que las barandas sean seguras; los huecos entre barrotes no deben superar los 10 cm; de lo contrario un niño podría meter la cabeza y quedar atascado. Si sus barandas tienen barras horizontales en lugar de verticales, piense en cambiarlas o añadirles tablas verticales. No ponga alfombras sueltas cerca de las escaleras.

Escoger juguetes seguros

Aunque en apariencia inocuos, hay riesgos en el más sencillo de los juguetes. Siga las directrices siguientes para asegurarse de que su hijo juega seguro.

¿Qué tengo que vigilar cuando escojo juguetes o accesorios para mi hijo?
Escoja siempre cosas que cumplan las normas de seguridad; si en la etiqueta o en el paquete no constan esas normas, no compre el juguete. Los juguetes también están clasificados por edades; así pues, compruebe que un juguete es adecuado y si tiene dudas, no lo compre. Si compra un artículo grande, como un parque, busque un diseño de calidad y una construcción sólida. Retire o cosa bien cualquier etiqueta o cinta de los peluches con la cual pudiera ahogarse. No le dé a su hijo juguetes baratos, especialmente si fueron comprados en países con unas normas de seguridad bajas. Cuando un juguete se rompa o desgaste, tírelo.

Jugar seguro
Asegúrese de que los peluches son seguros para que su hijo juegue retirando cualquier cinta o etiqueta con la que pudiera ahogarse.

P MI BEBÉ HA EMPEZADO A PONERSE DE PIE. ¿CÓMO PUEDO EVITAR QUE SE HAGA DAÑO?

R Asegúrese de que no llega a nada peligroso. Aunque no pueda volver a pintar o amueblar toda su casa para eliminar todo peligro, sí que puede retirar ciertas cosas para evitar accidentes. Por ejemplo, coloque cualquier lámpara de sobremesa pesada lejos de su alcance y no use manteles antes que correr el riesgo de que los estire y le caiga todo por encima. Cualquier cosa que pueda usarse como punto de apoyo lo será, así que todo tiene que ser sólido y seguro; las mesas pequeñas y poco firmes son peligrosas como también lo son las finas y elegantes estanterías para libros que pueden volcarse fácilmente bajo el peso de un bebé.

P ME HAN DICHO QUE LOS ANDADORES PUEDEN SER PELIGROSOS. ¿ES VERDAD?

R Sí. Aunque pueden ser divertidos para el bebé durante un corto período de tiempo, también pueden ser extremadamente peligrosos; se producen más accidentes por su causa que por cualquier otro accesorio para bebés. Sentado en un andador, el bebé se moverá más rápidamente de lo que puede controlar, lo cual puede resultar fatal si está cerca de unas escaleras porque caerá de cabeza por ellas. Los andadores también pueden volcarse en superficies planas. La mayoría de padres piensan que los andadores enseñarán al bebé a andar, pero no es así. En un andador, las caderas de su hijo tienen un ángulo inadecuado para caminar, y puede que una pierna quede más abajo que la otra. Además, el andador no le enseña a su hijo el arte esencial de ponerse de pie cuando está sentado. Si acaso, utilizar un andador retrasa andar de forma independiente. Si tiene uno, limite el tiempo que el niño pasa en él y no lo deje nunca sin vigilancia.

P ¿CÓMO PUEDO ESTAR SEGURA DE QUE LA COCINA ES UN LUGAR SEGURO PARA ÉL?

R Guarde bajo llave todos los productos de limpieza y cualquier otro producto químico, todos los utensilios afilados o peligrosos y ponga fuera de su alcance las bolsas de plástico. Ponga los mangos de los cazos y sartenes hacia el interior de los fogones y utilice los fuegos de atrás si es posible. Evite que su hijo se acerque al horno, ya que incluso la parte exterior de la puerta puede estar peligrosamente caliente. Elimine los cables largos que cuelgan; los cables en espiral son menos peligrosos que los rectos porque es menos probable que el bebé los agarre. La mejor manera de evitar peligros para su bebé en la cocina es no dejarlo nunca allí sin vigilancia. Lo ideal es que, mientras usted cocina, el bebé esté en su silla alta comiendo o jugando. También puede poner una barrera en la entrada de la cocina.

GUÍA DE SUPERVIVENCIA PARA PADRES

ME PREOCUPA QUE LAS CASAS DE OTRAS PERSONAS NO SEAN SEGURAS

No se deje dominar por su preocupación
Aunque es natural que se preocupe por la seguridad de su bebé cuando esté en casa de alguien, procure que su ansiedad no estropee la visita. Esté atenta a lo que pasa, pero no arruine su estancia y la de todos los demás mostrándose excesivamente protectora.

Vigile al bebé
Cuando esté en casa de alguien, no debe preocuparse en exceso, pero sí que es necesario que vigile al bebé más de cerca. Por ejemplo, la abuelita puede haber dejado una tetera caliente cerca del borde de la mesa o medicamentos al alcance de su hijo; incluso las tabletas con hierro pueden hacer que su hijo enferme gravemente. Aunque un recipiente tenga una tapa de seguridad, esto no significa que sea totalmente a prueba de niños, así que esté atenta a los riesgos.

La conciencia del peligro en otras personas
Si deja al bebé con un familiar o amigo, recuerde que quizá tenga unos reflejos más lentos o que haya perdido práctica en el cuidado de un niño. Si no cree que tengan suficiente conciencia del peligro, no deje al niño solo con ellos.

P ¿QUÉ PRECAUCIONES TENGO QUE TOMAR EN EL CUARTO DE BAÑO?

R No deje nunca al bebé solo en la bañera, aunque sea capaz de sentarse por sí solo. No haga caso si suena el timbre de la puerta y ponga en marcha el contestador automático del teléfono. Antes de que pueda sentarse solo, sujételo siempre por la espalda mientras esté en la bañera. Asegúrese de que tiene todo lo que necesita antes de meterlo en la bañera para no tener que dejarlo solo ni sin apoyo ni un segundo. Ponga toda el agua que necesite antes de meter al bebé dentro –aproximadamente unos 8 cm– y asegúrese de que el agua tenga la temperatura adecuada y no esté demasiado caliente. Si el grifo de agua caliente se calienta demasiado, cúbralo con una toalla húmeda para que si el bebé lo toca o lo coge no se queme. Ponga una alfombrilla antideslizante en la bañera para que pueda estar sentado jugando sin peligro. Tape o desconecte los secatoallas y radiadores.

LA SEGURIDAD DEL NIÑO DE MÁS DE UN AÑO

P ¿DE QUÉ PELIGROS TENGO QUE SER CONSCIENTE EN ESTA ETAPA?

R Su hijo ahora es extremadamente activo y curioso, así que no deje a su alcance ningún objeto con el que pueda hacerse daño él o hacérselo a otros. Su hijo no para de moverse, pero no es consciente del peligro. Explorará y llevará su mundo hasta el límite y utilizará, bien y mal, los objetos. Para él, un enchufe en la pared puede ser el lugar perfecto para meter una lima para las uñas que ha encontrado por ahí. Una de sus principales preocupaciones debe ser que no pueda abrir la puerta de la calle solo, así que asegúrela con un cerrojo que él no pueda alcanzar.

P ¿CÓMO PUEDO ESTAR SEGURA DE QUE EL DORMITORIO DE MI HIJO ES UN LUGAR SEGURO?

R Asegúrese de que las ventanas tienen cerrojos o rejas y que los cristales son inastillables o, por lo menos, muy gruesos. Su hijo puede estar empezando a querer salir de la cuna, algo que es potencialmente peligroso. Si ése es el caso, ha llegado el momento de pasarlo a una cama. Baje el termostato del radiador del dormitorio para que no pueda quemarse. Cualquier juguete que se guarde en su dormitorio debe ser seguro (vea pág. 200). Si tiene juguetes con los que sólo puede jugar bajo supervisión, no los deje donde él pueda cogerlos para jugar solo, si se despierta antes que usted.

¿CÓMO PUEDO ESTAR SEGURA DE QUE NO CORRE PELIGRO CUANDO JUEGUE EN EL EXTERIOR?

A los niños les conviene el aire fresco y jugar fuera. Para estar segura de que puede jugar feliz y sin riesgo, esté alerta ante peligros potenciales.

La seguridad en el parque
La mayoría de parques infantiles tienen superficies suaves y blandas para amortiguar el golpe si su hijo se cae o resbala desde un columpio. No obstante, todavía puede hacerse daño, así que vigílelo cuando se suba a un aparato, especialmente la primera vez.

Parásitos en la tierra
No deje que su hijo toque las heces de perros o gatos. La toxocara es excretada por los perros y puede causar ceguera. La toxoplasma puede encontrarse en las heces de los gatos y produce toda una serie de dolencias; este parásito no se vuelve infeccioso hasta al cabo de unos días, pero no se puede saber cuántos días llevan las heces en un parque o jardín.

JUGAR FUERA
En la playa, jugar con arena es una práctica divertida. Cubra las construcciones de su hijo, para que no sirvan de «lavabo» de animales.

Agua
Si hay un estanque en su jardín, tiene que taparlo con tela metálica o un enrejado o rodearlo con una valla; un niño pequeño puede ahogarse incluso en muy poca agua. También puede convertirlo en un arenal.

Plantas en el parque o jardín
Enseñe a su hijo que no tiene que tocar las plantas ni las flores y dígale que nunca debe comer un fruto de un árbol o arbusto, aunque tenga un aspecto muy atractivo. En su propio jardín elimine las siguientes plantas: laburno, digital, muguete, tejo y hiedra.

Productos químicos
Guarde todos los pesticidas y otros productos de jardinería bajo llave. También puede haber residuos de productos químicos en las plantas, otra razón por la cual su hijo no debe coger ni comer ninguna planta.

Tráfico
Su hijo puede cansarse del parque o jardín y querer aventurarse más lejos. No lo pierda de vista para que no se vaya a la calle.

P ¿CÓMO PUEDO EVITAR CUALQUIER PELIGRO A MI HIJO EN EL CUARTO DE BAÑO?

R Vigílelo siempre durante el baño y no caiga en la tentación de contestar el teléfono ni ir a abrir la puerta. Su hijo no está a salvo en el agua o cerca de ella. También entrará y saldrá del cuarto de baño cuando no sea hora de bañarse, así que baje el termostato del agua caliente para impedir que se queme si abre el grifo. Guarde los productos de tocador y de limpieza, la lejía, las cuchillas e incluso la crema de afeitar lejos de su alcance. Para impedir que su hijo se encierre en el cuarto de baño, quite el cerrojo o la llave o póngalo más alto, donde él no pueda alcanzarlo. Igualmente, si el inodoro está separado del baño, cambie el cerrojo de sitio.

P ¿CÓMO PUEDO IMPEDIR QUE TENGA UN ACCIDENTE EN LAS ESCALERAS?

R Enséñele a subir y bajar las escaleras con seguridad, pero hasta que esté segura de su capacidad para hacerlo solo, ponga barreras al principio y al final de la escalera para que no pueda hacer intentos sin vigilancia. Asegúrese de que las alfombras están bien fijadas y no tienen hebras sueltas y no deje nada en las escaleras con lo que el niño pudiera tropezar.

P ¿QUÉ MEDIDAS DE SEGURIDAD DEBO TOMAR EN LA COCINA?

R Elimine los cables largos, especialmente del hervidor eléctrico y guarde los fósforos y todos los utensilios peligrosos fuera de su alcance. Lo ideal es que los cuchillos estén guardados bajo llave, pero esto no siempre es posible. El niño no debe estar en la cocina cuando usted esté cocinando, especialmente si está friendo algo o preparando una comida que exige más concentración de la habitual. Si no es factible, entonces puede pedirle que la ayude en la preparación y explicarle cómo hacer las cosas sin peligro. Esté siempre con su hijo mientras come, por si se atraganta; además su hijo se sentirá solo y aburrido si tiene que comer sin compañía. Si se cae algo al suelo, límpielo enseguida para evitar resbalones y caídas.

P ¿TENGO QUE IMPEDIR QUE ENTRE EN LA SALA POR SEGURIDAD?

R Creo que no. No hay razón alguna para excluirlo de una habitación en particular. En lugar de ello, asegúrese de que no hay peligro, guardando los objetos frágiles y vigilándolo para que no se descontrole. Permitirle el acceso a la «mejor habitación» también tiene sus ventajas, ya que puede enseñarle la importancia de portarse bien en determinados lugares.

P ¿CÓMO PUEDO ESTAR SEGURA DE QUE SUS JUGUETES NO ENCIERRAN PELIGRO ALGUNO?

R Compre sólo juguetes de calidad que cumplan las normas de seguridad; si esto no figura en la caja o en la etiqueta, deséchelos. Tire los juguetes gastados. No obstante, no siempre puede prevenir un posible daño causado porque el niño usa algo de un modo no pensado por el fabricante. Un ejemplo es el del niño que corre con un lápiz en la mano; si se cae, ese lápiz puede metérsele por la nariz, un ojo o la boca. No tiene que impedirle tener lápices, pero sí debe enseñarle a usarlos y llevarlos correctamente.

Los niños pequeños sienten una curiosidad natural por las escaleras.

Seguridad
Las barreras son la solución perfecta para evitar que un niño muy activo suba o baje las escaleras. No olvide tener la barrera cerrada siempre.

GUÍA DE SUPERVIVENCIA PARA PADRES

NO HAGO MÁS QUE DECIR «NO» UNA Y OTRA VEZ

Todo el rato lo estoy riñendo. ¿Qué puedo hacer?
Siempre que pueda, evite decir «No» y trate de distraerlo con alguna otra cosa. Esté segura de que con el tiempo dejará de hacer cosas peligrosas, pero mientras debe impedir un accidente.

No deje de repetir su mensaje de seguridad
Si persiste en hacer algo, repita su mensaje de seguridad. No es que sea tozudo, es que no comprende el peligro y no tiene mucha memoria.

Dele buen ejemplo
Predique siempre con el ejemplo. Si quiere que aprenda la seguridad en la calle, no cruce usted nunca la calzada cuando el semáforo está en rojo.

LA SEGURIDAD DEL NIÑO EN PREESCOLAR

P ¿DE QUÉ PELIGROS TENGO QUE SER CONSCIENTE AHORA QUE MI HIJO VA HACIÉNDOSE MAYOR?

R Tiene que recordar que su hijo va siendo más independiente y capaz, pero que sigue teniendo un limitado sentido del peligro. Incluso puede que crea que es inmortal o invencible, como un personaje de dibujos animados. Asegúrese de que las ventajas y las puertas son seguras, de que todas las sustancias tóxicas están guardadas bajo llave y empiece a enseñarle normas básicas de seguridad en la calle.

P ¿CÓMO PUEDO ENSEÑARLE A MI HIJO QUÉ ES LA SEGURIDAD?

R Cuando trabaje con él en la cocina o en el jardín, haga comentarios sobre la marcha. Por ejemplo, si está en la cocina preparando un pastel, puede decirle lo importante que es tener cuidado con los utensilios de cocina y con el horno caliente y demostrarle que usted pone esas precauciones en práctica. De igual modo, si la ve ponerse un cuchillo en la boca para lamerlo, no se sorprenda de que él haga lo mismo.

P ¿CÓMO PUEDO EVITAR QUE CORRA PELIGROS Y AL MISMO TIEMPO DEJAR QUE SEA INDEPENDIENTE?

R No puede proteger a su hijo constantemente, pero sí reducir los riesgos y evitar exponerlo a peligros innecesarios. Deje que sea independiente en situaciones controladas. Por ejemplo, un niño puede aprender a manejar herramientas pequeñas como un destornillador o un martillo bajo estrecha vigilancia. Enséñele buenos hábitos y trate de explicarle por qué las normas de seguridad son importantes, a fin de que aplique esas pautas a otras situaciones.

P ¿QUÉ TENGO QUE DECIRLE A MI HIJO CON RESPECTO A HABLAR CON EXTRAÑOS?

R No lo asuste; su hijo tiene que aprender seguridad, no miedo. Explíquele que no todos los extraños son malos, pero que no debe hablar con ninguno ni aceptar nada de ninguno. Si alguien está devolviéndole algo que pertenece al niño, no debe acercarse más de lo necesario. Dígale al niño que nunca debe ir a ningún sitio con un extraño (hay excepciones, por ejemplo un policía de uniforme). Esto es especialmente importante si su hijo siempre hace lo que usted le dice porque pudiera aceptar subir a un coche con alguien que afirma que usted lo ha enviado. En general, no hay peligro en que hable con adultos que conoce bien.

¿ESTÁ PREPARADO PARA TENER UNA BICICLETA?

A partir de los dieciocho meses, un niño puede usar un triciclo, aunque no sepa pedalear bien hasta los tres años. Alrededor de los cinco años, muchos niños pueden pasar del triciclo a la bicicleta y usar las dos ruedas pequeñas para darles confianza.

¿Cómo puedo estar segura de que no corre peligro?
Compre una bicicleta que sea del tamaño adecuado para su hijo en este momento; podrá venderla cuando se le quede pequeña. Aunque pueda parecer más económico comprar una que le dure más, si es demasiado grande puede desanimarse y no querer montar más y, además, es más fácil que se caiga. Tiene que sentirse estimulado a ir en bicicleta, no sentirse derrotado por ella. Equipe la bicicleta con una bocina o timbre, para que avise a los demás, y asegúrese de que siempre lleve puesto un casco. No le deje ir por la carretera ni sobre superficies en las que pueda tambalearse y caer en la calzada. Cuando domine lo esencial del uso de los pedales y el freno podría tomar clases.

P ¿CÓMO PUEDO PROTEGER A MI HIJO CONTRA LOS ABUSOS SEXUALES?

R Además de no ir nunca ningún sitio con un extraño, dígale a su hijo que no se guarde nada en secreto, especialmente si alguien le pide que lo haga. Si alguien dice o hace algo de una forma que no le gusta, tiene que decirle a esa persona que pare y luego contárselo a usted. Ningún extraño tiene que tocarlo, especialmente en sus partes íntimas (si le pregunta cuáles son, dígale que las que quedan tapadas por el traje de baño), a excepción del médico.

P MI HIJO JUEGA VIOLENTAMENTE CON SUS AMIGOS. ¿CÓMO PUEDO EVITAR QUE SE HAGA DAÑO?

R A los chicos les gustan las formas de juego muy activas, pero no siempre tienen mucho sentido común. Asegúrese de que no juegan con cosas peligrosas, como trozos de metal o palos afilados y vigílelos cuando juegan, en beneficio de su hijo y de sus amigos. Si el juego se vuelve demasiado duro, interrúmpalos de vez en cuando para que coman o beban algo antes de que la situación se descontrole.

LAS SALIDAS CON NIÑOS

P ¿TENGO QUE LLEVARME ALGO CUANDO SALGO CON MI HIJO?

R Sí, pero depende mucho del tiempo que piense estar fuera. Puede que incluso necesite coger comida y bebidas (algo para picar o una comida completa, o ambas cosas). Ate algún juguete, usando una cinta corta que no tenga más de 20 cm a su cochecito o a la sillita del coche, para que no lo pierda o se lo tire a usted mientras está conduciendo. Un orinal (o recambio de pañal) es también una buena idea. Llévese una bolsa con todo lo esencial (vea más abajo). Si se marea en el coche, necesitará una bolsa de plástico, algunas toallas de papel y un recambio de ropa.

P ¿DÓNDE PUEDO CAMBIAR A MI BEBÉ CUANDO ESTAMOS FUERA?

R La mayoría de grandes almacenes, supermercados y estaciones de servicio tienen instalaciones para cambiar pañales. Por desgracia, suelen estar en los lavabos de señoras, aunque algunos lugares tienen una sala familiar, lo cual es más cómodo para los padres. Si no es así, puede usar el estante del maletero o los asientos del coche. Si está desesperada, encuentre un rincón tranquilo en un parque.

P ¿CÓMO PUEDO ALIMENTAR A MI BEBÉ CUANDO ESTAMOS POR AHÍ?

R Puede detenerse y dar de comer al bebé casi en cualquier sitio, siempre que esté limpio. Dependiendo del tiempo, puede darle el pecho, el biberón o comida sólida en un banco del parque. Lo único que necesita es su comida, una cuchara, un babero y unas cuantas servilletas de papel para recoger lo que se caiga. Llévese un par de bolsas de plástico para los utensilios usados. La mayoría de restaurantes le calentarán la comida con mucho gusto y algunos tienen sillas altas; si no es así, puede sujetar a su bebé con un arnés a una silla corriente y si añade un alza en el asiento, ya tiene una silla alta.

P ¿CÓMO PUEDO LOGRAR QUE MI BEBÉ ESTÉ CONTENTO DURANTE UN VIAJE LARGO?

R Dé de comer y cambie a su bebé antes de empezar el viaje. Con suerte, se quedará dormido en el coche; una música tranquila puede ayudar. Si no, llévese un par de juguetes por si acaso. La mayoría de bebés son felices con una ristra de cuentas sujeta de un lado a otro de su asiento, más un peluche o un libro de cartón. Si sujeta el juguete al asiento del coche, no tendrá que estar recogiéndolo todo el rato.

¿QUÉ TENGO QUE LLEVARME CUANDO SALGO CON MI BEBÉ?

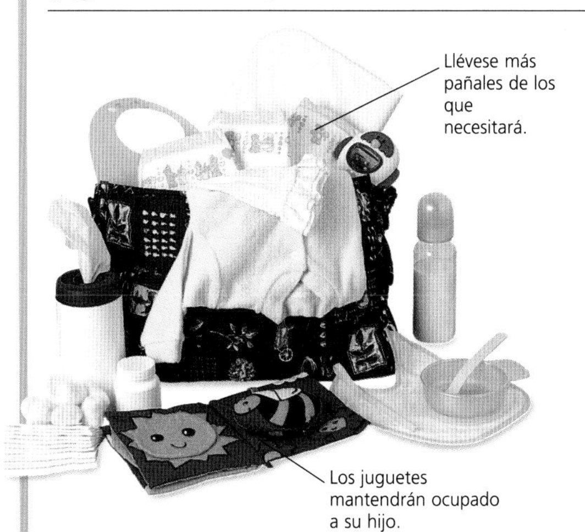

LA BOLSA CON RECAMBIOS
En una bolsa ligera puede llevar todo lo que necesita cuando sale de excursión con su bebé.

Si se lleva algunas cosas esenciales cuando sale con su bebé, la salida resultará más agradable. Coja una comida extra, un par de pañales limpios, los accesorios para cambiarlo y un recambio de ropa por si vomita o si el pañal se empapa y se moja. Si hace calor, lleve crema protectora para el sol y un gorro. También es buena idea coger un juguete para que se entretenga. Además, incluya:

- Su plato, cuchara y un babero.
- Una caja de toallitas húmedas y algunas servilletas de papel.
- Un termo con agua caliente para calentarle la comida.
- Una bolsa para los pañales sucios.
- Un teléfono móvil si lo tiene.

¿QUÉ PUEDO HACER PARA QUE MI BEBÉ VAYA CÓMODO Y SEGURO EN EL COCHE?

Tanto si tiene un bebé muy pequeño como un niño mayor, necesita sujeciones adecuadas que lo protejan de los movimientos del coche e impidan que salga lanzado fuera del asiento en caso de frenazo o de accidente. Una silla para coche (vea más abajo) le proporcionará la sujeción necesaria. Asegúrese de que su hijo tiene algo que le entretenga y, si tiene que atenderlo, pare el coche en lugar de apartar los ojos de la carretera. Para comodidad de su hijo durante el verano, ponga un parasol por encima de su asiento o en su ventanilla y en la ventanilla trasera. Finalmente, es una buena idea llenar el depósito antes de iniciar el viaje.

¿Qué tipo de coche es mejor para una familia joven?
El coche ideal tiene que ser seguro, fiable y cómodo. Cuatro puertas es mejor que dos para poder sacar al niño y todos los accesorios con más facilidad. Lo ideal es contar con cierre de puertas centralizado para poder estar seguro de que ninguna puerta puede abrirse. Además, ponga el cierre de seguridad en las puertas de atrás para que su hijo no pueda abrir la puerta por casualidad. No ponga nunca a un niño en un asiento con *air-bag* delante, ya que al hincharse podría matar al bebé. Su coche también ha de tener los puntos de anclaje necesarios para sujetar el asiento o el arnés, aunque la mayoría de sillas para niños pueden fijarse mediante los cinturones con tres puntos de anclaje de los adultos.

SEGURIDAD EN EL COCHE
Asegúrese de que el asiento es del tamaño adecuado para su bebé.

¿Mi hijo necesita un asiento especial para el coche?
Sí. Llevar a un niño pequeño sentado en la falda o entre los brazos no es seguro, incluso si ambos van sujetos con el mismo cinturón. Si hubiera un accidente, su peso podría aplastar al bebé. Sin ninguna sujeción, el bebé podría salir despedido del coche. Escoja siempre un asiento que encaje en su coche y que sea adecuado para el peso del niño.

- Las sillitas que miran hacia atrás están diseñadas para los bebés desde que nacen hasta los 10-13 kilos (unos nueve meses); el peso es más importante que la edad.
- Las sillitas que miran hacia delante son adecuadas para un peso entre 10 y 25 kilos, es decir desde los nueve meses hasta los cinco o seis años. El peso es más importante que la edad, pero varía según el modelo. Algunos asientos tienen un arnés integrado, otros usan los cinturones con tres puntos de anclaje del coche.
- A partir de los cuatro años y hasta los once, los niños pueden usar los cinturones con tres puntos de anclaje de los adultos, pero necesitan un asiento alzado para impedir que el cinturón les roce el cuello.

¿Puedo instalar la sillita del niño yo misma?
Sí, pero asegúrese de que la fija bien; es tan importante como comprar el modelo adecuado. Si no está segura de cómo hacerlo, hágala instalar por un profesional. Además, asegúrese siempre de que los cierres están bien encajados. Ninguna silla es segura si el niño no está bien atado.

¿Qué tengo que hacer cuando mi hijo se suelta el cinturón?
Es una cuestión de disciplina. Detenga el coche y vuelva a ponerle el cinturón. Explíquele que no podrán continuar al viaje hasta que deje de tocar el cierre. Si vuelve a soltarlo, vuelva a parar el coche. No pierda los nervios, aunque es algo difícil, especialmente cuando se está en una autopista.

P MI BEBÉ LLORA A GRITOS EN EL COCHE. ¿PUEDO HACER ALGO?

R Un bebé que llora a gritos provoca tensión y falta de concentración; así pues, detenga el coche tan pronto como pueda hacerlo sin peligro. Si está en una autopista, vaya hasta la primera zona de aparcamiento o descanso en lugar de apartarse en el arcén. Puede que el bebé necesite un descanso y usted también. Háblele, dele de comer, cámbielo y luego vuelva a instalarlo en el coche. Puede ser útil darle otro juguete o poner una música suave.

P ¿CÓMO PUEDO TENER A MI HIJO ENTRETENIDO DURANTE UN VIAJE LARGO?

R Procure hacer que el viaje le resulte interesante. Háblele de lo que se ve por la ventana (esto tiene la ventaja añadida de reducir el mareo) y haga juegos de palabras con él. Si puede contar, ya puede llevar la cuenta de los coches rojos que vea o de las gasolineras que pasen. Escuchen juntos unas casetes adecuadas –cuentos o canciones que los dos puedan cantar al unísono- y dele juguetes irrompibles que no tengan piezas pequeñas que pueda tragarse. Los peluches y los puzzles encajados, cuyas piezas no se pueden sacar, son una buena idea. No le deje tener lápices ni bolígrafos, ya que podría metérselos en un ojo si tiene que frenar bruscamente. Por su propia salud mental, no lleve juguetes ruidosos. Muchos niños duermen bien en el coche. Si es así, procure salir cuando el niño esté muy cansado, no cuando acaba de despertarse.

FOMENTE LA SEGURIDAD EN CARRETERA

Insista a su hijo de que tiene que andar por la acera y que, para cruzar, tienen que hacerlo juntos y cogidos de la mano. No corran.

Explíquele que

- busque un lugar seguro para cruzar,
- mire y escuche antes de cruzar,
- continúe mirando y escuchando mientras cruza,

Con el tiempo captará el mensaje.

¿Cuándo puede cruzar la calle solo?
Depende de la calle, pero no creo que pueda hacerlo antes de los seis o siete años. No obstante, no tendrá un adecuado sentido del tráfico hasta los doce años. Esto suele sorprender a los padres, pero vayan a cualquier escuela primaria a la hora de salida y verán lo poco conscientes del tráfico que son los niños.

P ¿TENGO QUE DEJAR QUE MI HIJO COMA Y BEBA EN EL COCHE DURANTE UN VIAJE LARGO?

R Sí, pero no demasiado. Llévese algo como unos sándwiches o fruta, zumos de fruta en envases pequeños y algunas servilletas de papel para limpiar lo que se caiga. No obstante, es necesario que alguien vigile al niño; incluso un niño mayor puede atragantarse; además, la mayoría de niños llenan el asiento de restos de comida. También puede comprar comida durante el viaje. Es útil si su hijo está acostumbrado a comer galletas, queso o fruta, ya que estas cosas se encuentran en todas partes. Por desgracia, esto no siempre es una garantía; hay niños que rechazan lo que les ofrecen porque no es del mismo tipo que tienen en casa.

P ¿CUÁNDO PUEDE UTILIZAR MI HIJO EL CINTURÓN DE LOS ADULTOS?

R No hasta que tenga por lo menos cuatro años. Incluso entonces debe ir en el asiento trasero del coche y llevar siempre el cinturón con tres puntos de anclaje. Además necesitará una buena alza para el asiento a fin de que esté a una altura adecuada e impida que el cinturón le roce el cuello.

P ¿TODOS LOS BEBÉS Y NIÑOS PEQUEÑOS SE MAREAN EN EL COCHE?

R Sólo muy pocos bebés se marean, así que no tiene que preocuparse mientras sea muy pequeño. Esta feliz situación dura aproximadamente hasta los dieciocho meses; después y por desgracia, muchos niños son propensos al mareo.

P ¿PUEDO IMPEDIR QUE MI HIJO SE MAREE?

R A partir de los dieciocho meses o dos años, muchos niños se marean en un vehículo. Su hijo puede sentir náuseas y ponerse pálido y vomitar sin previo aviso. Si es propenso a hacerlo, manténgalo ocupado, pero no con un libro o un juguete dentro del coche, el tren o el avión. Anímele a mirar por la ventana, no le deje comer mucho y no fume. Si es un viaje largo, quizá le convenga darle un medicamento contra el mareo. Hay jarabes y tabletas adecuadas para los niños pequeños; consulte con su farmacéutico. Algunos de estos medicamentos pueden adormilar al niño, pero esto puede ser beneficioso tanto para él como para usted si el viaje es largo. Algunos remedios homeopáticos, como Cocculus, también van bien o puede probar con unas vendas de acupresión que se ponen en las muñecas. Pero cualquiera que sea el remedio que use, sigue siendo sensato llevar una bolsa de plástico, servilletas de papel y un recambio de ropa, por si acaso.

LAS VACACIONES

CON UN BEBÉ

P ¿CUÁL ES EL MEJOR TIPO DE VACACIONES CON UN BEBÉ?

R En lo primero que hay que pensar es en la seguridad y la higiene del bebé y en el descanso para usted. Esto significa que quizá tenga que descartar lugares exóticos o largos viajes. Lo ideal es que su destino tenga instalaciones para bebés, además de tiendas con lo esencial para ellos. De cualquier modo, es sensato llevarse los pañales que usa normalmente y cualquier otra cosa que pudiera ser difícil de encontrar. La piel del bebé necesita protección solar y los lugares soleados son buenos siempre que esté preparada para las inevitables limitaciones que presentan. Los bebés son más propensos a que les piquen los mosquitos u otros insectos.

P ¿NECESITO UN PASAPORTE PARA MI BEBÉ?

R Los documentos para viajar son esenciales por pequeño que sea su hijo. Depende de su nacionalidad y de las normas vigentes que su hijo necesite su propio pasaporte o pueda estar incluido en el de usted.

P ¿MI BEBÉ NECESITA VACUNAS PARA VIAJAR AL EXTRANJERO?

R Las vacunas básicas del bebé deben estar al día. Dependiendo de su destino, además el bebé puede necesitar otras vacunas; consulte a su médico. No siempre es posible fiarse de un agente de viajes.

P ¿SERÁ DIFÍCIL VIAJAR EN AVIÓN CON UN BEBÉ?

R No, si se organiza bien. Procure reservar sus asientos con tiempo, antes de llegar al aeropuerto. Si puede, coja asientos en la parte frontal del aparato, donde el personal de la tripulación podrá proporcionarle una cuna de vuelo para el bebé; de lo contrario tendrá que llevarlo sobre la falta durante todo el viaje. Llévese leche; las azafatas podrán calentársela. No olvide llevar pañales en la cabina. Dele el pecho o el biberón, o un chupete, al bebé durante el despegue y el aterrizaje para evitar el dolor de oídos que pueden causarle los cambios de presión. Si el vuelo es largo, el bebé puede deshidratarse. También puede sufrir *jet lag* a la llegada. Si está inquieto después de un par de días, hable con el médico.

PROTECCIÓN SOLAR

Es esencial protegerlo contra el sol. Si no lo hace, el bebé puede acalorarse, deshidratarse o sufrir dolorosas quemaduras. Las quemaduras del sol son también un factor de riesgo para el cáncer de piel.

Proteja al bebé de los rayos dañinos.
La primera línea de protección es evitar la exposición al sol –los bebés de menos de seis meses deben permanecer por completo fuera del sol–. Todos los niños tendrían que quedarse a la sombra cuando los rayos solares son más fuertes, desde alrededor de las once de la mañana hasta las tres de la tarde. Recuerde también que el sol es más fuerte en las montañas y al lado del agua.

Téngalo bien cubierto
Utilice un parasol en el cochecito y vista al bebé adecuadamente. Tiene que llevar un gorro con un faldón en la parte de atrás o un sombrero con un ala lo bastante ancha para protegerle la cara y el cuello. También es importante protegerle los brazos y las piernas, aunque no haga mucho calor. Recuerde que los tejidos delgados apenas ofrecen protección contra los rayos ultravioletas y que su bebé puede quemarse a través de una camiseta demasiado fina.

Utilice crema protectora
El factor de protección que necesita su bebé depende del pigmento natural de su piel y del tiempo que vaya a estar al sol. El bebé necesita protección contra los dos tipos de rayos ultravioletas, A y B. A guisa de orientación, un factor mínimo de 20 para los rayos B y cuatro estrellas para los A es lo adecuado. Aplíquele la crema de manera uniforme y varias veces.

Aumente su toma de líquidos
Cuando haga calor, anime al bebé a beber tanto como sea posible. Si le da el pecho, ofrézcaselo más a menudo. Si le da biberones, dele agua o zumo de frutas muy diluido.

CON UN NIÑO

P ¿CUÁL ES EL MEJOR TIPO DE VACACIONES CON UN NIÑO PEQUEÑO?

R Cuando el niño ya no es un bebé, puede ser un poco más aventurera, así que muchos tipos de vacaciones encajarán en sus planes. A los niños suele fascinarles viajar al extranjero pero tienden a mostrarse impacientes durante los viajes. La higiene y la seguridad siguen siendo cosas para tener en cuenta, por ello quizá prefiera alojarse en un hotel o apartamento con servicios para niños. No obstante, ahora puede pensar en unas vacaciones de acampada, y también al lado del mar, siempre que tenga cuidado de protegerlo del sol.

P ¿TENGO QUE LLEVAR ALGO EN ESPECIAL?

R Asegúrese de que sus juguetes favoritos van en una bolsa que el niño pueda llevar a su lado durante todo el viaje; si el niño se aburre, el viaje será penoso. No ponga los medicamentos ni el osito preferido del niño en una maleta que tenga que facturar.

LA PREPARACIÓN
Deje que su hijo participe en la preparación de su equipaje, metiendo sus pertenencias personales en una bolsa. Contribuirá a su sensación de diversión y hará que se sienta una persona responsable.

Dele a su hijo su propia bolsa para las vacaciones.

¿QUÉ DEBO TENER EN CUENTA CUANDO VIAJEMOS EN AVIÓN?

Los niños de más de dos años suelen tener su propio asiento en el avión (los bebés suelen viajar en las rodillas de los padres, pero reserve sus asientos con tiempo para conseguir unos que le convengan. El niño preferirá ir al lado de la ventanilla.

Viajar al extranjero
Pregúntele al médico si necesita alguna vacuna especial. A partir de los seis meses, es posible vacunar a los bebés contra la fiebre amarilla, por ejemplo, que es algo obligatorio en algunos destinos. El niño también puede necesitar tabletas antimalaria para ciertas zonas. Es absolutamente obligado llevar ropa protectora y repelente antiinsectos porque los medicamentos antimalaria no son infalibles y los mosquitos suelen preferir las pieles jóvenes. No olvide llevarse muchas cremas de protección solar y varios sombreros para el sol.

Antes de subir al avión
Procure conservar su sillita tanto como le sea posible antes de embarcar; controlar a un niño excitado además del equipaje puede resultar agotador. Normalmente tiene que poder llevarla consigo hasta que embarque, pero entonces tal vez deba ir al departamento de equipajes. Dele al niño el medicamento contra el mareo bastante antes de embarcar, para que tenga tiempo de hacerle efecto.

Lleve algo de comida
Llévese algo de comer para el niño por si la comida del avión no es adecuada. Llévese también algunos caramelos y bebidas; el niño debería chupar un caramelo durante el despegue y el aterrizaje para evitar el dolor de oídos debido a los cambios de presión. Vigílelo para que el caramelo no se vaya por el camino equivocado.

Mantenga a su hijo entretenido
Aunque muchas compañías aéreas proporcionan bolsas con regalos y programas de vídeo para los niños, es mejor que se lleve sus propios juguetes y libros para que esté ocupado durante el vuelo.

Cómo tratar el *jet lag*
Establezca el nuevo horario de la zona lo antes posible y organice las horas de las comidas y de irse a dormir de acuerdo con él. Si le cuesta dormirse, pruebe a darle una dosis de su medicamento para el viaje antes de acostarlo para que se adormezca. No es perjudicial y puede dar resultado.

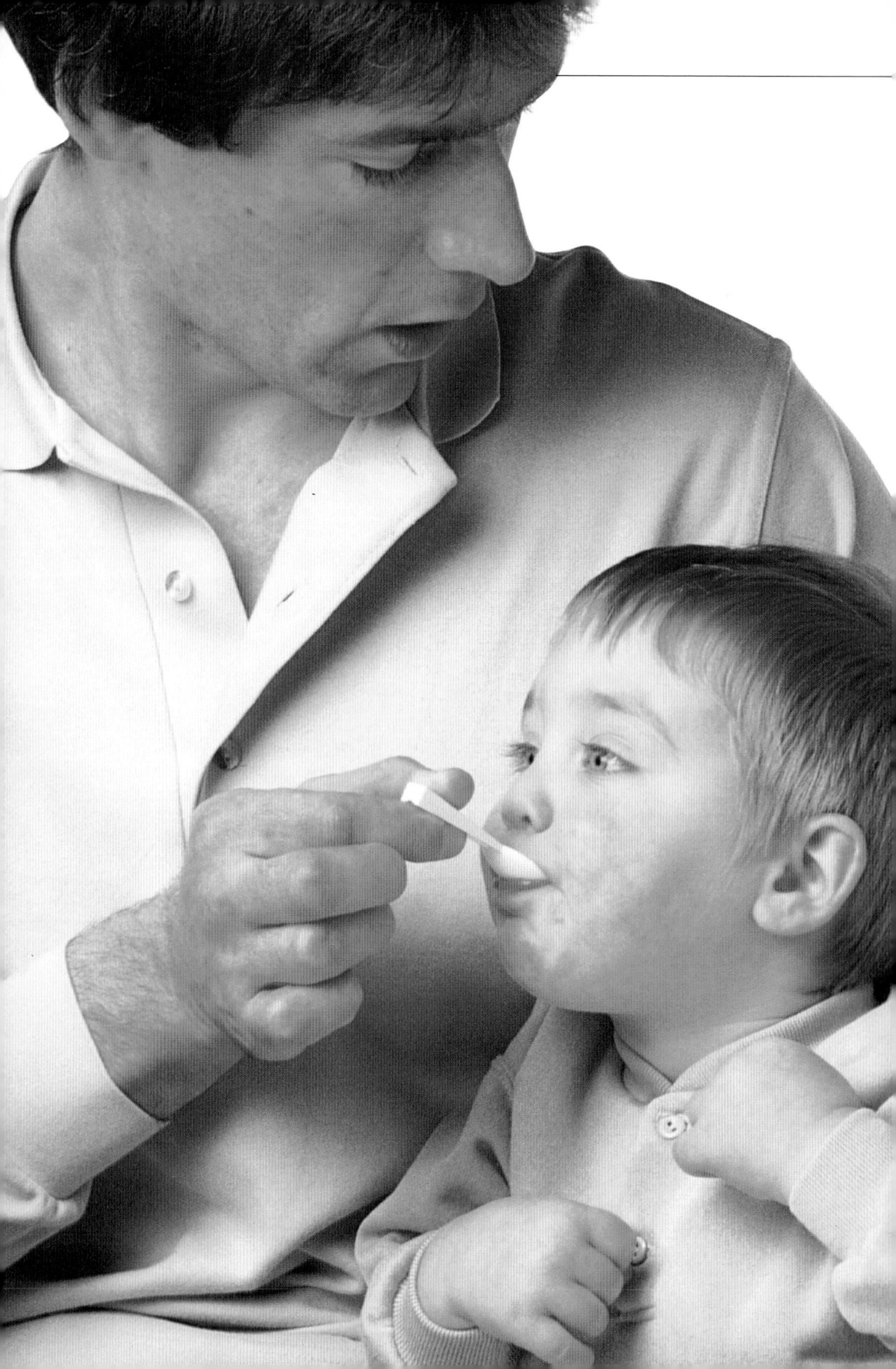

LA SALUD DEL NIÑO

Todos queremos que nuestros hijos estén sanos; no sólo libres de enfermedades, sino en unas condiciones óptimas para disfrutar al máximo de la vida. No obstante, también tenemos que aceptar que algunas enfermedades menores son corrientes en los primeros años de la vida de un niño. Distinguir entre una dolencia sin importancia y una enfermedad grave puede evitar bastante ansiedad a los padres. Este capítulo le proporciona la información que necesita para cuidar a su hijo enfermo y le ofrece orientación para saber cuándo hay que buscar la ayuda del médico. Contiene también algunos consejos de sentido común sobre el cuidado de su hijo en casa y una sección de primeros auxilios para emergencias.

CÓMO TENER A SU HIJO SANO

P ¿CÓMO PUEDO CONSERVAR LA SALUD DE MI HIJO?

R Dele los alimentos adecuados para que crezca y prospere. El aire libre y el ejercicio son importantes; una niñez sedentaria que gire en torno a la casa, la televisión y el ordenador no fortalece los huesos. Mantenga al niño limpio y enséñele buenos hábitos de higiene desde sus primeros años; por ejemplo haga que se lave las manos antes de las comidas y después de usar el baño. Proteja, pero no con exceso, a su hijo, y busque la ayuda adecuada cuando esté enfermo. Llévelo a todas las revisiones establecidas y asegúrese de que lo vacunan en el momento oportuno (vea en la página siguiente).

P ¿QUIÉN PUEDE ACONSEJARME?

R Puede hablar con su médico o con el pediatra si necesita consejo. Puede hacer la consulta por teléfono y en muchos casos hay consultorios médicos para bebés y niños donde puede acudir sin cita previa.

P ¿MI HIJO NECESITA SUPLEMENTOS VITAMÍNICOS?

R Depende. Un niño que sigue una dieta bien equilibrada y no pertenece a un grupo de alto riesgo de deficiencia vitamínica no necesita esos suplementos. Por desgracia, son muchos los niños que no comen bien, así que es buena idea darles vitamina A, C y D en gotas desde la edad de cuatro o seis semanas hasta los cinco años (vea la página 72). No le dé suplementos con hierro.

P ¿TENGO QUE ALEJAR A MI HIJO DE LAS PERSONAS ACATARRADAS?

R No. A menos que su hijo tenga un grave problema inmunológico, no es necesario alejarlo de los resfriados y otros virus corrientes. Quizá coja muchos resfriados durante la niñez, pero eso es útil para construir una inmunidad valiosa. Cada vez que su hijo está expuesto a un virus o bacteria concretos, desarrolla anticuerpos permanentes contra ese virus, de forma que la próxima vez que entre en contacto con él, podrá luchar y vencerlo.

¿CON CUÁNTA FRECUENCIA TENGO QUE LLEVAR A MI HIJO AL DENTISTA?

El niño tiene que ir al dentista regularmente –por lo menos, cada seis meses– para sus revisiones, incluso si parece que sus dientes están perfectamente. Es importante que se acostumbre a sentarse en el sillón sin miedo. Busque un dentista que sea eficaz con los niños; pregunte a sus amigos, vecinos o a su médico.

¿Cuándo tengo que empezar a llevarlo al dentista?
En mi opinión, cuanto antes mejor. Puede esperar hasta que tenga dos años. Mejor aún, llévelo en cuanto tenga dientes, incluso si sólo es para verla a usted sentada en el sillón (si la visita al dentista la preocupa, procure disimular). Al principio, es posible que el niño quiera sentarse en su falda para que lo «examinen»; en realidad, esas visitas serán poco más que ocasiones sociales, porque no habrá muchos dientes que examinar. Cuando vaya creciendo, podrá sentarse en el sillón solo.

¿Mi hijo necesitará un empaste?
Los dientes de leche de la mayoría de niños no necesitan un empaste, pero es importante tratar cualquier caries antes de que aumente y duela y haya que extraer el diente. Un niño no debería perder un diente de leche prematuramente, porque esos dientes afectan el desarrollo del lenguaje. La pérdida prematura de los dientes de leche también puede provocar una mala posición de los dientes permanentes.

¿Qué sucede si mi hijo necesita tratamiento?
Procure estar tranquila, pero no finja que no va a dolerle. Muchas nuevas técnicas reducen el dolor y eliminan el ruido de la fresa, pero algunos tratamientos pueden hacer daño. Si una caries es superficial, quizá no necesite una inyección, pero si es más profunda pueden tener que ponerle anestesia local; primero puede adormecerse la encía con una pomada. El dentista recomendará un sedante o incluso una anestesia general, en cuyo caso debe pedir que el tratamiento se efectúe en un hospital donde haya un anestesista cualificado.

¿QUÉ ES LA INMUNIZACIÓN?

Es dar una vacuna, sea por vía oral o por inyección, a un niño para hacerle resistente a un virus o bacteria concretos. Las vacunas funcionan estimulando el sistema inmunológico para producir anticuerpos contra la infección. Todas las enfermedades contra las que se inmunizará a su hijo son infecciosas y desagradables; algunas son mortales, mientras que otras pueden causar una incapacidad permanente. Muchas de estas infecciones son raras hoy día gracias a las vacunas.

¿Contra qué enfermedades es posible vacunarse?
Normalmente, su hijo necesita inmunización contra las enfermedades que detallamos a continuación. En las zonas donde la tuberculosis (TB) es corriente a los recién nacidos también se les da una inmunización BCG; de lo contrario se hace posteriormente.

- **Polio** (poliomielitis). Es un virus que afecta el sistema nervioso y puede causar una parálisis permanente o incluso la muerte si ataca los músculos respiratorios.
- **Difteria.** Es una infección grave de garganta que puede extenderse al corazón y al sistema nervioso.
- **Tétanos.** Es una enfermedad bacteriana potencialmente mortal que puede paralizar los músculos, provocando unos espasmos dolorosos.
- **Tos ferina.** Es una enfermedad bacteriana que provoca una tos grave y persistente y puede acarrear vómitos, convulsiones y daños pulmonares.
- **Hib** *Hemophilus influenzae* tipo B. Es una enfermedad bacteriana que causa enfermedades graves, entre ellas la meningitis y la neumonía.
- **Meningitis C.** Es una inflamación grave del cerebro causada por una bacteria.
- **Sarampión.** Es un virus que puede causar infecciones respiratorias, convulsiones y daños permanentes en el cerebro.
- **Paperas.** Es una infección vírica que puede provocar una inflamación dolorosa de las glándulas salivares. Afecta al sistema nervioso y causa la meningitis.
- **Rubéola.** Es un virus que provoca una erupción y fiebre y es la causa de graves malformaciones en un feto en fase de formación.
- **Tuberculosis.** Es una infección bacteriana grave que afecta principalmente a los pulmones.

¿Las vacunas son completamente inocuas?
Ninguna vacuna (ni medicamento) está totalmente libre de riesgo, pero los beneficios potenciales de estas inmunizaciones superan en mucho el riesgo para casi todos los niños. Si le preocupa vacunar a su hijo, hable con su médico o pediatra, quien le informará de los posibles efectos secundarios.

¿Las vacunas tienen efectos secundarios?
A veces sí. Los principales son fiebre y llanto o irritabilidad durante las primeras 24 a 48 horas después de la inyección. También puede producirse enrojecimiento o irritación en la zona de la inyección y un bulto que puede durar varias semanas. Algunas vacunas tienen otros efectos, por ejemplo la SPR (sarampión, paperas y rubéola) puede provocar una fiebre alta o incluso una erupción a los diez días.

¿En qué casos no hay que vacunar al niño?
Un bebé no debe ser inmunizado si tiene una enfermedad febril. Es mejor posponer la vacunación. Aplazarlo no significa que tenga que empezar toda la serie de nuevo. También debe consultar con el médico o el pediatra si el niño ha tenido una reacción importante a una inyección anterior, si presenta una alergia grave al huevo, si ha tenido convulsiones o un ataque, si está bajo tratamiento contra el cáncer o si tiene cualquier enfermedad que afecte su sistema inmunológico.

CALENDARIO DE VACUNACIONES

El médico o la enfermera vacunará a su hijo durante las revisiones médicas habituales. Si no puede ir a una de ellas, no se preocupe; arréglelo para que lo vacunen en cuanto pueda.

¿QUÉ LE DAN?	¿CÓMO SE LO DAN?	¿CUÁNDO SE LO DAN?
Polio	gotas por vía oral	a los 2,3 y 4 meses y entre los 3 y 5 años.
Hib, Difteria, Tétanos y Tos ferina	una única inyección	a los 2, 3 y 4 meses y entre los 3 y 5 años.
Meningitis C	una única inyección	a los 2,3, y 4 meses y entre los 13 y 15 meses.
Sarampión, paperas, rubéola (SPR)	una única inyección	entre los 12 y 15 meses y entre los 3 y 5 años.

CUANDO SU HIJO ESTÁ ENFERMO

GUÍA DE SUPERVIVENCIA PARA PADRES

NO ESTOY SEGURA DE CUÁNDO TENGO QUE LLAMAR AL MÉDICO

No siempre es necesario hacerlo. Si el bebé o el niño moquea mucho, pero por lo demás está bien, quizá no necesite a un médico. No obstante, si el bebé es muy pequeño, llámelo para cualquier cosa excepto las dolencias sin ninguna importancia.

¿Cuándo debo llamar al médico?
Llámelo si no sabe qué le pasa a su hijo. Cuanto más pequeño sea el niño, antes debe llamarlo. Es mejor que sea una falsa alarma que dejar las cosas hasta que es demasiado tarde. Llame siempre si su hijo:

- tiene fiebre muy alta que usted no consigue controlar (vea la pág. 220),
- tiene dificultades para respirar,
- vomita y/o tiene diarrea y tiene menos de un año o si aparece sangre en las deposiciones,
- si está apático y no quiere comer,
- tiene dolor (especialmente dolor abdominal),
- tiene hinchazón en la ingle o en los testículos,
- tiene un dolor persistente en el oído (el bebé llorará o se tirará de la oreja),
- presenta una erupción inexplicable.

¿Tengo que pedirle al médico que venga a casa?
Pídalo sólo si realmente no puede salir; por ejemplo, si su hijo está demasiado enfermo para moverse o si está incapacitado. Una salida rápida, incluso en invierno, no puede perjudicar a un niño con fiebre.

¿Cuándo es una emergencia?
Vaya a la sección de urgencias del hospital más cercano o llame a una ambulancia si el niño:

- se ha quemado o sangra en abundancia,
- ha tenido o está teniendo un ataque,
- está apático o inconsciente,
- tiene dolor de cabeza con rigidez en la nuca, aversión a la luz brillante o una erupción que no desaparece cuando la presiona con un cristal (vea la pág. 218),
- tiene mucha dificultad para respirar o se queda sin aliento y no puede hablar.

P ¿CUÁLES SON LOS SIGNOS CLAVE DE QUE UN NIÑO ESTÁ ENFERMO?

R Un bebé o un niño enfermo no hará lo que hace normalmente. Puede que no quiera comer y juegue o sonría menos de lo habitual. Puede ponerse muy «pegajoso», apático y triste. Un bebé enfermo puede mostrarse apático; un niño enfermo, adormecido o sin energía. También puede tener fiebre o mostrar los síntomas relativos a una enfermedad concreta, como tos, destilación nasal o una erupción.

P MI HIJO SIEMPRE MOQUEA. ¿CUÁNTO DURAN LOS RESFRIADOS?

R Los resfriados corrientes pueden durar más de lo que los padres piensan; hasta tres semanas o más. Dado que los niños muy pequeños no han desarrollado todavía defensas contra el virus del resfriado, pueden acatarrarse con mucha frecuencia, en ocasiones hasta seis veces o más en un año. Un resfriado tras otro puede dar la impresión de que existe una infección constante. Los resfriados no suelen ser graves a menos que haya complicaciones como una infección de oído o de pecho, o si el niño tiene una enfermedad del sistema inmunológico.

P A MI HIJO LE DUELE LA BARRIGA. ¿QUÉ PUEDE SER?

R Muchas dolencias distintas pueden provocar dolor abdominal, entre ellas las infecciones víricas corrientes (la hinchazón de las glándulas del abdomen puede causar dolor), infecciones del conducto urinario, una hernia estrangulada, apendicitis, una obstrucción intestinal o el estreñimiento. El tratamiento adecuado dependerá de la causa. Consulte siempre con el médico a menos que se trate sólo de un dolor pasajero al ir de vientre.

P MI HIJO TIENE DIARREA. ¿PUEDE SER GRAVE?

R Puede serlo, porque la diarrea provoca pérdida de líquidos, lo cual conduce a la deshidratación (vea pág. 220). Consulte siempre con el médico si el niño tiene menos de 12 meses, si además vomita o si hay sangre en las deposiciones. La diarrea puede ser causada por una infección intestinal recurrente. Los niños de menos de dos años a veces tienen episodios de diarrea intermitente, la llamada diarrea infantil. Aunque es bastante corriente, las causas no están claras. Podría ser provocada por la dieta, por ejemplo, si toma demasiada fibra y poca grasa, o simplemente si no mastica bien la comida.

P A MI HIJO LE DUELE LA CABEZA. ¿TENGO QUE PREOCUPARME?

R Los dolores de cabeza son algo sorprendentemente corriente en los niños y provocan el pánico en la mayoría de padres. De vez en cuando un dolor de cabeza es síntoma de una enfermedad grave, como la meningitis (vea pág. 218), pero en una gran mayoría es algo sin importancia. La razón más común de los dolores de cabeza es la fiebre y se produce porque esa fiebre hace que los vasos sanguíneos dentro del cráneo se dilaten. La tensión o el estrés, las migrañas, las heridas en la cabeza, la encefalitis (inflamación del cerebro) y los tumores cerebrales también provocan dolor de cabeza.

P ME RESULTA DIFÍCIL HABLAR CON MI MÉDICO. ¿QUÉ PUEDO HACER?

R Procure ser lo más clara posible sobre los síntomas que presenta su hijo y cuándo empezaron. Pida instrucciones claras sobre qué hacer si el niño no mejora o cuándo tiene que volver para una visita de seguimiento. Si le preocupa una enfermedad en concreto porque, digamos, la tiene alguien en la consulta o es algo habitual en su familia, dígaselo siempre; el doctor puede tranquilizarla. Muchos médicos son también padres y comprenderán su preocupación. Si sigue teniendo problemas, entonces quizá es que ese médico no es el adecuado para su familia.

¿CÓMO PUEDO SABER SI MI BEBÉ O MI HIJO TIENE FIEBRE?

Puede notarlo caliente cuando lo toque; póngale la palma de la mano o los labios sobre la frente. También puede tener la cara enrojecida y decirle que le duele la cabeza o que tiene frío. No obstante, para estar segura de que tiene fiebre hay que tomarle la temperatura.

¿Cómo debo tomarle la temperatura a mi hijo?
Puede ponerle el termómetro en la axila o en la boca. La temperatura corporal normal es de 37 °C en la boca y alrededor de 0,5 °C menos si se la toma en la axila; cualquier temperatura superior señala fiebre. Aunque la temperatura tomada en la axila no refleja la temperatura corporal con tanta precisión, un niño de menos de cuatro años quizá no consiga mantener el termómetro debajo de la lengua.

TOMAR LA TEMPERATURA
Siéntese al niño sobre la falda y póngale el termómetro en la axila. Espere entre dos y tres minutos antes de leerlo.

Presione con el brazo sobre el termómetro.

TERMÓMETRO DE MERCURIO
Este tipo de termómetro puede usarse en la boca o en la axila. Como está hecho de cristal, puede romperse fácilmente, dejando salir el mercurio, que es tóxico. Por ello, yo le aconsejaría que no lo usara en niños menores de siete años.

TERMÓMETRO DIGITAL
Precisos y casi irrompibles, estos termómetros son ideales para los niños. Pueden utilizarse en la boca o en la axila y sólo es necesario aplicarlos un par de minutos; la mayoría emiten un pitido que indica la lectura correcta. Funcionan con pilas y duran años, pero son más caros que los de mercurio.

SENSOR AUDITIVO
Mide la radiación infrarroja en el tímpano. Sólo necesita dos segundos y, por ello, es ideal para un bebé o un niño enfermo. No obstante, es mucho más voluminoso y caro que el termómetro digital. Según mi experiencia, también puede ser un tanto errático. Para comprobar la temperatura de su hijo durante el curso de cualquier enfermedad, aplíquelo siempre al mismo oído y haga tres lecturas cada vez.

TIRA DE CRISTAL LÍQUIDO
Es una tira pequeña, sensible al calor que se coloca en la frente del niño durante un minuto más o menos. Es rápida y fácil de usar, pero no es muy precisa porque mide la temperatura de la piel más que la del cuerpo. Probablemente puede tener la misma información tocando la frente del niño.

ENFERMEDADES DE LA INFANCIA

¿QUÉ ES?	¿CUÁLES SON LOS SÍNTOMAS?	¿QUÉ TENGO QUE HACER?
ENFERMEDADES INFECCIOSAS		
ENFERMEDAD DE KAWASAKI Causa desconocida, quizá por una infección. Puede tener efectos a largo plazo.	■ Fiebre durante más de cinco días. ■ Erupción, puntos y glándulas inflamadas. ■ Encías doloridas y ojos enrojecidos. ■ Las manos y los pies están enrojecidos y se pelan.	■ Vea al médico inmediatamente. Se necesita el tratamiento hospitalario para impedir complicaciones posteriores como una enfermedad de corazón. ■ Si está preocupada por la posibilidad de la Kawasaki, dígaselo al médico.
ENFERMEDAD MANO-PIE-BOCA Es un virus que afecta a los niños de menos de 5 años. ■ Incubación entre 2 y 10 días.	■ Fiebre leve antes de la salida de los puntos rojos. ■ Pequeños puntos o vesículas (acuosas pero sin picazón) en las manos, pies, en el interior de la boca y, a veces, en las nalgas. ■ La boca puede estar dolorida.	■ Controle la fiebre (vea pág. 220). ■ Dele comidas blandas y muchos líquidos si le duele la boca. ■ No es necesario aislarlo, la enfermedad no es muy infecciosa. ■ Vea al médico si el niño no está bien o si la enfermedad dura más de 3 o 4 días.
ERITEMA INFECCIOSO Causada por el parvovirus. ■ Muy infecciosa durante los 14 a 21 días de incubación.	■ Erupción rojo brillante con bordes bien definidos en una o ambas mejillas. ■ Posible erupción con bordes «de encaje» en los brazos, piernas y tronco. ■ Fiebre leve; el niño no se encuentra mal.	■ No hay un tratamiento específico. ■ Vea al médico si el niño tiene fiebre alta, se siente mal, y los síntomas no son típicos. ■ No es necesario aislar al niño, pero manténgalo apartado de las mujeres embarazadas. El Parvovirus al principio del embarazo puede provocar un aborto.
ESCARLATINA Causada por bacterias estreptocócicas. ■ Muy infecciosa.	■ Garganta irritada (vea Amigdalitis). ■ Puntos rojos que se extienden rápidamente por el tronco; la zona alrededor de la boca no está afectada. ■ Manchas rojas en la lengua.	■ Vea al médico; su hijo necesita antibióticos. ■ Alivie el dolor y baje la fiebre (vea pág. 220), dele muchos líquidos. ■ Mantenga al enfermo apartado de los otros niños.
GRIPE Provocada por diversos virus.	■ Dolor, garganta irritada, fiebre y dolor de cabeza. ■ Destilación nasal y tos. ■ Pérdida de apetito.	■ Alivie el dolor y baje la fiebre (vea pág. 220); dele líquidos. ■ Vea al médico si tiene dudas sobre el diagnóstico, si el niño empeora, si no está mejor al cabo de tres días, si le cuesta respirar o le duelen los oídos.
PAPERAS Virus contagiado por la saliva. ■ Período de incubación entre 12 y 28 días. Infeccioso en los primeros días	■ Hinchazón dolorosa de uno o dos lados de la cara. Posible inflamación de los testículos y ovarios. ■ Dificultades para comer. ■ Malestar general con fiebre leve.	■ Hable con el médico. Podría tener complicaciones. ■ Dele bebidas calmantes en vez de comida sólida. Use una pajita. ■ Trate la fiebre si la hay (vea pág. 220). No es necesario aislar al niño.
ROSEOLA Virus común que afecta a los menos de tres años. ■ No es muy infeccioso.	■ Fiebre alta que aparece súbitamente y dura entre 1 y 3 tres días. ■ Cuando la fiebre baja aparecen pequeños puntos rosados en el tronco, que a veces se extienden a las piernas y brazos.	■ Vea al médico para confirmar el diagnóstico. ■ Trate la fiebre para impedir las convulsiones (vea pág. 220). ■ Mantenga al enfermo apartado de otros niños.
RUBÉOLA Causada por virus. Infecciosa. ■ Incubación entre 14-21 días.	■ Hinchazón de los ganglios linfáticos en la parte posterior del cuello. ■ Erupción rojiza en la cara, que se extiende al tronco y extremidades. ■ Fiebre leve y malestar general	■ Contacte con el médico. Puede haber complicaciones graves. ■ Trate la fiebre si la hay (vea pág. 220). ■ Mantenga al niño alejado de las mujeres embarazadas porque la rubéola puede ser causa de malformaciones en el feto.
SARAMPIÓN Virus potencialmente grave ■ Período de incubación entre 8 y 20 días. Infeccioso.	■ El niño se siente mal y tiene fiebre alta durante cuatro días antes de que aparezca la erupción. ■ Erupción de manchas rojas que empieza en el cuello. ■ Enrojecimiento de los ojos y tos.	■ Hable con el médico. El sarampión podría tener complicaciones. ■ Trate la fiebre si la hay (veas pág. 220). ■ Mantenga a su hijo alejado de otros niños.
VARICELA Es un virus que también causa el herpes. ■ Incubación entre 14 y 21 días; muy infecciosa el día antes de que salga la erupción y hasta que las pápulas se secan.	■ Malestar con fiebre durante un día. ■ Puntos rojos que empiezan en el tronco y se convierten en pequeñas vesículas ovales que se secan formando costras; las vesículas siguen apareciendo a lo largo de varios días; las costras caen al cabo de una o dos semanas. ■ Posibles úlceras en la boca.	■ Tenga al niño en un lugar fresco y con ropa ligera; córtele las uñas. ■ Calme la picazón con una loción de calamina o un baño templado con una cucharada de bicarbonato de soda. ■ Si le pica mucho, pruebe con un jarabe antihistamínico. ■ Si le duele la boca, dele comidas blandas y muchos líquidos. ■ Vea al médico si el niño no quiere beber o está mal. ■ Manténgalo apartado de los otros niños.

¿QUÉ ES?	¿CUÁLES SON LOS SÍNTOMAS?	¿QUÉ TENGO QUE HACER?
PROBLEMAS RESPIRATORIOS		
BRONQUIOLITIS Infección de los pequeños conductos del aire en los pulmones. (bronquiolos). Suele afectar a los bebés de menos de 12 meses.	■ Tos y síntomas de resfriado. ■ Fiebre. ■ Respiración rápida o entrecortada y un silbido audible unido a angustia; el bebé puede ponerse azul. ■ Incapacidad para comer.	■ Para los casos leves, trate la fiebre (vea pág. 220) y dele líquidos. Siente al niño en una habitación con vapor para facilitar la respiración. ■ Vea al médico siempre, excepto en los casos leves, y si el niño tiene dificultad para respirar; puede necesitar tratamiento hospitalario. ☎ LLAME A UNA AMBULANCIA si el niño se pone gris/azul.
CRUP Tos que afecta a los menores de tres años provocada por una bronquitis de la laringe y la tráquea o por la epiglotitis, o más raramente por un cuerpo extraño.	■ Tos áspera, como un ladrido. ■ Respiración ruidosa, especialmente al inspirar. ■ Ronquera, con frecuencia peor a primera hora de la mañana.	■ Para un ataque leve, trate la fiebre (vea pág. 220), siente al niño en una habitación con vapor y dele muchos líquidos. ■ Llame al médico si observa respiración rápida o dificultad para respirar; o si tiene dudas sobre la enfermedad. No le meta nunca un dedo hacia el fondo de la boca; si fuera epiglotitis podría ahogarse y morir. ☎ LLAME A UNA AMBULANCIA si el niño se pone gris/azul.
INFECCIÓN DE LAS VÍAS RESPIRATORIAS Puede ser bacteriana o vírica. Incluye la bronquitis y la neumonía.	■ Tos y fiebre, con frecuencia alta. ■ El niño está mal, puede vomitar o rechazar la comida.	■ Vea al médico, que auscultará los pulmones con el estetoscopio; por lo general se recetan antibióticos. ■ Trate la fiebre (vea pág. 220) y dele muchos líquidos.
TOS FERINA Infección grave causada por la bacteria *Bordetella pertussis*. ■ La enfermedad puede durar seis semanas y las complicaciones más tiempo.	■ Inicialmente fiebre leve. ■ Tos leve y frío durante la primera semana, luego se producen ataques de tos incontrolables, con «cantos de gallo». ■ La tos puede provocar vómitos, convulsiones y asfixia. ■ Los bebés no tienen «cantos de gallo», pero pueden ponerse azules y sufrir convulsiones.	■ Contacte con el médico urgentemente. El niño puede necesitar antibióticos y tratamiento hospitalario. ■ Puede ser causa de complicaciones a largo plazo, como daños en los pulmones, que harán que el niño sea más vulnerable a otras infecciones.
OJOS, OÍDOS, NARIZ Y GARGANTA		
AMIGDALITIS La mitad son bacterianas y la otra mitad víricas. Muy corrientes hasta los ocho años. ■ Muy infecciosa.	■ Garganta irritada y mal aliento. ■ Dificultad para tragar. ■ Fiebre alta. ■ Ganglios hinchados y dolorosos en el cuello. ■ Dolor abdominal (especialmente en los menores de 5 años) y posible dolor de oídos.	■ Trate el dolor y la fiebre (vea pág. 220) y dele muchas bebidas calmantes. ■ Vea al médico si el niño tiene mucha fiebre, la enfermedad dura más de 24 horas, o el niño tiene dolor de oídos. ■ Algunos casos de amigdalitis responden bien a los antibióticos. ■ Manténgalo apartado de otros niños.
CONJUNTIVITIS Inflamación vírica o bacteriana de la envoltura del ojo. ■ Muy infecciosa	■ Ojos legañosos (con frecuencia uno más que otro). ■ Ojos enrojecidos y doloridos. ■ Párpados hinchados (en casos graves).	■ Si los ojos no están enrojecidos ni el párpado hinchado, límpielos con un algodón mojado en agua hervida y enfriada (vea pág. 29). Vea al médico si el párpado está hinchado o el ojo enrojecido; necesitará unas gotas o pomada antibióticas. ■ Manténgalo apartado de otros niños.
INFECCIÓN DE OÍDOS La mitad son bacterianas y la otra mitad víricas. Habitualmente es una infección del oído medio, conocida como otitis media.	■ Dolor de oídos (en uno o en los dos). ■ El bebé se estira la oreja. ■ Fiebre alta y pérdida de apetito. ■ El niño está mal y llora. ■ Supuración si el tímpano se perfora.	■ Si es leve, trátela en casa durante 24 horas con analgésicos del tipo paracetamol. ■ Vea al médico si el dolor es fuerte o si el oído supura; puede necesitar antibióticos. ■ Si sólo está afectado un oído, anime al niño a dormir sobre ese oído para permitir que la supuración salga.
RESFRIADO COMÚN Causado por alguno de entre 200 virus.	■ Destilación nasal o nariz obstruida. ■ Estornudos. ■ Garganta irritada (en los primeros días). ■ Tos ligera y fiebre leve. ■ Ojos legañosos.	■ Trate los síntomas, por ejemplo la fiebre (vea pág. 220) y dele muchos líquidos. ■ Vea al médico si el niño tiene mucha fiebre, le cuesta respirar, tiene mucha tos o se queja de dolor de oídos.

¿QUÉ ES?	¿CUÁLES SON LOS SÍNTOMAS?	¿QUÉ TENGO QUE HACER?
PIEL, PELO, UÑAS		
IMPÉTIGO Infección bacteriana de la piel, que muy raramente puede provocar una enfermedad del riñón. ■ Muy infecciosa.	■ Punto irritado, generalmente cerca de la boca que se extiende rápidamente y forma unas costras turbias, supurantes y amarillentas. ■ Posible fiebre.	■ Dígale al niño que no se la toque. Vea al médico; dependiendo de la gravedad pueden recetarle una pomada antibiótica o antibióticos por vía oral. Mantenga al niño alejado de otros niños y de los adultos. ■ Trate la fiebre (vea pág. 220); dele muchos líquidos.
PIOJOS Plaga común. Los piojos son pequeños insectos que no pueden saltar. No son fáciles de ver; puede que sólo haya 10 en la cabeza.	■ Piojos de color marrón claro que se mueven entre el pelo. ■ Los huevos (del tamaño de la cabeza de un alfiler) cerca del cuero cabelludo o los huevos vacíos (liendres) en el pelo, parecen caspa. ■ Un polvo arenoso marrón en las sábanas (sangre digerida por los piojos). ■ La picazón es un síntoma tardío.	■ Aplique una loción (o champú) antipiojos. También puede lavarle el pelo, saturarlo con acondicionador, peinar a fondo con un peine de dientes finos y luego aclarar. Repetir cada 3 o 4 días durante al menos dos semanas. El aceite de la planta del té también es útil. ■ No es necesario aislar al niño.
ÚLCERAS LABIALES (*Herpes simplex*) Virus localizado relacionado con un resfriado o una gripe. ■ Muy infecciosa.	■ El primer síntoma es un hormigueo o dolor en el labio o en la nariz. ■ Ampollas rodeadas por una zona roja que se vuelve acuosa y forma una costra.	■ Impida que el niño se toque la ampolla. Si se detecta temprano, puede responder bien a una pomada antivírica; consulte al médico. ■ Vea al médico si éste es el primer ataque, hay más de una ampolla, esa ampolla está cerca del ojo, el niño no quiere comer ni beber, o la ampolla parece infectada, el niño está mal.
PROBLEMAS INTESTINALES Y DE VEJIGA		
GASTROENTERITIS Infección común, que puede ser vírica o bacteriana	■ Deposiciones sueltas y líquidas y posibles vómitos. ■ Dolor justo después de una evacuación. ■ Deshidratación si la gastroenteritis es grave.	■ Reponga el líquido perdido y trate la fiebre (vea pág. 220). ■ Vea al médico si el niño tiene menos de doce meses, si vomita de forma persistente, si hay sangre en las heces, si tiene fiebre alta o parece estar mal.
INFECCIÓN DEL TRACTO URINARIO Infección en cualquier parte del sistema urinario, por lo general, en la vejiga o los riñones.	*Bebé o niño de menos de tres años* ■ Llora, está postrado, se niega a comer. *Niño de más de tres años* ■ Orina más a menudo. ■ Quemazón o picor al orinar. ■ Dolor abdominal y fiebre.	■ Vea siempre al médico cuando sospeche la enfermedad para hacer análisis de orina y que le receten antibióticos. ■ Dele mucho líquido para que se limpie el tracto urinario. ■ Trate la fiebre (vea pág. 220).
LOMBRICES Gusanos blancos, muy finos. Se difunden a través de los huevos en las heces si no se lavan las manos.	■ Puede no haberlos. ■ Picazón en torno a la zona anal, especialmente por la noche, cuando las lombrices están más activas. ■ Las lombrices son visibles en las heces.	■ Consulte al médico en caso de duda. Hay tratamientos disponibles con receta y sin receta. ■ Trate a toda la familia. Báñese por la mañana después del tratamiento; lave la ropa, las sábanas y las toallas con agua muy caliente; plánchelo tolo, córtense las uñas. Lávense las manos después de usar el baño y antes de comer.

MENINGITIS

¿QUÉ ES?

Una inflamación de las membranas que rodean el cerebro, que puede ser vírica o bacteriana. La bacteriana es más grave y necesita un tratamiento hospitalario urgente. La meningitis meningocócica es grave; puede causar un envenenamiento de la sangre que es mortal en pocas horas.

¿Cómo puedo reconocerla?

En un bebé: llanto agudo, rechaza la comida, sopor, piel blanca o con manchas, puntos o manchas de color púrpuro-rojizo que no desaparecen al presionarlas con el lado de un vaso.

En un niño mayor: fuerte dolor de cabeza, aversión a la luz brillante, rigidez del cuello, sopor o confusión, puntos o manchas de color púrpura-rojizo que no desaparecen al apretarlos.

¿QUÉ TENGO QUE HACER PRIMERO?

Confíe en su instinto. Llame al médico o vaya directamente al hospital, donde le harán pruebas para confirmar el diagnóstico. No espere la erupción porque es la señal del envenenamiento de la sangre. Más del 90% de los casos más graves de meningitis se recuperan si reciben atención inmediata.

La prevención de la meningitis

Muchas personas son portadoras de la enfermedad en la garganta, pero no está claro qué desencadena los gérmenes que causan la enfermedad. La vacuna SPR (vea pág. 213) protege contra ciertos tipos de meningitis vírica y la de la Hib previene muchos casos bacterianos. También existe una vacuna contra la meningitis C, pero ninguna contra la B.

ENFERMEDADES CRÓNICAS

¿QUÉ ES?	¿CUÁLES SON LOS SÍNTOMAS?	¿QUÉ TENGO QUE HACER?
ASMA Enfermedad respiratoria en la cual las vías respiratorias se inflaman, se endurecen y se estrechan, provocando los síntomas. Es especialmente corriente en los niños a partir de los dos años. Puede ser leve o grave. ■ Asociada con la fiebre del heno y el eczema. Los ataques pueden desatarse debido a un alergeno.	■ Tos, especialmente por la noche. ■ Respiración entrecortada, dificultad para inspirar y espirar y sibilación. ■ Algunos niños expulsan flemas al toser. ■ Los ataques agudos pueden ser graves, con una respiración extremadamente entrecortada; el niño puede ponerse azul por falta de oxígeno.	Vea siempre al médico si sospecha que se trata de asma. Un niño necesita un inhalador para aliviarlo durante los ataques y también otro inhalador para evitarlos. Es más difícil tratar a los bebés porque su asma no siempre responde. Los antibióticos no sirven de mucho. **Qué pueden hacer los padres** Mantengan la tranquilidad. Ayude a su hijo a usar los inhaladores regularmente y a tomarse el asma con calma. Procure eliminar posibles alergenos como los ácaros del polvo, las mascotas y el humo de los cigarrillos.
DIABETES MELLITUS Provocada por la falta de insulina, que es la hormona que ayuda a la glucosa a entrar en las células del cuerpo. Se desconocen sus causas, pero posiblemente es una reacción ante la infección. Los niños con diabetes suelen necesitar insulina.	■ Suele aparecer bruscamente con sed y abundante eliminación de orina. ■ Pérdida de peso. ■ Dolor abdominal, vómitos y posible deshidratación. ■ Postración o coma. ■ Olor de acetona en el aliento. ■ Infección, sea respiratoria o urinaria.	Vea al médico sin demora, pero no se asuste. El niño necesita tratamiento primero hospitalario y después como paciente externo. **Qué pueden hacer los padres** Tranquilice al niño y no caiga presa del pánico. Póngale las inyecciones hasta que pueda hacerlo él solo. No necesita una dieta tan estricta como un adulto porque todavía está creciendo. Recoja toda la información que pueda.
ECZEMA Enfermedad que entraña inflamación de la piel. Es corriente en bebés de entre 3 y 18 meses y puede solucionarse con el tiempo, generalmente en la adolescencia. Suele darse en familias con asma, fiebre del heno u otras alergias.	■ Picor que obliga a rascarse, especialmente por la noche (y falta de sueño para el niño y para usted). ■ Zonas con aspecto reseco, como en carne viva, en la cara, en los pliegues de los codos y la parte posterior de las rodillas; lo que muchos padres creen que es piel seca en realidad es eczema y viceversa. ■ Muchos niños tienen puntos rojos. ■ La piel afectada puede infectarse, especialmente en la zona del pañal; las zonas infectadas pueden supurar.	Vea al médico. Las pomadas y los emolientes ayudan, especialmente en el baño. El doctor puede recetarle una pomada o un ungüento de esteroides suave; las cremas más fuertes suelen ser inadecuadas. La medicina herbal china (vea pág. 227) puede ayudar a algunos niños. **Qué pueden hacer los padres** Evite el jabón. Lave la ropa con un detergente no biológico suave y aclare bien; vista al bebé con prendas de algodón, no sintéticas, manténgale siempre las uñas cortas (pruebe con las manoplas antirrascado en los bebés). Consulte con el médico con respecto a la dieta; a veces puede ir bien eliminar alguna cosa.
EPILEPSIA Ataques repetidos (con o sin convulsiones) que aparecen sin causa aparente. Hay dos tipos básicos; generalizada (de todo el cuerpo) y parcial (por ejemplo, de un brazo). Son muchas las posibles causas; puede ser cosa de familia; en algunos casos desaparece al crecer.	■ Movimientos nerviosos en los ataques parciales. ■ En los ataques generalizados importantes, todo el cuerpo se pone rígido y luego se sacude incontrolablemente. El niño puede mojarse o ensuciarse encima. No queda ningún recuerdo posteriormente. ■ Hay otra forma de epilepsia con cortos períodos «en blanco», como si se soñara despierto.	Vea al médico urgentemente; el niño necesitará la opinión de los especialistas y pruebas hospitalarias. El tratamiento anticonvulsivo permite llevar una vida prácticamente normal, pero informe a la guardería y luego a la escuela. **Qué pueden hacer los padres** Procure que el niño lleve una vida normal. Tiene que llevar un brazalete o un medallón grabado con información médica.
OTITIS MEDIA Se produce cuando en el oído medio se acumulan fluidos purulentos. Es corriente en los niños entre 2 y 5 años porque el conducto que conecta el oído con la parte posterior de la garganta se bloquea con facilidad. No todos los niños necesitan una intervención quirúrgica; muchas infecciones se curan de forma natural.	■ Los síntomas pueden aparecer en uno o en los dos oídos. ■ Pérdida de audición (las ondas sonoras viajan mal a través de los líquidos). ■ Retraso en el lenguaje. ■ Dolor de oído, especialmente con infecciones agudas repetidas.	Vea al médico para que haga pruebas de audición y timpanometría (que mide si el tímpano se mueve bien). El tratamiento consiste en insertar, bajo anestesia, unos tubos diminutos en el tímpano para igualar la presión. Puede que también sea necesario extirpar las adenoides. **Qué pueden hacer los padres** Si el niño tiene dificultades para oír, háblele directamente con el menor ruido posible alrededor. Vaya al médico tanto si el niño lleva tubos de ventilación como si no.

EL CUIDADO DE UN NIÑO ENFERMO

P ¿CUÁL ES LA MEJOR MANERA DE CUIDAR A UN NIÑO ENFERMO EN CASA?

R Tiene que aliviar la fiebre y el dolor con paracetamol y darle mucho líquido para contrarrestar la deshidratación. No es necesaria ninguna preparación especial, pero vigile al niño. Los niños cambian muy rápidamente cuando están enfermos, en la mayoría de casos para mejorar, pero algunas veces también para empeorar. Dele mucho cariño y proporciónele actividades que no le exijan esfuerzo; puede leerle o dejar que vea la televisión.

GUÍA DE SUPERVIVENCIA PARA PADRES

MI HIJO TIENE FIEBRE

Gran parte del malestar del niño cuando está enfermo es debido a la fiebre, así que al aliviarlo haremos que se sienta mejor. La fiebre también puede llevar a la deshidratación. En los niños entre seis meses y cuatro años, una fiebre alta puede provocar un ataque conocido como convulsiones febriles (vea la pág. 231).

¿Qué tengo que hacer?

- Quítele toda exceso de ropa; el niño no necesita más que la camiseta y las bragas o los calzoncillos (o el pañal). Si está en la cama, tápelo con una sábana de algodón (con o sin una manta ligera). No escuche a nadie que le diga que tiene que abrigarlo: eso haría subir la temperatura.
- Dele jarabe de paracetamol (según las dosis recomendadas en la botella), que debe empezar a hacerle efecto a los 20 minutos. No se lo dé a un bebé de menos de tres meses sin consultar con el médico. No le dé nunca aspirina a un niño menor de 12 meses a menos que se la haya recetado el médico, ya que existe el riesgo de una complicación poco frecuente llamada síndrome de Reye.
- Anime al niño a beber mucho.
- Tómele la temperatura cada 3 o 4 horas durante toda la enfermedad (vea pág. 215).
- Si tiene por encima de 40 °C en la boca, enfríelo pasándole una esponja con agua templada (no fría). Tómele la temperatura cada 10 minutos hasta que esté por debajo de los 39 °C, o empiece a tener mejor aspecto. Llame al médico si la temperatura del niño no ha empezado a bajar al cabo de una hora.

P ¿UN NIÑO ENFERMO TIENE QUE QUEDARSE EN LA CAMA?

R No. Si el niño está muy enfermo puede preferir estar en cama, pero también puede querer tumbarse en el sofá cerca de usted, deje que sea él quien decida. Hay muy pocas razones para obligarlo a quedarse en cama. No obstante, puede ser necesario que no salga de casa.

P ¿POR QUÉ ES IMPORTANTE QUE BEBA Y QUÉ TENGO QUE DARLE?

R Las bebidas reponen los líquidos perdidos al sudar e impiden la deshidratación. Una deshidratación grave puede ocasionar el fallo de los riñones e incluso la muerte. Un buen aporte de líquidos acelerará la recuperación. Puede dejarlo que tome más o menos lo que quiera, pero no té o café. Dele el líquido en pequeñas cantidades. Déjele la bebida al lado de la cama; puede que beba más si hay una pajita. Puede seguir amamantando al bebé incluso si tiene diarrea, pero los niños o los bebés que toman biberón que sufren problemas de estómago deben dejar de tomar leche. Deles agua, zumo de frutas diluido o sales rehidratantes. Consulte al médico.

P ¿QUÉ TENGO QUE HACER SI MI HIJO NO QUIERE COMER?

R Muchos padres se preocupan por la falta de apetito de su hijo, pero lo que importa son los líquidos. A menos que su médico le aconseje lo contrario, el niño no necesita comer mientras esté enfermo. Recuperará el apetito cuando se encuentre mejor.

P ¿ES NORMAL QUE MI HIJO ESTÉ AMODORRADO CUANDO ESTÁ ENFERMO?

R Es normal que cualquiera se sienta cansado y duerma más cuando está enfermo. No obstante, su hijo tiene que poder permanecer despierto y tiene que poder despertarlo cuando sea necesario, por ejemplo para que tome su medicina. Si no puede despertarlo, llame al médico.

P EL MÉDICO DICE QUE MI HIJO NO NECESITA ANTIBIÓTICOS. ¿POR QUÉ?

R Probablemente tiene una infección vírica. Los antibióticos sólo tienen efecto con las infecciones bacterianas. Los virus viven dentro de las células del cuerpo, así que los antibióticos no pueden alcanzarlos. Los antibióticos pueden afectar las bacterias normales presentes en el cuerpo y abusar de ellos suele volverlas resistentes a la infección. No siempre es fácil saber si una enfermedad es vírica o bacteriana.

¿CUÁL ES LA MEJOR MANERA DE DAR LOS MEDICAMENTOS?

Elija un momento en que es más probable que el niño esté relajado y conserve la calma. Dele los medicamentos a intervalos regulares, según las instrucciones del prospecto y utilice la cuchara, jeringa o goteador incluido. Procure que tome toda la dosis de una vez (no exceda nunca las dosis prescritas para ningún medicamento) y complete siempre el tratamiento prescrito para los antibióticos. Recuerde que todos los medicamentos deben estar fuera del alcance de los niños.

CÓMO DAR LA MEDICINA POR LA BOCA

Mida la dosis *antes* de coger al niño. Tóquele el labio inferior con la cuchara, jeringa o cuentagotas para hacer que abra la boca. Puede ser necesario tener preparado algo de beber si no le gusta.

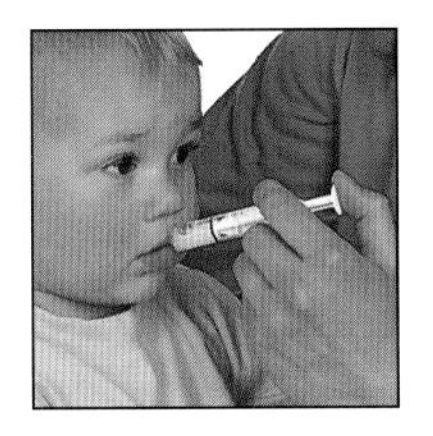

Cómo usar una jeringa
Llene la jeringa en la botella. Siéntese al niño en las rodillas y viértale el medicamento en la boca con la misma jeringa. Si es necesario, inclínelo un poco hacia atrás para que no saque la medicina.

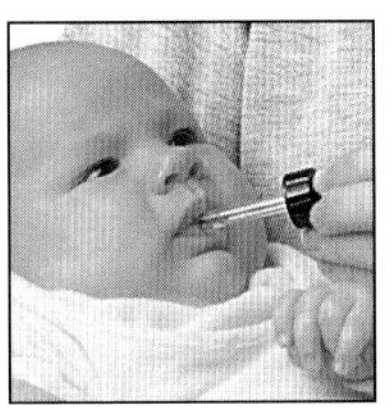

Cómo utilizar un cuentagotas
Llénelo en la cuchara. Coja al niño e inclínelo ligeramente hacia atrás apoyándolo en el brazo. Sosténgale la cabeza y sujétele el brazo libre para que no pueda darle un golpe al cuentagotas. Haga que abra la boca tocándole los labios con el cuentagotas.

Escupe la medicina. ¿Qué puedo hacer?
Espere hasta que se calme y luego vuelva a probarlo. Utílice su cuchara favorita o mezcle el medicamento con mermelada. No lo añada a una bebida; suele quedar pegado a los lados del vaso. Si el niño sigue rechazándolo consulte con el médico, que puede recetarle otro medicamento o, raramente, supositorios o inyecciones.

CÓMO PONER UN SUPOSITORIO

Explíquele al niño lo que va a hacer. Lávese las manos. Acueste al niño de lado con las rodillas dobladas tanto como pueda. Introduzca el supositorio despacio, con la punta primero. Pídale al niño que se quede quieto unos minutos. Lávese las manos.

CÓMO PONER GOTAS

Por lo general tienen que ponerse tres o cuatro veces al día durante cinco días, así que necesita contar con una buena técnica que puedan soportar tanto el niño como usted. Llene el cuentagotas antes de coger al niño. Tranquilícelo todo el tiempo.

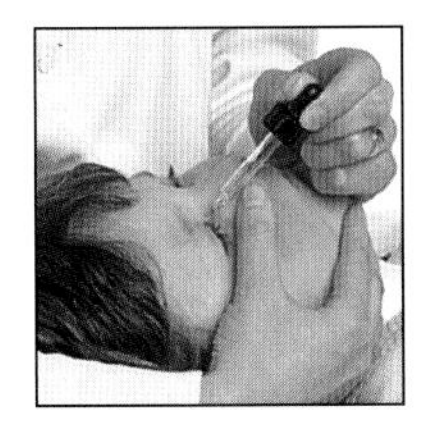

Cómo poner gotas en los ojos
Siéntese en una superficie plana, por ejemplo la cama, póngase al niño acostado a través de las rodillas y sosténgale firmemente la cabeza con un brazo. Haga que alguien la ayude si es necesario. Con suavidad baje el párpado inferior con al pulgar, luego deje caer las gotas en el espacio entre el globo ocular y el párpado inferior. Si el niño se resiste (puede hacerlo la segunda vez, aunque la primera no hubiera problemas), sujétele la cabeza y los brazos con más firmeza. Como último recursos, póngalo en el suelo y sin violencia utilice las rodillas para inmovilizarle los brazos. Como puede parecer algo amenazador, tranquilícelo.

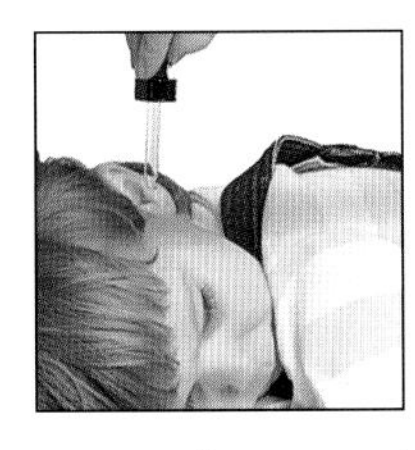

Cómo poner gotas en los oídos
Acueste al niño de lado. Sujétele la cabeza con suavidad pero con firmeza cuando deje caer las gotas dentro de la oreja. Téngalo en esa posición unos segundos, para que las gotas se introduzcan bien por el canal; si se sienta demasiado pronto las gotas volverán a salir.

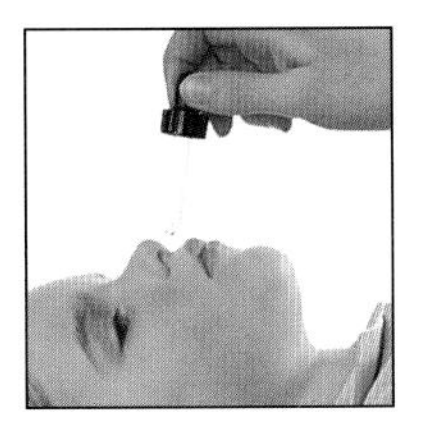

Cómo poner gotas en la nariz
Acueste al niño de espaldas e inclínele la cabeza hacia atrás, sujetándole las brazos hacia abajo si le es posible (quizá necesite alguien que la ayude). Con suavidad sujétele la cabeza con una mano y deje caer las gotas dentro del orificio nasal. Trate de convencerlo para que sorba las gotas.

CUANDO EL NIÑO ESTÁ EN EL HOSPITAL

P ¿CÓMO PUEDO PREPARAR A MI HIJO PARA IR AL HOSPITAL?

R Dígaselo con tiempo y explíquele que los hospitales son lugares donde curan a los niños. Hay muchos libros, vídeos, juguetes e incluso juegos de ordenador relacionados con los hospitales que pueden ayudar a que su hijo se acostumbre a la idea. Algunos hospitales tienen un día especial en que los niños pueden visitarlo y jugar con algunos de los aparatos. Cuando le pregunte sobre su cercana visita al hospital, contéstele con sencillez y sinceridad, pero sin abrumarlo con detalles. No le haga ninguna promesa que no pueda cumplir si, por ejemplo, no sabe seguro que estará con él.

P ¿QUÉ ES NECESARIO QUE SE LLEVE AL HOSPITAL?

R Necesitará una maleta, que él puede ayudar a hacer, con pijamas o camisones, una bata, zapatillas, toalla, un neceser con cepillo y pasta de dientes, jabón, peine o cepillo para el pelo, su peluche favorito, su libro preferido, un pequeño juego o juguete y los medicamentos que esté tomando.

P ¿TENGO QUE QUEDARME EN EL HOSPITAL CON MI HIJO?

R La mayoría de hospitales dan por supuesto que los padres se quedarán con los niños menores de cinco años y yo creo que tiene que hacerlo por poco que pueda. Es más, algunas salas hospitalarias esperan que por lo menos uno de los padres ayude de forma importante en el cuidado de su hijo. Por ejemplo, querrán que cambie y bañe a su hijo y quizá también que le dé de comer. Pregúnteles a las enfermeras qué puede hacer. Aparte de ser útil para las enfermeras, su presencia puede ayudar de verdad al niño a recuperarse, incluso si los dos no hacen nada más que mirar por la ventana o ver la televisión. Puede que le den una cama normal o plegable o quizá tenga que dar unas cabezadas en un sillón. Si no puede quedarse con su hijo, procure pasar todo el tiempo posible presente y esté allí en el momento de la operación o de las pruebas.

P MI HIJO SIENTE TERROR POR LAS AGUJAS. ¿QUÉ PUEDO HACER?

R Los niños tienen más miedo de los análisis de sangre y de las inyecciones que de cualquier otra cosa relacionada con la enfermedad. Es normal. Puede ayudarlo a relajarse quedándose con él, cogiéndolo de la mano y explicándole que aunque le dolerá un poquito, se le pasará pronto.

P ¿MI HIJO NECESITARÁ CUIDADOS ESPECIALES CUANDO VUELVA A CASA?

R Depende de por qué estuvo en el hospital y durante cuánto tiempo. Estén preparados para dedicar tiempo a ayudar a su hijo a que vuelva a la normalidad. No lo trate como un inválido, pero tenga paciencia. Aunque los niños se recuperan muy rápidamente de las enfermedades, la rutina en casa será probablemente muy diferente de la del hospital. Permitirle a su hijo todos los caprichos no sería bueno para él, pero puede permitirse relajarse un poco. No deje de ir a las visitas de seguimiento fijadas y asegúrese de que da al niño todos los medicamentos que el doctor ha recetado.

GUÍA DE SUPERVIVENCIA PARA PADRES

ES NECESARIO OPERAR A MI HIJO

Por haber participado en operaciones como médico y como madre (y como niña en un pasado más lejano), estoy convencida de que la cirugía puede ser tan difícil para los padres como para el niño.

Infórmese lo máximo posible

Entérese bien, para que pueda preparar a su hijo sobre los aspectos prácticos. Es necesario que sepa todo sobre esas extrañas batas del quirófano, del porqué no podrá beber ni comer, sobre qué son esos curiosos aparatos, etcétera. El anestesista vendrá a verlos, a usted y al niño, antes de la operación. Pregúntele cómo dormirán a su hijo. Puede ser con gas o por medio de una inyección; que ahora puede ser indolora aplicando antes una pomada anestésica. Explíquele al niño que cuando todo haya acabado se despertará en una habitación de recuperación especial.

Cómo ayudar a su hijo

Quédese con él. Alrededor de una hora y media antes de la anestesia le darán un medicamento para que se adormezca (medicación previa). Léale un cuento que le guste o siéntese a su lado cogiéndolo de la mano. Una sonrisa inspira confianza y puede levantarle la moral. Háblele de todas las cosas divertidas que harán cuando vuelvan a casa, pero no le prometa nada exagerado. Por lo general, el padre o la madre, o los dos, pueden acompañar al niño a la sala de anestesias y estar con él hasta que se duerma y también después, en recuperación.

LOS NIÑOS CON NECESIDADES ESPECIALES

P ¿QUÉ SIGNIFICA EL TÉRMINO NECESIDADES ESPECIALES?

R Este término se aplica a los niños cuya capacidad de desarrollo, comunicación y aprendizaje o cuya conducta son tales que exigen unos cuidados especiales para que realicen todo su potencial. «Necesidades especiales» cubre una amplia serie de situaciones y es un término más positivo que las palabras «disminuido» o «incapacitado».

P ¿QUIÉN DECIDE CUÁNDO UN NIÑO TIENE UN PROBLEMA A LARGO PLAZO?

R La Seguridad Social, por supuesto, ofrecerá atenciones pediátricas a la comunidad y un enfoque multidisciplinario a los problemas del niño. Si su hijo tiene necesidades pedagógicas especiales, las autoridades educacionales lo evaluarán y decidirán qué nivel de apoyo requiere.

P MI HIJO TIENE NECESIDADES ESPECIALES. ¿DÓNDE PUEDO ENCONTRAR AYUDA?

R Tanto si necesita ayuda médica, práctica o económica, hable con su médico o con el pediatra del hospital o de los servicios comunitarios. Ellos la pueden enviar a cualquiera de los organismos que pueden ayudar a su hijo, incluyendo las autoridades educaciones, los servicios sociales, los psiquiatras o fisioterapeutas infantiles, incluso a los grupos de apoyo. El trabajo en equipo les apoyará como familia.

P ¿DÓNDE PUEDO CONOCER A OTROS PADRES CON NIÑOS PARECIDOS?

R Las organizaciones voluntarias y de apoyo pueden ponerle en contacto con otras familias en una situación similar. Muchos grupos de apoyo tienen secciones locales y están dirigidos por padres cuyos niños tienen las mismas necesidades. De vez en cuando, una dolencia es tan rara que habrá muy pocos niños que la tengan. En ese caso, pregúntele al pediatra a quién puede acudir.

LOS NIÑOS CON NECESIDADES ESPECIALES SON GRATIFICANTES
Pueden dar muchas satisfacciones por el cuidado recibido y, suelen llegar, como adolescentes y adultos, a vivir plenamente.

GUÍA DE SUPERVIVENCIA PARA PADRES

MI HIJO TIENE NECESIDADES ESPECIALES

Puede ser un golpe tremendo saber que su hijo tiene uno de estos problema. Es como perder a un ser querido. Como padre, especialmente en los primeros momentos, puede sentir que ha perdido la oportunidad de tener un hijo sano y una progenitura «normal».

Las etapas del dolor
Puede dar por hecho que pasará por varias etapas reconocidas:

- La conmoción cuando se entere y la incapacidad para creerlo.
- La ira contra los profesionales de la salud, contra su pareja o incluso contra usted misma.
- La aflicción o la depresión, que pueden ser graves.
- Y finalmente, la aceptación y la capacidad de vivir.

Buscar ayuda profesional
En algún momento, usted o su familia pueden necesitar ayuda. Puede ser difícil pedirla y aceptarla, especialmente cuando sentimos resentimiento contra los médicos o contra los padres de los llamados niños «normales». Algunas veces a los padres de niños con necesidades especiales les resulta más fácil hablar con otros padres que están pasando por una experiencia similar.

NECESIDADES ESPECIALES

¿QUÉ ES?	¿CUÁLES SON LOS SÍNTOMAS?	¿QUÉ TENGO QUE HACER?
AUTISMO Es un desorden del desarrollo que afecta a la capacidad de un niño para relacionarse con la gente, su comunicación y su imaginación. Puede ser leve o grave y hay diversas variantes agrupadas bajo esta denominación. El autismo afecta más a los niños que a las niñas y suele diagnosticarse entre los seis meses y los seis años de edad. **¿Qué causa el autismo?** No se sabe a ciencia cierta, pero probablemente refleja algún tipo de daño sufrido por el cerebro en algún momento; la inflamación cerebral debido al virus del sarampión puede causar síntomas similares.	■ A los bebés puede desagradarles que los cojan y abracen y no miran a los ojos. ■ Los niños pueden tener rabietas cuando algo cambia y necesitan unos rituales muy complicados para cualquier cosa. ■ Tienen una conducta repetitiva, por ejemplo, balancearse hacia atrás y hacia delante. ■ Pueden sentir apego por objetos extraños pero desapego por las personas. ■ El lenguaje puede ser inmaduro y falto de expresión. ■ El niño puede repetir frases enteras como un lorito (todos los niños pasan por esto, pero en el autismo es duradero).	Es necesario llevar al niño a los especialistas para establecer el diagnóstico. Cuando antes de haga, mejores perspectivas hay. No hay cura, pero sí muchas terapias útiles, desde los sistemas de recompensa a la modificación conductual, junto con el masaje y la fisioterapia. Los niños autistas necesitan atención individualizada para ayudarles a relacionarse con los demás. Un autismo grave daña la capacidad del niño para aprender, pero los que padecen un autismo leve pueden integrarse a la sociedad con ayuda experta. **Qué pueden hacer los padres** Ayudarlo a desarrollar sus capacidades sociales para que pueda ser lo más independiente posible.
FIBROSIS CÍSTICA Es una afección que interesa las glándulas que secretan mucosidad y ciertas enzimas. Como resultado, se acumula una mucosidad muy viscosa en los pulmones, lo cual acarrea infecciones recurrentes. En los intestinos, la falta de esas enzimas hace que el cuerpo no pueda absorber las grasas ni los nutrientes. No hay cura para esta enfermedad, pero el tratamiento puede prolongar la vida. **¿Qué causa la fibrosis cística?** Si ambos padres son portadores del gen de la enfermedad, pueden tener un niño afectado por ella. Alrededor de una de cada veinte personas tiene ese gen pero está sana y no sabe que es portadora.	Incapacidad para aumentar de peso. ■ El bebé puede no eliminar el meconio y las heces al nacer. ■ Frecuentes infecciones de pecho o una tos crónica. ■ Estreñimiento o diarrea con heces voluminosas y malolientes debido a su alto contenido en grasas. Puede que el abdomen esté hinchado y dolorido. ■ Los niños con esta dolencia son pequeños para su edad.	La fisioterapia ayuda a mantener limpios los pulmones y una dieta energética, alta en proteínas con muchas vitaminas ayuda al sistema digestivo. Los niños con FC suelen necesitar tomar enzimas pancreáticas antes de las comidas para sustituir las que su cuerpo no fabrica. Los niños afectados necesitan un tratamiento inmediato de las infecciones de pecho. Si el daño en los pulmones es grave, puede producirse un fallo cardiaco; algunos niños necesitan un trasplante de corazón y pulmones. **Qué pueden hacer los padres** Aprender a efectuar la fisioterapia diariamente. Enseñarle a su hijo a expulsar las flemas. No olvidarse de que su hijo siga su dieta y tome sus medicamentos.
PARÁLISIS CEREBRAL Es una disfunción del cerebro que causa la pérdida de poder muscular (hemiplejía). Es bastante común y puede ser leve o grave y afectar a un solo miembro o a más. Los niños con parálisis cerebral suelen ser inteligentes, pero la debilidad muscular hace que les sea difícil comunicarse. Un niño puede sentirse muy frustrado, tanto por su incapacidad para hacer las cosas como con la actitud de las personas que lo rodean. Los síntomas pueden cambiar conforme crece el niño, pero la enfermedad no empeora. **¿Qué causa la parálisis cerebral?** No se sabe. Se pensaba que era debido a algún trauma en el momento de nacer, pero esto no explica todos los casos y parece cierto que algunos factores anteriores al parto pueden ser importantes.	■ Los síntomas varían dependiendo de la gravedad y el tipo de parálisis. ■ El bebé puede parecer excesivamente blando al nacer o posteriormente mostrar retraso al sentarse. ■ Algunos niños tienen unos movimientos incontrolables de crispación o estremecimiento. ■ La primera flojedad de los músculos puede desaparecer y los miembros ponerse rígidos, además de seguir siendo débiles.	El reto al cuidar a un niño con hemiplejía es hacer aflorar su inteligencia y animarlo a usar los sentidos que tiene. Necesitará que lo reconozcan diversos especialistas, desde terapeutas del lenguaje y fisioterapeutas a psicólogos, especialmente si tiene una incapacidad física grave. **Qué pueden hacer los padres** Darle mucho amor y paciencia y mantener unas perspectivas positivas. Céntrese en lo que su hijo puede hacer. Continuar las técnicas de fisioterapia en casa. Tratar de que vaya a una escuela normal.

¿QUÉ ES?	¿CUÁLES SON LOS SÍNTOMAS?	¿QUÉ TENGO QUE HACER?
SÍNDROME DE DOWN Es una anormalidad de los cromosomas (genética) presente ya en el nacimiento. Este síndrome es el problema más corriente entre las necesidades especiales. **¿Cuál es la causa del síndrome de Down?** La mayoría de personas nacen con 23 pares de cromosomas. En este síndrome hay sea un cromosoma extra en la posición 21 o un «realineamiento» (llamado traslocación) en ese mismo cromosoma. Muchos bebés con Down tienen madres mayores. No se sabe seguro qué sucede, pero guarda relación con la forma en que se dividen y crecen las células del óvulo.	■ Unas facciones distintivas, con cara redonda, ojos almendrados y nariz ancha. ■ Lengua grande que puede sobresalir, dedos de manos y pies cortos. ■ Algunas dificultades de aprendizaje. ■ Muchos niños con síndrome de Down tiene problemas intestinales y cardíacos y una tendencia a la tos y a las infecciones de pecho. El niño tendría que ser examinado para ver si existen anomalías cardíacas.	Hay diversos panoramas. Muchos niños con síndrome de Down son afectuosos y sociales; algunos son capaces de seguir una escolaridad normal. Los que tienen graves dificultades de aprendizaje necesitan una ayuda más especializada. Un niño con síndrome de Down puede aprender, pero exige paciencia y perseverancia. El niño necesitará reconocimientos para averiguar hasta qué punto está afectado. Alrededor de la mitad tienen problemas cardíacos, que pueden reducir sus expectativas de vida. **Qué pueden hacer los padres** Estimularlo al máximo para que sea todo lo independiente que pueda. Incluso si está limitado intelectualmente, le gustará que hagan juntos cosas como tocar música.
SORDERA Muchos niños tienen cierto grado de sordera temporal, sea parcial o total (vea otitis media, pág. 219). Algunos tienen pérdida auditiva permanente. Los reconocimientos habituales ayudar a detectar esa deficiencia, pero si en cualquier momento le preocupa que su hijo no pueda oír, consulte con el médico. **¿Qué causa la sordera?** En algunos casos el oído medio no recoge los sonidos; es la llamada «sordera conductora», que puede ser resultado de infecciones de oído. La otra causa principal del impedimento es la «sordera sensorioneural», en la cual los nervios del oído no envían impulsos al cerebro. Puede ser hereditaria o consecuencia de infecciones como la rubéola durante el embarazo o la meningitis durante la niñez.	Los síntomas dependen de qué parte del aparato auditivo esté afectada y de la gravedad de la sordera. ■ Incapacidad para oír sonidos agudos. ■ El bebé no reacciona a su voz. ■ El niño no hace lo que usted le pide; suponiendo que esto no sea simplemente una travesura. Si es ligeramente sordo, puede parecer que el niño se porta mal y ser difícil de controlar porque tiene dificultades de comunicación. ■ El niño puede ser lento para aprender o para hablar.	El tratamiento depende de la causa y el alcance del problema. Los tubos de ventilación pueden aliviar la sordera debida a la otitis media (vea pág. 219), mientras que en casos de sordera más permanente puede ser necesario un aparato. A muchos niños con sorderas permanentes les va bien en la escuela normal, con algo de ayuda especial. **Qué pueden hacer los padres** Hablarle claramente, evitar las interrupciones, reducir al mínimo el ruido ambiental y darle tiempo para que exprese sus necesidades. Si la capacidad auditiva de su hijo está gravemente afectada, aprenda el lenguaje de los signos. Esto les ayudará a comunicarse y no impedirá el desarrollo del lenguaje.
TRASTORNO POR DÉFICIT DE ATENCIÓN (TDA) Este nombre incluye una serie de problemas de la conducta entre ellos la hiperactividad y la hiperactividad con déficit de atención. No hay pruebas para dictaminar este problema, que es más corriente en los chicos y cuyo diagnóstico se basa en el reconocimiento de los expertos. La única cura que existe es la regularidad, la comprensión y una firmeza afectuosa que ayuden al niño a desarrollar todo su potencial. **¿Qué causa el TDA?** Se desconoce la causa exacta. Puede ser debido a un desequilibrio de los transmisores químicos del cerebro. A veces el historial de la familia muestra que el TDA probablemente es hereditario. Algunas investigaciones se centran en pequeñas diferencias cerebrales entre el niño medio y los que tienen TDA.	■ Falta de concentración y poca duración de ésta. ■ Nerviosismo constante. ■ Conducta impulsiva. ■ Torpeza. ■ Dificultades para relacionarse con otros. ■ Conducta negativa. Todos los niños pequeños tienen estos síntomas hasta cierto punto, pero en el TDA los síntomas no están de acuerdo con la edad del niño.	Vea al médico, que podrá concertar la opinión de los especialistas. Todos los niños con TDA necesitan hacer una prueba de inteligencia, que ayuda a determinar sus puntos fuertes y débiles. La tarea consiste en elevar al máximo el potencial del niño y hacer que su conducta sea aceptable para los demás. Los medicamentos pueden aumentar su capacidad de atención, pero es importante un trato correcto en casa y luego en la escuela. **Qué pueden hacer los padres** Aceptar al niño como es. Mantener la calma y ser positivo para ayudarlo a acrecentar su autoestima. Procure que el niño siga una rutina y comuníquese siempre con él con claridad.

LAS TERAPIAS COMPLEMENTARIAS

P ¿QUÉ TERAPIAS COMPLEMENTARIAS PUEDEN AYUDAR AL NIÑO?

R Se utilizan muchas terapias con los niños. Entre las más corrientes están las siguientes:

- Osteopatía. Es un sistema de manipulación. El método que se usa con más frecuencia para los niños es la osteopatía craneal.
- Homeopatía. Tratamiento basado en la teoría de que una sustancia que en grandes dosis causa una enfermedad específica, en dosis ínfimas puede aliviar esa misma enfermedad (vea la página siguiente).
- Hierbas medicinales. Uso de los componentes medicinales activos de las plantas.
- Aromaterapia. Utilización de los aceites de las plantas (llamados aceites esenciales) mezclados con un aceite de masaje o inhalados como vapor utilizando un quemador especial.

Pese a la popularidad de la medicina complementaria, todavía son limitadas las pruebas científicas de que esos tratamientos funcionan. Acepto por completo la medicina complementaria y a los que piensan que es útil. No obstante, es extraño que en una época en que la profesión médica está sometida a presión para que produzca cada vez más pruebas científicas de la eficacia de sus tratamientos, quienes practican la medicina complementaria ofrezcan escasas pruebas de que sus métodos funcionan. Por otro lado, esos terapeutas dedican mucho tiempo y atención a sus pacientes y eso es algo que podríamos aprender los demás.

P ¿CÓMO PUEDO ENCONTRAR UN TERAPEUTA DE MEDICINA COMPLEMENTARIA?

R Depende de la terapia. En algunos países los osteópatas tienen un órgano de gobierno que lleva un registro de terapeutas. En el caso de la homeopatía, hay algunos homeópatas cualificados, entre ellos médicos que utilizan la homeopatía junto con la medicina convencional, pero no existe un registro oficial. Por lo tanto, es importante que los padres estén seguros de que acuden a una persona adecuadamente cualificada. Desconfíe de cualquiera que afirme poder curar una dolencia que nadie más puede curar. Si está consultando a alguien que no está médicamente cualificado, es una buena idea contrastar los síntomas con su médico, quien también podrá proporcionarle el nombre de algunos practicantes de esas medicinas respetados en la zona.

P ¿LAS TERAPIAS COMPLEMENTARIAS SON TOTALMENTE SEGURAS?

R No. Como con cualquier tratamiento, hay riesgos potenciales. Muchos medicamentos con hierbas, por ejemplo, no se fabrican siguiendo unas normas estrictas ni están sujetos a pruebas rigurosas porque, legalmente, no se consideran medicamentos. Por ello, pueden ser impuros y las dosis inexactas. Además, los remedios con hierbas pueden ser drogas muy potentes. En algunos países se estima que una de cada ocho reacciones adversas es debida a remedios con hierbas o a suplementos nutricionales. Algunas veces los tratamientos como la manipulación pueden ser arriesgados, por ejemplo si un niño tiene una enfermedad de fragilidad ósea. No obstante, el mayor problema es que los padres que eligen terapias alternativas pueden abandonar la asistencia médica y la enfermedad de su hijo empeorar. Creo que es vital pensar en la medicina complementaria sólo como eso, un complemento a la terapia convencional.

P ¿QUÉ ES LA OSTEOPATÍA CRANEAL Y QUÉ PUEDE ALIVIAR?

R La osteopatía craneal es una manipulación muy suave de los huesos del cráneo, lo cual estimula la circulación normal en el cerebro. Es popular entre muchos padres y algunos encuentran que alivia los cólicos, los problemas de la alimentación y el sueño, los traumas del parto, la dislexia y la torpeza, aunque no todos los niños responden.

P ¿CÓMO PUEDE LA AROMATERAPIA AYUDAR A LOS NIÑOS?

R Aunque hay pocas pruebas objetivas, la aromaterapia puede ser eficaz para lo siguiente:

- Cortes y rasguños menores (aceite de la planta del té).
- Catarro (aceites de limón y eucaliptus).
- Varicela (aceites de espliego y de la planta del té).
- Piojos (una mezcla de aceites de planta del té, rosa, eucaliptus, limón, espliego y geranio).
- Eritema del pañal (aceite de la planta del té utilizado como antiséptico para aclarar los pañales de tejido).
- Problemas del sueño (aceite de espliego).

Los aceites esenciales se diluyen en un aceite base y se aplican al área afectada, se emplean en masaje o se inhalan como vapor. Cuando use aromaterapia asegúrese de que el aceite es adecuado para un niño y que no lo lame o se lo traga; los aceites son muy fuertes y algunos, tóxicos.

P ¿LA MEDICINA CHINA DE LAS PLANTAS TIENE ALGÚN BENEFICIO?

R Sí. Puede ser especialmente útil para el eczema, pero el tratamiento puede tener unos efectos secundarios importantes. También se ha afirmado que la herboristería occidental alivia muchas enfermedades, desde la otitis media a las deficiencias inmunológicas. La echinacea es un remedio recomendado como estimulante antiinfeccioso e inmunológico, que puede ir bien contra los resfriados. No obstante, como las plantas pueden ser medicamentos muy poderosos e interactuar con otros, creo que es mejor consultar a un herbolario médico.

P ¿LA ACUPUNTURA ES ÚTIL PARA LOS NIÑOS?

R No, casi nunca. La acupuntura puede aliviar el dolor en los adultos, pero hay pocas enfermedades infantiles en las que pueda aplicarse. Es importante recordar que la acupuntura puede ser un tratamiento molesto y los niños tienen miedo de las agujas. Recordando esto, es mejor evitar ese tratamiento para los niños, especialmente si hay otro tratamiento convencional que funciona. No hay ninguna justificación para utilizar la acupuntura para problemas del desarrollo o la conducta como mojarse en la cama.

¿PARA QUÉ ES ADECUADA LA HOMEOPATÍA?

Algunas dolencias, como las anotadas a continuación, responden bien a la homeopatía. La mayoría de los remedios pueden comprarse sin receta en las farmacias o tiendas de productos de régimen y, como están preparadas con lactosa o sucrosa, tienen buen sabor para los niños.

¿Qué puedo tratar en casa?
Hay muchas dolencias corrientes que puede tratar en casa con homeopatía, entre ellas las siguientes:

- **Cólico.** Si el bebé encoge las piernas y chilla mucho, pruebe Colocynthis. Si eructa y regurgita mucho, Carbo vegetalis puede ser un buen remedio. Si está irritable, no se calma aunque lo cojan y hace esfuerzos para llenar el pañal, pruebe con Nux vomica.
- **Dentición.** La manzanilla puede aliviar el dolor o la falta de sueño debida a la salida de los dientes.
- **Enfermedad febril.** Si el niño está pálido, Aconitum puede ser útil si se toma en los inicios de la enfermedad. Si está muy rojo y caliente, Belladonna puede ser mejor.
- **Gastroenteritis.** Además de darle mucho líquido, puede probar con Arsenicum album si hay diarrea y vómitos. Phosphorus puede ser mejor si sólo hay vómitos, mientras que Podophyllum puede aliviar la diarrea.
- **Resfriado común.** Para un bebé que sorbe por la nariz, Kali bichromium. A un niño de más de un año con catarro o resfriado, dele tabletas de Pulsatilla dos veces al día.
- **Golpes o magulladuras.** Los chichones y las magulladuras pueden aliviarse con pomada de Árnica. Si hay un corte o rasguño, dele árnica en tabletas.
- **Miedos nocturnos.** Vale la pena probar Calcarea carbonica o Phosphorus.
- **Mojarse en la cama.** Si el niño moja la cama al principio de la noche, pruebe con Equisetum. Si lo hace más tarde, Lycopodium.

¿Cómo le doy el remedio?
Los remedios homeopáticos se presentan en tabletas o gránulos. Los bebés pueden tomar las tabletas trituradas y mezcladas con un poco de agua hervida, fría. Dele media cucharadita de té cada vez y prepare una nueva solución cada día. Un bebé que ya coma sólido puede tomar una tableta triturada o gránulos en una cuchara, mientras que un niño mayor puede chuparlos enteros.

¿Cuándo debo ver a un homeópata?
Los homeópatas pueden no tener titulación médica o ser médicos que practican la homeopatía además de la medicina convencional. Debería ver a un médico homeópata si el niño tiene eczema o asma, ya que estas dos enfermedades necesitan un tratamiento especializado. Un niño hiperactivo también debe ver a un homeópata antes de empezar el tratamiento a fin de que el remedio sea el adecuado para los síntomas del niño.

¿Cuánto dura el tratamiento?
Algunos tratamientos para dolencias menores pueden requerir una única dosis, aunque si el problema existe desde hace tiempo, puede necesitar continuar el tratamiento durante meses. No obstante, en la homeopatía, a diferencia de la medicina convencional, es usual detener el tratamiento en cuanto se produce la mejoría.

¿Cuándo tengo que ver al médico?
Vaya siempre al médico si los síntomas del niño persisten, si cambian o si pudieran deberse a una enfermedad grave.

LOS PRIMEROS AUXILIOS

P ¿QUÉ TENGO QUE HACER EN CASO DE ACCIDENTE?

R Los mismos principios son aplicables a cualquier accidente, tanto si es un percance en la cocina como con un coche.

- Evalúe la situación rápidamente. Después de un accidente de automóvil, por ejemplo, tan esencial es detener el tráfico como atender a su hijo.
- Tranquilice a su hijo y mantenga la calma. Si su hijo la ve confiada y tranquila, estará mejor.
- Decida si necesita ayuda. El niño necesita hospitalización inmediata si está inconsciente, tiene dificultades para respirar, ha perdido mucha sangre, tiene una quemadura, a menos que sea pequeña y superficial (vea la página siguiente) o se ha roto un hueso.

P ¿PUEDO LLEVAR A MI HIJO AL HOSPITAL YO MISMA?

R Como regla general, llame a una ambulancia, a menos que las heridas sean menores y pueda llevar al niño al hospital usted misma. Si no está segura, llame a su médico; si no puede hablar con él, vaya al hospital. No le dé nada de beber o comer a un niño herido; quizá necesite anestesia general.

P ¿ES BUENA IDEA HACER UN CURSO DE PRIMEROS AUXILIOS?

R Sí. La información de estas páginas no es un sustituto de la formación en primeros auxilios. Es más probable que pueda salvar la vida de un niño si ha hecho un curso reconocido oficialmente. Infórmese al respecto.

EQUIPO DE PRIMEROS AUXILIOS

En todas las casas (y coches) debería haber un botiquín de primeros auxilios. Puede ayudarle a resolver pequeñas lesiones, así como algunas graves. Tenga el botiquín a mano y claramente etiquetado, pero lejos del alcance de su hijo, y compruebe su contenido de forma regular. Pegue los números de teléfono importantes en la tapa.

BOTIQUÍN BÁSICO

Rollos de vendas.

Gasas estériles surtidas con vendas incorporadas.

Vendaje triangular para hacer un cabestrillo.

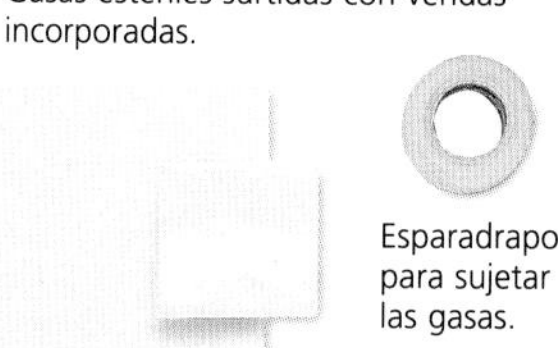

Esparadrapo para sujetar las gasas.

Gasas no estériles.

Tijeras para cortar las gasas o el esparadrapo.

Por lo menos, seis imperdibles.

Un surtido de tiritas.

Pinzas para extraer astillas.

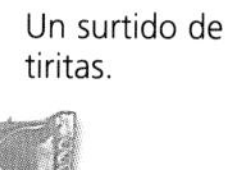

Pomada, toallitas o líquido antiséptico.

EXTRAS ÚTILES

- Rollo de algodón estéril.
- Paquetes de gasas.
- Parche para ojos con vendaje.
- Guantes desechables.
- Copos de algodón.
- Dos pequeñas bolsas de plástico transparente y papel de cocina transparente para envolver las quemaduras o aislar heridas en el pecho.
- Una funda de almohada o una sábana limpias, para las quemaduras y otras heridas grandes.
- Termómetro (vea pág. 215).
- Linterna (por lo menos, a mano), en caso de un corte de electricidad.
- Una manta de emergencia.
- Un silbato para pedir ayuda, especialmente importante para el botiquín.

En teoría, las cajas de primeros auxilios no deberían contener medicamentos, pero en la práctica es útil tener paracetamol líquido, una cuchara de 5 ml para medicamentos y una loción de calamina.

SI EL NIÑO SANGRA

Una hemorragia grave necesita un tratamiento urgente para evitar la conmoción (vea pág. 231). Es probable que el niño esté muy asustado, pero no se deje dominar por el pánico para poder ayudarlo mejor.

¿Qué tengo que hacer primero?
- Quítele o corte la ropa con cuidado.
- Presione directamente en la herida con los dedos o con una gasa estéril.
- Levante el miembro herido y sosténgalo a fin de que esté más alto que el corazón.
- Si es posible, ponga al niño en posición horizontal.
- Cuando se detenga la hemorragia, ponga otra gasa encima de la original y sujétela firmemente con un vendaje. Si la sangre lo traspasa, añada otro.
- Lleve a su hijo al hospital o

☎ LLAME A UNA AMBULANCIA.

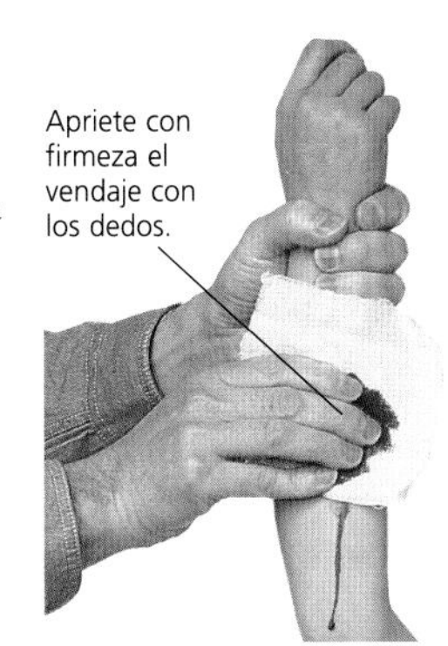

Si hay un cuerpo extraño
Si se trata de algo como un trozo de cristal en la herida **NO TRATE** de sacarlo. Apriete con fuerza a ambos lados del objeto. Luego acumule gasas también a los dos lados hasta que sean lo bastante altas para poder vendar por encima del objeto sin presionarlo.

Para cortes y rasguños menores
Lave con agua y procure eliminar los restos de grava, ya que podrían provocar una nueva hemorragia. Presione para detener la hemorragia y cubra con un esparadrapo o una gasa estéril. Vea al médico si queda suciedad en la herida.

SI EL NIÑO SE HA QUEMADO

Los efectos de una quemadura son muy parecidos cualquiera que sea su causa y su objetivo es enfriarla lo antes posible. Una quemadura puede ser de profundidad parcial, total o una combinación de ambas. La profundidad parcial afecta sólo la parte superior de la piel y es muy dolorosa. Tiene un aspecto rojo y de carne viva, pero suele cicatrizar bien. Una quemadura de profundidad total afecta todas las capas de la piel y quizá no duela.

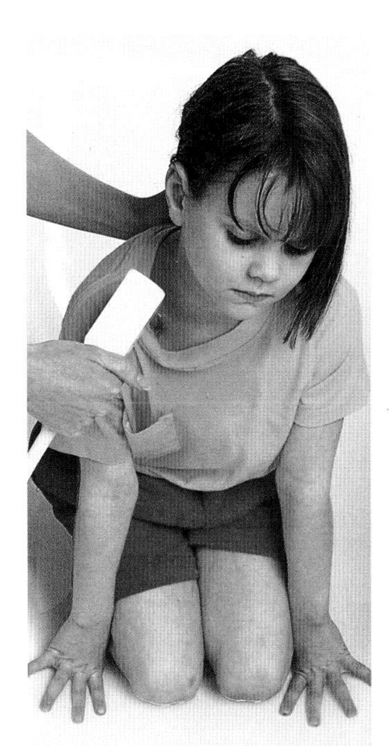

¿Qué tengo que hacer primero?
- Enfríe la quemadura. Haga correr agua fría por encima, lentamente, durante por lo menos 10 minutos. Si las quemaduras están en el tronco, meta al niño en la bañera y utilice la ducha, pero no deje que se enfríe demasiado. No hay necesidad de quitarle la ropa antes de empezar.
- Cubra la quemadura con un vendaje estéril que no tenga pelusa (puede utilizar papel transparente).

NO LE PONGA mantequilla, grasa o cualquier pomada o gel.
- Lleve al niño al hospital si la quemadura es mayor que la palma de su mano, si tiene una quemadura de profundidad total, por pequeña que sea, si es una quemadura eléctrica o química, si es en la cara o en la boca, ya que la hinchazón puede bloquear las vías respiratorias.

SI NO ESTÁ SEGURA, vaya al hospital o llame al médico.

SI LA ROPA ESTÁ EN LLAMAS

NO LO DEJE correr de un lado a otro. Así, sólo se avivarán las llamas.

TÚMBELO de forma que las llamas no puedan alcanzarle la cara. Apague las llamas con agua.
- También puede envolverlo fuertemente en una manta o chaqueta de algodón o lana (NUNCA nailon) y hágalo rodar por el suelo para extinguir las llamas.

☎ LLAME A UNA AMBULANCIA. Aunque parezca encontrarse bien después de esa terrible experiencia, es necesario un reconocimiento médico.

EMERGENCIAS Y PRIMEROS AUXILIOS

¿QUÉ ES?	¿QUÉ DEBO HACER?
AGOTAMIENTO POR EL CALOR E INSOLACIÓN. Suele ocurrir cuando hace mucho calor. **¿Cuáles son los síntomas?** ■ Dolor de cabeza y mareo. ■ Dolores como de calambre en las extremidades y el abdomen. ■ Piel pálida y sudorosa y pulso débil y rápido. **Si hay insolación, además habrá** ■ Piel seca, sonrojada y caliente. ■ Temperatura por encima de los 40 °C.	■ Acueste al niño en un lugar fresco y levántele las piernas. ■ Dele agua. ■ Si está inconsciente, podría ser una insolación. Refrésquelo lo más rápidamente posible. Quítele la ropa y cúbralo con una sábana húmeda y fría. Manténgalo frío hasta que la temperatura baje a los 38 °C. ■ ☎ LLAME A UNA AMBULANCIA.
AHOGAMIENTO El ahogamiento produce la muerte porque el agua inhalada impide que el aire llegue a los pulmones. También puede provocar un espasmo de la garganta que impida respirar. El agua muy fría puede llevar a la hipotermia.	■ Si es posible, saque al niño del agua inmediatamente pero no corra el riesgo de ahogarse usted también. Transpórtelo con la cabeza más baja que el cuerpo para que el agua pueda salirle por la boca, ■ Abríguelo con mantas. Si pierde el conocimiento, despeje y abra las vías respiratorias y prepárese para empezar la reanimación (vea pág. 232). ■ ☎ LLAME A UNA AMBULANCIA.
ATAQUE O CONVULSIONES Provocado por un exceso temporal de actividad eléctrica en el cerebro. La causa más común es la fiebre alta (vea pág. 220). Otras causas incluyen la epilepsia (vea pág. 219) y la meningitis (vea pág. 218). **¿Cuáles son los síntomas?** ■ Pérdida súbita de conciencia. ■ Respiración ruidosa o retención de la respiración. ■ Músculos rígidos y luego con sacudidas. ■ El niño puede orinarse o defecarse encima. ■ Posible espuma en la boca.	■ Despeje un espacio alrededor del niño, pero no trate de impedir que se mueva ni le ponga nada en la boca. ■ Anote cuándo empieza y cuándo termina el ataque. ■ Si tiene fiebre alta, quítele la ropa y mójelo con una esponja y agua templada (no fría) para mantener el enfriamiento (vea pág. 220). ■ Colóquelo en la posición de recuperación una vez que acabe el ataque y llame al médico. ■ ☎ LLAME A UNA AMBULANCIA si es el primer ataque que tiene el niño; si hace poco ha tenido alguna lesión en la cabeza o en otro sitio; si el ataque dura más de 10 minutos. Llame al médico si no está segura de qué hacer.
CUERPOS EXTRAÑOS EN LOS OÍDOS Y EN LA NARIZ Con frecuencia, los niños tratan de meterse pequeños objetos por las orejas y la nariz. Para objetos en la boca o vías respiratorias, vea Ahogamiento (pág. 234).	■ Si el objeto se ha desplazado hacia la parte alta de la nariz, dígale al niño que respire lentamente por la boca y llévelo a la sala de urgencias del hospital. ■ Si el objeto está en el oído, lleve al niño directamente al hospital.
CHOQUE Es el resultado de una pérdida importante de sangre o de otros líquidos corporales o a problemas como el choque anafiláctico (vea más abajo). **¿Cuáles son los síntomas?** ■ Piel pálida y sudorosa. ■ Respiración rápida pero superficial. ■ Pulso rápido, débil o ausente. ■ Sed, confusión y debilidad. ■ Posible pérdida de conciencia.	■ Trate cualquier hemorragia o quemadura que puedan haber causado el choque. ■ No le dé nada para comer ni beber, ya que puede necesitar una intervención quirúrgica. Humedézcale los labios con agua si tiene mucha sed. ■ ☎ LLAME A UNA AMBULANCIA ■ Si pierde la conciencia, despeje y abra las vías respiratorias y esté preparada para empezar la reanimación (vea pág. 232).
CHOQUE ANAFILÁCTICO Es una reacción alérgica grave. Entre sus causas están las picaduras de insectos, los frutos secos y los medicamentos. **¿Cuáles son los síntomas?** ■ Erupción con manchas por todo el cuerpo. ■ Párpados y cara hinchados. ■ Dificultad para respirar. ■ Posible pérdida de conciencia.	■ ☎ LLAME A UNA AMBULANCIA INMEDIATAMENTE ■ Si tiene una inyección de adrenalina, póngasela inmediatamente. ■ Ayude al niño a sentarse para que le sea más fácil respirar. ■ Compruebe su respiración y pulso cada pocos minutos. ■ Si pierde la conciencia, despeje y abra las vías respiratorias y esté preparado para la reanimación (vea pág. 232). ■ Acueste al niño sobre una manta y levántele las piernas para que queden más altas que el pecho, a menos que crea que se ha roto una pierna.
CHOQUE ELÉCTRICO Incluso los aparatos eléctricos y los enchufes más seguros pueden resultar mortales cuando un niño mete en ellos algo de metal o los dedos mojados. **¿Cuáles son los síntomas?** ■ Quemaduras profundas. ■ Espasmos musculares. ■ Pérdida de conciencia; la respiración puede detenerse.	■ Interrumpa el suministro eléctrico ANTES de tocar al niño. Desconecte el interruptor central. Si no puede hacerlo, póngase encima de un listín de teléfonos o de una alfombra de goma gruesa y utilice el mango de madera de una escoba para apartar al niño de la electricidad. ■ Si está inconsciente, despeje y abra las vías respiratorias y prepárese para iniciar la reanimación (vea pág. 232). ■ ☎ LLAME A UNA AMBULANCIA. ■ Si está consciente, trate las quemaduras que pueda haber (vea pág. 229).

¿QUÉ ES?	¿QUÉ DEBO HACER?
HEMORRAGIA NASAL Las hemorragias nasales pueden producirse como resultado de una caída o de juegos violentos que son corrientes en la niñez.	■ Siente al niño con la cabeza inclinada sobre un cuenco. ■ Pellizque justo debajo del puente de la nariz durante un máximo de 10 minutos. ■ Después de 10 minutos afloje la presión; si sigue sangrando, apriete de nuevo. ■ Si la hemorragia continúa más de 20 minutos, llame al médico.
HERIDA EN LA CABEZA Todas las lesiones en la cabeza tiene que verlas un médico. La heridas en el cuero cabelludo pueden esconder lesiones internas, como conmoción cerebral, fractura de cráneo o hemorragia interna.	■ Observe atentamente a su hijo. Si pierde la conciencia, limpie y abra las vías respiratorias y esté preparada para la reanimación (vea pág. 232). ■ ☎ LLAME A UNA AMBULANCIA o a su médico o lleve al niño directamente a la sala de urgencias del hospital. ■ Trate cualquier herida sangrante en el cuero cabelludo.
HERIDAS EN HUESOS, ARTICULACIONES Y MÚSCULOS Los niños se rompen huesos, aunque son blandos y pueden astillarse en lugar de romperse. Se produce una dislocación si el hueso se sale de su fosa. Puede producirse un esguince en las articulaciones como consecuencia de una caída y una distensión muscular debido al esfuerzo. **¿Cuáles son los síntomas?** ■ Dolor y molestias. ■ Hinchazón o deformidad.	■ Inmovilice el miembro lesionado. Puede fijarlo a otra parte (ilesa) del cuerpo. Un brazo herido puede resultar más cómodo en un cabestrillo, pero si se ha hecho daño en el codo, no trate de mover el brazo; sosténgalo en la misma posición en que lo haya encontrado. Cualquier intento por moverlo podría dañar los vasos sanguíneos o los nervios del codo. ■ Lleve al niño al hospital si la herida es menor y puede usted sostener la parte herida; de lo contrario, llame a una ambulancia. ■ No le dé nada de comer ni beber hasta que el médico diga que puede hacerlo, por si acaso necesitara anestesia.
HERIDAS EN LOS DEDOS DE PIES Y MANOS Con frecuencia, los bebés y los niños pequeños se aplastan los dedos con las puertas o los cajones. Aunque muy dolorosas, la mayoría de estas lesiones carecen de importancia. Si se produce una amputación, es posible que los médicos puedan reinsertar un dedo o incluso toda la mano, pero es necesario actuar con rapidez.	■ Deje correr agua por encima de la herida o aplíquele hielo para reducir la hinchazón. ■ Si la piel está rota, límpiela y póngale una tirita. **Si ha habido amputación del dedo** ■ ☎ LLAME A UNA AMBULANCIA INMEDIATAMENTE ■ Ponga la parte amputada en una bolsa de plástico y envuélvala con un trapo. ■ Colóquelo todo en un recipiente con hielo (otra bolsa de plástico servirá), etiquetada con la hora del accidente y el nombre de su hijo. ■ Si es necesario, presione sobre la mano o el pie para detener la hemorragia.
HERIDAS EN LOS OJOS A los niños se les meten con frecuencia cuerpos extraños en los ojos. La mayoría son fáciles de sacar. **¿Cuáles son los síntomas?** ■ Visión borrosa y dolor en el ojo afectado.	■ Lave el ojo con agua limpia fría. ■ Abra el ojo con cuidado. Si ve algo en el párpado y puede retirarlo fácilmente, hágalo con un poco de algodón. ■ Si hay algo pegado al ojo o en la parte coloreada del ojo o el ojo sangra, lleve al niño al hospital.
HIPOTERMIA Los bebés pueden llegar a la hipotermia si se les deja en una habitación fría, porque su sistema de control de la temperatura no está plenamente desarrollado. **¿Cuáles son los síntomas?** ■ La piel está rosada y con aspecto sano, pero fría al tacto. ■ El niño está desusadamente quieto y flácido. ■ Se niega a comer.	■ Es muy importante devolver el calor al bebé o al niño gradualmente. Métalo en una habitación caliente y, luego, envuélvalo en una manta. ■ Para un niño que ha estado en el exterior, sustituya la ropa mojada por otra seca y caliente. Abrácelo y dele un alimento energético como el chocolate. ■ Consiga siempre ayuda médica; llame al médico o lleve al niño directamente a la sala de urgencias del hospital.
PICADURAS El niño puede sufrir picaduras de abejas o avispas. **¿Cuáles son los síntomas?** ■ Dolor e hinchazón en el punto de la picadura. ■ Raramente, el niño puede sufrir un choque anafiláctico.	■ Limpie la zona de la picadura con agua fría o aplique una bolsa de hielo. ■ Si puede ver el aguijón, extráigalo. ■ Dele al niño paracetamol líquido y ponga una pomada antiséptica o calamina en la picadura. ■ ☎ LLAME A UNA AMBULANCIA si la picadura ha sido en la boca o cerca de ella (puede hincharse e impedirle respirar) o si parece sentirse mal.

SI EL NIÑO ESTÁ INCONSCIENTE

Si encuentra a su hijo inconsciente o se desmaya, es importante seguir unos pasos conocidos como el ABC de la reanimación.

A. Compruebe la **boca.**
B. Compruebe la **respiración.**
C. Compruebe la **circulación.**

SI EL BEBÉ DEJA DE RESPIRAR EN LA CUNA

Cogerlo, o simplemente tocarlo, puede ser suficiente para que su hijo vuelva a respirar. Si empieza a respirar, llévelo inmediatamente al hospital ya que necesitará que lo reconozca un médico. Si no empieza a respirar, empiece la reanimación siguiendo la secuencia que hay a continuación.

PARA UN BEBÉ

1 Compruebe si reacciona. Dele unos golpecitos en el pie para ver si responde.

2 Ábrale la boca y compruebe si respira. Póngale un dedo debajo de la barbilla y levántesela suavemente; *no le incline la cabeza hacia atrás.* Acérquele la oreja a la boca y compruebe si respira; mírele el pecho para ver si se mueve.

3 Si el bebé respira, cójalo en brazos para que quede de lado. Sosténgale la cabeza con la mano y vaya al teléfono.
☎ LLAME A UNA AMBULANCIA.
Compruebe que sigue respirando cada pocos minutos hasta que llegue la ambulancia.

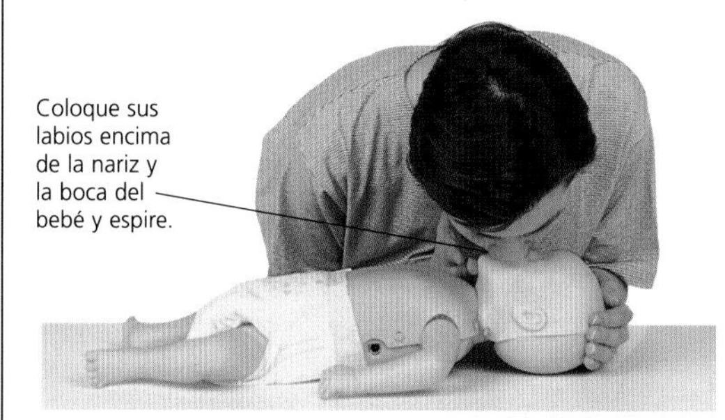

4 Si no respira, empiece a respirar por ella; es la respiración boca a boca. Colóquelo echado boca arriba, aspire hondo y aplique la boca a la *boca y la nariz* del niño. Espire dentro de su boca hasta que vea que su pecho se eleva, entonces retire los labios. Repítalo cada tres segundos, cinco veces.

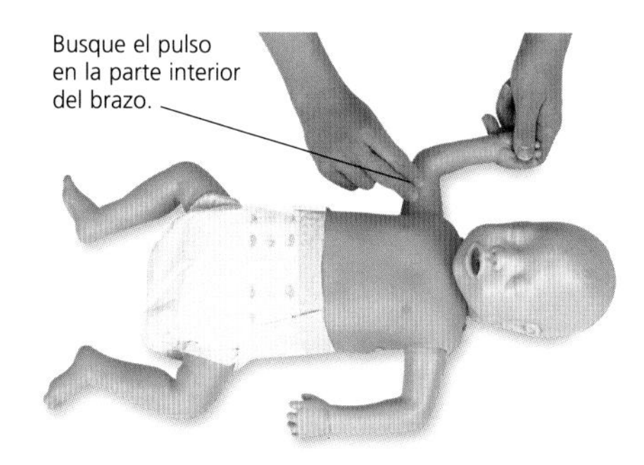

5 Compruebe la circulación. Búsquele el pulso en el brazo (pulso braquial). Ponga dos dedos entre el hombro y el codo y presione en la parte interior del brazo.
☎ LLAME A UNA AMBULANCIA.

6 Si nota un pulso fuerte, pero el niño sigue sin respirar, continúe con la respiración boca a boca hasta que llegue la ambulancia. Cada tres minutos detenga la reanimación y vuelva a comprobar el pulso.

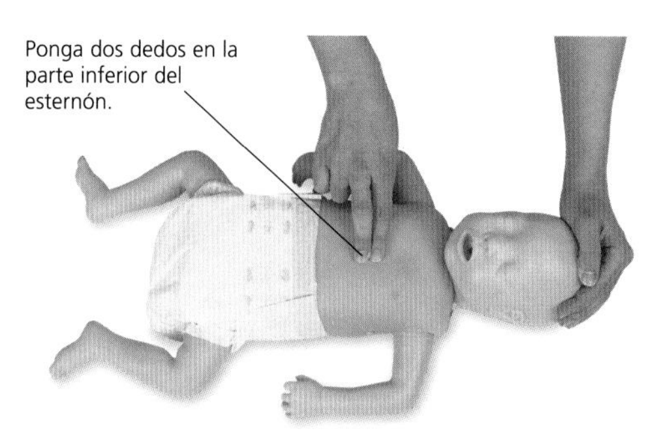

7 Si no puede encontrar el pulso, practique una combinación de compresión torácica y respiración artificial (Reanimación Cardiopulmonar RCP). Ponga dos dedos en la parte inferior del esternón y presione cinco veces hasta un tercio de la profundidad de su tórax. Entonces hágale una respiración boca a boca. Continúe alternando la compresión torácica con la respiración artificial hasta que llegue ayuda.

PARA UN NIÑO DE MÁS DE UN AÑO

1 Compruebe si hay reacción. Pellízquele suavemente los hombros o llámelo por su nombre para ver si reacciona.

2 Abrale la boca y compruebe si respira. Póngale dos dedos debajo de la barbilla y una mano en la frente. Levántele la barbilla e inclínele la cabeza hacia atrás muy ligeramente. Acérquele la oreja a la boca para ver si respira. Mírele el pecho para ver si se mueve.

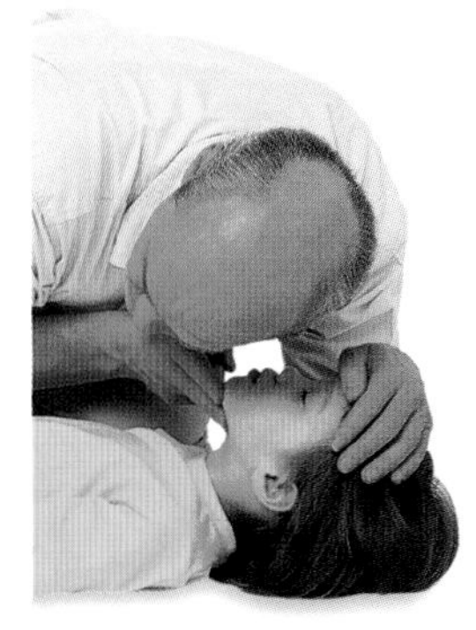

Colóquele brazos y piernas para mantenerlo estable

3 Si respira, póngalo en la posición de recuperación. Colóquelo de lado sobre una superficie firme, dóblele el brazo y las piernas que quedan arriba e inclínele la cabeza ligeramente hacia atrás, para facilitar la salida de cualquier líquido.

☎ LLAME A UNA AMBULANCIA.
Vuelva a comprobar la respiración cada pocos minutos hasta que llegue ayuda.

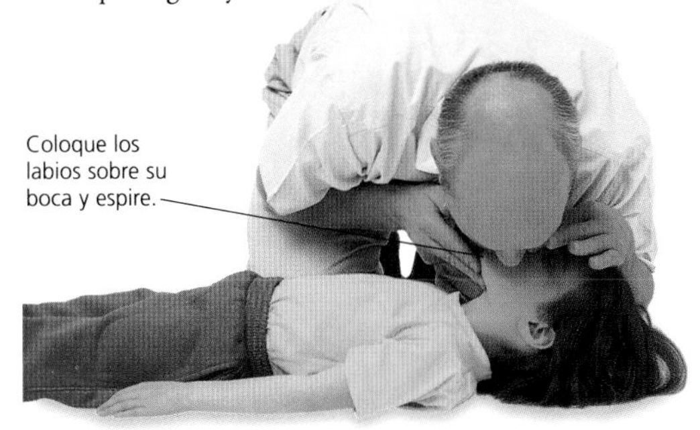

Coloque los labios sobre su boca y espire.

4 Si no respira, empiece a respirar por él; es la respiración boca a boca. Inspire hondo, apriétele los orificios nasales para mantenérselos cerrados y luego aplíque la boca a la *boca* del niño. Respire dentro de su boca hasta que vea que su pecho se eleva, entonces retire los labios y observe como desciende el pecho. Repita cada tres segundos, cinco veces. Luego compruebe el pulso.

5 Compruebe la circulación. Búsquele el pulso en el cuello (pulso carótido). Ponga dos dedos en el hueco entre la tráquea y el músculo del cuello que hay al lado.

☎ LLAME A UNA AMBULANCIA si todavía no lo ha hecho.

6 Si nota el pulso, pero sigue sin respirar, continúe con la respiración artificial hasta que llegue ayuda, volviendo a comprobar el pulso cada tres minutos. Si en algún momento empieza a respirar, póngalo en la posición de recuperación.

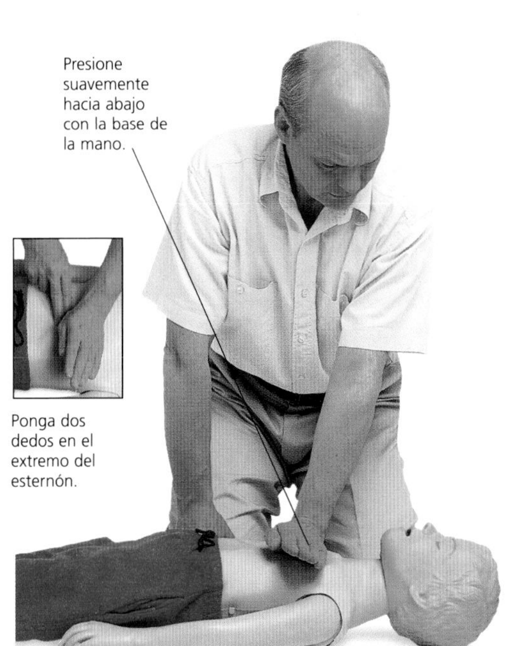

Presione suavemente hacia abajo con la base de la mano.

Ponga dos dedos en el extremo del esternón.

7 Si no encuentra el pulso, practique una combinación de compresión torácica y respiración artificial (Reanimación Cardiopulmonar RCP). Para encontrar la posición correcta, póngale dos dedos en el extremo del esternón –el hueso que recorre el centro del pecho– y la base de la otra mano a su lado. Presione cinco veces con la base de la mano hasta un tercio de la profundidad del pecho (a un ritmo de unas cien veces por minuto). Luego haga otra vez la respiración artificial. Continúe con la compresión torácica y la respiración artificial hasta que llegue ayuda.

SI EL BEBÉ SE ATRAGANTA

Es una emergencia muy común que exige un tratamiento rápido. Los bebés se lo meten todo en la boca (no sólo comida) y los niños pequeños tienden a correr arriba y abajo con comida, bebida o juguetes en la boca pese a los esfuerzos de sus padres por impedírselo.

PARA UN BEBÉ

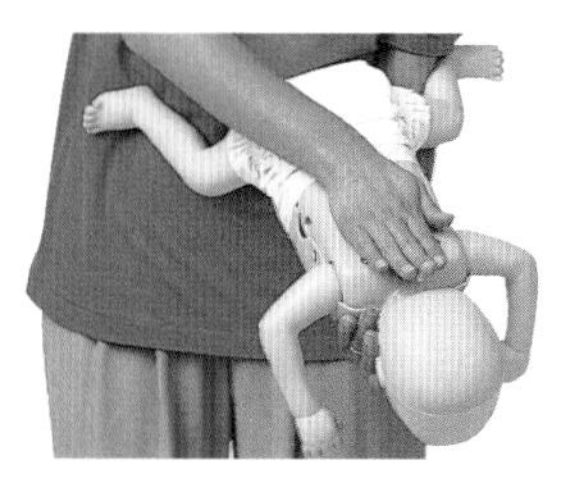

1 Sostenga el bebé cabeza abajo a lo largo del brazo y dele 5 palmadas entre los omóplatos.

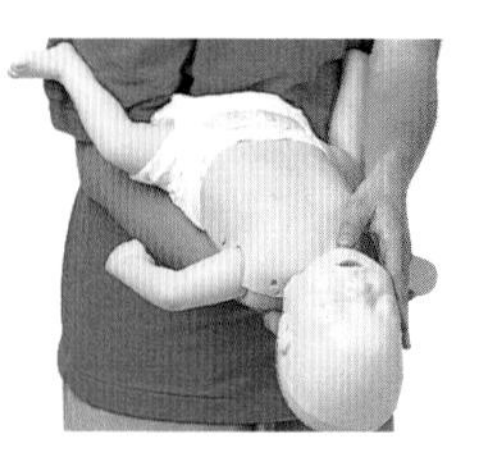

2 Mírele la boca para ver si ha expulsado el objeto. Saque todo lo que vea.

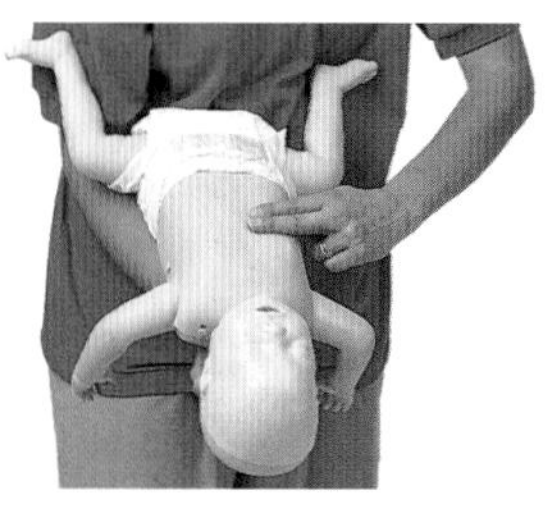

3 Si sigue atragantándose, manténgalo cabeza abajo y de espaldas. Póngale dos dedos en el esternón y aplíquele cuatro compresiones rápidas hacia abajo. Vuelva a mirarle la boca.

4 Si la obstrucción no ha desaparecido, repita los pasos 1 a 3 tres veces y ☎ LLAME A UNA AMBULANCIA.

Si el bebé pierde la conciencia, vea pág. 232.

PARA UN NIÑO DE MÁS DE UN AÑO

1 Estimule al niño a toser. No intervenga a menos que vea que se angustia.

2 Dele cinco palmadas fuertes en la espalda entre los omóplatos.

3 Mírele la boca y quite lo que vea.

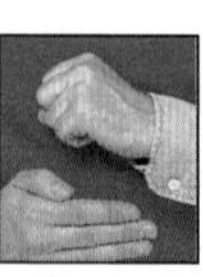

Coloque el pulgar bajo el esternón.

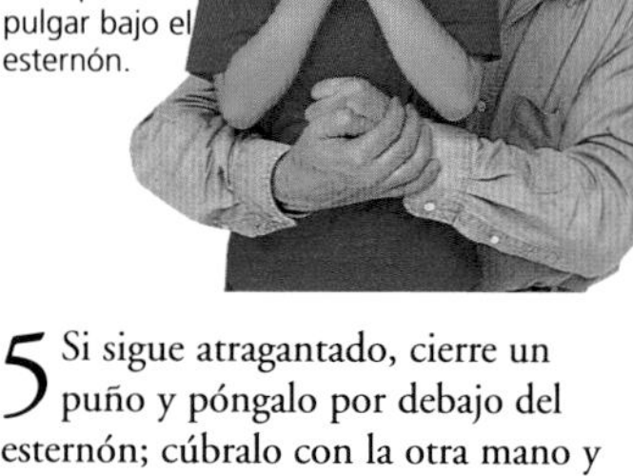

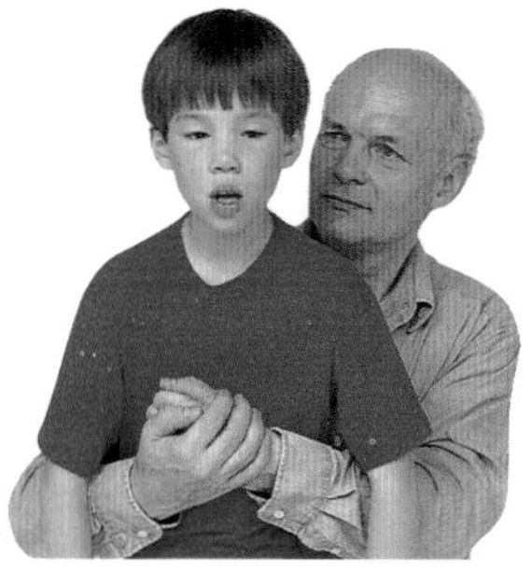

4 Aplíquele la compresión torácica. De pie detrás de él, póngale una mano contra el esternón y cúbrala con la otra, luego empuje hacia dentro con fuerza cinco veces. Mírele la boca.

5 Si sigue atragantado, cierre un puño y póngalo por debajo del esternón; cúbralo con la otra mano y empuje con fuerza hacia arriba y hacia dentro cinco veces (compresión abdominal). Mírele la boca de nuevo.

☎ LLAME A UNA AMBULANCIA.

6 Continúe con un ciclo de palmadas en la espalda, compresiones torácicas, compresiones abdominales y comprobaciones de la boca hasta que llegue ayuda.

SI EL NIÑO ESTÁ INCONSCIENTE

Utilice las siguientes técnicas si sabe que el niño se ha atragantado con algo; de lo contrario vea la página 233. ☎ LLAME A UNA AMBULANCIA.

1 Si no respira, efectúe hasta cinco respiraciones artificiales (vea pág. 233).

2 Mírele la boca. Si sigue sin respirar, póngalo de lado y dele cinco palmadas en la espalda, entre los omóplatos. Vuelva a mirarle la boca.

3 Vuelva a ponerlo sobre la espalda, ponga la base de la mano sobre el esternón y aplique cinco compresiones torácicas hacia abajo. Vuelva a mirarle la boca.

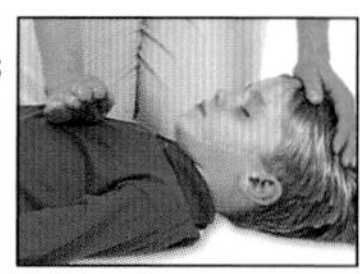

4 Ponga la base de una mano por debajo del esternón y aplique cinco compresiones hacia arriba (compresión abdominal). Repita los pasos 1 a 4.

ÍNDICE

Los números de página en *cursiva* se refieren a las ilustraciones

I

J K

L M

N

T

U V

Z

AGRADECIMIENTOS

La autora quiere dar las gracias a las siguientes personas:
Dras. Janet Gray y Mary Knott por su consejo experto al preparar algunas partes de este libro. Tony Broadribb por la foto de la autora. Gracias en especial a Jemima Dunne, que siempre está llena de sabiduría y sentido común.

Dorling Kindersley quiere dar las gracias a las siguientes personas:
AYUDA EN EL DISEÑO: Spencer Holbrook, Ted Kinsey, Dawn Young.

AYUDA EN LA REDACCIÓN: Corinne Asghar, Claire Cross, Jane de Burgh, Valerie Kitchenham, Julia North, Christine Zografos.

CRÉDITOS FOTOGRÁFICOS: Colección Anthea Sieveking, 56bl; Tim Woodcock Photolibrary: 223cr.

OTRAS FOTOGRAFÍAS: Steve Gorton.

ROPA Y ACCESORIOS: Babies 'R' Us, Debehams y Asda.

MODELOS: Isabella Abraham, Sarah Abraham, Tallulah Bayley, Jane Bekoe, Nykiah Bekoe, Jess Blain, Justine Blain, Mrs Bury, Rebecca Bury, Charlie Butler, Pat Butler, Oliver Cox, Amy Cully, Ian Cully, Sarah Cully, Ellis Fagan, Mrs Fagan, Sylvester Foley, Mrs Foley, Donna Freestone, Jodie Freestone, Oliver Freestone, Becky Ghobadi-Ghadikolei, Leila Ghobadi-Ghadikolei, Isabel Harper-Pennman, Louise Harper-Pennman, Florence Harrison, Scott Hollas, Vic Hollas, Patrick Jones, Susan Jones, Meena McNamara, Priya McNamara, George Mills, Penny Mullins, Oliver Nada, Mr Nada, Anna Pank, Penny Parisi, Francesca Parisi, Justine Pattison, Jessie Perry, Mrs Perry, George Purssord, Tracey Purssord, Joanna Ridley, Ruby Ridley, Phoebe Rockhall, Alex Weston, Mrs Weston, Claire Whiffen, Lian Whiffen, Josie Wilson, Oliver Wilson y Alexander Wood.